Media TECHNOLOGY 传媒典藏 新媒体经营与法律系列丛书

媒体制作人法律实用手册

（第四版）

[美] Philip H. Miller 著

何勇 李丹林 等 译

人 民 邮 电 出 版 社

北 京

图书在版编目（CIP）数据

媒体制作人法律实用手册(第四版)/（美）米勒（Miller，P.H.）著；何勇等译.—北京：人民邮电出版社，2009.3
（新媒体经营与法律系列丛书）
ISBN 978-7-115-19400-8

Ⅰ. 媒… Ⅱ.①米…②何… Ⅲ. 传播媒介－法律－手册
Ⅳ. D912.1-62

中国版本图书馆CIP数据核字（2008）第197845号

版权声明

新媒体经营与法律系列丛书

媒体制作人法律实用手册（第四版）

◆ 著　　[美] Philip H.Miller
　　译　　何勇　李丹林　等
　　责任编辑　黄彤
　　执行编辑　宁茜

◆ 人民邮电出版社出版发行　　北京市崇文区夕照寺街14号
　　邮编　100061　电子函件　315@ptpress.com.cn
　　网址　http://www.ptpress.com.cn
　　三河市海波印务有限公司印刷

◆ 开本：800×1000 1/16
　　印张：22.5
　　字数：345 千字　　　　　2009 年 3 月第 1 版
　　印数：1－2 000 册　　　　2009 年 3 月河北第 1 次印刷
　　著作权合同登记号　图字：01-2008-3041 号
ISBN 978-7-115-19400-8/F

定价：68.00 元
读者服务热线：(010)67132837　印装质量热线：(010)67129223
反盗版热线：(010)67171154

内容提要

　　《媒体制作人法律实用手册》是针对制作人在节目制作过程中遇到的法律问题，提供介绍、咨询的手册性著作。本书有作为必要知识背景的一般理论和相应司法制度的介绍，主要笔墨都落在各种具体法律问题的分析上。《媒体制作人法律实用手册》以媒介法的渊源和基本原则作为开篇，其后，就媒介产品制作的专业人士关心的重要法律问题进行了介绍和分析。

　　虽然中国和美国在节目制作的相关法律制度和制作实务方面差异很大，但是，作为法律的基本精神，诸如公平、正义、鼓励创新等则是一致的，节目制作的基本规律也是一样的。美国在影视节目制作领域已经发展出一套完备的法律和成熟的做法，这些对于正在逐渐走向市场化的我国影视节目制作业来说具有极大的借鉴价值和参考意义。

新媒体经营与法律系列丛书
编委会

总序

随着科学技术的发展，媒体也发生着日新月异的变化。从广播到电视、从电视到互联网，变化无处不在，各种新媒体也层出不穷。现在，每一类型的新媒体从出现、应用到广为流行或被市场淘汰的时间越来越短。各类数字、网络媒体形态蜂拥而至，博客、播客、虚拟社区、手机流媒体、数字多媒体广播DMB、VOD交互式电视点播系统、P2P应用、移动电视、IPTV、WebTV、楼宇视屏等异彩纷呈。这表明，数字科技已成为21世纪传媒产业发展的核心促动力，它正在重新塑造着传媒产业全新的运作环境，形成一个全新的传媒市场，演变出许多新的媒体形态。

在这种新的复杂的产业和市场环境中，媒介机构的两大制胜法宝是：（1）进行经营管理创新；（2）理顺各种法律关系。

经营管理的创新是摆在我国媒介机构面前的一个重要任务。在新的环境下，传媒产业的格局发生了巨大变化，各类电子媒体如何在日益激烈的竞争中占有更大的市场份额？现代销售的正确理念是什么？广告业务人员应该如何寻找客户获得订单？电子媒体企业在市场营销的过程中有什么制胜宝典？各种媒体指标如何使用？对于这些问题，我们的媒体经营管理者还没有来得及进行深入的思考，有些甚至还没有切实地认识到这些问题。受传统经营模式的影响，我国广播电视媒体的收入来源和营利模式单一，主要依赖广告。节目形态不够丰富，缺乏创新意识，互相模仿、克隆，片面追求收视率，频道空心化现象严重。

强化法律意识，理顺各种法律关系，是各类传媒企业保证自己的经营活动顺利进行的必要前提。由于互联网的迅速发展，盗版问题变得越来越泛滥。人们很容易在互联网上找到音乐、视频、图片、软件等数字产品，并且不用支付任何费用就能下载使用它们。甚至一些非数字的传统产品也被转化成数字形式在互联网上流传，如书籍、设计方案等。在日益复杂的产业和市场环境中，利益主体多样化，各种法律关系也变得复杂化。比如制作人在制作节目过程中会发生一系列版权问题：如对于在节目制作过程中需要进行的拍摄许可、制片保险、音乐的使用问题、可能会涉及的隐私权问题、诽谤问题等。媒体经营管理者一不小心就会掉入法律纠纷的陷阱。我国的传媒法律环境还有待进一步完善，同时传媒企业依法经营的观念意识也有待进一步提高。据 2008 年 10 月南开大学公司治理研究中心发布的《中国公司治理评价报告》，在 12 个行业上市公司治理状况评估中，传播与文化产业的公司治理指数为 56.76，排名仅在第 10 位。这说明我国传媒企业在法治方面还需要大力加强。

基于以上两方面的考虑，我们选译了这套"新媒体经营与法律系列丛书"翻译出版。丛书共 8 本，其中《媒体制作人法律实用手册》、《电子媒体的法律与管制》、《创意产业从业者的内容权利：数字时代的版权和商标》偏重于介绍媒体经营管理中涉及的法律问题；而《数字权益管理》、《电子媒体管理》（第五版）、《电子媒体的广告销售》、《聚合的新闻业》和《电视、广播和互联网的节目编排》则对媒体机构经营管理中的具体问题进行了研究。

本丛书作者大都是多年从事媒体管理实践的资深人士，同时又有很高的理论造诣。如《电子媒体的法律与管制》的作者肯·克里奇博士是费尔班克斯大学的教授，同时也是印第安纳州巴特勒媒体艺术部的主席。《电子媒体管理》（第五版）的作者都是传媒管理领域内非常有名的作家，既有实践经验又有丰富的教学经验。早在第二版出版时西拉克斯大学的约瑟夫·巴特勒教授就曾评价该书为他所见过的此领域最优秀的教科书，具有通俗性和应用性。《电子媒体的广告销售》的作者谢恩是传媒领域的资深人士，既有扎实深厚的理论功底又有丰富的实践经验，在创作本书的过程中旁征博引，吸收了众多学者的学术观点，援引了美国传媒产业发展中大量的数据和传媒商战中丰富的实战案例。《电视、广播和互联网的节目编排》的作者之一菲力浦·佩雷比诺索夫现任教于加利福尼亚州立大学广播电视电影系，讲授"节目编排、管理和写作"。他曾在电视网担任节目编排主管达 20 年，在美国广播公司期间，他根据实际情况，撰写了《节目编排指南》，评估节目的可行性，主管策划了 200 多部电影和电视剧。本丛书强大的作者阵容保证了其突出的前沿性、专业性和实务性。

本丛书的翻译由中国传媒大学媒体管理学院、影视艺术学院、政治与法律学院部分青年骨干教师承担。多数译者都曾在海外留学深造，具有博士学位或副高以上职称，理论功底扎实，专业知识丰富，保证了丛书的翻译质量。

当今社会，人们对媒体尤其是电子媒体的依赖越来越多，所有的媒体决策者都面临着识别社会发展趋势和寻找潜在发展机会的任务。管理变化是广播电视管理者们的一种生活方式，他们必须与不断变化的公众政策和不断加速的科技创新竞争。其实我们所看到的因变化而产生的疑惑不仅存在于广播电视行业的执行者身上，更体现在依赖于科技的媒体，特别是电子媒体，更容易受到这些变化的影响。决策者们只有在正确的时间做出正确的决策才是称职的媒体管理者。本丛书尝试为这些有抱负的媒体管理者们分析这些复杂因素，并解决当今电子媒体环境造成的难题。

这是一套有关新媒体经营与法律的丛书，目前在中国市场，此类与时代紧密结合的书籍数量很少，除了适用于从事媒体管理尤其是电子媒体的管理人员和决策者外，还可以作为大专院校的教学用书。当前，最需要的人才就是"懂经营、会管理、具有国际视野的人才"。本丛书为那些媒体管理专业的学生，特别是其最终目标是担任广播电台或电视台的管理者或所有者的人提供了一盏明灯，向其讲述如何找到并确保获得管理职位或如何升迁到管理层的职位。本丛书也可以作为对此方面有兴趣的读者的参考书籍。总之，从专业学科的学生到行业的从业人员都是本丛书面向的读者群。

中国传媒大学媒体管理学院院长、教授、博士生导师
李怀亮
2008 年 11 月 9 日于中国传媒大学

谨以此书献给我精诚合作的伙伴——AMS

译者序

真的是一种巧合，中国第一部关于媒体制作人法律的著作《影视法导论——电影电视节目制作人须知》，是由我和我的中国传媒大学媒体法规政策研究中心的同事合作完成，现在一部相同领域内容的美国著作——菲利普·H.米勒（Philip H. Miller）律师编写的《Media Law for Producers》，也由我来组织媒体法规政策研究中心的研究人员以及中国传媒大学传媒政策与法规专业的博士生和硕士生们共同翻译成中文文本。

有心的读者可以对两部著作作一番比较。也许最大的不同在于美国著作讲究说理、注重细节，可用苦口婆心、谆谆教诲来形容作者对于制作人在制作过程中要注意的法律问题的提示、分析和劝诫。虽然本书作者自己声称本书"并不打算替代专门的法律咨询"，但是，通读本书确实可以达到作者所追求的目的——"预见和避免法律隐患"。通过对本书的翻译，我们对于美国作为版权核心产业的唱片、电影、广播和电视制作业在制作节目过程中会遇到的法律问题以及相应的法律实务也有了系统的了解。作者以一个职业律师的视角和思维，通过深入浅出的阐释，使得读者（特别是非法律职业的制作业界人士，或刚刚接触法律的非法律专业的大学生或低年级的法学院学生）能够不太费力气地了解相关内容。这确实是一本名副其实的手册性质的著作。而中国著作则更多的是演绎和理论阐释，是一种教材的风格。事实上，作为手册性质的"须知"，在今后的修订中，也需要更多着眼于实际如何做的细节。

翻译本书的最大收获在于，作为研究人员，我们认识到美国通过以宪法第一修正案为统领的法律体系为制作人提供了充分的创作自由，从而极大地激发

I

了社会的文化创造潜力，同时又为利用他人的智慧及成果，规定了细密的法律之网，以确保权利人的权利的充分实现，从而促进精神财富和物质财富的不断增值。由此我们可从一个侧面得知，近30年来美国版权产业的长足发展，增长率超过整个国民经济增长率和其他行业的增长率，能够唱起经济主角，与其法律制度密不可分。

本人作为中国广播电视协会电视制片委员会的法务负责人，深切感受到，在中国，对于法律事务往往感到繁琐、复杂、麻烦的制作机构的负责人和相关人员不在少数，这确实是一种亟待改变的状况。读过本书，了解美国的做法，可知事前审慎、细致的法律准备，是一切利益得到适度恰当保护的必要环节。美国在版权保护、制作人版权实务以及各类媒介从业人员的行业协会和工会制度方面都有可资借鉴之处。

虽然原著深入浅出、通俗易懂，但是作为译作，由于我们的水平有限，力求"信"的水准，"达"、"雅"或难企及，敬请各位读者批评指正。

承担本书翻译的作者情况和分工如下。

何勇：媒体法规政策研究中心研究人员，博士，现为新西兰坎特伯雷大学政治与传播学院博士后。承担第1章、第6章、第8章翻译工作。

李昊：中国社会科学院法学所博士后出站研究人员，博士。时为媒体法规政策研究中心研究人员。承担第2章翻译工作。

匡敦校：中国传媒大学媒体法规政策研究中心研究人员，副教授，在读博士。承担第3章翻译工作。

李丹林：中国传媒大学政治与法律学院副院长，媒体法规政策研究中心主任，教授。承担序、前言、第4章翻译工作。

李凝怿：时为中国传媒大学2005级传媒政策与法规硕士专业研究生。承担第5章翻译工作，以及附录、索引、词汇表的翻译和整理工作。

范叔孝：中国传媒大学2006级传媒政策与法规博士方向在读博士（中国香港籍），承担第7章、第9章翻译工作。

特别需要提及的是李凝怿还承担了与本书翻译相关的大量行政和文秘事务，中国传媒大学媒体法规研究中心副主任王四新博士对于本书翻译也付出了不少心血。

本书最后由何勇博士校译、统稿。这是一项非常艰辛的工作，在此对何勇博士表示敬意。

　　作为本书翻译的组织者，在此对于给本团队以信任的本项目的组织者——中国传媒大学媒体管理学院院长李怀亮教授、人民邮电出版社以及本书的编辑宁茜致以深深的谢意。

李丹林

2008 年 10 月于北京北郊碧水庄园

前言

　　《媒体制作人法律实用手册》第 4 版相对前几版而言，有了全面的更新和修订。另外，这一版也增加了一些新的合同和表格的样本。自本书第 3 版以来，法律上最重大的变化，是 1998 年《Sonny Bono 版权期限延续法案》的通过。这一法律将版权保护的期限延长了 20 年。因此本版第 4 章对这种变化的含义进行了阐述。在新兴技术领域，最具价值的发展，仍然是网络作为产品开发、推广和营销中介之重要性的日益增强。在第 8 章，我们讨论了媒介制作人在使用网络时会发生的各种法律问题。我希望通过这些更新和修改，使《媒体制作人法律实用手册》能够继续成为那些每天都接触媒介制作事务的制作人和其他从业者的一种实用性指南。

　　我要对《媒体制作人法律实用手册》第 4 版出版过程中，给予我支持和指导的 Irell&Manell 律师事务所的同事，特别是 Juliette Youngblood，Clark Siegel 以及其他娱乐法小组的律师深表谢意。同时还要对我过去的同事，现在我们的友谊仍然日久弥香的 Lois Scali 所给予的支持，表示感谢。他们的高标准严要求，在一个律师不再过多地关心客户，包括自己的工作质量的时代，更是一种警醒。我还要对我的秘书 Diane Larsen 致以谢意，感谢她弥足珍贵的帮助。谢谢 Paula Allen 所做的文字处理工作。

　　而对于使我体会到奇妙人生的我的妻子 Anne，以及同样使我体会到美丽人生的我的两个孩子，Christopher 和 Rosemary，我则一直充满深深的歉疚。多少个夜晚和周末我都把时间花在了书稿上，而不能陪伴他们，但他们都能够理解。美满的婚姻能为事业成功和生活幸福带来最佳的机遇，爱妻 Anne 给出了生动的证明。

我仍然要对那些在《媒体制作人法律实用手册》前几版给予我帮助的朋友深表谢意。Barbra Shulman 审阅了第 1 版的每个部分，并提出了非常细致和有价值的建议。如果没有她的专家意见和指点，《媒体制作人法律实用手册》不可能由一部粗糙的草稿转变成一本可出版的著作。当然，本书中存在的任何错误和疏漏都应该由我个人来负责，而不是她。我还要感谢 Amy Jollymore，Jessica Carlisle，Theron Shreve Mamata Reddy 和 Focal 出版社的其他人，感谢他们在本书第 4 版出版过程中所给予的指导。

我还要对 Kit Laybourne 表示由衷的感谢。在我刚开始撰写第 1 版的工作时，Kit 就提供了合同文本和资料，这些对我的研究工作起到了关键作用。还要谢谢 John Lebaron，他最早给了我出书的建议。

重要提示

本书只是提供一些比较宽泛的，与媒介产品制作事务相关的一般性知识，并不是专门的法律意见。作者尽最大努力准确反映截至出版时的最新信息。但是，法律和法规都在不断变化，而且那些特定法律和政策的解释方式和执行方式，都可能因时而变，因事而变。此外，没有任何一卷书能够囊括每一个具体的媒介产品要运用到的所有法律、法规和政策。因此，读者不能把本书当作法律信息的唯一来源来依赖，或者把本书作为专业法律顾问的替代品。无论是作者，还是出版社，都不敢对本书的内容及其解释和运用打任何保票。

序

　　随着媒介产品制作的复杂化，影响媒介产品开发和销售的法律问题也变得越来越复杂。从演员合同到版权登记，制作人需要弄清产品制作过程中可能会发生的各种法律问题，并能够进行及时而妥当的处理。不仅对于主流电影和电视节目制作人是如此，而且对于那些在本行业和其他非广播性节目领域的独立和合作制作人也是如此。

　　《媒体制作人法律实用手册》能够帮助制作人和其他媒介产品的从业者处理上述问题。本书通过两种方式来发挥作用：一是通过对于媒介法的总体介绍，帮助制作人预测可能发生的法律纠纷并采取预防措施；二是作为参考的工具书，当问题和纠纷出现时，随时可以从书架上抽出来使用。制作人媒介法兼具背景知识和实用信息的特点，使得它适合作为媒介制作和媒介法课程的教材。

　　在读者进一步阅读之前，需要给各位提个醒：尽管《媒体制作人法律实用手册》提供了重要的信息和材料，但它并不打算替代专业的法律咨询。本书致力于帮助人们大体了解重要的媒介法的基本原则，通过对在媒介产品制作、制定各种法律文本和协议过程中可能出现的各种法律问题的描述和举例，帮助人们预见和避免法律隐患。本书并不是律师在法律咨询中所给出的回答，比如有关每一个州和市的具体情况，或者对于合同的详细建议和媒介产品制作过程中出现的其他的具体法律问题。

　　《媒体制作人法律实用手册》以媒介法的渊源和基本原则作为开篇。接下来的几章，针对媒介产品制作的专业人士，就其关心的重要法律问题进行介绍：订立合同和媒介产品协议；对于公共所有材料和版权材料的使用；取得恰当的豁免和许可；避免诽谤和侵害隐私的陷阱；使用音乐的许可；与工会和协会打交道；版权注册和商标；以及对广播类节目相关法律的理解。本书的最后部分是术语表、参考书目和附录。术语表对重要的法律术语进行了定义；参考书目列出了一些有用的书目清单；附录提供了一些重要的组织的名称和地址。

本书各章大多数是以解说一些基本概念开始的，这些基本概念是构成媒介法的某一具体方面的基础。在这些基本信息之后，通过案例，说明在媒介产品制作的各种具体条件和背景下，媒介法如何运用；并提示媒介产品制作人如何避免法律纠纷；以及建议如何处理这些法律纠纷。只要有可能，这些章节里还会提供一些表格和协议的样本，这些文本可以作为制作人依据自身的特定需要，进行修改，形成相关法律文件的基本框架。

这里还需要提醒读者注意《媒体制作人法律实用手册》所没有涉及的问题。由于本书着眼于媒介产品制作过程中的法律问题，所以，许多关于政策和技术方面的问题并不涉及，尽管这些问题通常被认为是媒介法的重要部分。比如，本书不讨论诸如联邦通信委员会以何种方式发放广播许可证、播出机构必须达到的技术标准以及在传播行业中正在进行的关于产权集中的辩论等公共政策问题。虽然这些问题都是非常重要的问题，但它们不是绝大多数专门从事媒介产品的人员日常工作所要考虑的东西。

《媒体制作人法律实用手册》也不会去深入探究媒介制作人在交易和经营过程中，涉及的复杂的财务和道德问题，这是由于媒介产品制作和发行都是非常复杂的交易行为，而且这一行业中的"实用标准"每年都不一样。所以许多制作人在签订一项有约束力的合同之前，都选择聘请一位经验丰富的律师、代理人或者其他知识渊博的和可以信赖的顾问，审查他们交易的各个方面。

读者将在阅读本书过程中发现，《媒体制作人法律实用手册》一书中使用的案例，许多都是涉及制作非广播性视频产品的案例。当然，我们在各章节中所涉及的大多数法律原则，都可以在更为广阔的制作条件下，同样有效地使用——从针对小众的特定企业客户需求的多媒体演示节目，到一个将在主流广播网播出的电视连续剧的制作等。

在序言开头，我就小心地指出，《媒体制作人法律实用手册》并非专业法律咨询的替代品。当然，媒介制作人在阅读全文之后，还是能够对法律领域的问题有一个足够的了解，这可以使他们规避或解决许多会阻碍媒介产品制作进程的各种琐屑的法律问题。同样重要的是，在结束了本书的阅读之后，读者们就有了足够的法律常识，知道何时需要寻求律师，以及需要去咨询哪些法律问题。

Barbara J. Shulman, Esq.

纽约州，纽约市

图目录

案例表

本目录为书中所有援引之司法案例的清单，每个案例在书中出现的具体页码和尾注编号均已详细列明。

目录

2 经营各种关系：合同和媒介制作程序   25

3 文字为凭：媒介制作合同样本 43

4 获得许可：媒介制作过程中的版权问题 81

IV

5 安全地进行制作：许可、豁免、诽谤和制片保险　　117

6 插入音乐：特别注意媒介制作中的音乐使用 155

7 与协会及工会合作 181

VI

8 走进多媒体：与互动产品相关的法律问题   205

9 大功告成：保护你的完成作品   243

VII

VIII

媒介法概述

媒介法的内容非常广泛，它的组成部分包括版权和商标法、合同法、劳工法、诽谤和隐私权法、电信法等法规和政策，许多法律问题肇始于《第一修正案》对于新闻自由和言论自由的保障。

为了摆脱诉讼和其他法律问题的困扰，媒介制作人有必要熟悉上述这些关键的法律领域。同样重要的是，媒介从业者在制片过程中必须拥有火眼金睛，去识别披着各种伪装的法律问题。大家不妨想象，一个粗心大意的制作人会遇到多少法律障碍：

理查德·纽曼是某大型金融机构媒介部门的制片主任。根据企业培训部门的要求，他制作了一个45分钟的节目，内容是企业管理中的交流技巧，这个片子的名字是"边干边听"（Listen While You Work）。纽曼认为，这个片子和他为这个机构制作的其他节目一样，仅限于企业内部发行。

在制作节目的过程中，纽曼面临着一些司空见惯的问题。他本想制作出一个吸引人的、有效果的教学片，但是他的愿望被紧张的经费和时间所局限。于是纽曼就千方百计借用各种素材。比如说，为了表现缺乏交流带来的后果，他使用了一些来自于某个经典影片的镜头，而这个影片是从隔壁的音像店里租来的。为了给节目配乐，他插入了几个流行摇滚录音的片段。

影片的原创镜头基本是在公司总部拍摄的，在这些镜头中，公司雇员们成为了他的"演员"。纽曼在一位专业人士的帮助下撰写了脚本。脚本中以对话的方式使用了当时流行的管理学教材的一些学习案例，另外一些素材取自对管理咨询专家进行采访的录像带。部分脚本的内容由纽曼通过一次性固定佣金

(flat fee) 的方式雇佣一个配音员录制。

由于最后期限的时间压力，并且认为影片"边做边听"仅限于内部放映，纽曼并没有考虑到与撰稿人和配音员讨论签订正式合同的事宜。他也没有考虑到要求那些出现在片中的员工以及在录像采访中出现的管理咨询专家签署豁免文件。

纽曼把自己最大的精力放在了节目的制作上，按照日程，该片在公司年度管理培训会议上第一次播出。在该会议开幕之前的周末，纽曼终于编辑完成。他的努力得到了回报，该片播出时全场爆满，公司的管理层对该片大加赞赏。

这部影片同时也带来了纽曼没有预料到的结果——一个在企业外发行该片的建议。这个建议来自企业的市场部门，他们希望通过这个原本是内部资源的作品获得额外的收入。

虽然纽曼因为这个建议沾沾自喜，但是他明白，在节目制作过程中的慌张，可能留下了一些法律上的后患。他此时打电话到公司的法律部门，该部门的意见是，在对外发行之前尚有许多问题需要解决。市场部门考虑到还要等相当一段时间来解决这些法律问题，于是放弃了发行该节目的想法。

纽曼向企业法律部门咨询的举动是明智的，但是实际上，那些值得关注的问题未必一定要经过专业训练的法律人士来判断。下面就是纽曼面临的部分法律问题：

2

- 使用了"版权所有"的电影镜头，而没有寻求那些拥有或控制该电影版权的个人、团体和组织的许可

- 在影片中使用了"版权所有"的音乐录音，而没有获得作曲者或音乐制作人以及录制公司的许可

- 使用一本"版权所有"的书籍上的摘录，而没有获得该书作者和出版商的许可

- 没有获得节目中充当角色的员工的豁免协议。由于这个疏忽，那些觉得受到不当描述的员工，可以就纽曼作品侵犯隐私或进行诽谤而提出诉讼。另外，那些员工也可以根据该节目向外部发行所得，要求获得部分收益

- 没有从节目的脚本写作者和配音员那里获得书面合同或豁免。虽然脚本作者和配音员明确地同意通过固定佣金的方式来参与制作，并且不在这个节目中拥有任何所有权和其他权益，但是这并不意味着，由于现在该节目的对外发行，并有可能获得额外收益，他们不会改变自己的决定。由于没有任何豁免的文件和合同，纽曼没有确实的证据支持

他的论点，即脚本作者和配音员同意通过固定佣金的方式提供服务，并将该作品所有权益归于公司

- 对协会协议（guild agreement）的违反。如果脚本作者和配音员是某个工会或协会的成员，纽曼和他的公司会发现他们陷入没有遵守协会协议条款的困境。当然，我们会在第 7 章中讨论，如果纽曼的公司不是相关同业协议的签署方就不会承担什么责任，相反，该作者和配音员可能面临着他们所在行业的制裁

纽曼的案例同时引发了另一个关键问题：纽曼还是公司，谁真正拥有"边做边听"的版权？根据美国版权法，公司应该理直气壮地拥有该完成作品的所有权，除非公司与纽曼的雇佣合同上另有表述。虽然为制作该片，纽曼搭进了不少自己的时间，但是由于纽曼是在正常的雇佣情况下制作本节目，该节目的所有权当然归公司。为了避免工作中制作作品的所有权造成争议，许多公司会要求雇员们签署豁免文件，作为雇佣合同的一部分。

最后还有个重要问题。如纽曼所认为的，如果该片仅限于内部发行，他就可以不理会这些法律问题了吗？在后面的章节中，我们会发现，虽然有限发行可能会减少引发法律危险的可能性，但答案也是否定的。

3

1.1　你该知道多少法律

虽然"边做边听"只是为说明某个具体问题而制作，但是它确实引发了一些非常现实的法律麻烦和利害关系，这些东西可能会使那些疏忽大意的制作人饱受折磨。当然这并不是说，制作人都要变成妄想狂，害怕自己的任何行为都会面临诉讼或控告，从而止步不前。相反，制作人应该寻求一种创造性的自由，这种自由来自于他们知道何时有必要采取特别步骤和预防措施来保护自己的作品，然后将忧心忡忡和神经过敏丢给律师去承担。

总之，作为媒介从业者，制作人没有必要是个律师。比如，一个制作人没有必要知道如何起草法律文书，如何操作和分析版权或进行商标调查，或者如何在法庭上进行辩护。当然，作为一个对媒介作品负有首要责任的个人，制作人也需要知道如下内容：

- 在节目制作的哪个部分应该小心地签署法律上有约束力的协议
- 在节目制作阶段应该获得怎样的许可、授权以及豁免
- 在什么情况下，没有经过版权人的授权，也可以在节目中插入版权所有的内容
- 在制作过程中插入音乐必须通过哪些特殊步骤
- 在制作过程中与行业协会或工会成员发生关系，或者不发生关系，涉及哪些法律问题
- 在音像产品中哪些表述或者描写会构成诽谤、侵犯隐私权、违反公开发表权
- 如果音像制品的内容是产品的广告，这些产品介绍了那些即将通过无线、有线广播和互联网播出的作品、服务或节目，应该采取怎样的防范手段
- 注册版权和商标如何帮助保护完成作品

本书的主要目的，就是研究在媒介制作过程中，上述或者其他的法律问题会怎样出现，而制作人应该如何采取步骤处理这些问题，达到既保护自己又保护自己的媒介产权的目的。当然，首先我们要了解，谁在制定、解释和执行媒介法，这会对我们有所帮助。

1.2 谁制定了媒介法

大多数中学社会科学教科书认为，法律是通过一种公正公平，直接公开的方式制定。在联邦层面，国会按照公众的需要，起草和通过了一条法律或法案；之后国会将这个法案提交给总统，由总统签署或者否决。一旦总统签署了这个法律，又或者国会推翻了总统对这个法案的否决，那么下面则由联邦法院承担解释和应用这个新出台法律的责任。如果该法律在宪法范围内引发争议，那么也是由联邦法院承担责任，判断该法案是否违背了美国宪法，是否违背了那些设定联邦政府权力范围和结构的权威文件，以及是否违背那些确立和划分联邦立法权力的权威文件。

这些教科书同样提供了联邦州层面立法的类似模式。根据这个模式，州法律是这样制定的：州立法机构起草和通过法律，并由州长签署或者否决。当州

长签署或者立法机关推翻了州长的否决，州法院负责解释和实施该法律。

　　虽然这些教科书中提供的模式基本上是准确的，但是它们概括的并不全面。比如就立法机构而言，国会或者各州立法机关，对私人团体和政治压力的反应要大于公众需要。私人的议员游说团体，包括许多代表媒介利益的团体，为推动或避免对本行业产生影响的法案而夜以继日地工作。同样，大量的公共利益团体也在为他们所代表的利益和立场而奔走游说，希望推动或者抵制那些可能产生影响的特定法案。另外，大多数法案在全体参议员和众议员或者相应的州立法部门投票决定之前，必须通过专门委员会会议或者听证会的严峻考验。

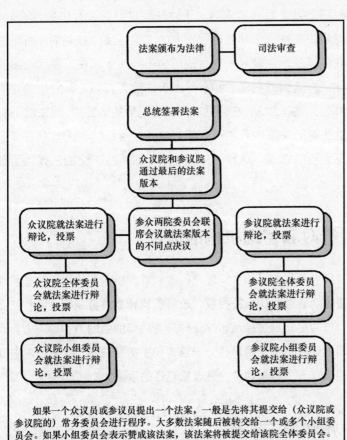

图 1.1

联邦立法程序概况

5

　　如果一个众议员或参议员提出一个法案，一般是先将其提交给（众议院或参议院的）常务委员会进行程序。大多数法案随后被转交给一个或多个小组委员会。如果小组委员会表示赞成该法案，该法案将被提交给该院全体委员会。如果全体委员会投票赞成，该法案将提交给众议院和参议院，在这里进行辩论和投票，决定赞成还是退还给委员会。如果参众两院投票赞成，法案将提交给委员会联席会议，在这里参众两院不同版本的所有不同之处都将决议。如果参众两院最终批准了统一的法案版本，该案随后提交给总统。如果总统签署了该法案，或者国会 2/3 的会员投票推翻了总统的否决，该法案则颁布为法律。新法律服从于联邦法院的司法审查。

图 1.1 显示在联邦层面，在最一般的情况下，一个法案如何成为一条法律的程序。虽然这个程序可能有助于保证所有关于这个法案的支持和反对意见都被听取，但它同样为幕后操作和政治交易打开了无穷无尽的空间。最后的结果往往是，法案不再是一个清晰的、连贯的法律，而是一个汇集了各种对立目标和利益的大拼盘。

1.2.1　法院的地位

公民教科书以及民间常识倾向于对法院在立法过程中的地位轻描淡写。大多数教材将法院在立法和管理过程中的作用描述为被动的和解释性的。但实际上，联邦以及州法院对政府立法机构颁布法令，在范围和效果上都产生了主动性作用。美国最高法院和联邦上诉法院尤其如此，它们的裁决成为判例，低级的联邦法院（以及，在包括有关宪法问题的案件中，州法院）必须遵守。事实上，这些高阶法院的判决一般都对法律产生影响，尤其是在那些立法比较模糊和不完善的领域。这种"法官制定"法将在下文的法律类型部分更充分地讨论。

1.2.2　行政和管理机构的地位

许多教科书忽视的另一个问题是行政和管理机构的作用，这些机构同样制定和提供法律。通过立法机关授权，政府机构和委员会制定规章和法令，在大多数场合，与通过正常途径颁布的法律具有同样的强制力和影响力。而在美国的宪法框架中，竟然没有给那些处于监督和平衡系统中，并可能左右立法的联邦官僚机构确立一个合法地位，是非常奇怪的事。

1.2.3　州和地方政府

前面提到，州和地方政府加剧了立法程序的复杂性。每个州都有自己的执法、立法和司法机构，以及自己的管理机构。虽然美国宪法规定，在联邦政府拥有专属管辖权的领域，州法律不得与联邦法律相抵触，但是，这并不妨碍各州在那些联邦权力被限制的领域，有权力扩展或者放大联邦法律，以及制定自己的法律。郡、市政府同样拥有立法权，可以制定那些用来保护本区域居民安全和福利的法律和规章。

1.3　媒介法的类型

如上所述，法律和规章来自不同的来源，并且各有不同的类型，形态和范围。本部分将详细描述几种最主要的法律类型：宪法性法律、制定法、判例法和调节法。

1.3.1　宪法性法律

1. 联邦宪法性法律

联邦宪法性法律的基础是美国宪法条款及其修正案。由于宪法是美国的最高法，所有与其抵触的法令和规章都是无效的。前面提过，联邦法院，尤其是最高法院和联邦上诉法院，有责任判断联邦的、州的或地方的法律是否合乎宪法。正因为这个原因，宪法不仅包括宪法条款和修正案（宪法的书面形式），而且包括重要的宪法性法院判决和观点，这些东西决定了宪法在特殊领域如何应用。

由于宪法包括了法院提出的观点和形成的判例，并且由于宪法服从于修正案，宪法一直在增加和变化。其他法律与宪法性法律一样都有这样的特点。

2. 州宪法性法律

同联邦政府一样，各州政府都有一部宪法作为本州的最高法。各州的法院负责解释和应用本州的宪法。在有些情况下，还包括判断州、郡、市立法机构所通过的法律是否在州宪法范围内生效。许多郡、市同时拥有自己的宪法和宪章，用于确定它们的管理和立法权限。当然应该牢记的是，州、郡、市的宪法不能与美国宪法相抵触。

3. 宪法性法律和媒介

宪法性法律是媒介法的重要内容。比如说，媒介从业者的工作避免受到政府新闻审查的权利，就受到美国宪法《第一修正案》的保证，这个修正案规定国会不能制定任何"削弱言论和新闻自由"的法律。大量的法院判决表明，《第一修正案》的保护不仅涵盖新闻记者和新闻报道者，而且包括从事商业媒介制作的个人和公司。另外，《版权法》保护制作人从他们的媒介财产销售中得益的权利，其基础是《美国宪法》第 8 条第 1 款，这条法律规定，国会授权建立给予"作者和发明者各自著作和发现的独占权"的法律。

1.3.2 制定法

制定法由立法性法律（或条例）组成，这些法律由国会、州立法机构和地方政府通过。许多制定法被组织起来成为法典，所谓法典就是将法律按照特定的目的来编辑索引（比如，《刑法典》、《机动车辆法典》)。《美国法典》是一个有广泛分类的法典，按照不同的法律领域，几乎包括全部联邦条例。在《美国法典》中与媒介有关的条例，比如说 1934 年的《通信法》，1976 年的《版权法》。[1]

1. 管辖媒介法的联邦法律

1934 年《通信法》和 1976 年《版权法》是两个管辖媒介法关键领域的基础性联邦条例。1934 年《通信法》确定了美国境内广播、电话、有线通信的基本规则。特别是该法律确定了美国境内广播电视频率的分配程序，即由谁来控制无线电波。该法律要求建立联邦通信委员会（FCC），来管理和执行该程序。

1934 年《通信法》决定的是谁来控制广播频道，与此不同，《版权法》制定的规则是谁拥有和控制在这些频道里传输的内容。《版权法》同样确定了谁拥有职业教育节目、教育音像产品以及其他非播出类的节目产品。实际上，《版权法》为所有类型的知识产权确立了所有权，其对象包括书籍、电影、录音产品等。由于该法律对于所有媒介制片人的重要性,我们会在第 4 章详细讨论《版权法》。

2. 制定法和法院

我们说过,法院承担对法律的解释和应用。一般而言,联邦法院诠释联邦法律,州法院阐释州法律。法院在解释的过程中所确立的程序,会影响到该法律未来如何适用。这也就是为什么许多成文法典以带有注释的方式出版,来说明不同的法院在特定的案件中,是怎样进行法律解释的。

在较多的案件中,法院会宣告某一个特定的联邦、州或地方条例无效。这一般只出现在一个法律与先前存在的条例相抵触,或者该条法律被发现与美国宪法的一个或多个规定相违背。州法院同样也可能宣布,由于一个州条例与州宪法相抵触,所以是无效的。

1.3.3　判例法

有时候也称为普通法或法官制定法 (judge-made law),判例法的基础是审判先例。只要法官做出决定和提出观点,并成为合法的先例和具有区别性,这些判决和观点就会为判例法的内容提供补充 。[2]

在联邦州的层面,判例法是最重要的和影响最大的法律。每个州都有自己的法院系统和判例法。因此,在重要的领域比如合同和侵权案件中(这是两个有着深厚普通法传承的法律领域),州与州之间的判例法经常也有不同;但是,没有任何州的判例法(或条例)可以与联邦宪法性法律、联邦法令或者与拥有专属管辖权的联邦政府区域内的联邦法院的裁决相抵触。

在美国法律系统中,判例法起到了重要的作用。当制定法滞后于社会变化或重要的社会需要,判例法有助于拾遗补漏。当一种明显的不公正开始产生,或者问题涉及新的科学和技术,法庭首先向现存的法令求得救济。如果现有的法令不能提供明确的救济,法官将对现有法律做出延伸或再阐释,来应用于当前案件。在一些情况下,法官确实通过这种方式来制定新的合法权利。

隐私权和版权就是这样两个媒介法领域,法官必须经常对现有条例进行解释和扩展，来适应新的技术发展。比如在索尼美国公司（Sony Corp. of America）诉环球都市制片公司（Universal City Studios）的案件中，[3] 美国最高法院在 1984 年被要求判定录像机生产厂家是否应当为侵犯版权承担附带责任，因为他们的录像机提供了变时录制（即 time shifting，将用户不能在播放时观看的电视节目录制下来，使用户在晚些时候观看录像带上的节目）和复制"版权所有"的电视节目的功能。对 1976 年《版权法》进行衡量后，法院认为，在大部分情况下，电视节目的家用录像设备属于一种版权法下非侵犯性的"合理使用"，因此不存在连带侵权责任（contributory infringement）。同样，在隐私权法领域，法院必须确定是否现存的条例和规则可以扩展到一个新的领域，即由新的监视和信息技术所引发的对个人隐私权的威胁。

1. 判例法和制定法之间的相互关系

某些研究立法程序的学者指出，法院过于喜欢重新阐释和修正制定法。他们认为，国会和州立法机构才是立法部门，而联邦和州法官不是。而法院激进主义的辩护者则指出，如果国会和州立法机构真的能够及时解决当前问题，判例法自然成为一个权宜之计。如果做出判例的法院确实引发了重要的公共政策问题，国会和州立法机构能够并且通过经常制定法律，达到与判例法相配合或者对判例法进行修正的目的。就《版权法》而言正是如此，在对 1909 年《版权法》进行了数十年的司法解释之后，这些解释最终在 1976 年《版权法》中被汇集、修订和提炼。正如在第 4 章中所讨论的，1976 年《版权法》已经被修正多次，并且现在也是司法解释和审查较多的法律之一，特别是在职务作品（works made for hire）以及新型再制作和发行技术的领域。所以，对制定法的司法解释和审查的情况还将延续下去。

2. 区别性的判例

虽然判例法的基础是法庭的审判先例，但是法官未必一定要严格遵循这些先例。法官在不断变化的社会环境下，或者置身于面临新条件和新问题的法律程序之中，他可能决定将手上的案件与先前的案件相区别，主要方法是揭示那些先验的，并且表面上成熟的先例，在当前场合并不具有决定意义。当法官们通过这种方式做出了区别，那么，他们就建立了一个先例，而这种先例一旦被其他法官运用到类似的条件中，它就成为判例法的一部分。

1.3.4 调节法

调节法或行政法是行政机构法，大量的规章、制度、规程都是由各级政府部门发布。这些监管部门通常被授权既出台法律又执行法律。比如说，负责劳工安全的部门可能既负责制定应用于特殊行业的法律，又调查违反这些法律的雇主，举办评估证据的听证会，并且对"已经定罪"的违法者进行惩罚。

1. 政府部门的立法限制

拥有了所有这些权威，许多政府部门掌控了巨大的权力。因此，也存在着对这些权力监督的基本手段。首先，绝大多数政府部门由立法机构产生，并且服从于长期的立法审查。事实上，建立该部门的法令同时也规定它的权力的严格界限。其次，由于立法就是给予这些部门权力，那么同样也可以撤销这种权力——通过另外立法，或者通过削减该部门的预算。

2. 对行政立法机构的司法监督

行政部门同样服从于上诉程序的司法监督。许多规则的制订都允许向特别行政法院、州或联邦法院上诉，这取决于这个部门是州机构还是联邦机构。这个上诉程序与媒介法发生关系的一个例子，被称为"中西音像公司案"（Midwest Video Ⅱ），这是 1978 年向联邦上诉法院第八巡回审判庭上诉的案件。在这个案件中，联邦通信委员会制订了一条规定，要求地区性的有线电视系统将自己的一些频道作为"公共可以使用"的频道。联邦通信委员会说这个规定部分基于宪法的原则，即公共性节目网络应该为观点的自由交流提供条件，它认为这个原则受到《第一修正案》的鼓励和保护。

虽然上诉法院认可了"公共使用要求"（Public Access Requirements）的高尚目标，但是它发现联邦通信委员会要求有线电视系统提供这些频道，超越

11

了自己的权限。特别是，上诉法院发现 FCC 所谓的"公共使用要求"超越了
1934 年《通信法》所规定的该机构的被委托权力，这个法律是 FCC 建立的法
律依据，并且是 FCC 行政权力的授予者。最终法院认为，"在此案中，我们认
为 FCC 行使的并非是联邦《第一修正案》的使命。我们没有在该法律中发现
任何……授予该机构切实的义务和权力，运用自己的非凡能力，通过有线电
视或其他所有人，来超越《第一修正案》所设定的目标。对目标的渲染并不
等于授予权限。"[4]

在这段话中，上诉法院提醒 FCC，联邦法院才是负责宪法解释的最终部门，
而不是联邦行政机构。

3. 其他影响媒介法的行政机构

除了 FCC，还存在一些政府部门和办公室，可以制定与媒介制作人利益相
关的法规，政策和规程。他们包括：

- 联邦贸易委员会（FTC），规范广告事务
- 美国版权办公室，制定版权注册的程序
- 专利和商标办公室，美国商务部的一个部门，制定专利权和商标注册
  的程序

上述以及其他联邦行政部门制定的法律颁布于联邦调节法典（The Code of
Federal Regulations，CFR）之中。[5]

媒介从业者应该了解不同的州、县、市级部门所制定的与媒介制作相关的
法律规定。比如，许多州都设有办公室，帮助制作人找到电影和电视节目的外
景地，并且检查确认制片公司是否通过适当的许可，在适当的安全措施下从事
业务。

1.4 刑事案件与民事案件

联邦和州法院对刑事案件和民事案件两种类型的案件进行听审。本节说明
这两种案件的区别。

1.4.1　刑事案件

刑事案件指包括盗窃、抢劫、谋杀、过失杀人以及其他违反刑法并且威胁社会安全和利益的案件的总称。这些案件由国家提起控诉，纳税人为起诉的费用买单。如果被告被判定触犯刑法，他们可能面临从罚款、监禁到死刑的惩罚。由于这些刑事案件可能包括被告丧失自由（或者，在死刑案件中，是被告生命的丧失），指控必须证明一个刑事案件被告"排除合理怀疑"（或超越合理怀疑，beyond a reasonable doubt）的罪行。

媒介制作人很少因为职业活动而涉及刑事案件。但是，电影制片人 John Landis 却卷入其中，1982 年，在拍摄影片《贫民窟》（The Twilight Zone）的过程中，男演员 Vic Morrow 和两个儿童死亡，他被控过失杀人罪。虽然 Landis 后来在 1987 年被判无罪，他和他的制片公司仍然可能面临着遇难者家庭的民事诉讼。

1.4.2　民事案件

13

由于民事案件的惩罚限于用金钱弥补损失，所以一般被认为不如刑事案件严厉，证据的标准也不那么高。民事案件是指一方（个人、团体、公司或其他组织）认为另一方导致了它身体、精神或者经济上的伤害。刑事案件是国家与被指控方的对峙，民事案件是涉案双方的对垒，而法院则是仲裁人。如果"证据优势"（preponderance of evidence）证明被指控被告的侵害成立，法院将通过货币或其他适当的补偿手段来弥补原告的损失。在一些情况下，法院也会判处违法一方惩罚性的赔偿金。与刑事案件不同的是，民事案件的被告不会被判处监禁。

民事与刑事案件的关键区别之处，在辛普森案的大肆报道后，飞入了寻常百姓家。1996 年，由于没有"排除合理怀疑的"证据表明辛普森在他前妻 Nicole Brown Simpson 和 Ronald Goldman 的谋杀案中有罪，辛普森在刑事审判中被判无罪。如果他被判有罪，他将被判终身监禁。在 1997 年，民事案件的判决却峰回路转，法院认为 Brown 和 Goldman 家庭的律师提出了足够的"优势证据"证明辛普森在两人的死亡上负有责任。法院判决 830 万美元的实际损害赔偿和 2 500 万美元的惩罚性罚金。但是按照刑事案件"一罪不受二审"（double jeopardy）的原则，由于辛普森在 1996 年的刑事案中被判无罪，他将不再会有可能面临刑事法院与谋杀有关的审判。

1.4.3　媒介制作人和民事指控

如果媒介制作人发现自己身处诉讼之中，那么这很可能是一场民事官司。比如说，一个电视节目制作人可能会控告制片公司没有提供承诺过的服务，或者一个电影制作人控告电影发行公司没有兑现发行合同中的条件，又或者一个音像制作人控告其他制作人在合作节目的市场活动中侵权。在媒介制作领域，这些类型的民事案件司空见惯，在这里，许多构成主要项目的交易都可能出现问题。许多这种类型的民事案件都在庭外解决，在法官或协调人的帮助下，各方达成妥协。

大多数涉及媒介制作的民事案件一般都包含两种类型的过错：违反合同或者民事侵权。违反合同一般发生在合同的一方或多方没有按照合同所要求行事，或者违反了合同的某些规定。侵权是指在违反合同之外，一方认为受到其他方损害的所有情况。如果一个制作人控告转包商没有提供协议中的服务，该案件也属于违反合同。如果一个演员就制片过程中受到的伤害，控告制作人，这就是一个侵权诉讼。违反合同和侵权案的一个重要不同是，在违反合同案件中，一般不会有惩罚性罚金。就是说，侵权指控中的原告可以要求得到超过实际损失的罚金，但违反合同案件中的原告，即使能够提出合理的证据，一般仅限于获得实际损失的补偿。

1.5　法院系统

如果不对法院系统有所了解，我们就不能对媒介法有个全面的印象。在美国，存在两个法院系统：联邦法院和州法院。在这两个系统中间，还存在着不同类型和层次的法院。图 1.2 显示的就是联邦和州法院系统内的法院类型和地位。该图同时显示了一个案件通过审判程序和上诉程序的过程。如果一个案件是肇始于联邦行政部门决定的上诉，那么它将提交给联邦上诉法院。

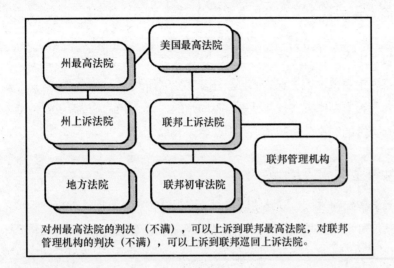

图 1.2
联邦和州的法院系统以及
上诉程序

对州最高法院的判决（不满），可以上诉到联邦最高法院，对联邦
管理机构的判决（不满），可以上诉到联邦巡回上诉法院。

1.5.1　联邦裁判权和州裁判权

15

　　如何决定一个案件是在联邦裁判权之下还是州裁判权之下？在绝大多数情况下，如果案件不涉及联邦法律，州法院拥有裁判权。宪法的制定者们非常谨慎地将联邦司法裁判权置于特殊案件之上，而把剩下的权力都交给了联邦州。

1.　联邦裁判权：版权和州际商业事务

　　宪法赋予联邦政府在版权和州际商业事务领域制定法律的权力。这就是为什么大多数事关版权和广播电视的案件，只要被认为是州际商业活动的某种方式，就会置于联邦的裁判权之下。联邦法院同样拥有对所有其他宪法性问题相关案件的优先裁判权，其中就包括那些提出言论自由和新闻自由的案件。在一些情况下，如果它认为州法院没有正确地解释宪法性问题，联邦法院甚至可以介入去推翻一个州法院的法令。

2.　公民身份的多样性

　　联邦法院在涉及"公民身份多样性"案件中，同样可能接手州法院的管辖权。这种情况发生在一个州的公民在本州起诉另一个州的公民的时候。由于两个州的法院都可能对本州公民有所偏袒,那么在双方确实存在分歧,并且可能的赔偿超过了法定的限度(最近的规定是 75 000 美元)的情况下,联邦法院如果被要求介入,就必须进行审理。通过这种强势介入,联邦法院可以避免双方在案件中获得本地法院的优势。许多媒介制作的法律争议最终被视为多样性案件,是因为制作方往往包括来自不同州的公司和组织,或者工作地点在一个州,而负责的制作公司却属于另一个州。

3. 共享裁判权

在许多法律领域,联邦法院与州法院共享特定事务的管辖权。比如在商标法中就是如此,在那些既存在州商标法又存在联邦商标法的州,某些与商标相关的诉讼既可以到州法院,也可以到联邦法院。在这类领域,联邦与州法院被称为具有"共享的管辖权"(concurrent jurisdiction)。另外,如果提交到州法院的案子中,被告和原告来自不同的州,一方可以按照上面所说的"公民身份的多样性",要求由联邦法院审理。同样,如果一个案件同时包括联邦和州的法律问题(比如事关联邦版权法和州出版权问题),联邦法院可以在"补充管辖权"(pendant jurisdiction)的框架下审理州的权利主张。这个管辖权的原则是,联邦法院可以审理和决定联邦和州之间的争议,而这些争议是基于相同或密切相关的事实。

1.5.2　联邦法院系统

案件如果属于联邦管辖权的范围,那么它将进入联邦法院系统进行审理。如图 1.3 显示,联邦法院体系分为 13 个巡回区。所谓"巡回",可以上溯到西进时代(frontier era),当时的法官们骑马从一个城镇到另一个进行"巡视"。如今,每个巡回法庭都包括一个上诉法庭(也叫巡回法院)和若干初审法庭。

1. 美国初审法院

案件进入联邦法院系统的第一站一般是一个美国初审法院。这是一个同时处理民事和刑事案件的审判法庭。一共有超过 90 个美国初审法院,每州至少有一个。

16

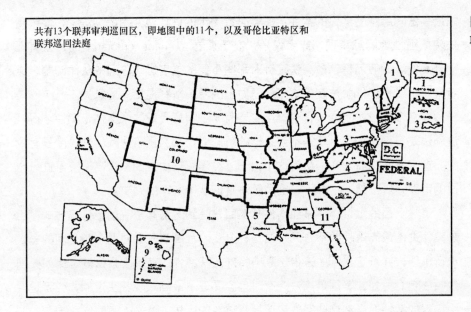

共有13个联邦审判巡回区，即地图中的11个，以及哥伦比亚特区和
联邦巡回法庭

图 1.3
联邦巡回区

2. 美国上诉法院

如果你在美国初审法院的官司输了，你就可以向本地区的巡回法院上诉。
它们正式的称呼是"美国上诉法院"，巡回法院的职责是判断这些上诉案件在
初审法院是否处理和判决得当。在审理上诉案件中，法官关注于法律及其解释，
而不是直接关心犯罪的要件是否达到或者当事人是否清白的事实问题。

大多数联邦上诉案件由 3 个巡回法官组成的专门小组进行审理。如果两个
或三个法官达成大多数意见，判决才能成立。一般而言，形成大多数意见的法
官应该提出自己的观点，对决定的法律逻辑进行解释。这些观点非常重要，因
为它们将被印刷在判例著作中，称为"法官报告"（reporters），通常会为判例
起到重要作用。

除了对来自初审法院上诉的案件进行审理，巡回法庭还对来自联邦管理机
构的上诉进行处理（比如联邦通信委员会，联邦贸易委员会）。由于这个原因，
哥伦比亚特区巡回上诉法庭和联邦巡回上诉法庭是上诉法院中最繁忙的。

3. 美国最高法院

如果你又输了巡回法庭的官司，那么下一步就是美国最高法院，前提是美

国最高法院愿意受理你的案件。每年有数千份的诉状递交到最高法院，而最高法院象征性地同意审理，或者说是"准予调卷"（grant certiorari）的，仅有几十个案件。一般而言，最高法院针对那些重要的或者影响深远的法律问题，或者是两个或更多低阶法院就法律问题做出的矛盾解释提出主导意见。

在 9 个最高法院的法官中，至少要有 4 个同意受理这个案件，案件才得以进入法院日程。如果诉状得不到足够的赞成票，那么低阶法院的判决就是有效的。这实际意味着法官们认为这个案子已经没有理由在国家最高法院再进行全面的审理了。当然，这并不一定表示法官们认可初审的判决。

虽然上面的上诉程序是让案件从巡回法院到达最高法院的最普遍方式，但是案件进入最高法院并不是只有这一种方式。最高法院会对两个州之间的争议进行审理，并且它是那些来自于某些特殊法院案件的首要上诉法庭，比如美国税收法院。另外，美国最高法院有时也会受理州最高法院裁决过的，或者是拒绝审理的案件，当然这些案件应该具有重要的宪法性意义。有时候，国会向联邦立法机构提出要求，要求最高法院必须对任何低阶法院对某项立法违宪的判决上诉进行审理。1996 年《通信内容端正法》（the communication decency act）就是如此，联邦条例试图限制互联网上的淫秽和猥亵内容。[6]

最高法院确实是美国的"最高"法院。法官们的观点通常被全国奉为经典，而他们的判决则被所有低阶法院所遵从。如前所述，最高法院同样有责任确定联邦法律和规则是否合乎宪法，这种责任使得最高法院的法官在立法过程中成为关键人物（key player）。

1.5.3　州法院

与联邦法院系统一样，50 个州的法院系统被分为不同层级。低阶的法院是审理违反州法律的审判法庭。高阶法院是上诉受理机构，审理来自低阶法院的上诉案件。

在比较大的州，上诉法院分为两个层次，州上诉法院和州最高法院。从低级法院来的上诉案件首先来到州上诉法院，然后才上诉到州最高法院。拥有两个层次上诉法院的联邦州包括加利福尼亚、伊利诺伊、密歇根、纽约、俄亥俄、宾夕法尼亚州。在纽约州，最高一级法院的名称是"上诉法院"，而低一级的

18

有权审理某些上诉案件的法院却称为"最高法院"。

　　在某些较小的州，不存在中间层次的上诉法院。于是，经过法院初审的案件直接被上诉到州最高法院。但是近年来，司法和上诉机构的拥挤不堪使得许多州引进了中间的上诉法院。

　　组成低级法院系统的初审法院有时分为民事法院和刑事法院，分别受理民事和刑事案件。在许多州，与这些初审法院同时在低级法院系统中发挥作用的，还有一些不同的特殊裁判法院：遗嘱检验法院、家庭法院、少年法院等。

1.5.4　地方和市法院

　　低级法院中的最低层次是地方和市级法院，对涉及郡、市、镇、村法律和条例的案件进行裁决。在这些法院中，包括交通法院、警察法院、小额赔偿法院、治安法院。一般来说，州法律要求这些最低级法院仅对小额民事案件和轻微侵害的刑事案件作出裁决。由于这些法庭受理的案件非常轻微，所以很少上诉，当然各州也为这些上诉提供了进入上诉法院系统的条件。

19

1.6　替代的争议解决方案

　　媒介从业者应该同时了解仲裁和调解，这两种替代的争议解决方案可以使得特定案件不再占用正常诉讼的法院空间。

1.6.1　仲裁

　　在仲裁案件中，争议被提交给一个或多个仲裁人，而不是提交给法官和陪审团。在民事案件中，当案件数量剧增，以及律师费用在正常花费之外增长到几百美元一小时时，仲裁已经成为一个充满吸引力的解决途径。

　　除了可以节约金钱和降低对律师的需求，仲裁还可以节省时间。正常诉讼可能拖上数年，而仲裁案件一般在几周内就可以解决。对媒介从业者来说，尤其在合同争议可能会对产品的完整性和发行造成威胁的时候，时间是至关重要的。

当然，仲裁也是有局限性的。首先，我们这里谈到的仲裁只涉及民事案件，而且一般只是针对那些违反合同和其他商业争议产生的赔偿要求。其次，如果要进入仲裁程序，争议双方都必须同意将这个案子转交仲裁。一般而言，这意味着案件进入仲裁必须是双方原始合同所规定的内容。下面是仲裁条款的简单版本：

在此，各方同意任何争议，赔偿要求或者其他由于本合同引发的矛盾，以及对合同的违背应该根据美国仲裁协会的商事仲裁规则，在某地（城市名称）提交仲裁。任何对仲裁有管辖权的法院都可以就仲裁裁决作出判决。胜方将赢得自己与仲裁和裁决相关的成本和花费（包括合理的律师费用）的权利（意即由输方支付）。

在美国，许多仲裁案件受到美国仲裁协会（AAA）的资助和指导。AAA 将向被仲裁方提供填写的表格，安排仲裁场所，并且提供对所争议内容有经验的仲裁人名单。当争议双方就名单进行考察，删除部分名字之后，如果争议双方没有就选择仲裁人达成其他意见，AAA 将在剩下的名字中选择仲裁人。

在某些情况下，典型的仲裁与法官审理案件比较相似。争议各方都有就本案进行陈述的机会，出示证据和证人，就对方的指控和赔偿要求作出回应。但是仲裁程序比法庭程序相对宽松。这就使得双方在出示证据，盘问证人和出示那些未到证人经过宣誓的书面证词方面更加简单。也使得个人要求为自己辩护更加容易，虽然许多当事人更倾向于雇佣律师。注意，在仲裁条款的样本中，胜方有权不负担自己在仲裁中的成本和费用（包括合理的律师费，这一般是最主要的花费）。与某些仲裁条款上表述的"双方平均分担成本和花费"不同，这种"输者买单"的条件提高了仲裁提出方的风险。所以，许多制作人都将这个条款视为一种威慑，一种抑制赔偿相对较少以及比较琐碎主张进入仲裁的方法。

一旦仲裁听审结束，AAA 指导原则允许仲裁人在 6 个月内拿出结论，通常裁决来得很快（如果仲裁进入加快程序会更快）。如果争议各方都同意强制性的仲裁裁决（包括赔偿的金额），仲裁人的裁决将和法庭判决一样具有权威性和影响力。当这个裁决被具有裁判权的法院所归档，它就成为一个判决。当事人只有在向上诉法院证明裁决不当的前提下，上诉才有胜利的可能。[7]

1.6.2　调解

调解是争议的另一个替代解决方案。虽然在很多方面与仲裁相似，但是调解更加不正式，而且一般只有一个调解人，而仲裁一般是多个人组成的仲裁小组。另外，调解的结果一般是由调解人提出一整套结论和决定，而仲裁是形成约束力的裁决（在某些案件中，包括赔偿的判给），这种裁决来自于标准的仲裁程序。因为这些原因，合同双方一般会同意把调解作为进入约束性仲裁程序和法院审判之前的缓冲环节。

作为中间环节，调解给各方一个中立的论坛，去进行法律和事实的辩论，各方将在这个环节评估自己在进入约束性仲裁或法庭程序后胜诉的可能性。如果当事人能够做出考量，那么他就该选择是调解争议的成本和收益更划算，还是让案件进入仲裁和司法程序的成本和收益更划算，并在这个问题上谋得先机。

与仲裁不同，调解并没有一个类似于 AAA 的管制机构，仲裁机构使用大多数美国权力机构所承认和接受的标准规则和程序。与此相反，调解的规则和程序在许多机构和独立调解人中都是不同的。[8]处理民事案件的律师一般对调解程序以及提供调解服务的个人和组织比较熟悉。在许多情况下，调解人选择的程序，一般是争议双方协商的结果。当然，在仲裁中，也有可能要求当事人首先对争议进行调解，并且事先设定一些调解的基本前提，包括用合适的文字将其体现在当事双方的合同当中。下面就是要求当事人在仲裁和诉讼之前对争议进行调解的合同条款样本：

合同各方在此同意，任何争议、赔偿要求，以及由本合同产生的矛盾，或者对合同的违背，在提交给本合同所指的约束性仲裁之前，都将在（城市名）提交给（调解机构名）进行调解。任何一方在提交商事调解于（调解机构名）之时，应送交另一方要求调解的书面文件，并说明争端之内容及主张。当事各方应该：（Ⅰ）与（调解机构名）和其他当事人一起，确定调解日程，选择调解人，调解人必须得到各方的同意；（Ⅱ）诚意地参与调解；（Ⅲ）平均负担所有的调解费用。合同各方还同意，未来的调解要求接受任何具有管辖权的法院的裁决，如果有一方反对执行调解，必须负担所有要求执行方的成本和花费，包括律师费用。

该样本的最后一句话提出，一方可以谋求法院的帮助，去强迫另一方履行调解的要求。在这种情况下，反对方将支付寻求执行的所有成本和法律费用。这个样本同时表述，各方平均负担所有其他的调解费用——这是与许多仲裁条款"输者买单"所不同的通例。事实上，这种区别显示了调解与仲裁的重大不同之处，调解仅仅形成不具有约束力的决定，这种决定不大可能分清谁是胜者谁是负者，而仲裁将形成一个最终的、强制性的结果，或者支持或者反对一方或多方的主张。另外，在仲裁中应用"输者买单"的要求，仲裁者的决定将保证胜方"赢得"重新获得自己付出的律师费和其他花费的权利。

小结

22

- **什么是媒介法**？媒介法是一种具有广泛内容的法律，由各种不同的法律组成。它们包括版权和商标法、合同法、劳工法与隐私和诽谤相关的法律规定、电信法规和政策，以及宪法《第一修正案》所保护的言论与新闻自由引发的法律问题和解释。

- **媒介制作人应该了解多少法律**？制作人或其他媒介从业者没有必要成为律师。但是，制作人应该可以预见和识别在制作过程中出现的众多法律问题，并知道什么时候有必要向律师咨询。制作人还应该知道什么时候有必要取得特殊产品的执照、豁免、许可和认可。

- **谁制定了媒介法**？国会和州立法机构，联邦和州法院，以及联邦和州的各级管理机构制定了媒介法。法院通过建立先例来制定法律（判例法），这些先例决定了法律和规定如何被解释和执行。涉及媒介法的联邦办公室和管理机构包括：联邦通信委员会、联邦贸易委员会和美国版权办公室。

- **媒介法有那些主要的类型**？在美国，有4种主要的法律类型：宪法性法律（直接以美国宪法为基础的法律）、制定法（国会、州和地方通过的法律）、普通法或判例法（法院判决成为先例而建立的法律），以及调节或行政法（由管理机构制定的法律和规章）。

- **民事案件与刑事案件的区别是什么**？刑事案件包括抢劫，谋杀以及其他威胁社会安全和利益的案件，这类案件由国家提起诉讼。典型民事案件是私人诉讼，一方（原告）认为另一方（被告）违反合同，或导致原告身体、精神、或者经济上的伤害。在刑事案件中，控方必须证明案件达到"排除合理怀疑"，被证实罪行的被告将被判处监禁，或者最严重的死刑。在民事案件中，原告一般必须通过"证据优势"来赢得诉讼，败诉的一方只有失去金钱的危险。媒介制作产生的案件大部分是民事案件。

● **法院系统是怎样的？** 在美国，存在两个法院系统：联邦法院系统和州法院系统。联邦法院系统包括美国初审法庭、美国上诉法院、美国最高法院。州法院系统包括市、郡法院，审判法庭，上诉法庭以及各州的最高法院。

● **所有争议都必须对簿法庭吗？** 仲裁和调解是民事案件当事人避免昂贵法庭费用的两个方法。如果当事人希望选择其一作为争议解决方案，那么就需要在合同中注明。许多案件都通过相关方的相互合同在庭外解决。

23

注释

1. 1934 年《美国通信法》，后修订，《美国法典》47 卷出版。1976 年《版权法》，后修订，《美国法典》17 卷出版。

2. 同美国其他法律领域一样，美国普通法部分建立在英国法律体系的基础之上。当这个新生国家建立起州法院和联邦法院的时候，他们采纳了许多英国的审判传统，成为美洲殖民地普通法之基础。

3. Sony Corp. of America 诉 Universal City Studios, inc., 464 U.S. 417(1984)。

4. Midwest Video Corp. 诉 FCC, 571 F.2d 1025, 1042（第八巡回法庭,1978)。

5. CFR 的第 37 卷包含与版权相关的条例；第 47 卷包含与电子通信，包括电视和广播，的相关法律。

6. 1996 年《通信内容端正法》，位于 1996 年《电子通信法》第 V 部分，Pub. L. No. 104-104, 110 Stat. 85 (1996)。

7. 关于仲裁的更多信息，请与美国仲裁协会联系，地址是：140 West 51st Street, New York, NY 10020; (212) 484-4000。西海岸地址是：3055 Wilshire Boulevard, 7th Floor, Los Angeles, CA 90010;(213)383-6516。

8. 虽然不存在主宰性的调解组织，AAA 同样采用了某些调解程序，这些程序的使用范围不如仲裁程序广泛，但是这些调解程序也被许多调解案例全部或部分使用。在某些情况下，特别是如果合同要求任何争端如果调解无效则服从 AAA 规则的仲裁，媒介制作人在合同中可能看到这些 AAA 的调解规则，作为合同的必要或者优先规则，其中包括调解条款。

经营各种关系：合同和媒介制作程序

和其他行业一样，媒介制作产业需要处理众多的工作关系。例如，在典型的影视制作中，制作人必须经营与演员、作者、摄制组、后期制作人员以及项目委托人之间的关系，另外还要处理与音乐、资料镜头（stock footage）、片头（title sequences）以及其他素材制作的分包人或提供者之间的关系。此外，一旦项目完成，某些制作人就要负责和节目发行人就发行事务进行磋商。任何制作项目的成功，在很大的程度上，取决于制作人能否成功经营和协调这些关系。

在理想的社会，所有制作关系可以仅以信任为基础。例如，制作人可以向演员和编辑解释自己作为回报所期待的东西，以及演员或编辑可以预期的回报。然后制作人就可以休息并放松一下，因为他确信约定的服务会准时，并以可接受的形式得到提供。演员和编辑者也可以得到心理上的放松，因为他们知道能够收到约定的酬金，这使得他们没有后顾之忧。

不幸的是，媒介制作领域很少处于理想状态。因而制作人也很少能毫无保留地信赖演员、摄制组、供应商（suppliers）以及分包人的信用，确保完成项目所需的服务得到提供。相反，有经验的制作人会通过更为正式的，合同上的保证，使承诺的产品和服务准时地，并以适当的形式提供。

2.1 制作合同

制作合同为建立制作关系奠定了正式的法律基础。虽然它们不能确保这些关系的成功，但至少可以做到下面几点：

- 确定涉及制作的不同个人和群体的职责
- 明确这些当事人所提供的产品和服务的交付日期
- 说明指定的产品和服务应该达到的质量和条件
- 确定当事人提供指定的产品和服务后可以获得的报酬
- 规定任一合同方违反协议条款所应承担的责任

最重要的是，合同有助于制作项目的管理，因为它们要求制作关系的当事人在最后期限迫近，变得心急气躁之前，首先对他们关系条款达成一致。同样重要的是，因为合同是当事人通过白纸黑字的形式来表述的，它们会有助于避免制作过程中的争议，以及可能会发生的诉讼。

2.2 什么是合同

26

大多数人听到合同一词时，他们想到的是一份厚厚的，用极小的字体印制的文件，文件中充斥着难以理解的行话。不过，如图 2.1 所示，合同确实也可以用非常简洁的商务信函形式写成。许多商务合同都是以相对朴实的语言写成的。实际上，正如本章后面将要讨论到的，尽管所有的媒介制作合同都应该采用书面合同，但是，合同并非一定要采用书面形式。

从最基本的形式上说，合同只是两个或两个以上的当事人之间达成的有约束力的协议。律师可能更喜欢一种更为正式的定义，例如《布莱克法律词典》所提出的："一项在两个或两个以上的人之间达成的协议，它创设了一项做或不做特定事情的债务，（以及）包含了当事人协议、条款、条件的书面文件，它可以用作义务的证据。"[1]

正如这一定义所表明的，合同是一项在两个或两个以上的当事人之间创设了义务的协议。此外，一旦合同表现为书面形式并为当事人签署，被签署的文件就可以用作是对这些义务的书证。这就是为什么所有的媒介制作合同都应采用书面形式的原因，尽管口头合同在许多情形下都被认为是有效的。一旦当事人之间发生争议，书面合同就对他们达成协议的条款和条件提供了直接的证据。

图 2.1
信函协议

**Corporate Video Center
Anvanced Technologies, Inc.
4400 Industrial Drive
Houston, Texas 77061**

2002 年 2 月 19 日

Jason McDonald 先生
737 Stadium Street
Houston, Texas 77061

亲爱的 Jason：

　　当您在下面签署本信函后，它将构成您和 Anvanced Technologies 有限公司（"公司方"）之间的一份有约束力的协议。

　　公司方愿意聘用您作为一盘培训录像带之画外音（voiceover）的配音员，该录像带现在的名称为"更好的制度，更好的管理"（"项目"），它正在本公司的音像中心进行制作。画外音的录制将于 2002 年 3 月 14 日进行，地点为 Soundsgood 演播室，位于休斯顿市 Halford Highway 47 号。整个录制过程都需要您的参与，录制将从上午 9 点钟开始延续到大约下午 5 点钟。我们最晚会在录制开始的一周之前送给您一份脚本。

　　作为贵方所提供服务之全部和完整的对价，公司方将支付给您一次性酬金 1 500 美元。如果我们在 3 月 14 日的录制过程之外还需要您的服务，公司将就您额外增加的服务时间支付每小时 200 美元。公司的付款条件为，从您提供的服务完成时起 30 日内全额无折扣付款。本要约的有效期为自本信函所载日期起 5 个日历日（calendar day）。如果您在该日期前没有表明你的承诺，要约将失效。

　　您应该了解并同意公司拥有您和本项目相关服务的所有成果和收益。您还应了解和同意这些结果和收益属于所有相关版权法下的"职务作品"（work-made-for-hire）。如果由于任何原因，在某个时候，相关法律确认您对您提供的服务成果和收益享有版权或其他所有权利益，您在此向公司方永久性地转让您所有相关权利、所有权（title）和利益。您还同意签署下述文件，即公司为了登记、保全（perfect）、转让它在本项目中的所有者权利（ownership rights），或取得对这些权利许可，以及为了项目拓展之目的所需要的任何文件。

　　您承认您是独立的订约人，您对那些和您依据本协议所获得的酬金相关的应付

27

图 2.1
信函协议（续）

的所有税费和估价费用（assessments）单独承担责任。作为独立的订约人，你也同意不向公司提出保险、劳工补偿或由公司向其雇员提供的任何其他津贴的要求。

本协议构成当事人就本项目达成的的全部协议，并优先于你方和公司方之间有关本项目的所有先前或同时的口头或书面的协议、约定和陈述。本协议仅可以通过双方当事人签署的书面文件来变更或修订。

如果您同意上面提出的条款，请在下面提供的空白处签署这两份文件，并将已签名的一份文件返还给我。

诚挚的：

Robert S. Hansen

Advanced Technologies 有限公司

同意并接受

_____   _____

Jason McDonald   Date:

写进合同中的"条款和条件"（terms and conditions）是很重要的，因为这些规定通常对当事人在协议下的主要权利和责任施加了限制条件。比如说，公司联络部的录像制作人可能和企业外的制作机构签署了一份合同，该合同要求后者承担交付片头字幕（an opening title）和图形序列（graphics sequence）的义务。作为对该工作的回报，公司的录像制作人会同意向该机构支付合同中确认的报酬，但受到下列条款和条件的约束：

- 字幕和图形序列必须在指定的日期交付
- 图形序列必须符合指定的时长
- 图形序列必须满足指定的技术标准

根据情况，录像制作人和外部机构也会希望详细说明影响当事人履行义务的大量的其他条款和条件。例如，录像制作人可能指定几个检查日期

（checkpoint dates）来审查字幕序列的前期版本。反过来，外部机构可能要求在协议中明确说明，录像制作人必须在收到协议所指的审看版本后的 24 小时内提交认可。事实上，在许多媒介制作合同中，条款和条件的罗列要比协议核心部分长得多。

　　在许多时候，制作人在制作交易中并不愿费心去使用正式的合同。在公司内部交流和非广播性录像（nonbroadcast video）的情况下尤其如此，此时，通常是在与演员、摄制组和分包人进行的最后一刻的电话通话中做出承诺，交易即建立在这些承诺的基础上。制作人应当明白，根据法律，即使承诺是以书面方式做出的，单方承诺也不等同于合同。正如本章下面所要解释的，一份协议必须包含至少 3 项基本要素，才能构成一份有约束力的合同。

2.3　合同的要素

　　一份合同必须包括 3 项要素：要约、约因和承诺。根据法律，缺失这些要素中任何一项，合同就可能无法执行。当然，一份合同也可以包括其他的要素，包括以前提到的条件（conditions）和条款（provisions）。不过，这些额外的要素通常是作为要约、约因或承诺的一部分被纳入进来的。图 2.1 展示了一份简单的合同，它包含了这 3 项基本的关键要素以及几项额外的条款。（更多的细节请参见第 3 章中的媒体制作合同清单和合同样本）

2.3.1　要约

　　要约是启动合同订立程序的基本建议。典型的启动媒介制作交易的要约所采用的最基本形式可表述如下："我们想让你为我们做这件事。"例如，在媒介制作公司（"要约人"）和作曲者（"受要约人"）之间订立的合同中，基本的要约可能是，"我们想请你为我们现在的产品谱写并制作一首主题曲。"通常，要约也会表明公司愿意向作曲者支付多少报酬，尽管在技术上这是约因的一部分。

　　在实际操作中，大多数要约的做出都受到一些条款和条件的约束。这里有一些示范条件，它们可能会附加在前一段所描述的主题曲要约中：

- 要约必须在指定的期限内得到承诺
- 作曲者必须同意放弃对歌曲所有权的所有要求，而录像制作公司成为歌词和音乐的唯一拥有者
- 作曲者必须在指定的日期提交歌词和音乐供初步审查
- 作曲者必须以指定的形式交付已完成的歌曲
- 已完成的歌曲必须符合指定的时间要求（例如，1分钟、45秒）
- 已完成的歌曲必须符合一定的技术标准

这一完整的要约实际上要表达的是："如果你满足了所有这些要求，我们就同意达成交易"。当然，在决定是否接受要约前，作曲者应当仔细看一眼合同中描述他或她作为履行工作的回报会得到的报酬部分。合同中这个"有什么给我"的部分被称作约因。

2.3.2　约因

30

约因是合同的要素，它详尽地描述了作为对其承诺，以及满足要约条款的回报，承诺方会收到的东西。在大多数合同中，约因完全或主要是金钱。不过，媒介合同中的约因也可能涉及其他类型的补偿，包括如下几种：

- 在节目的开篇或结尾出现作曲者、脚本作者、表演者、制作组成员或分包人的名单（credits）
- 在特定发行创造的收入中，向表演者或作者提供复播复映追加酬金的条款
- 在续集和其他衍生项目进行类似工作时的"优先拒绝要约权"（right of first refusal）
- 收到已完成的产品拷贝的权利

一些制作人也将服务交换作为约因的一部分。例如，音像制作公司和歌曲作者之间的合同要求制作公司为作曲者提供录音和混音设备，作为作曲者录像音轨工作的全部或部分的约因。

在合同法中，约因实际上对双方都适用。对于提出要约的一方，约因是它从接受要约一方那里收到的产品或服务。对于承诺方，约因是它交付这些产品

和服务后收到的报酬。

约因是所有合同的关键要素。通过确定每一方当事人作为完成合同的回报而得到的东西，约因确立了当事人之间的"义务的相互性"（mutuality of obligation）。义务的相互性将合同和单方承诺、或无约束力的协议区分开来。[2]

毋庸多说，合同的要约和约因部分经常要经历冗长的谈判。例如，歌曲作者可能更倾向于保留对歌曲的一定权利，以便在制作公司所付报酬之外，获得更多的收入，或者倾向于花费比要约所指定的更长的时间去完成项目。由于对合同草案进行变更可能会浪费时间成本，所以很多这类问题经常在准备完整的书面草稿之前，就通过当事人之间的沟通解决。通过这样的方式，只要书面合同被送给受要约人，接受整个合同的行为就不大会受到不适当的耽搁。

2.3.3　承诺

在当事人同意受到合同条款约束时，承诺就发生了。尽管接受（或"执行"）合同的确切方式可能依协议而有所不同，但几乎所有的书面合同都要求当事人通过在合同的相应位置上签字来表明承诺。对于一方或双方当事人为团体或公司的协议而言，授权代理人会代表这些团体或公司来签署合同。以口头或通过指定的行为来表明承诺也是可能的，当然这在书面媒介制作合同中是很少见的。

目前，通过电传的方式签定协议日益增多，即每一方签署一份通过电传发送的协议，然后将签字页传真给另一方来订立协议。这种"通过电传来执行"的程序降低了当事人实际会面签署协议的必要性，并减少或消除了订立中的延误现象，这种延误源自一方当事人签署协议，并将签署后的原件送给另一方当事人，或其他当事人，再由他们签署的程序。尽管这一过程通常是订立协议的有效方式，但如果你觉得想要通过传真来订立协议，那么在协议中纳入授权"通过电传签署"来订立合同的条款是明智的。第 3 章中的几份样本合同包含了这一条款。此外，许多使用这一方案来加速签署程序的当事人，也通过传递原始的、起确认作用的副本以供签署来加强效果。这确保了至少有一份清晰的、包括了全部必须签字的，得到完全签署的原件，以防一方当事人质疑传真版本的有效性。

应该牢记，签署了合同，就等于接受了合同的所有条款。因而，在签署前应当确保所有条款都是你可以接受的。随着截止日期迫近，一些媒介制作合同的当事人匆忙签署了那些包含模糊或有疑问条款的合同，并单纯地认为"事情会成功"。不幸的是，这些遗留下来未得到解决的事项经常是不成功之渊薮。

如果你仅仅在合同的边缘空白上标记几项变更，然后签字接受它，这也是错误的。根据合同法，对要约做出即使是很小的修订，都会被解释为构成了对要约的拒绝。要达成最终的合同，你需要和提出要约的当事人重新谈判，收到包括了重新谈判后达成条款的、新的书面要约，然后接受该新要约。

在碰到争议问题时，避免重写整个合同的一种方法，就是先对这些问题达成协议，然后对该协议附上一份修订清单。另一种更为简单的方法就是，在协议上表明变更，并让所有的当事人在这些变更处签署本人姓名的首字母。这些选择在争议事项较为轻微、或者在当事人一方或双方希望澄清要约的某项条款时是很奏效的。不过，如果争议事项包括了要约的基本条款，重新谈判并重写合同就是值得推荐的替代方案。

2.3.4　日落条款

在接受要约前，你应当花费时间来审阅要约的全部条款和条件。不过，某些要约包含了"日落条款"，它要求你在指定日期前对要约做出回应。如果你没有及时做出回应，要约就会自动撤销。例如，图 2.1 中的合同规定，要约只会在 5 天内保持有效，在第 5 天，如果要约没有被接受，它就会失效。如果要约要求你通过电子邮件做出回应，只要该合同没有要求你的承诺必须在指定日期到达另一方，你的承诺通常被认为在你邮寄的那天开始生效。

2.3.5　要约和合同

要记着，要约和合同并非一回事。例如，媒介制作人通常会对表演者或作者提出一项非正式的要约，其意为：如果表演者或作者有兴趣考虑要约，其后会有一份书面合同。书面合同就是包括了要约的全部条款，约因以及表演者或作者必须签署以表明承诺内容的文本。而且，正如前面讨论过的，要约实际上必须得到承诺以构成一项有约束力的合同。因此，如果制作人提出要约，要雇佣一位作者从事某项目，而该作者说，"我会给你回复，"那么在该制作人和该作者之间并不存在一份有约束力的合同。相反，如果事实上作者对制作人做出了回应、并接受了要约，合同就订立了。此外，大多数书面合同，包括图 2.1 中的合同样本，都包括了一项"整合条款"（integration clause），它规定，当事人签字的书面合同优于当事人之间有关协议的所有先前的讨论或通信。这一条款澄清了下面一点，即书面合同——并非当事人任何先前的讨论或通信——表达了有关他们协议的最终内容。

2.4　其他问题和关键

作为媒介从业者，你应当了解与订立生效合同相关的其他几个问题。

2.4.1　意识能力（mental competence）

法律假定合同的所有当事人在承诺时精神上都是健全理智的，没有当事人在身体或精神受到胁迫的情况下接受合同。对大多数合同而言，法律也假定当事人是成年人，尽管某人达到法律上成年（legal majority）的确切年龄可能因国别而有所不同。如果媒介制作人希望和一位未成年的表演者订立合同，父母或法定监护人必须代表该未成年人签署合同。正如第 5 章中所展示的，这包括了弃权书（release），在该文件中，未成年人同意在作品中出现，而仅需支付很少的金钱补偿或完全不给予金钱补偿。

2.4.2　非法行为

订立一份要求某人履行非法行为的合同是不合法的。例如，要求特技演员以每小时 160.93 千米的速度，驾驶一辆汽车穿越繁忙的城市街道，这是不合法的，因为它要求特技演员违反法律。如果合同要求一方当事人实施违背公共道德标准的行为，尽管这些标准通常是难以界定的，这些合同也可以被宣布为无效。

2.4.3　欺诈和错误

如果合同的一方当事人被证明在订立合同中实施了欺诈或者一方当事人可以在法庭上证明合同是基于重大的错误理解或"共同错误"（mutual mistake）时，该合同就可以被宣布为无效或可以撤销。由于难以证明当事人是基于不实陈述、误解或共同错误而达成了一份协议，事实上很少有合同基于这些理由而归于无效。

2.5　合同法的渊源

34

版权法几乎完全由修订后的 1976 年的版权法来调整，与之不同，合同并非由单一的、高于一切的联邦制定法来调整。相反，大多数合同法都基于普通法和单个州颁布的制定法。为了提供某种跨越州际的有效性，除路易斯安那州以外的所有州都采用了《统一商法典》（UCC），它是一系列调整货物买卖和其他特定商事交易的标准化的法律。大多数州也采用了某种形式的《欺诈法》（the Statute of Frauds），它是决定特殊类型的合同是否必须采用书面形式的一系列规则。在所有的州，法律给予了个人订立有法律约束力的合同的权利、在必要时为了这些合同的执行而诉诸法院的权利，以及在违反合同时收到某种形式的赔偿或补偿的权利。

2.6　合同的种类

存在很多种类的合同，包括某些专属一定类型的营业和交易的合同。对于媒介制作人，明示合同和默示合同，以及口头合同和书面合同之间的区分是特别重要的。

2.6.1　明示合同和默示合同

明示合同是在订立合同时明确表示的书面或口头协议。换句话说，明示合同是明示其条款，并且所有的当事人都意识到他们同意这些条款，并达成一项有约束力的合同。第 3 章中提供的所有的媒介制作合同范本都是明示合同。

相比之下，默示合同是没有明确声明，而是暗含于当事人之间的交易或关系之中的合同。和所有的合同一样，默示合同要求当事人承担履行一定职责的义务。不过，在默示合同中，这些义务并没有通过一份正式的协议而得到明示。例如你通过电话订购一份比萨，就订立了一份默示合同，它使你承担了在比萨到来时支付价款的义务，即使你在做出订单时没有明确声明，"我将在比萨到来时支付价款。"反之，比萨的卖主有义务在合理的时间内交付你订购的比萨。如果 6 小时后送来的是错误的比萨，卖主就违反了默示合同的条款，你就没有义务付款。另一方面，如果比萨的卖主履行了他的义务，而你拒绝付款，卖主就可以因你违反了默示合同而对你提起法律诉讼。

当然，你或者比萨卖主都不可能对一份比萨的价款提起一场正式的法律诉讼。不过，为达到正当公平，法律允许个人和企业向违反了默示合同的当事人寻求赔偿。在不计其数的营业和个人交易中，这一原则演化成了一种确立公平的权利和职责的途径，这些营业和交易每天都会发生，但并没有被明示合同所规范。如果默示合同的争议到达了诉讼阶段，那么法院必须确定，交易中哪些权利和职责得到了暗示并且是不言而喻的。

正如第 3 章中提供的样本所表明的，媒介制作项目引发的每个重大的商事交易都应订立某种形式的明示合同。你应当知道，即使不存在明示的书面合同，典型的媒介制作交易仍然存在根据默示合同的原则创设的权利和职责。例如，在你事先知道录像镜头会被用于随后的制作工作，而允许制作人使用该镜头时，就暗示了你自己拥有必要的、同意使用这些镜头的权利。如果买主发现并非如此，你就会发现自己因违约而被起诉了，即使你从未和买主订立一份书面合同。在这一例子中，对所有当事人最好的保护就是订立一份明示合同，该合同确定了你对录像镜头拥有的权利，以及你向另一方当事人转让的权利。事实上，起草一份明示合同的最好理由之一，就是预见并避免由于制作争议而导致的冲突和干扰。就这么一个理由，媒介制作中的所有关系也应订立明示的书面合同。

2.6.2 口头合同和书面合同

许多媒介从业人员，在听说合同生效并非必须表现为书面方式时，都感到惊讶。对许多类型的交易而言，口头协议完全可以构成一份法律上有约束力的合同，只要合同的 3 个关键要素（即要约、约因和承诺）存在。不过，州制定法和《统一商法典》要求特定类型的合同必须表现为书面形式。在大多数州，这包括了调整下列事项的合同：

● 出售超过一定价格（《统一商法典》规定的是 500 美元）货物的交易

● 在一年内（或在州制定法确定的某个其他期间内）无法完成的协议。根据这一规定，一份数年的制作合同除非表现为书面形式，否则即为不合法的

● 涉及出售不动产或出租财产超过一年（在某些州为 3 年）的交易。根据这一规则，一份 4 年的录像制作设备租赁协议必须表现为书面形式

● 承担他人义务的协议（例如，你同意承担另一方不能完成的制作合同，或因为并购承担其义务）

许多州关于书面和口头合同的制定法都基于《欺诈法》(the Statute of Fraud)，它是英国于 1677 年颁布的一项法律，并最终为美国的大多数州全部或部分采用。《统一商法典》仅包括了涉及出售产品的合同，而《欺诈法》则适用于针对产品和服务的合同。

因为调整合同的法律和规章在各州之间可能不同，所以你和律师一起检查，以决定根据你所在州的法律，哪种合同需要表现为书面形式，这一点是重要的。最安全和建议采纳的途径是，所有的媒介制作合同都采用书面形式，即使书面合同只是确认口头协议的一份简短的文件。在涉及职务作品（work-made-for-hire）的媒介制作协议中，这尤其重要，第 3 章将更详尽地讨论这种方案。

正如本章早先所提及的，妥当起草的合同有助于防止在制作过程中产生争议和不和，因为它提供了当事人有义务遵守的条款的确凿证据。如果交易既涉及书面合同也涉及口头合同，而两种合同包含有冲突条款时，法院通常会优先考虑书面版本。

36

2.7　你何时需要一个律师

在有关合同的事项上，媒介制作人会寻求律师的帮助，但随着律师费高达每小时几百美元，许多媒介制作人已经开始减少求助律师的次数。不幸的是，没有一套简单的方法告诉你何时给律师打电话是适宜的。不过，作为一项一般规则，在下列场合你应当寻求律师的建议：

- 在你起草一份标准合同，而你将使用这份合同作为向演员、作者、摄制组成员（crew members）、分包人及诸如此类的人提供单个合同的范本时
- 在你被要求签署一份包含了你并不完全明白的条款合同时
- 在你被要求签署一份使你或者你的公司承担一项长期责任的合同时
- 在你为了一宗对公司的成功或生存至关重要的交易而进行合同谈判时
- 在你对合同事项感到不安或不确信的任何时候

许多媒介制作人和他们的律师一起来准备标准格式的合同，这些合同适用于各种制作关系（例如，用于雇用表演者、作者和摄制组成员；租赁制作设备和装置等）。制作人只需要在空白处填写适当的名称、日期和数量，使合同适合特定的制作项目。在最初地参与之后，律师只有在制作人要求对标准合同进行重大修改的情况下才被召来。即使在那时，让律师审阅对标准合同的变更所花费的时间，也比起草适用于每个新的制作关系的单个合同所花费的时间少得多。

许多制作人在他们的电脑上备有和储存他们的格式合同。这使得他们很方便地调出这些格式合同；添加名称、日期和数额；进行细微地改动；以及打印清晰易读，并且看起来很专业的合同。

当未签订合同涉及的金额超过了预设限额时，作为安全措施，一些制作公司也要求律师回到谈判进程中。各个公司的限额各有不同，它取决于该组织为了节约法律费用，而在合同中愿意承担的最大风险。当然，让律师审查合同未必就能保证合同不存在风险，但是有经验的律师可以指出哪些合同领域蕴藏着风险，并且今后可能会导致相当可观的法律费用。

如果你在公司中工作，你也应当了解你所在的公司筹备和订立合同的政策。在许多公司里，所有的合同必须根据特定的格式来提交，并由公司的法

37

律部门经手。事实上，在某些机构中，只有一两个主管有权签署那些制约公司的合同。不过，即使在有着最严格的合同规矩的公司里，法律部也会愿意和你一起工作，来制订出适用于许多制作情况的标准合同。没有公司希望看到它的精力充沛的法律职员被淹没在一连串不重要的合同中，媒介制作合同就是其中之一。

2.8　毁约

正如前文提到的，合同确立了当事人之间"义务的相互性"。事实上，认真起草合同的主要益处之一就是，它特别细致地界定了每个当事人的义务。一旦所有相关的当事人接受了法律上有约束力的合同条款，就可以要求他们履行其义务。

不过，如果一方当事人没有履行交易，会发生什么呢？例如，你雇佣一个电脑特技公司(a computer graphics facility)来制作一个录像节目的片头(opening)，它没有在合同确定的日期交付已完成的素材，会发生什么呢？或者一个签署了电视节目演出合同的演员，从未为了制作而露面时，又会发生什么呢？

在这两个例子中，合同的一方当事人违反了合同的实质条款。一旦发生这种情况，另一方当事人就不再有义务遵守自己的承诺。例如，如果合同要求你在动画制作公司于指定日期交付片头动画（ opening sequence ）时，向其支付10 000美元，而该素材未在这一日期交付，你就不再有义务支付这1万美元。同样，你也不必对没有出现在工作场地的演员支付报酬。

2.8.1　寻求赔偿

问题在于，如果未履行的合同拖延了一个重要的项目，特别是订立合同的主要目的，是为了确保产品或服务会按期以可接受的状况交付，没对未交付的产品或服务支付酬金对你而言可能起不到任何安慰作用。如果你发现自己处于这种境况，可能就想从违约方那里寻求赔偿。你如何寻求赔偿取决于你追求何种赔偿，在某些情况下，取决于最初合同中订立的赔偿方法。

在关键性的制作合同被违反之后，大多数媒体制作人第一目标就是找到途径保持项目持续运作。出于这种考虑，他们通常会寻求一种通过修订最初的合同，与违约方"达成某种协议"的方法。例如，在前面耽误交付片头动画（animation sequence）的情况下，你或你的律师可能会和动画制作机构联系，达成一项新的，交付片头动画的修订协议。新的协议可能要求制作机构在稍后的日期，交付已完成的素材，并减少报酬。例如，如果最初的合同详细指明动画制作机构应当在 5 月 15 日交付动画序列，从而得到 10 000 美元的报酬，修订后的协议就可能要求该机构于 5 月 22 日交付最终成果，而你支付 9 000 美元。在新的交易谈判时为了占得上风，你或你的律师也可以暗示，若动画制作机构没有满足修订后的交付日期，将把该公司诉诸法院。最后，如果该公司仍然没有交付，你可以要求你的律师对该公司提起诉讼（或者按照合同要求，提起仲裁）。

当然，大多媒介从业者并不真正希望卷入一场旷日持久的，针对未履行合同的法庭之战。这就是为什么许多媒介制作合同包含有一项付款进度表，它要求在分包人交付部分产品或服务的初步版本时，按阶段支付报酬。所谓阶段付款日期就被用作是让制作人知悉分包人进展如何的检查点。同样重要的是，这些阶段日期也提供了一种使分包人的注意力集中于特定项目的激励。

2.8.2 救济、诉讼和损害赔偿

许多媒介制作合同也包括了一些条款，这些条款明确了在一方当事人未履行其义务时，有何种形式的救济和损害赔偿可供利用。例如，合同要求电影制作公司在签署合同时收取委托方首付款项（down payment），如果该公司不能交付合同中确定的最终产品，委托方可以要求公司返还该首付款以及所有的中期支付款。另一种救济给予了制作人一种选择权，即在产品交付但不符合合同指定的规格时，以分包人的成本来确定最终产品的价值。这种情况下，修改费用会从分包人的报酬中扣减。

如果你庭外解决合同争议的努力失败，而合同中的救济条款并没有提供充分的解决办法，下一步可能就是对违约方启动正式的诉讼程序。如第 1 章提到的，合同可能包括一个条款，它要求争议通过仲裁来解决。不过，除非所涉合

同包括了这一规定，或者双方当事人同意仲裁，否则，唯一的替代办法可能就是诉讼。事情无论大小，这就意味着律师将介入案件。

在这个时候，你应当停下来问问自己，诉讼真的值得吗？你可能得到的赔偿，是否足以补偿诉讼可能付出的所有时间、努力和律师费？又或者，你是否是出于"报复"另一方的目的而采取行动？在"报复"或"出气"是你的主要动机时，诉讼从来不能真正补偿所牵涉的金钱和时间。

记住，如果你决定进行诉讼，你将会是民事诉讼的原告。因而，举证责任由你和你的律师来承担。你必须通过优势证据来证明被告方违反了合同，而且你必须证明你因此而遭受了损失。你也必须出示证据反驳被告方作为抗辩提出的任何诉求或反诉（counter-allegation）。例如，被告可能主张，基于本章前面讨论过的一项或多项理由，所涉合同并非是一份法律上有约束力的协议，或者被告可能证明它没有履行义务是"不可抗力"，或某种其他超越它控制的理由所造成的。

尽管有着所有这些考虑，违约之诉仍可能是值得的。实际上，如果认真起草合同，而且证据足够强大使得陪审团确信，胜局就是稳固的。至少，陪审团或法官（如果案件并非是由陪审团来审判时）通常会给予实际损害赔偿（actual damages）——即对你可以证明的损失的赔偿。通常这意味着，你将会收回你根据未得到履行的合同向另一方当事人支付的金钱，并在某些情况下，减去那些作为对合同的部分履行而交付的产品或服务的价值。同时，其他后续或者特定损失也可能得到赔偿。这些损失虽然不是直接与你特定地实际支出有关，但仍是当事人订立合同时可以合理预见到的。此外，如果你能够证明违反合同造成了某个制作项目的额外费用，你也可以获得实际的或附带的损害赔偿，来抵偿这些费用。

在评估是否从事违约之诉时，重要的是考虑你作为优势方出现时，你不可能得到赔偿的事物。首先，在美国，合同案件中的优势方通常无权就它的律师费得到补偿。其次，与众多的侵权诉讼中的原告不同，作为一项规则，合同案件中的原告可能不能寻求惩罚性或"警戒性"赔偿，它是指在惩罚其行为为故意并有恶意的被告时而给予的金钱。最后，法院通常不愿意命令对合同的特定履行（specific performance）。意即，在损害赔偿不足以弥补原告的损失时，法院不愿意命令被告通过实际交付所承诺的货物或服务来"履行"合同。不过，

40

如果根据合同应提供的产品或服务是独一无二的，或者若不根据协议的条款交付货物和提供服务，非违约方可能会遭受无法弥补的伤害时，法院可能会命令做出特定履行。

小结

- 什么是合同？合同是确立两个或两个以上当事人之间的相互义务的有约束力的协议。

- 何为合同的关键要素？一份合同的关键要素是要约、约因和承诺。如果一份合同缺失这些要素中的任何一个，就可能无法根据法律得到执行。

- 何为合同法的渊源？合同法并非为单一的、高于一切的联邦制定法所调整。相反，大多数合同法都基于普通法以及单个州制定的制定法。路易斯安那州以外其他州还采用了《统一商法典》（UCC），它是一组调整产品买卖，以及各式各样的其他商业交易的标准化的法则。

- 何为明示合同和默示合同的区别？明示合同是合同订立时条款已经明确清楚，而且所有的当事人都清楚地意识到他们对这些条款达成了协议。默示合同是并未明确声明，但为当事人之间的交易所暗示的有约束力的协议。

- 所有的合同都必须采用书面形式吗？尽管所有的媒介制作合同都应当采用书面形式，但合同并非都体现为书面形式才具有约束力。书面合同有助于避免和解决争议，因为它们对当事人有责任遵守的条件和条款提供了具体的证据。根据《统一商法典》和许多州的制定法，特定类型的合同必须采用书面形式，包括了买卖价值超过 500 美元或更多美元的产品合同。

- 律师何时应当审查合同事项？不存在一套简单的指南来决定何时需要律师的帮助以审查或解决合同事务。作为一项一般的原则，在下列情形中通常应当寻求律师的建议：（1）在起草会被用作不同商业合同范本的标准合同时；（2）在被要求签署一份包含有你并未完全理解的条款的合同或让你承担一项长期义务的合同时；或者（3）在你对合同

41

事务感到不安或不确定的任何时候。如果你是在公司的环境中工作，你还应当询问你所在公司的合同审查政策。

- 在合同被违反时会发生什么？许多合同都包括了救济或损害赔偿条款，它们描述了在一个或多个当事人没有履行其义务时应向被违约方支付的赔偿。在大多数情形中，当事人会尽力达成迅速的和解或妥协。如果这没有实现，违约纠纷就可能打到法院。

注释

1. Henry Campbell Black, Black's Law Dictionary, 5th. ed. (St. Paul, MN: West Publishing Co., 1979), p.291.

2. 尽管存在一般规则，法院有时仍会推论说，根据"承诺禁反言"原则，单方承诺实际上构成一项有约束力的义务。根据这一原则，"承诺人应当合理预期会引起受承诺人或第三人的行为或放弃行使权利（forbearance）以及确实引起这种行为或权利放弃的承诺是有约束力的，如果只有履行该承诺才能避免不公正的话。"合同法第 2 次重述，第 90 条。例如，运用这一原则，法院可能会发现，制作人将他 6 个月的所有项目给予特定的后期制作公司的承诺是一项有约束力的义务，只要该公司合理地信赖制作人的这一承诺，并在该期间内放弃了从事其他工作的机会而制作人其后决定雇用其他机构的。在这一情形中，该后期制作公司就因其信赖制作人的承诺而放弃其他工作所失去的利润，或者作为替换，在制作人遵守承诺并将该工作给予他时可能获得的利润，可以尝试从制作人那里获得赔偿。

文字为凭：媒介制作合同样本

第 2 章阐述了合同的基本要素，合同法的基本原则，以及处理制作关系的诸多手段。在本章，你将会看到在第 2 章中阐述过的基本方针和原则运用于 5 种制作关系的合同样本。这些合同样本包括：

- 摄制组合同，它确定制作过程中被雇佣的自由摄像师的任务和职责

- 作者合同，它界定制作公司与自由研究者、自由撰稿人之间的关系
- 设备合同，它确定制作人与音像设备机构之间的租赁协议条款
- 项目合同或"制作协议"，它对制作公司与委托该公司制作节目的客户之间的协议加以具体落实
- 选择权 / 购买协议，它确保制作人有权根据现有文字作品进一步开发媒介产品

当然，上述合同样本并未涵盖制作过程中你可能发起或被请求签署的全部合同。其他一些类型的媒介制作合同——包括协会和工会协议、音乐协议、发行协议，将于第 6、第 7 和第 8 章讨论。

此处所包含的合同样本，目的是提供一个范例，揭示典型的协议制作具有怎样的结构和范围。由于每个媒介产品都具有独特性，所以不应认为协议样本可以不经大的修改，就作为制作协议的基础。也不应当认为仅仅通过摘录和拼凑协议样本中的条款，就可以创制一个涵盖特定制作要求的合同。因此，假如你对某些条款是否适用于一个特定的制作环境拿不定主意，一定要向律师咨询。

3.1　为正当权利而缔约：职务作品

当分包人为媒介制作提供素材和服务时，制作人一定要确认他们拥有利用这些材料和服务的所有权利。举例来说，假如你是一名制作人员，雇佣了一名自由撰稿人撰写节目脚本，而该节目是公司销售培训的一部分，你必须确保你们的公司有权在公司范围内发行以该脚本为基础制作的节目。你也有可能希望获得向其他公司、一般公众、甚至通过有线电视或者其他一些发行渠道发行该节目的权利。

保证这些权利的实现，倚赖于你与提供产品或者服务的个人或公司之间所缔结的合同。在多数情况下，合同包含的条款规定，分包人向制作人或制作公司转让所有权，并且放弃该材料在将来使用时产生的经济利益分享权。这样，再次使用该材料，或者希望通过最早约定的发行渠道来发行该产品时，就不用回过头来又去找分包人，去协商取得这些权利。然而，正如第 7 章要讨论的那样，当你的交易对象，如作家、演员或者专业技术人员是协会或工会成员时，这种整体买断的方法并非总是可行的。当然，合同至少可以保证你享有在特定的制作中，按照自己希望的方式使用上述材料的权利。

过去有些制作人认为，由于他们与分包人之间的关系是"职务作品"的雇佣关系，所以他们自动取得了这些材料的全部所有权和支配权。但鉴于最高法院 1989 年裁决，对《美国版权法》中的职务作品条款进行重新审视，这种推定已经受到质疑。[1] 简而言之，《版权法》第 101 条规定，当作品是"由雇员在受雇佣的范围内做出的，或者该作品是专门订制或者委托制作，用于诸如电影、其他视听作品等整合作品的组成部分……假如双方当事人以书面方式明示同意该作品属于职务作品，则委托（他人）制作一项受版权保护的作品的雇主或个人就被认定为该作品的版权所有人。[2] 换言之，你对由你的雇员完成的，作为他们工作一部分的材料享有版权。你同时对那些独立分包人开发的，用于该视听产品的素材享有版权，只要你同分包人之间的书面协议明确约定他们将按照职务作品来制作这些东西。

最高法院 1989 年的裁决是关于一个案件的，一个为无家可归者呼吁的团体委托一名雕塑家，创作一幅无家可归的家庭成员的塑像，该团体和雕塑家未能在合同中明确界定谁享有该作品的版权。最高法院裁决说，因缺乏书面的协议，该雕塑家保有该成果的版权。

对媒介制作人而言，其言下之意是清楚的。所有制作人与提供材料的当事人之间的合同，都应当确定，该行为构成一切可适用于版权法之中的职务作品。此外，如本章合同样本所显示，建议进一步指明：一旦这些材料被认为不属于职务作品，该协议即构成这些材料的所有权转让凭据。

3.2　媒介制作合同之要点对照表

如果你正在审查或参与一份媒介制作合同的起草，下面的媒介制作合同之要点对照表（图 3.1），可用于快速比对。

图 3.1
媒介制作合同对照表

45

在准备或者审查媒介制作合同时，可将下列查核要点作为基本指引。如果你对下述条款是否作为协议的一部分拿不定主意，不妨向律师咨询。而你的合同是否应当包含其他条款或附加其他条件，也可由律师来做决定。

1．合同的要约是否明晰、确定？对协议中将要交付履行的产品或服务，合同是否做了详细规定？合同规定了材料交付的时间、地点吗？对受要约人来说，该要约是否明晰？该要约可转让给第三人吗？

2．合同是否具体指明了当事人提供产品或者服务之后将要获得的对价？确切地说，当事人按合同条款履行后，对他／他们怎么给付以及给付多少报酬？该合同服务费用的支付是固定费用，还是该报酬包含版税提成或其他额外支付呢？报酬的一部分是否构成合同当事人完成制作责任的保证金？

3．合同指明了当事人如何表示对协议条件的承诺吗？当事人将通过签订合同表示承诺吗（当事人对书面协议的条件表示同意的一种常用的方式）？果真如此的话，谁来签署？当事人一定得在特定的日期接受协议吗？合同规定传真和副本具有法律效力吗？

4．合同中包含了交货和付款的时间表吗？产品或服务是分阶段交付吗？如分阶段交付，各部分产品（例如，预案、脚本、初剪带）的交付期限是怎样的？付款与上述产品的交付期限挂钩吗（通常这是个好主意）？还是合同款项一次付清？

5．合同订定了检验和认可交付产品的标准吗？谁享有认可或者拒收交付产品的权利？此种认可权是绝对的还是必须服从合理性的条件？交付时间表对分批交付的产品的认可做出了规定吗？认可必须采用书面形式吗？假如最后产品遭到拒收，谁负责修改？修改费由谁支付？

图 3.1

媒介制作合同对照表（续）

46

6．合同是否订明：根据协议所交付的产品和提供的服务，谁享有所有权？正在履行的合同是否属于职务作品？制作产品的一方当事人对产品保留一定的所有权吗？谁将拥有在后续产品中使用该产品的权利？假如这些材料被用于后续产品，合同对再次使用的费用是否做出其他规定？

7．合同包含恰当的声明／瑕疵担保和赔偿条款吗？在媒介制作协议中，声明／瑕疵担保条款专门规定，同意交付合同产品的一方当事人对那些材料享有一切必需的权利，那些产品将不会侵害任何第三方的权利，并且该当事人签订并履行本协议不受其他合同义务的影响。赔偿条款约定，一旦第三方在诉讼中主张的事实表明，当事人一方违反了上述声明和担保，法院将裁决由签署"声明与瑕疵担保"的当事人承担所有损失和诉讼费用。例如，第三方可能起诉制作公司，声称制作公司的某项产品含有由该第三方开发并拥有的特技效果的材料，而并非承包方所开发和拥有。假如制作公司与特技效果分包人（也就是动画制作人）（special effects contractor）之间的合同包含明示的声明、瑕疵担保与赔偿条款，法院将裁决分包人对由第三方人提起诉讼造成的损失和诉讼费用承担完全责任。

8．合同对当事人之间的工作关系做出界定吗？该项工作将在协会或工会的基础上实施吗？（另见第 7 章）假如缔约当事人是作为独立承揽人进行工作，那么，他同意放弃提出保险、工伤赔偿和其他雇佣利益等所有权利的要求吗？

9．合同是否给予当事人承担相关项目中类似工作的优先选择权？本合同中提供服务的当事方是否被给予承担相关或派生项目中类似工作的优先选择权？倘若答案是肯定的，该权利有何条件和限制？

10．合同订定了协议终止的条件吗？在什么条件下可终止合同？违约方实施了什么样的违约行为才赋予守约方终止协议的权利？当事人接收违约和／或终止协议的通知的方式和期限如何确定？在终止协议之前，违约方有机会对其违约行为进行纠正或补救吗？

11．假如合同一方或双方违反了协议中的条款，合同规定了具体补救措施吗？如果合同终止，或者有人违反协议中的条款，什么样的补救措施对当事人是行之有效的？对已经收取的款项，当事人有义务返还吗？对已经完成的工作成果，谁享有所有权？当事人付出的工作会获得部分补偿吗？制作公司对没有达到接收标准的材料可以进行修改，并将修改的成本从承包人的应得款项中扣减吗？当事人同意把争议提交有约束力的仲裁吗？

12．合同包含恰当的格式条款吗？大多数合同包含（并且通常包括）数个标准条款或格式条款。例如，大多数媒介制作协议都包括一个"整合"条款，规定本协议构成当事人的完整约定；一个"法律选择／管辖地"条款，规定该协议适用哪个

图 3.1

媒介制作合同对照表（续）

州的法律以及本协议所涉诉讼在何地提起（或一个"仲裁"条款，规定任何争议均提交有约束力的仲裁解决）；以及一个"转让"条款，专门规定当事人转让本协议中权利的条件。这些包含在协议样本中的格式条款，也将在本章中进行讨论。

正如要点对照表所显示，你应该做的第一件事，就是确保协议包含清晰确定的要约、就对价的完整描述、以及当事人表示承诺的方式。要点对照表还列出各种不同的条款和条件，这些条款和条件应作为大多数媒介制作合同的一部分，包括依据协议规定交付的产品或服务的所有权条款。如果想了解这些条款和条件在实际合同中的运用，请查看本章图 3.2 至图 3.6 所示协议样本。

当然，并非要点对照表中的每一项都适合所有类型的制作合同。然而，当合同遗漏了要点对照标准（criteria）中的任何一项时，你就应当停下来并追问其原因。如果仍然没能获得清晰的答案，就咨询律师吧。

最后，注意不要把要点对照表作为你评价合同的唯一手段。即便一个合同满足了要点目录所列的所有标准，在发出要约或做出承诺时，也未必符合你的最优商业利益。切记仔细阅读合同的所有条款，假如某些内容看起来有遗漏或者不恰当，请寻求律师的建议。

3.3　摄制组合同样本

图 3.2 是界定制作公司与摄影师关系的合同样本。虽然合同相对简单，但它也包含了我们此前讨论过的，一个具有法律约束力的协议所应具备的 3 个关键要素：要约、对价和承诺。

第 1 条是对要约的阐述。该条规定了缔约人的责任是什么？何时、何地可以免除那些责任，以及要求服务多长时间。

第 2 条确定了缔约人将会收到的对价。在履行了要约的条款之后，缔约人将被付给 1 200 美元的固定酬金。缔约人有责任向公司提供自己的工作清单，而公司有义务自收到完成工作清单之日起 30 日内向他付款。然而，正如第 3 条所指出的，假如缔约人的工作被证明是不能令人满意的，则制作公司确实保

留了解雇缔约人的权利。如果制作公司行使了这项权利，它只须就缔约人截止
到被解雇之时为已经完成的工作支付费用。第4条还规定缔约人是以非工会成
员的身份提供服务，而且作为独立缔约人，无论在何种情况下（例如，税收、
福利、劳工补偿），他都不会被视为制作公司的雇员。

第5条至第7条规定了根据第1条和第2条的基本原则，所确定的其他具
体条件。第5条出现了一个特别重要的条件，摄影师为该项目提供的工作和服
务所形成的所有工作成果将被视为"职务作品"——该条款的意思与1976年《美
国版权法》对该术语所下过定义相同——并且，假如裁决结果正好相反，则摄
影师应把他在本项目下工作成果的所有权利转让给制作公司。尽管一般情况下，
摄影师不能拥有产品的版权利益，但是在本条款中加以规定，可以避免摄影师
由于他在本项目的工作，而宣称拥有该完成产品的任何版权和其他所有权。

图 3.2
摄制组合同样本

48

2002 年 11 月 7 日

　　本文件一旦由下述当事人签署，则在加利福尼亚 RoBo 制作有限责任公司（以
下称"RP"）与自由摄影师 Catherine Mairead(以下称"缔约人"）之间形成具有约
束力的协议。

1．RP 向缔约人发出要约，缔约人在此接受，在名为"非常特快"的商业性电视节
目中担任摄影师。缔约人的拍摄时间为 11 月 20、21、22 日 3 天。缔约人在上述 3
天的每天上午 8 点 30 分，在位于洛杉矶乐兰大街 167 号的 RP 办公室报到。每天的
拍摄从上午 8 点 30 分到下午 5 点 30 分，中午有一个小时用餐时间。假如制作公司
要求缔约人在下午 5 点 30 分之后进行工作，RP 公司同意对加班工作时间每小时另
行支付 75 美元的酬劳，不足一小时的按一小时计算。

2．作为履行本协议工作的全部对价，RP 公司将付给缔约人 1 200 美元。该款项自
收到完成工作报告之日起 30 日内邮寄给缔约人。

3．假如 RP 制作公司认定缔约人的工作不能令人满意，可以终止本合同，并对截止
到合同终之时为已经完成的工作向缔约人支付酬劳，酬金以出勤记录为基础计算。

4．缔约人承认本协议中的制作与工会无关。缔约人同意缔约人的制作工作不受任
何协会或工会协议的约束。缔约人还认可：作为独立缔约人，在任何情况下（例如，
税收、福利、劳工补偿）都不被视为 RP 制作公司的雇员。

5．RP 制作公司拥有缔约人根据本协议所提供服务的所有成果和收益之权利、所有

权和利益。所有这些成果和收益将被视为《美国版权法》所界定的"职务作品"。假如法庭判定该成果不属此类，缔约人应把对这些成果和收益的所有权利转让给 RP 制作公司。

6．对本要约的承诺应于 2002 年 11 月 15 日下午 5 点之前作出。假如缔约人未于上述期限前作出承诺，则要约予以撤销。

7．本协议适用加利福尼亚州法律。各方争议应提交位于该州的洛杉矶县的法院管辖。当事人各方同意服从上述法院的管辖。缔约人应于下面标明的空白处签名，以示对上述条款表示接受。缔约人应当对两份协议书均予以签署并返还给 RP 制作公司。

> 你忠实的：
>
> Robert Hanczor
>
> RP 制作公司董事长

同意并予以接受

_____

（Catherine Mairead）

_____

（日期）

_____

（联邦税务登记号或者社会保险号码）

图 3.2

摄制组合同样本（续）

49

第 7 条出现了另一个条件，在此处规定"本协议适用加利福尼亚州法律"，而且有关合同的任何争议提交制作公司所在地——洛杉矶县法院管辖。当合同各方居住在不同的州或者不同的国家时，选择合同所适用的法律以及管辖法院的条款就尤为重要。这是因为适用于合同的法律随着案件管辖法院的不同而各有差异，而且在遥远之地进行诉讼既艰难又昂贵。当你准备和来自另一个州或另一个国家的当事人订立协议时，让协议适用你所在州的法律并接受你所在州的法院管辖对你是最为有利的。那样的话，如果合同发生争议，你就不必为任何法律上的程序（包括可能的诉讼）远涉到另一个州，并不必为此去聘请一名在当地执业的律师。[3]

合同末尾显示的是当事人如何对协议表示接受。与多数书面合同一样，当事人通过在合同末尾备好的空白处签名的方式，对协议条款表示接受。在第 2

章中，我们讨论过，当事人越来越多地通过传真签名使协议生效，尽管那种选择并未在本协议样本中明确规定。

重要的是，此种摄制组合同是为非工会成员的摄影师基于非工会制作而准备的。假如工作的履行与某个工会或协会有关，那么摄影师与制作公司之间的基本关系的某些方面将受到目前工会或协会协议的调整。这些协议在第7章讨论。

3.4　作者合同样本

图3.3是一个采用商业函件形式的合同，该合同界定了一个正在制作企业录像节目的公司与自由作家 / 研究者之间的关系。作家合同与前面的摄像师合同相比，后者被要求在一个有限的时间内提供内容相对单纯的服务，而作者 / 研究者则有责任在一个更长的时间内，提供或制作一个内容更为宽泛的服务或素材。这就是为什么图3.3所列的作者合同比图3.2的摄制组合同更加具体的主要原因。

图3.3从第1条至第5条是关于要约的提出。媒介有限公司，即雇佣方，首先把作者的工作划分为一系列的任务和责任，并在第1条中列明。在第2条至第5条，公司方进一步确定：谁有权对作者提交的材料进行评估和认可；这些材料的内容是什么和提交这些材料的日期；以及作者在对这些材料的修改和与制作人员的探讨时负有何种责任。

作为对其全部工作的回报，作者将收到第6条至第9条所规定的对价。作者的全部酬金为19 000美元。该费用分3次支付，每一笔款项的支付与作者负责提供的每一项材料的交付挂钩。正如本章前面已经提到的，在此类合同中我们一般推荐采用这种分期付款计划，因为它为雇佣方提供了一系列的检查点，用以估算承包人的进度和完成情况。

第7条规定，在作者的作品被证明不合格的情况下，雇佣方终止合同的方式。假如公司果真取消合同，则必须向作者偿付截止到那时已完成的工作和已发生的费用，外加1 000美元的解约补偿费。该条还规定合同终止时已完成的任何材料均归制作公司所有。

图 3.3
作者合同样本

2002 年 9 月 6 日

Maria Cortes 女士
棕榈街 47 号，30301
佐治亚州亚特兰大市

亲爱的 Maria：

　　一旦您在下述空白处签名，本函件即在您与媒介有限公司（"公司"）之间形成一份具有约束力的协议（"协议"），公司根据佐治亚州法律而设立。公司在此委托您在一部 30 分钟的音像产品（"产品"）《未来飞行》的制作中担任剧本创作者。现附上下列条款：

1．您负责履行和 / 或交付以下事项：

　　（a）采访与实地访问
　　（b）进行背景研究并提供至少 20 页，打印好的，双倍行距的背景报告
　　（c）参加研究和剧本会议
　　（d）以您的研究材料为基础，撰写一份详细的策划方案 (treatment)
　　（e）以上述策划案为基础撰写一部剧本。背景报告，策划案和剧本便是您应当提交的本协议中的"材料"

2．您将与 Karyn Mariano 女士（"制作人"）一道完成您的工作。制作人必须按照自己独立的标准，来评估和认可第一条所列的每一事项。

3．本协议的生效时间是 2002 年 10 月 1 日，到 2003 年 1 月 31 日后终止，或者截止到规定的最后服务或材料完成和 / 或接受之日。

4．以下是交付材料的时间表：

材料	应提交给制作人的期限
背景报告	2002 年 11 月 4 日
策划案	2002 年 12 月 6 日
完成的剧本	2003 年 1 月 17 日

51

图 3.3

作者合同样本（续）

截止期限前的最后两周（2003 年 1 月 14 日—31 日）留给剧本作最后的修改和调整。在此期间，也可能要求您与制作人或其他人会面，讨论剧本的写作。

5．收到第 1 至第 4 条所列的每一项材料后，制作人应该在 5 个工作日之内对每个项目进行评估，并将评论意见反馈给您。假如制作人要求对材料进行修改，您会有 5 个工作日的时间进行修改并交回修改稿。

6．作为对您服务以及根据本协议转让给本公司的所有权利的全部报酬，本公司将总共付给您 19 000 美元。根据下列材料的交付和认可情况，全部款项分 3 期支付：

研究报告的交付和认可	3 000 美元
策划案的交付和认可	6 000 美元
完成剧本的交付和认可	10 000 美元

交付和认可程序完成之后，这些款项按照制作人收到的与每笔款项对应的完成工作清单发放。

7．无论何时，若公司认定您的履约行为无法令人满意，本公司可以终止本协议并且仅就截止到那时已完成的工作和已发生的费用支付报酬，外加 1 000 美元的解约补偿费。截止到协议终止之时由您完成的所有材料归本公司所有，此点在第 10 条作了规定。

8．公司同意负担您在工作期间发生的所有合理费用，但是超过 50 美元的支出，事前必须经过制作人的批准。所有支出必须连同合适的凭证提交给公司，包括每笔开销的收据和书面说明。支出报告和偿付当期支出的请求应当按第 4 条规定在每一交付期限提交。

9．只要所有的材料被本公司接受，您将拥有研究者和作者身份的屏幕署名权。署名的大小和位置由本公司根据自身标准决定。如果本公司拒绝接受材料的一部分或全部，则本公司不负有向您提供屏幕署名权的义务，尽管公司也可以斟酌处理。只要本公司在 2003 年 1 月 21 日或之前收到您的书面请求，您也享有从屏幕署名中删除您的名字的权利。

10．您承认并同意本协议中的材料，及所有其他来自您为本项目提供作品和服务的成果和收益，是由本公司预订和委托，提供给本音像制品的，属于一切可适用的版权法中的"职务作品"。万一材料和上述成果与收益或者其中的任何部分被认定为不属于"职

图 3.3
作者合同样本（续）

务作品"，您在此将作品的一切所有权和知识产权以及全部的所谓"著作的精神权利"不可撤销地转让给公司。 您同意不对本公司享有的材料、成果和收益所有权的有效性提出异议。

11．公司对上述材料和产品享有完全的创作支配权。在任何时候，公司可以自由决定对上述材料任何部分进行修改或重写。

12．您向公司保证并声明如下：

(a) 材料（由公司提供的部分除外）属于您的原创，并且其他任何人不可能提出作者或所有权的主张。

(b) 您没有实施、授权或同意并且将来也不会实施、授权或同意以本材料的权利为标的进行任何许诺、协议、承担义务、许可他人使用、转让、妨碍和其他处置行为，或者另行实施同已经授予给本公司的权利相抵触的任何行为。

(c) 到目前为止，不存在为您所知的，对该材料不利的主张，而且您从不知晓与材料有关的任何可能的主张。

(d) 您有权订立本协议并转让此处被认可的权利，除本协议规定外，您并未授权就材料的任何权利加以利用。

(e) 此处转让的权利地行使不会侵害任何第三人的权利，包括但不限于版权、商标权、不正当竞争、诽谤、隐私以及公开发表权。

(f) 本协议中的材料和您的作品不受任何协会或工会合同的条款约束。

53

13．您同意始终保障本公司免受任何诉求、赔偿、责任、相关成本及花费，包括但不限于诉讼成本和合理的律师费等方面的损失。上述损失来自于：（1）本公司对本协议中材料和所有成果及收益的利用；或者 (2) 任何第三人的诉求或主张。上述诉求、主张一旦被证实，则意味着您对本协议中做出的任何声明、保证或合同条款的违反。只要公司收到任何包含上述赔偿主张的通知，公司将立即通知您。您应该马上对这些诉求进行调整、处置、答辩或者做其他处理，费用由您自负。如果您在收到公司的通告后，对此不采取积极措施，本公司有权以自己的名义采取行动对此诉求进行调整、处置、答辩或做其他处理。在此情况下，您应当根据所开列的账目所示，向公司偿付相应的金额。

14．在本协议履行期间及之后，您应对公司及其客户披露给您的一切理念、思想、信息和市场资料守口如瓶。未经本公司明示的书面许可，您不得把上述理念、思想、信息和市场资料对任何第三人披露或者擅自使用。

15．在发布本产品的时候，公司可以使用或者授权他人使用您的名字、肖像和个人履历资料。然而，若没有您的书面同意，您对任何产品或服务的签字担保不得用作公开宣传，也不得以隐喻的方式披露。

图 3.3
作者合同样本（续）

16.您在本协议中作为独立的承揽人。由此,您不得向公司提出有关保险、工伤赔偿、或者任何其他由公司提供给雇员的福利等方面的要求。您还同意由您独自负担与您的报酬有关的所有税款、费用及应支付的评估费。

17．此函件系您与公司之间达成的全面协议,其效力高于此前或到目前为止达成的与此项目有关的所有书面或口头的协议、约定。除非公司和您共同签字认可,不得对本协议进行修正、撤销、另行协议、变更或改动。

18．下述各条的有关规定在本协议终止后仍然有效：第 10、11、12、13、14、18、19 条和第 20 条。

19．一旦您与本公司之间发生争议,无论由哪方提出,双方同意将争议提交给佐治亚州亚特兰大仲裁机构,依据美国仲裁协会制定的商事仲裁规则,作出具有约束力的裁决。

20．本协议受佐治亚州法律调整,上述法律适用于已签署的并将要在该州全面履行的合同。此后,凡是不属于应提交仲裁解决的争议,均应提交位于佐治亚州的亚特兰大有管辖权的法院,并将其作为唯一的管辖法院。

21．本协议可由公司自由转让。但是未经公司明示的书面同意,您不得转让,是否同意由本公司自行决定。本协议可以通过传真经各方分别签署生效。如果您同意上述条款,请在下列空白处签字表示接受并于 2002 年 9 月 23 日之前将签署的协议反馈给本公司。假如您未于上述期限将签署的协议寄／传回,本要约视为撤回。

您忠实的

_____

_____

（供媒介公司法人签章处）

同意并接受

_____

（Maria Cortes）

_____

（日期）

_____

（联邦税务登记号或社会保险号码）

作为对价的一部分，假如作者的作品令人满意，她还可以得到第 9 条规定的屏幕署名权（screen credit）。屏幕署名权是一项十分重要的对价，特别是对试图确立声誉和树立代表作的年轻作家或演员更是如此。然而，已经表明，规定由公司自由斟酌决定署名的大小和位置，通常符合制作公司的最大利益。第 7 章将要讨论，假如作者是某个协会的成员并且节目是在协会基础上制作的，作者名字的表现方式和位置（和应付给作者的最低报酬一样）要受协会协议条款的调整。

第 10[4] 条至第 14 条对作者的作品设定了一些条件。首先，第 10 条规定作者接受协议的前提条件，即同意她的服务建立在"职务作品"的基础上。这意味着媒介公司法人即雇佣公司，对本合同中作者将要提交的材料享有版权，而且根据美国版权法，公司将被视为那些材料的"作者"。作为一项安全措施，第 10 条还规定假如材料被认定为不属于"职务作品"，该协议便构成作者将材料的所有权向公司的转让。此外，第 11 条规定公司对上述材料享有完全的创作（creative）支配权，并且公司可以采取任何方式对上述材料进行修改或编辑。

大多数涉及创作性材料移交的合同，都要求承包人担保，他们的确对付费交付的材料享有所有权。正如第 12 至第 13 条所显示，作者合同样本也不例外。在第 12 条中，除了保证该作品完全属于她个人所有，作者还将承担或者保障公司免于承担由材料所有权争议引起的法律诉讼或裁决的全面责任。作者还声明和担保她有权订立协议，并且无论是她提供的材料还是协议中的作品都不受任何协会合同条款的约束。

要注意的是，第 12 条中的陈述和担保条款以及相关的保障条款是作者单方的义务。也就是说，制作公司并没有设定相对应的条款。这种情况在此类合同中并不少见。鉴于作者根据协议即将交付产品和服务，那么大多数言词都是关于这些产品和服务的所有权和其他权利。然而根据环境的不同，某些制作协议可能包含平行的，代表所有的缔约当事人利益的陈述、担保以及保障性条款。比如图 3.5 当中的制作协议样本就属于这种情况。

在第 14 条，作者同意不会将履行合同过程中接触到的机密信息和市场资料予以披露。此类保密条款在企业媒介项目合同中极为普遍，因为这样的项目常常包括新产品、新服务、以及新技术的敏感信息（在合同当事人之间）的披露。

第 19 条规定本协议所引发的争议，无论是作者还是公司的要求，都应该提交给仲裁机构作出具有约束力的裁决。随着法庭诉讼的成本持续上升，仲裁

55

已经成为解决合同争议的一种更具吸引力的选择。这些在第 1 章提到过。

第 21 条规定该协议可由制作公司自由转让，但是作者要转让该协议必须获得制作公司书面批准。尽管这样一个失衡的转让条款表面上看似不公平，实际上它在制作协议中相当典型。制作公司同一个拥有经验和技能的特定作者订立合同，为了保证自己的权益，公司需要确保她不会将本协议中的权利和责任转让给一个在技能和经验上不如她的人。另外，在公司或者公司对该产品的权益被出售或转移的情况下，制作公司需要拥有转让该协议的权利。

就作者来说，只要受让人同意承担协议中制作公司的义务（特别是在协议中具体规定的向她支付款项的义务），她对于制作公司向其他人转让合同可能并不在意。最后，某些转让条款（包括图 3.5 中的条款）以潜在的受让人同意完全接受转让方在协议中的义务作为有权转让协议的条件。

合同最后规定当事人如何对协议表示承诺。恰如图 3.2 所列摄制组合同一样，该合同要求作者在规定日期之前将已经签署的协议予以反馈，否则要约将予撤回。此外，该协议明确规定，通过传真签署并由各方当事人分别签署而生效，这是一个在第 2 章就讨论过的日渐通用的条款。

3.5　设备租赁合同样本

图 3.4 是 Mag 媒介公司，一家音像制作公司，与 Lakeshore 音像工作室，一家电视制作设备公司签订的设备租赁合同。和大多数经过精心设计与衡量的协议一样，该合同对双方当事人都有利。就 Mag 媒介公司这方面来说，协议确保所需设备、人员和录制场地得以在规定时间，按规定价格准备就绪。就 Lakeshore 音像工作室而言，该协议为制作公司租用人员、设备和服务，以及支付报酬提供了书面保证。

3.6　项目合同样本

图 3.5 是 Bayside 发行人，一家委托制作 30 分钟体育运动节目的音像发行

公司；与 Meyer 音像，一家同意制作节目的制作公司之间的项目合同，或称"制作协议"。

在这种类型的协议中，规定谁将拥有成品节目的所有权，以及制作公司对项目是否享有版税或其他"浮动报酬"的收益，就显得特别重要。合同样本显示，该特定项目的想法最初是由 Bayside 发行公司提出，而且 Bayside 发行公司在"职务作品"的基础上向 Meyer 音像公司支付报酬。协议规定，Bayside 拥有该节目的全部所有权，包括以其名义对作品进行版权登记的权利。然而，作为交易的一部分，在第 4 条第 3 款中，Bayside 已经同意在节目的第一个 1 000 套拷贝售出之后[5]。即按总收入的一定百分比向 Meyer 支付版税。包含这种类型的"浮动报酬"条款会使协议复杂化，因为它需要增加会计、支付以及审计条款，使第 4 条第 3 款更为完整。

图 3.4
设备租赁合同样本

57

2003 年 1 月 11 日

下述条款为伊利诺斯州 Mag 媒介公司（"公司"）与伊利诺斯州 Lakeshore 音像工作室（"湖滨"）之间订立的具有约束力的协议。公司与 Lakeshore 一致同意：

1．公司特此租用 Lakeshore 的第二演播室 3 个工作日，从 2003 年 2 月 10 日开始，到 2003 年 2 月 12 日结束。

2．本协议包括：第二演播室及其设备，以及下列附加设备：4 支无线麦克风、1 个录像机和监控器，以及，如果需要的话，追加的演播室灯光。

3．根据本协议，Lakeshore 提供下列工作人员：灯光导演、两名摄像师、录像工程师、录音师、音响工程师、照明电工 / 道具人员和艺术经理。Lakeshore 负责对这些工作人员支付酬金。

4．每个拍摄日的工作时间长度为 9 小时（1 小时安装调试、1 小时午餐、7 小时拍摄）。2 月 10 日第一个半天集中进行场景布置，并调试灯光、录音和录像设备。主要的拍摄将自 2 月 10 日午餐后开始，并持续到 2 月 12 日。2 月 12 日的最后两个小时用于拆除舞台布景。

5．公司同意向 Lakeshore 支付 12 575 美元，作为使用上述设备、服务以及工作人员的全部费用。

6．2 月 13 日留作机动之用。如果 2 月 13 日公司要求继续使用工作室，应额外支付 4 250 美元。

图 3.4

设备租赁合同样本（续）

7．公司在摄制过程中使用自备录像带。公司同意，假如在拍摄过程中用于照明的灯泡被烧毁，将按照 Lakeshore 的标准价目卡所标明的价码确定更换费。

8．在 2003 年 1 月 24 日下午 5 点之前，以 Lakeshore 收到书面通知为准，公司可以终止本协议而不被附加任何惩罚条件。若在该期限之后终止本协议，Lakeshore 保留向公司收取 4 250 美元单方毁约金的权利。

9．在整个拍摄过程中，Lakeshore 应该负责对演播室、仓储区域，以及公司员工可能驻足或者财产可能存放的其他任何区域提供合理的安全和保障。

10．在拍摄期间，Lakeshore 应该继续以公司满意的方式和合理的金额，对工伤、火灾、失窃以及综合性的人身和财产办理责任保险（在此种保险中，公司被称为追加被保险人）。公司在 Lakeshore 的工作人员和财产，与 Lakeshore 本身的员工一样，也应该以 Lakeshore 的名义被包括在这项保险的范围之内。

11．如果由 Lakeshore 提供的设备无法正常运行，或者由于设备原因导致制作延误，或者由于 Lakeshore 工作人员的作为或不作为引起的制作延误，那么公司可以选择：

（a）在公司不支付额外费用的情况下，延长本协议的期间，直到补回由于迟延所失去的时间

（b）如果超时工作量不超过因拖延而失去的时间，并且不会导致公司对 Lakeshore 提供的服务额外付费，那么就进行加班

12．以上条款构成公司与 Lakeshore 之间的全部协议。非经公司与 Lakeshore 双方另行签署书面文件，不得对本协议进行修正、声明放弃、变更、或改动。

13．本协议应提交伊利诺斯州法院管辖。并且，本协议在适用法律方面应当以适用于在州境内签署并拟于全部在州境内履行的合同之该州法律为依据。双方当事人特此同意本协议中的争议仅受伊利诺斯州芝加哥市法院管辖。

如你方同意上述条款，请于下列空白处签字表示承诺，并将签署的协议反馈给本公司。

同意并承诺

————————————   ————————————
Mag 媒介公司   Lakeshore 艺术工作室

————————————   ————————————
姓名   姓名

————————————   ————————————
职务   职务
————————————   ————————————

BAYSIDE 发行公司，位于马萨诸塞州波士顿市哈斯丁街 343 号，02140（"Bayside"），与 MEYER 音像制作有限公司，位于马萨诸塞州波士顿市林荫大道 1186 号，02151（"Meyer"），于 2003 年 6 月 16 日签订如下协议。

鉴于 Bayside 有一部名为 "The Executive Exercise Workout"（"项目"）的 30 分钟音像节目之想法和方案；

并且 Bayside 期望委托 Meyer 根据本协议确定的条件，制作并交付该项目；

并且 Meyer 从事制作音像节目的业务，并期望接受 Bayside 委托制作该节目。

由此，双方当事人就下列条款达成一致：

1．项目概况：Meyer 将代表 Bayside 制作该项目。该项目将以录像带和 DVD 的形式通过音像零售商和直接邮购的方式投放市场。该项目以 Bayside 公司提供的方案（选题、大纲等）为基础。Bayside 同时为该项目提供出镜演员和一个片头标识（opening logo）。所有其他人员、计划以及制作材料（包括剧本、分镜头脚本、音乐）由 Meyer 公司创作并提供。在第 2 条中列出的由 Meyer 创作并提供的材料，以及可交付的成果（并非由 Bayside 提供的部分），在下文被称作"项目材料"。

该项目将适合于播出，并且可以用录像带和 DVD 形式复制发行。

该项目的开场以及背景音乐由 Meyer 通过创作或外来取得，并加以提供。

2．项目计划和交付日期：

第 1 阶段交付的材料：按照 Bayside 提供的大纲而创作的分镜头草案和剧本草稿。交付日期：2003 年 8 月 18 日。

第 2 阶段交付的材料：最终定稿的剧本和分镜头剧本。交付日期：2003 年 9 月 15 日。

第 3 阶段交付的材料：项目非线编辑的工作带，包括音乐。交付日期：2003 年 10 月 20 日。

第 4 阶段提交的材料：经过最终剪辑的节目，包括全部音乐、片头和演职员字幕。交付日期：2003 年 11 月 21 日。只要 Meyer 收到 Bayside 对第 4 阶段交付成果的书面认可，Meyer 自那时起的两天内应该向 Bayside 提供 3 套完成的母带（master tape）以及 3 套母带的复制带。

Meyer 同意，时间因素在本协议的义务履行中至关重要。Meyer 将尽最大努力遵守上述时间规定，以及与 Bayside 公司书面许可的修正时间表保持一致。

3．批准：只要 Bayside 收到第 2 条规定的项目材料，将尽力及早进行审查，并按下列方式之一进行处理：

图 3.5
制作协议样本

图 3.5
制作协议样本（续）

3.1．认可项目材料，使 Meyer 能够进行下一阶段的工作。

3.2．或者以书面形式提出进行特定改动或修正的要求，在 Meyer 按要求完成相应修改之后，同意项目进入下一阶段。

3.3．或者拒收项目材料并终止协议对不同阶段交付的所有项目材料的认可，应以书面形式，在 Meyer 总部办公室，送交 Meyer 委派的项目制作人。如果 Bayside 收到项目材料后 10 个工作日内，Meyer 未收到 Bayside 的回复，项目材料将被视为得到认可。项目材料是否令人满意，Bayside 拥有唯一的决定权，并且 Bayside 享有拒收材料和终止本协议的唯一的、排他的权利。

然而，假如 Bayside 行使了第 3 条第 3 款规定的选择权，并且终止了该项目，或者，如果 Bayside 终止本项目并非因为材料方面不符合合同要求，Meyer 有权获得一笔两万美元的赔偿，外加截止到终止之时发生的与项目有关的所有开支的补偿费。

如果 Bayside 对某个阶段项目材料予以认可后，又想对该完成的项目材料加以改动，那么，改动的开销由 Bayside 独自承担。Meyer 将为此改动提供成本预算。

4．对价：

4.1．作为本协议第 1 条和第 2 条规定的项目制作与项目材料交付的对价，Bayside 将向 Meyer 总共支付 73 000 美元。付款计划入下：

时间或行为	付款签署
本协议日	13 000 美元
交付与认可第 2 阶段项目材料	15 000 美元
交付与认可第 3 阶段项目材料	20 000 美元
交付与认可第 4 阶段项目材料	25 000 美元

Meyer 为每一笔款项向 Bayside 出具完成工作清单，Bayside 自收到清单后 10 个工作日内支付款项。已支付的款项不可整体或部分要求退还。

4.2．根据 Bayside 要求进行的项目追加工作，应该在完工并交付此项工作成果后，对应付金额进行单独的一次性支付。

4.3．Meyer 根据以下销售进度情况有权获得项目的浮动酬金：

销售第 1 个 1 000 套	按总收入的 0%
销售第 2 个 1 000 套	按总收入的 5%
超过 2 000 套之后的部分	按总收入的 8%

"总收入"指 Bayside 从项目的发行和展示中获得的全部收入，并扣除退货部分的金

额以及根据下列规定所作的其他调整：

Bayside 将以概要的形式，向 Meyer 提供季度报告，显示本协议中相应的数据。这些报告和到期应支付的版税，如果有的话，在 4 月 30 日、7 月 31 日、10 月 31 日和 1 月 31 日分别将上个季度的予以提交。Bayside 提交的报告可能会因为年末 Bayside 财务部门的数据调整、退货情况或者对错误的修正，而有所变化。如果 Bayside 同意任何发行方对货款予以拖欠，并且这些货款包括在"总收入"之内，假如按 Bayside 认为，这类债权难以收回，那么无法收回的金额可以从随后的收益表中予以扣除。如果 Bayside 基于某种原因向 Meyer 多付了钱，Bayside 有权从之后应付给 Meyer 的金额中予以扣减，并且划扣相等的金额到自己的户头；或者 Bayside 向 Meyer 要求退还该金额，在这种情况下，Meyer 应该退还相应的款项。

此处应付给 Meyer 的所有款项，应遵守现在或此后生效的一切关于收入扣除额或者其他应当或者经评定由 Meyer 支付税款的法律和规则。Bayside 有权按照这些法律和规则，代表相关政府部门作这样的扣减；当然，Bayside 不至于因为进行这样的扣减行为、或者向适当的政府部门付款行为，而对 Meyer 承担责任。

Bayside 将保存与项目发行有关的账本，以及收据、播出合同和类似的纪录（这一切在下文称为"记录"）。Meyer 可以在 Bayside 保存收益报告的地点，对这些记录进行审计，费用自理。任何这类审计工作只能由公共会计师在合理的工作时间，以不妨碍 Bayside 正常业务活动的方式进行。对任何收益报告的审计不得迟于该报告发出的 24 个月；任何审计也不得持续超过 30 个工作日；这类审计的频率每年不得多于一次；对说明某个收益报告的相关记录的审计不得超过一次。所有本协议下的收益报告对 Meyer 具有约束力，并不得以任何理由提出异议，除非这样的异议是采用书面形式陈述有关理由，并自收益报告发出之日起 24 个月内向 Bayside 提出，或者，如果已经进行了审计，自审计完毕之日前 30 日内提出。Meyer 检查 Bayside 的记录的权利仅限于本项目，它无权出于比较或其他目的，检查 Bayside 的一般业务记录或其他项目记录。

4.4．如果 Bayside 在任何时候、基于任何原因，决定不再推销或发行该项目，Bayside 只应该对到那时发生的付款和版税之补偿负责。Meyer 不得就该项目进一步实施可获得的预期版税、或特许费收入主张权利。

5．项目材料和版权的所有者：Bayside 是本合同中 Meyer 工作和服务所得到的项目材料和其他成果与收益的唯一所有人（该项目材料、成果以及收益以下称"作品"）。Meyer 承认并同意该作品是为 Bayside 某项音像作品所特制，并形成相关版权法所规定的"职务作品"。如果因为某种原因，该作品或其中的任何部分被认定不属于版权法规定的 Bayside 之"职务作品"，Meyer 特此同意，就此将 Meyer 在本作品上和相关的任何和全部权利，所有权和权益，包括但不限于全世界范围的版权及其期限续展、时效的延长和恢复原状（等权利保障措施），都不可撤销，永久

图 3.5
制作协议样本（续）

61

图 3.5

制作协议样本（续）

地转让给 Bayside 及其权利义务的法定继承人和受让人。除了版权法所规定的权利之外，Meyer 特此向 Bayside 及其继承者和受让人移交、让渡和转让该作品在全球范围内的，以任何语言方式存在的一切其他的知识产权，包括但不限于所有的商标权。Meyer 在此放弃该作品在全球范围的，所有被称为精神权利、作者的精神权利，或者与署名作品有关的其他类似权利。根据 Bayside 的要求，Meyer 应该对 Bayside 认为对上述权利具有证明和促其生效作用的其他证明文件予以签署、认可、交付并且 / 或者记录在案。Meyer 特此授权 Bayside 以 Meyer 代理人的身份对 Meyer 未能签署、认可、交付并登记的任何或所有凭证，在美国联邦版权局或其他部门签署、认可、交付并且进行登记。

除了上述问题，Meyer 承认并同意，就 Meyer 与 Bayside 双方而言，Bayside 将是该项目和相关部分的一切版权、所有权以及权益的单独和唯一的所有人，Bayside 有权就该项目任何相关版本和 / 或续集以及相关部分，以自己的名义对项目版权予以维护、续展。

Meyer 同意不聘用任何第三人提供与项目相关的服务或材料，除非在一开始或者提供这些材料之前，该第三人正式以附件 A 的形式签署一份"职务作品"协议。

6．Meyer 的声明与担保：Meyer 公司声明并担保本项目材料不违反任何法律，不侵害任何个人或实体的知识产权、隐私权、公开发表权或其他权利。

如果 Meyer 在项目材料中加入了其他受版权保护的材料，Meyer 应当把许可使用文件、以及有权使用这些受版权保护的材料的其他证据呈递给 Bayside，以便取得 Bayside 的批准及其法律豁免文件。

Meyer 再次声明、担保并保证，它享有订立并全面履行本协议所需的一切必要权利和权力，并且，保证本项目材料免于遭受任何第三方的扣押、追索或阻扰，该项目材料及各个部分均系 Meyer 所有并原创，但属于公共领域的材料、上述受版权保护但经 Bayside 验证的东西，或者由 Bayside 提供给 Meyer 的东西除外。

Meyer 还担保其遵守适用于项目材料与项目制作以及人员雇佣的一切法律、规章制度，包括但不限于雇佣法和移民法。

7．违反瑕疵担保的责任：Meyer 同意始终保护和补偿 Bayside 免受任何诉求、损害赔偿、责任、裁决、成本与支出损害，包括但不限于诉讼成本和合理的律师费，这些损失可能来自：

（1）Bayside 对本协议中由 Meyer 制作的任何材料的使用；或者，（2）Meyer 违背其在本协议中所作的声明、担保、或保证。如果 Bayside 收到涉及上述赔偿的任何应诉通知和诉讼传票，Bayside 应该立即通知 Meyer。Meyer 应该马上进行协调、解决、答辩或者其他处理，上述费用自理。假如 Meyer 在收到上述通知后，根据 Bayside

的合理判断，Meyer 并没有对此采取积极措施，Bayside 有权以自己的名义，对此诉求进行协调、解决、答辩或其他处理。在此情况下，Bayside 将向 Meyer 报告所有花费，而 Meyer 应向 Bayside 偿还相应金额。

Bayside 同意始终向 Meyer 保证，不会因为 Meyer 对本协议中由 Bayside 提供的任何材料的使用而遭受任何诉求、损害赔偿、责任、裁决、成本与支出损失，包括但不限于诉讼成本和合理的律师费。如果 Meyer 收到涉及上述赔偿的任何应诉通知和诉讼传票，应该立即通知 Bayside。Bayside 应该马上对此诉求进行协调、解决、答辩或者其他处理，并自理费用。假如 Bayside 在收到上述通知后，不采取积极措施，Meyer 有权以自己的名义采取行动，对此诉求进行协调、解决、答辩或其他处理。在此情况下，只要 Meyer 向 Bayside 报告所有费用，Bayside 应该向 Meyer 偿还相应金额。

8．署名：只要 Meyer 履行本协议中的义务，并且没有实质性违反本协议，Bayside 同意出品的作品将在适当的位置、并以独立的画面，展示以下文字：

> "Meyer 影视制作公司制作
> 马萨诸塞州，波士顿市。"

Bayside 还同意上述文字出现在 Bayside 拥有冠名权的本项目的一切印刷品和电视广告中，如果这些东西确实存在的话。然而，如果 Bayside 由于不当失误而未能将 Meyer 的名称列入广告之中，也不构成对本协议的实质性违反。

Bayside 还同意，只要收到 Meyer 的书面请求，Bayside 将尽力把 Meyer 的冠名从已出版作品的最新版本中，或作品新近的广告中予以删除。

9．不承担发行义务：本协议不应视为 Bayside 有义务将该项目予以出版、发行或展览。该项目是否出版、发行或展览，由 Bayside 酌情定夺。

10．独立承揽人身份：Meyer 以独立承揽人的身份提供下列作品或服务。作为独立承揽人，Meyer 对履行现行或今后有效的联邦、州、或地方法律、规章、法令之义务负有全部责任，包括但不限于，那些与税收、失业补偿或保险、社会保险、工伤赔偿、伤残补助、预扣税款以及雇用未成年人有关的，还包括与作为独立承揽人应该承担的对一切收益的簿记和报表编制以及与一切税款的支付、评估费、特别税和所需的其他款额有关的法律、规章、法令。

本协议不应当把 Bayside 与 Meyer 解释成合伙人、本人与代理人、合资企业、或者使其中一个成为另一个的雇员。

11．优先协商与最终拒绝的权利：只要 Meyer 根据本协议履行了义务，而且并未实质违反本协议，Meyer 就可以在该项目任何续集的制作中担任制作人，享有优先磋商

图 3.5
制作协议样本（续）

63

表 3.5

制作协议样本（续）

和最终拒绝的权利。Bayside 与 Meyer 应当首先就有关续集的制作进行善意的磋商。如果双方当事人在 15 个工作日内不能达成协议，Bayside 就可以自由地与第三方就此问题进行磋商；但是，在与第三方签订协议之前，Bayside 应书面告知 Meyer 该协议的条款。自收到此通知的 10 个工作日内，Meyer 可按上述协议所约定的条件，表示接受。如果 Meyer 没有对该约定表示接受，只要约定内容不变，Bayside 可以自由地与第三方签订协议，并免于 Meyer 的任何扣押和索赔要求。

12．保险：本协议生效后，Meyer 应立即投保一份适用于本项目制作的，通称为"制作人差错和遗漏保险"。该保单适用于每次事故损失或由于同一个作为或不作为的行为造成的索赔额不低于 100 万美元的场合。此保单应：（1）由 Meyer 投保；（2）注明 Bayside 为附加被保险人；（3）在条款中写明，要求保险公司遇到任何实质性的保额减少或者注销保单时通知 Bayside；以及（4）此保单被视为一项基本险，承保的范围涵盖任何时候（无论在最后项目材料交付之前或之后）与项目制作有关的索赔。在项目实施之前，Meyer 应立即向 Bayside 提供一份证书，作为投保的证明，并陈述其条款与限额。

13．不可抗力：如果 Meyer 或者 Bayside 由于难以获得服务和素材，劳工纠纷、政府限制，或任何其他无法控制的原因而未履行义务，这种情况不视为对本协议的违反。如果履行期间是确定的，该期限应该相应顺延。

14．协议终止：Bayside 可根据第 3 条的规定终止本协议，任何一方在另一方实质性违反协议的情况下，如果在向违约方发出书面通知后的 30 天内，违约方没有纠正的话，也有权终止协议。本协议中的权利归属、保险、陈述与担保以及赔偿条款在协议终止后仍然有效。

15．其他条款：

15.1．法律适用：本协议在法律适用和解释方面，应以可适用于一切在州境内签订并全面履行的协议的马萨诸塞州普通法为依据，而不考虑对法律规范的选择适用。

当事人特此同意，任何由本协议产生的索赔和争议，受马萨诸塞州波士顿市的有管辖权的法院行使排他管辖权。

15.2．变更、修正或放弃：除非经 Bayside 和 Meyer 以书面方式一致同意，不得对本协议进行变更或修正，对本协议条款的放弃不发生效力。

15.3．权利义务的继承者与受让人：未经 Bayside 事先书面同意，Meyer 不得将本协议，本协议的权利整体或部分予以转让，也不得将本协议的义务转移。Bayside 可以将本协议或本协议中的任何或所有权利转让给任何个人或实体，只要受让人以书面形式对本协议中义务予以承担，Bayside 将免除自身对 Meyer 的所有义务。

15.4．不得要求禁令救济：如果出现违反本协议的情形，倘若有损失的话，守约方的救济方法限于通过法律诉讼寻求损害赔偿。任何一方当事人都无权要求发布禁令或者其他平衡救济以禁止或限制项目的制作或发行。

15.5．全部约定：双方当事人同意，本协议连同全部附件，是对双方协议以及解释协议的最后的、全面的和唯一的表述，并优先于双方就相关事项此前或现行的合同、声明和约定（书面或口头）。

15.6．可分离性：一旦本协议的任何条款被某个有管辖权的法院判定为无效、缺乏依据或不具强制执行力，这样的条款应当从协议中剔除或者修改以使之更合理，协议的剩余条款或上述修改后的条款将继续有效并对双方具有约束力，只要剩余条款或修改后的条款反映了协议当时双方当事人的意愿。

15.7．通知：任何和所有的通知，以及本协议所要求的书面许可，如果它们是通过邮资已付、要求回执的挂号邮件，按照上面指明的地址或者一旦地址发生变更时，按一方当事人指定的地址邮寄给对方当事人的话，则视为已经通知。通知的日期按回执上注明的日期计算。

15.8．条款标题：本协议中使用的条款标题仅出于方便目的，不应视为协议中具有约束力的部分。

15.9．传真签字、副本：本协议可经手签或传真签字而生效，并制作副本，上述每一种签署方式皆被视为原件，所有这些合在一起构成同一份文件。

当事人已于协议开头标明的日期签署本协议，以兹凭证。

Bayside 发行公司

———————————————

罗纳德 E．史威尼
公司董事长
Meyer 影视制作公司

———————————————

凯丽 S．梅伊尔
公司董事长

图 3.5
制作协议样本（续）

65

图 3.5

制作协议样本（续）

附件 A

附件 A

职务作品协议

由 _____ ［第三方名称］（"你方"）与 Bayside 发行公司（"Bayside"）于 _____，2 0 _____（年）签订。内容是关于你方受 Meyer 影视制作公司（"Meyer"）委托，并在其监督下，为暂定名为 "The Executive Exercise Workout" 的影视作品及其 / 或衍生产品项目提供服务。Bayside 与你方达成下述共识：

1．你方提供下列与项目有关的服务和 / 或产品：

（对服务和产品的描述）

出自与本项目有关的你方服务的任何和全部成果、产品和收益，包括但不限于以上所列，在以下称为 "作品"。该作品由你方根据 Bayside 的指示提供，须经 Meyer 和 Bayside 自行斟酌批准，而且不得包含猥亵的和不恰当的内容。

2．作为对你方服务、成果以及由你方根据本协议授予或转让给 Bayside 的权利的全面补偿，Bayside 或者由 Meyer 代表 Bayside 向你方支付（支付的金额），具体办法如下：（付款计划略）

你方承认由 Bayside，或者由 Meyer 代表 Bayside 根据本协议第 2 条向你方付款，构成本协议付款义务的全面和完全履行。

3．你方承认并同意该作品是由 Bayside 专门订购，用于上述音像产品，并且根据所有相关版权法，构成 Bayside 的 "职务作品"。假如，由于某种原因，该作品或其任何一部分被认定为不属于 Bayside 的 "职务作品"，你方同意，本协议构成向 Bayside 及其权利义务的继承者和受让人永久地、不可撤销地转让你方在该作品中的任何和全部权利、所有权和权益，包括但不限于全球范围的版权以及基于期限续展、时效延长和恢复原状的权益。除了根据相关版权法所享有的权利之外，你方还特此向 Bayside 及其继承者和受让人转让、移交作品在全球范围内的、以任何语言形式存在的一切其他的知识产权，包括但不限于所有的商标权。你方就此在全球范围内放弃所谓精神权利、作者的精神权利以及其他类似的权利。根据 Bayside 的要求，你方应该对 Bayside 认为对上述权利有证明和生效作用的其他证明文件予以签署、认可、交付并且 / 或者记录在案。你方特此授权 Bayside 以你方代理人的身份对你方未能签署、认可、交付并登记的任何或所有凭证，在美国联邦版权局或其他部门签署、认可、交付并且进行登记。Bayside 有权根据自己的需要酌情使用你方姓名、肖像和个人经历方面的信息，用于该项目的推广、宣传，或其他用途。你方承认 Bayside 没有义务一定要行使此处给予 Bayside 的任何权利，也没有义务一定要使用该作品。

4．你方声明并担保：（1）你方有权订立和履行本协议，并有权转让上述权利；（2）到目前为止你方没有签订、且将来也不会签订与本协议条款相冲突的任何协议或从事相关活动；（3）除了属于公共领域的材料或由 Bayside 提供给你方的材料之外，作品无论现在还是将来均系你方原创，决非从其他作品全部或部分地复制而来；（4）根据你方最大限度的了解，无论是作品还是对作品的使用均未侵害任何隐私权或公开发表权，也不构成不正当竞争，不侵害任何个人或实体的版权、商标权或其他知识产权。

5．一旦事实上或者被认定违反了本协议，或者出现任何其他情况，如果造成了你方的损失，你方针对 Bayside 或其权利义务的继承者、被许可人或受让人所享有的权利或救济，仅限于通过诉讼补偿损失。你方特此放弃任何衡平法上的权利或救济，包括但不限于对 Bayside 的权利予以撤回或终止，或者寻求针对 Bayside 或其权利义务的继承者、被许可人或受让人的任何形式的禁令救济。

6．你方不得转让本协议或者你方的权利，也不得整体或部分地移转你方所承担的义务。Bayside 可以将本协议或本协议的权利转让给任何个人或实体，在受让人承担义务的范围内，免除 Bayside 对你方的全部义务。

7．每一方都是独立缔约人，而且本协议不应解释为在当事人之间创设合资企业、形成合伙或者代理关系，任何一方都无权代表另一方设定任何明示或默示的义务。

8．本协议在适用法律和解释方面，应以适用于一切在该州订立并全部在该州履行的协议的马萨诸塞州普通法为依据，而与对法律规范的选择适用无关。当事人特此同意任何索赔和由本协议所产生的争议受马萨诸塞州波士顿市的有管辖权法院行使排他管辖权。双方当事人同意，本协议是对双方协议以及解释协议的最后的、全面的和唯一的表述，并优先于双方就相关事项此前或现行的合同、声明、约定（书面或口头）。本协议非经双方当事人以文字形式签署，不得变更或修正。

请在下列空白处签字，以表示对本协议上述条款的承诺。

同意并承诺：

_____

[缔约人签字]

_____

姓名：

_____

日期：

_____

Bayside 发行公司经手人：

_____

图 3.5

制作协议样本（续）

附件 A

67

图 3.5
制作协议样本（续）
附件 A

职务：

_____

日期：

_____

Meyer 音像制作公司经手人：

_____

职务：

_____

日期：

_____

68

　　除了规定该制作将被视为 Bayside 的"职务作品"之外，第 5 条要求 Meyer 就其为了制作而聘用的第三方（例如，不属于 Meyer 雇员的作者、艺术家或编辑）签署"职务作品协议"作为协议的附件 A。这有助于确保这些第三方不至于就其在制作上所进行的工作，提出他们对已完工的节目享有任何专有利益的主张。

　　制作协议的其他许多条款与前述的合同样本类似，特别是图 3.3 列出的作者合同。与图 3.3 相似，图 3.5 所列制作协议在一开头就规定缔约人负责交付的材料，对材料交付的时间表作了限定，并且描述了一旦 Bayside 收到这些材料，随之而来的批准程序。跟作者合同一样，对价将分期支付，与材料的交付时间挂钩，而且如果聘用公司选择取消该项目，缔约人将收到一笔合同终止补偿费。

　　合同第 6 条包含一个与作者合同的担保条款相似的瑕疵担保条款。瑕疵担保条款与一个明确直接的赔偿条款（第 7 条）并存，在该条款中，Meyer 同意保护 Bayside 免于承担由于 Meyer 违反其担保的内容而引起的责任。举例来说，假如 Meyer 递交的材料含有从另一个受版权保护的音像制品剽窃而来的片段，而且该制品的所有人对 Bayside 提起侵权起诉的话，这个条款将起到保护 Bayside 的作用。

　　第 7 条还包含一个 Bayside 对 Meyer 承担的交互赔偿条款。当然，Bayside 的赔偿义务是有限的，仅限于制作中 Bayside 所提供材料导致的责任（见第 1 条）。假如 Bayside 不提供任何材料用于 Meyer 的制作，这个保障就没有必要。

事实上，在许多制作协议中，并不规定委托制作的一方的保障义务。相反，陈述和保证以及相关的保障义务完全是制作公司一方单向的义务。

图 3.5 中的项目合同还包括诸多其他值得研究的条款，列举如下：

- "不承担发行义务"条款（第 9 条），使 Bayside 免去承担出版或发行已完工制品的义务。在那些规定按版税计酬或其他按项目收入计酬的合同中，这类条款特别重要，因为撤回项目的发行势必影响制作公司的版税收入。这个条款则可以避免由于 Bayside 未能发行音像制品给 Meyer 造成损失，从而导致 Meyer 提出补偿该损失的要求。
- "独立承揽人条款"（第 10 条），提醒 Meyer 作为独立承揽人所负担的义务，并且提醒大家注意 Meyer 与 Bayside 之间的协议并不把双方置于合伙、合营企业或者雇主与雇员关系。
- "优先协商权"条款（第 11 条），要求 Bayside 为 Meyer 提供制作项目的续集或副产品的优先选择的机会。该条款对 Meyer 有利，而且，该条款虽然在这种类型的合同中并不罕见，但也不是十分必要。
- "保险"条款（第 12 条），要求 Meyer 以 Bayside 公司为附加被保险人投保"制作人差错与疏漏"保险。这样的保单在第 7 条规定的 Meyer 的赔偿责任之外，为 Bayside 提供了另一重保护。虽然对这种保险的要求在承包规模较大的制作项目中是常见的，但这样的条款在这么一个无需向公众播出、制作开支相对低廉的音像制作合同中出现就有点罕见。只有在对制作公司是否具备承担赔偿责任的财力没有把握的情况下，像 Bayside 这样的发行人才会要求制作公司办理差错与遗漏保险。
- "不可抗力"条款（第 13 条），该条款在遇有形势不可控而导致当事人不能履行合同义务的场合，起着保护当事人的作用。

该项目合同结尾是"其他条款"，对协议的范围、界限作进一步规定。那些规定包括合同适用哪个州的法律以及修正和变更协议的方式（多数情况下，采用双方同意的书面形式）等条款。

此外，在"其他条款"中，有一个规定一方当事人可以转让该协议的条件叫做"权利义务的继承者与受让人"条款（第 15 条第 3 款）。正如该条款所指出的，只要受让人承担 Bayside 的全部义务，Bayside 就有权不经过 Meyer 许

69

可而转让该协议。但是，Meyer 不得转让该协议，除非它收到 Bayside 的事先书面许可。正如本章开头有关作者合同样本中所阐述的那样，尽管这样的表述可能显得偏向 Bayside 的利益，但实际上，对于与制作公司签订合同的实体来说，对受委托的制作公司转让合同的权利加以实质性限制是很正常的，因为Bayside 与 Meyer 公司这样订立协议，是以 Meyer 公司的经验和声望为基础的（而且，通常包括作为公司股东或员工的特定个人的经验和声望）。因此，Bayside 意欲阻止 Meyer 直接将本协议转手或者向某个缺乏经验和声望的公司转让（或曰"甩"）该协议。相反，Meyer 或许对 Bayside 是否转让该合同（只要受让人承担 Bayside 的全部付款义务）不太关心，而且假如 Bayside 被出售或者被另一家公司兼并，或者决定把对项目的权利出售给另一家公司的话，Bayside 当然希望享有转让的自由。

最后，像其他合同样本一样，本项目合同属于与协会或者工会无关的制作。若想了解协会或工会方面的内容，请参阅第 7 章。

70

3.7 选择权 / 购买协议样本

许多媒介产品是以现有作品为基础或者从其衍生而来，比如小说（经典电影《飘》，就是以玛格丽特 • 米歇尔的小说为基础）、非小说类书籍（如电视短剧《兄弟连》，就是从史蒂芬 • 埃姆布罗斯的书演绎而来），以及原始剧本（如故事片《恋爱中的莎士比亚》就是来源于马克 • 诺曼和汤姆 • 斯道帕创作的剧本）。近年来，大多数媒介制作已经开始开发其他现有的形式，包括漫画书（如《蜘蛛侠》）和视频游戏（如《古墓丽影》）。

图 3.6 是一份选择权 / 购买协议。在制作者努力寻求投资人，以及从事在一定期限内"锁定"某个现有作品的制作权。在本协议样本中，现有作品是一部名为《Zen There, Done That》的非小说类作品，制作人计划开发出一个音像产品。

在协议样本的第 1 条，《Zen There, Done That》的作者授予制作方WorkForce 制作公司 6 个月的期权，以决定是否购买第 5 条规定的该书的版权。初始期权（initial option）花费制作方 500 美元。第 2 条给予制作方每 6 个月的一至二次续展期权的权利。期限的续展每次耗费制作方 1 000 美元。如果制作方行使期权，（已支付的)500 美元的期权费将从协议购买的价款中予以扣减。与此不同的是，假如只付了期权续展费的话，不得从购买价款中扣减。虽然这样的安排在类似合同中是相当标准的，但是从制作方的角度来看，他当然愿意把全部期权费从购买价款当中予以扣减。

第 3 条规定制作方可以通过（以下方式）行使期权：（1）在期权的有效期限内或续展期内，随时向作者发出书面通知；（2）向作者支付购买价格。该价款按第 4 条规定为 5 000 美元（减去期权费）。

第 5a 条在一开头就专门规定在期权的有效期间和续展期内，制作方享有与第三人就项目进行磋商的排他的权利，该项目立足于作品进行开发、预制以及制作活动。这个条款很重要，因为制作方往往希望通过从事这种类型的活动，在行使期权并支付购买价格之前，确定以某个作品为基础开发的项目是否可行。

一旦行使期权，制作方便享有第 5a 条中第 2 项所规定的权利。通常，取得的权利越广泛，对制作方就越有利。在此，制作方取得了作品的全部权利，但第 5b 条规定具体的（作者）予以保留的权利除外。那些由作者保留的权利限于书籍的出版权、电台播出权、以及合法的舞台演出权。具体地说，作者在以印刷或电子形式出版书籍、在电台朗读或让人朗读该著作以及为该作品制作一个合法的舞台演出版本方面，继续享有排他性权利。该著作的其他一切权利，包括音像制品制作权及其附属权利（例如推销和捆绑销售），将由制作方享有。

71

图 3.6
选择权 / 购买协议样本

选择权 / 购买协议

本协议（"协议"）就已出版的名为《ZEN THERE,DONE THAT》的非小说类作品，包括但不限于其一切组成部分及其版权（以下统称"作品"），由 Workforce 制作有限公司（"制作方"）和 Gary Lyndon（"作者"）于 2002 年 4 月 4 日签署。鉴于当事人在此做出的陈述、保证和同意，双方达成如下协议：

1．初始期权。考虑到制作方为了进行投资和根据本作品制作音像制品（下面做了界定）所付出的努力以及支付 500 美元作为对价，作者特此给予制作方一个不可撤销的期权，以获得从开头所列的日期开始计算的（即初始期权的期间）为期 6 个月的权利（以下做了界定）。假如期权得以行使，为初始期权支付的款额可从付给作者的购买价格中予以扣减。

图 3.6

选择权／购买协议样本（续）

72

2．展期权。制作方享有通过下列方式，每次按 6 个月期限，两次延长期权（即"续展期间"）的权利：（1）在当期期权届满之前，把延长期权的意图以书面形式告知作者；（2）作为行使首次续展权的对价，向作者支付 1 000 美元；（3）作为行使第二次续展权的对价，向作者支付 1 000 美元。如果期权得以行使，制作方向作者支付的续展期权的全部费用（即"展期费"）不得从应付给作者的购买价格中予以扣除。

3．期权的行使：在初始期权期间或续展期权期间（如果办理了续展的话）的任何时候，制作方可以通过向作者发出书面通知以及向作者支付第 4 条规定的"购买价格"的方式行使期权。

4．购买价格：如果制作方行使期权，制作人将一次性向作者支付（即"购买价格"）5 000 美元。

5．制作方的权利：

（1）在期权的有效期间和续展期间内（如果办理了续展的话），制作方在世界范围内，享有与第三人就基于作品的项目进行接洽、协商和订立协议的排他性权利，并且（以制作方自己的费用）从事开发、预制和其他与项目有关的制作活动。在制作方行使期权并支付购买价款的前提下，作者特此授予制作方下列排他的、永久性的、世界范围的权利（"权利"）：①一切权利、所有权、以及作品的利益（下款（2）规定的"保留的权利"除外），包括但不限于通过任何和所有媒介与手段，无论是目前所知的还是日后开发出来的，基于作品制作出来的一个或多个音像制品（"制品"）进行开发、制作和利用的一切权利；包括但不限于通过院线发行、非院线发行、互联网发行、电视（包括但不限于免费的、付费的、有线的以及卫星传输）、录像带和 DVD 发行、以及任何一切目前所知或者日后开发的媒介和技术；还包括所有版权及其延期和扩展的所有权，以及一切连带的、隶属的、附属的权利，包括但不限于商品销售、捆绑销售、声道、音乐出版、电子游戏、视频游戏、唱片、互联网、计算机软件、以及主题公园的权利；②将作者姓名、肖像、声音和生平基于用于作品的影音制作以及其他项目和素材，以及将其用于广告、宣传和推广。在行使这些权利过程中，制作方在修改、编辑、剪切、重新编排和更改作品方面，享有不受限制的自决权利。在最大程度上，作者特此明确表示永久性地、不附带限制条件地放弃普通法、衡平法或其他法律上的，在世界范围内的，任何和所有关于作者可依法拥有或主张作品的"作者的精神权利"或类似之权利。

（2）作者保留作品的下列权利：①著作出版权（包括"磁带录制版"、电子版、或者对作品内容的电子机械复制）；②电台朗读；③正规的舞台戏剧表演（包括在电视上对这样的录制带进行播出的权利）（统称"保留的权利"）。尽管对上述权利作了保留，制作方出于对上款（1）赋予给制作方的权利的使用目的，有权制作和出版不超过

图 3.6

选择权 / 购买协议样本 (续)

5 000 字的故事梗概、节录；当然，这些条件成立的前提是，上述各项被认定不会对制作方按照第 5 条享有的，采用无论是现存的还是后来出现的一切方式和运用一切媒介，进行制作、发行、使用、广告的权利以及其他权利构成限制即可。

6．浮动补偿和补充支付。除了购买价格之外，如果作者并未实质性违反本协议，根据制作方对作品的利用情况，作者还有权获得下列浮动补偿和补充支付：

（1）纯收益。作者有权获得全部"纯收益"份额中的 5%，假如有的话；该纯收益是制作人从制品的发行人以及从其他对作品的利用方式中实际取得的。作者的纯收益的界定、计算和支付采用与制作方的纯收益份额的界定、计算和支付相同的方式。

（2）补充支付。作者有权对首次制作之外的每一次后续制作，按首次价格的一半收费，该费用在每次后续拍摄之时支付。

7．未能行使期权。如果制作方在初始期权期间或者期权续展期间不行使期权，期权终止。作者有权就根据作品开展的有关项目同第三人进行接洽、协商并签订协议，只是一旦在期权终了之后的 6 个月内，作者与在首个期权期间或续展期间制作人接洽过的个人或实体订立协议时，作者和第三人之间的上述协议必须规定制作人将按照当下的制作费标准承接该项目的制作。

8．合作与接触材料。作者同意尽最大努力协助制作方以作品为基础进行项目的开发与制作。这样的合作包括但不限于尽最大努力从作品中表述的、提到的或描绘的个人或实体方面，为制作方取得制作方认为需要的豁免，并且提供接近作者的记事本、访谈录，以及其他与作品有关的书面和录音材料的途径，所有这些材料被认为包含于本协议所使用的"作品"的定义之中。作者同意在制作方制作的项目中吸纳上述材料。

9．声明与瑕疵担保。作者声明、保证并同意：作者享有完全的权利和法律资格授予制作方本协议的权利；作者此前从未向第三人授权且将来也不会向第三人授权，并且第三人无权利用已授予给制作方的权利；作者未曾订立且将来也不得订立任何可能与授予制作方权利相冲突的协议；作品免受任何留置或抵押；作品完全是作者的原创且不侵害任何第三人的权利，包括但不限于侵害版权、书面或口头诽谤、侵害隐私权或公开发表权。作者捍卫、确保制作方及其雇员、代理人、代表人、权利义务的继承者、受让人和被许可人，不因作者违反本协议中声明、保证和约定所引发的任何主张、损害赔偿、责任、损失、成本、支出（包括合理的律师费）而遭受的损害。

10．署名。根据可适用行会协议的限制条款和 / 或要求，以及国内主要发行人或其

73

图 3.6
选择权 / 购买协议样本 (续)

他投资人（网络／广播机构）认可规定，在音像制品中将采用"根据嘉里 • 林登的著作改编"（或者，假如使用不同的标题，"根据嘉里 • 林登的作品《Zen There, Done That》改编），在屏幕上以单独的版面，在主要字幕中（假如影视剧本作者（ screenwriter ）的署名列在主要字幕中的话）按照与通常影视原作者署名相同的大小，以及在使用作者署名的所有付费广告中出现，当然，用于祝贺、颁奖或提名之广告除外。

11．救济。作者承认并同意：假如制作方没能按规定向作者付款，或者如果制作方违反了其他担保或条款，作者的唯一救济途径是通过法律诉讼要回款项和／或请求金钱赔偿。授予制作方的任何权利在任何情况下都不受侵袭或损害，作者也不享有解约权、申请禁令权或者其他衡平法上的救济。双方理解并同意此处授予的权利是特别的、独特的、不同寻常的和非同一般的，并具有知识产品的特性，并据此赋予这些权利特殊的价值，该价值的丧失无法通过诉讼以损害赔偿的方式获得合理的或恰当的弥补。如果作者违反本协议，制作方有权通过禁令或其他方式获得衡平法上的救济。

12．不可抗力。如果与整体或部分立足于作品的项目，包括但不限于与策划案，剧本有关的开发、预制作或者制作活动，因自然灾害、火灾、罢工、劳工纠纷、政府命令、法院命令、战争、暴乱、民变或者制作方无法控制的其他事件而受到阻碍或干扰，或者假如因作者的声明、保证或承诺不实，引起（第三方）对作品主张权利，则期权的期间（包括任何续展期间）应根据不可抗力或（第三人）权利诉求持续的天数，外加一段合理的时间，给予相应地延长。

13．收回。如果制作方已经行使期权，但在行使期权之后的 5 年内并未开始音像制作的主要拍摄工作，则（原授予制作方的）权利由作者收回，但制作方享有留置权以担保应偿还给制作方的金额，关于作品和制作的款额已经或应当对第三人支付，包括但不限于对作者支付的款额，以及就音像制作的开发由制作方支付或应当支付的所有款额，外加在实际发生期间内按本金的一定比例计算的利息。此笔款项应在以该作品为基础的，下一个制作的主要拍摄工作开始之前，或者于作者从权利的转让中收取由第三人交付的第一笔收入时，支付给制作人。

14．制作方无开发义务。根据本协议，制作人并不承担必须行使期权去制作某个基于作品的项目的义务，也不负担利用协议中授予制作方的任何权利的义务。

15．使用已进入公有领域的材料的权利。在任何情况下，制作方、制作方的权利义务的继承者、受让人、或被许可人就使用公有领域的材料（包括但不限于作品中所包含的已进入公有领域的材料）的权利方面，同制作人未曾从作者处获得作品的期权时的情形相比，不得处于更为不利的境地。

74

16．转让。作者同意制作方可以整体或部分地向任何人、企业或公司自由转让本协议和本协议中的权利，并且转让后制作方即解除对作者所负的义务。

17．附加文件。作者同意向制作方签署、认可并交付，或者要求制作方提供的下列文件：（1）出版商豁免文件；（2）简易格式期权文件；（3）简易格式转让文件；（4）制作方认为有理由用以证明、实现或保障制作方权利（简易转让文件由制作方持有，并由作者于制作方行使期权的日期予以认定签署生效并交付）的任何其他文件。作者特此不可撤销地指定制作方作为作者正式的、合法的、事实上的代理人，出于签署、认可和交付作者没有、拒绝或者疏于立即签署、认可和交付的文件的目的，其权利是与利益相连的。

18．通知。所有的通知采用书面形式通过电传、航空快递、亲自送交或者挂号信的方式寄送。除非以书面形式作了相反的规定，所有的通知应按下列方式注明接受地址：

寄交制作方：　　　　　　　　寄交作者：
邮编：加州 90024　　　　　　邮编：纽约州 10019
洛杉矶戴洼泥街 865 号　　　　纽约第 72 街西里 64 号
Workforce 制作公司收　　　　Gary Lyndon 先生收

19．法律选择，管辖。不管该州的法律规则如何规定，本协议的合法性、解释、识别和效力应受适用于在州境内签署并全部在州内履行的协议的加利福尼亚州法律调整。当事人双方特此同意本协议所产生的争议提交加利福尼亚州洛杉矶法院排他管辖。

20．完整协议，协议修改。本协议构成当事人之间关于相关事项的完整协议，并且优先于当事人之间一切此前的和现有的，书面的和口头的，明示和默示的协议、约定和协商。本协议除经当事人各方签字的书面文书之外，不得更改。
当事人特此按上文所列期限签署本协议，以兹凭证。

制作方　　　　　　　　　作者

沃克弗斯制作有限公司　　加利·林登

图 3.6
选择权 / 购买协议样本（续）

75

　　第 6 条规定，根据该书的利用情况由制作方（或制作方许可的人，或受让人）向作者支付浮动补偿和补充支付。根据第 6a 款，制作方按来源于该项目和以该书为基础开发的产品净收益的 5% 向作者支付报酬。包含这类规定的期权协议通常也包含着冗长的、令人头痛的对所谓纯收益（或称纯利润，假如使用该术语的话）的具体界定。在此，制作人避免了加入（或商定）这样的条款，只是规定适用于作者的"纯收益"的定义与适用于制作方的"纯收益"的定义相同。这个方法通常是管用的，特别是如果作品的使用将通过第三人（例如金融机构、艺术工作室、发行人、网络）向制作方支付一定比例的纯收益的方式进行的话。当然，也有一些当事人坚持，要么在期权协议当中，要么以附件形式，列入完整的纯收益定义。

除了纯收益的分配之外，如果制作方不仅在原始产品中而且在后续的产品中也使用了该作品，那么作者的浮动补偿将把补充性支付（有时称作"版税"）包括在内。这些对后续产品的补充支付规定在第 6b 款中，按"售价的一半"这个固定金额计算。与上述这种按每一个后续产品支付固定费用不同，一些期权协议根据不同类型的制作（例如故事片、电视电影、电视连续剧）对补充支付有具体的规定。就电视连续剧而言，补充支付可按连续剧的每一集付费。

第 7 条明确规定，假如在期权的任何有效期间，制作方都没有行使期权，则期权终止，作者可以自由地将作品的该项权利许可给任何其他人。唯一的限制在于：假如作者在期权有效期限终止后 6 个月内，就该作品同在期权有效期间制作人曾与之接洽过的人订立协议，则制作人必须按照当时的制作费签下该项目。类似这样的规定在许多期权协议中可以见到。其意图在于阻止那些处心积虑的第三人，他们为了期权同制作人商量，不是为了达成什么交易，而是为了等待该期权过期后，可以对作者或其他权利持有人进行杀价，从而谋取利益。

本期权协议样本还在第 13 条列入了一个权利回归条款，规定一旦行使期权，则制作方拥有 5 年时间开始以作品为基础进行主要拍摄工作。假如制作方未能做到，作品的一切权利回归作者，而且作者可自由地转让这些权利，或将这些权利许可给任何人。然而，这个权利的回归要遵守作品留置权的规定，担保的金额是根据协议支付给作者的全部款额以及支付给准备材料的第三人的全部款额（加上应付的利息）。若制作在别处完成，上述款额予以归还，即解除留置，这属于常情。虽然这个留置担保旨在保护并偿还制作方对某个产权的投资，但这种类型的回归条款实际上对作者或其他权利持有人起到保护作用，防止制作方在支付一笔相对低廉的买价后便轻易地据有那些权利。

在图 3.6 中展示的期权协议样本列入了各式各样的其他条款和规定。这些条款中的大多数是相当标准的（例如声明与保证、人员署名、对救济的限制、不可抗力、不承担利用的义务、转让、管辖），其目的和意义与本章列入到某个或更多其他协议样本中的相同或类似规定很相似。第15条，可能大家不熟悉，简要规定关于公有领域范围内的任何材料，包括列入期权的作品，制作方享有与一般公众同样的权利。这个规定旨在保护制作人，他在任何时候都可能从事开发许多不同的媒介项目，以防（他人）主张与作者的作品有着相似的主题或思想的某个或更多项目同作者的作品有牵连（所以这个期权协议适用于那些类似作品）。根据版权法，一般的文学主题和思想不得为任何个人或实体所独有，此点在第4章已作了讨论。因此，任何作者（或制作人）可任意创作包含已经由另一个作者（或制作人）在现有作品中表达过的相同主题和思想，只要他们没有抄袭现有作品当初表达主题和思想的方式即可。与此相似，任何人都可以自由地以某个曾经受版权法保护但已经进入公有领域的作品（例如，奥利佛·威斯特创作的《芬兰越橘树》）为基础，加以再版或从事媒介制作。第15条简洁地约定，假如预约的作品包含这样的已经进入公有领域的材料，制作人享有与一般公众一样的，利用那些材料的权利，无须对作者承担任何义务。

77

小结

- 起草媒介制作合同的第一步是什么？你始终应该落实：合同包含一个明确、肯定的要约，一个关于对价的透彻的表述、以及当事人表示承诺的方式。一旦你建立起基本的框架，你应当进一步增加界定合同所涵盖的制作关系的其他条款和规定。

- 应当列入大多数媒介制作合同的其他条款是什么？大多数媒介制作合同应当包括表明缔约人何时以及如何交付协议所指的货物或者服务的计划时间表。制作合同还应当确定批准交付以及向缔约人付款的程序的指导方针。此外，合同应当对当事人之间的工作关系加以界定。合同的工作是以行会还是工会的性质履行的？还有，假如承担工作的那一方当事人是以独立承揽人的身份进行的，该承揽人是否同意放弃对公司主张保险、员工补偿以及其他属于雇员享有的利益等所有权利？媒介制作合同还应当明确界定谁拥有享受协议中的成果的权利以及从缔约人的作品和服务中产生的收益的权利。

● 权属问题如何在媒介制作合同中加以表述？所有的制作合同都应当包含对谁将享有协议中所移交的材料的所有权，以及对谁将享有制作完毕的节目的所有权加以明确界定的语句。在大多数情况下，合同应当规定协议中所有的成果以及从承揽人的服务所产生的收益属于制作人的雇佣作品，以便制作人对那些成果和收益享有版权。作为一种额外的预防措施，合同应当规定，如果从承揽人的服务所产生的成果和受益一旦被认定为不属于雇佣作品，那么协议本身构成承揽人一切权利向制作人的转让。合同还应当规定制作人留有已完工的制品的完全所有权。

● 权利担保条款与瑕疵责任条款在制作合同中发挥什么样的作用？媒介制作合同中的权利担保条款通常规定同意交付合同货物的当事人对材料享有全面的权利，并且不存在任何阻碍当事人订立和履行协议义务的其他合同或情况。瑕疵责任条款约定如果对材料的所有权发生争议或者假如一方当事人违反担保，哪一方将承担责任以及裁判费和／或律师费。

● 何谓管辖条款？通过管辖条款，合同的当事人同意合同受某个具体的州的法律调整，或者，在国际制作的场合，受某个特定国家的法律管辖。当合同的当事人居住在不同的州或不同的国家时，这个规定特别重要，因为适用于合同的法律根据管辖区的不同而千差万别。从制作人的角度来说，让协议受所在州的法律调整以及要求有关合同的争议受所在州、国家或者城市的法院管辖，几乎是最有利的。当下，许多制作合同写入了仲裁条款，要求就协议产生的任何争议应提交仲裁机构作出具有约束力的裁决，第 1 章对此已作了讨论。在包含这种条款的合同当中，仲裁员对这种争议享有初级管辖权，而且仲裁员的裁决可能要听从有权管辖的法院的最后裁定或者强制执行该（仲裁）裁决。

● 何谓终止条款？终止条款对协议中当事人的权利、义务以及相应的责任据以终结的条件做出规定。总的来说，终止协议的权利是同一方或几方当事人未能履行协议中提交材料的义务挂钩的。

注释

1．见 Community for Creative Non-violence v. Reid,490 U.S.730(1989)。

2．1976 年《版权修正法》(P.L.94-553),(90 Stat.2541), 第 101 条。

3．虽然此处讨论的管辖条款总的来说是具有强制性的，但它们的强制执行力在某些管辖案件中可能会遇到挑战。因此，这样的条款不可能始终保证所指定的某个州的法律得以适用，也不能保证所有的诉讼在指定的地点进行。

4．第 10 条规定作者向公司转让材料中包含的精神权利。所谓精神权利，在第 4 条已经谈到，其实质在于对其作品后续改动的控制权。

5．该协议按照毛收入的一定比例计算版税。版税通常是根据净收益或纯收入的一定比例计算。那样的话，协议需要对净收益或纯收入进行界定（例如，"净收益按照项目的销售或发行中所获得的金额确定，不包括装运费以及销售税和其他税金，减去（1）赊欠或应还的款额；（2）已支付的与销售或发行有关的任何佣金。"）总的来说，根据净收益而非根据毛收入的一定比例计算版税对将要付出版税的公司来说是有利的，因为允许该公司将规定的成本和开支在计算版税之前予以扣减。相反，按毛收入的一定比例计算版税总的来说是对收取版税的公司或个人有利。

获得许可：媒介制作过程中的版权问题

大多数媒介产品实际上都是由制作人将不同来源的材料混合而成。比如，要开发一个电视纪录片，制作人就要委托一个自由撰稿人来撰写脚本，需要一个动画工作室来准备片头，需要室外录像设备来制作一些具有特殊效果的镜头。制作人可能还要购买或租借已有的一些素材来充实产品的内容。这些材料包括电影资料镜头、照片、音乐以及从其他录像带或电视节目中截取的片段等。

第 2 章和第 3 章探讨了合同是如何确定制作人和各类人员的关系。这些人员包括演员、作者以及为生产这一产品被雇佣来提供服务和初始素材的摄制组成员。比较而言，本章将集中讨论，在将已有素材，如录像片段和照片合成进媒介产品的过程中，所涉及的诸多法律问题。这些素材已经通过一种或其他形式存在，但并不是为当下协议中的媒介产品而创作。

一些制作人会陷入这样的认识误区：只要使用的片段非常简短，或者只要在产品字幕中注明了素材来源，就被视为获得许可了。下面讨论的就是这种认识误区招致的危险。在了解为什么会有危险前，首先介绍一些版权的基本概念，相信会有所帮助。

4.1 版权的介绍

对于制作人来说，版权是一把双刃剑。一方面，版权给予制作人控制自己的产品的权利以及从复制产品、发行产品或销售他或她的作品中获取利益的权利。另一方面，版权又阻止制作人未经许可使用他人的作品。本章要讨论，在媒介产品的制作过程中，版权在阻止制作人使用他人作品方面所发挥的作用。至于版权保护制作人控制完成作品和获取利益的权利的情况，请看第 2 章。

4.1.1　何谓版权

版权是赋予文学、艺术、音乐、戏剧和视听作品创作者的诸多权利的集合。根据美国法律规定，版权赋予这些享有知识产权的创作者下述排他性的权利：

- 复制和发行版权作品的拷贝（换句话说，即复制的权利）
- 在版权所有作品的基础上创作衍生作品
- 用某种特定的作品，向公众表演或展示版权所有作品

首先，版权给予作者、艺术家、音乐家和媒介产品制作人拥有和控制他们的完成作品的权利。更为重要的是，作为控制权利的一部分，获得版权素材的拥有者可以许可他人复制、发行、改编他们的作品。在媒介产品制作的任何环节，电视和电影的制作人往往授权出版商和发行商复制、发行他们的作品，从而获取版权费用或其他补偿。这种授权也会发生在电视节目、电影、照片和音乐素材的拥有者许可他们的作品被用于媒介产品的制作，以及作者允许他们的作品被改编舞台剧、电影和电视节目的时候。

尽管版权赋予作者、艺术家和媒介产品制作人控制他们的创造性财产的权利，但是联邦法律对这些权利也施加了一些限制。首先，版权被限制在一定的期限——通常大多数作品的版权期限是作者的有生之年再加 70 年。此外，如在第 6 章所讨论的，根据美国版权法关于强制许可的规定，已出版音乐作品的作者不能禁止他人以特定方式使用其作品。在一些情况下，美国版权法允许制作人或其他人使用或改编他人作品而无须寻求版权所有者的许可。这种关于"合理使用"的规定在本章的后面要详细讨论。

4.1.2　版权法的渊源

像美国的许多法律一样，联邦版权法来源于英国的普通法和制定法。在英格兰，版权作为一个法律概念，最早伴随着活字和相关印刷技术的发展，在 15、

16 世纪出现。在政府把持印刷和出版的许可权力的一个多世纪之后，1709 年，英国议会通过了第一个综合性法律，即广为人知的《安娜法案》。这部 1709 年的法律赋予作者以专有权，享有为期 14 年的拥有和从作品获得利益的权利。

每一个作者，而不是行业协会或印刷商，应该保有控制他们创造性作品的权利的观点，最终进入了美国宪法第 8 节第一条，这一条被称作"版权和专利条款"：

"国会有权……通过为作者和发明者的作品和发现提供一定期限的保护来促进科学和实用艺术的进步。"

正如这段话所揭示的，宪法的制定者们——其中有几位是作家，相信版权既是个人权利也是国家需要。通过授予国会制订版权法的权力，他们希望保护作者本人控制他们的创造性作品，并从中获得收益的权利。如此一来，他们也希望在这个新的国度，版权立法能够有助于促进"科学和实用艺术的进步"。

1790 年，美国国会根据宪法第 8 节第一条所规定的权力，制定了 1790 年《版权法》。这是联邦第一个成文版权法，该法涉及书籍、地图和图表。像《安娜法案》一样，1790 年《版权法》赋予作者专有的出版权利，并有 14 年从作品中获得收益的时限。而根据 1790 年法，初次授权还可以再延续 14 年。

83

1790 年以来，作为对新的录制、影像复制和传播技术（例如照相机、唱片、电影、影印、广播和电视、录音磁带）的回应，联邦版权法经过了多次修改。在 1831 年、1870 年、1909 年和 1976 年，版权法都进行过全面修订。美国联邦判例法中也有许多是关于版权的，特别是新技术带来的问题在联邦制定法还没有规定的情况下，判例法就会发挥更大作用。

必须注意，版权法和媒介制作相关法律的许多领域不同，它是由单一的、具有优先性的联邦成文法所管辖。这意味着单个州在版权管制方面所能起的作用被限制在较小的和次要的地位。这还意味着在版权领域的判例法几乎都是由联邦判例法——即联邦法院判决的基础上形成的判例法——所构成。在美国，由美国版权办公室，即国会图书馆办公室负责版权登记。

美国版权领域现行的联邦制定法是 1976 年《版权法》。经过 20 多年的研究和争论，1976 年《版权法》于 1978 年 1 月 1 日全面生效。1976 年《版权法》取代了 1909 年《版权法》，后者包括了很多修正案和由多年的判例组成的判例法。1976 年《版权法》也有了很多实质性的重大修改，最近的修改是 1998 年通过的《Sonny Bono 版权期限延长法案》。这一修正案会在本章后面的"版权的期限"那一节讨论。

1976 年《版权法》制定了新的管制规则，包括可纳入版权保护和不可纳入版权的内容，版权保护的范围和期限、确立版权的步骤等。1976 年《版权法》也是联邦制定法中第一次对版权材料的合理使用予以规定的联邦法律。"合理使用"是由普通法形成的概念，但始终未在联邦制定法中被正式承认。正像本章在后面讨论的那样，"合理使用"对于媒介制作人来说是一项特别的权益。

4.1.3　什么可以纳入版权保护

根据 1976 年《版权法》，几乎所有创造性的作品都可被版权保护。下面是部分列举：

- 小说、非小说文学、诗歌
- 电影、广播节目、电视节目以及其他视听作品
- 电影、广播节目、电视节目以及其他视听作品的脚本
- 摄影作品
- 绘画、插图、雕塑和其他美术作品
- 戏剧作品
- 音乐和音响的录制品
- 舞蹈作品和哑剧
- 计算机软件

像上述列举所显示的，大多数媒介财产可以被版权保护，只要这些财产能够被有形的方式固定下来。

尽管版权法保护的范围相当宽泛，但是它没有覆盖所有类型和种类的材料。比如一个关于电视节目的想法或创意是不符合版权保护的条件的，即使这个想法用一种有形的形式表达出来。但是由这个想法发展而来的策划方案或者手稿，是能够获得版权保护的，电视节目就是在一种或多种这样的材料基础上展示出来的。换言之，一个表达某种想法的特定形式是有形的，因而能够符合版权法保护的条件，而想法本身是不会获得法律保护的。当然，毫不令人惊讶的是，多年来关于"想法"和"表达"的确切界限的诉讼案件相当可观。

除了"想法"，还有其他一些项目和材料不能获得版权保护，具体如下：

● 美国联邦政府雇员提供的信息和材料，这些信息和材料是他们的工作组成部分

● 科学的、历史的、事实性的信息，包括新闻（尽管这些信息通过专门的选择和编排可以获得版权保护）

● 发明和生产过程

● 产品或服务的名称

尽管这些项目不能获得版权保护，但它们可能会获得其他形式的保护。比如，发明和某种生产过程可以被专利保护，名称可以获得商标保护。专利和商标将在第 9 章讨论。

4.1.4 版权是如何确立的

根据 1976 年《版权法》，只要你的作品创作出来，以一种有形的方式固定下来，就符合版权保护的条件了。为了更好地保护你的版权，你应该在你的作品上加注版权标记。举例来说，如果你做了一个电视节目或放映幻灯片，你应该这样来展示你的标记：

2003 年，Magic Media 有限公司版权所有

与 1909 年《版权法》不同，1976 年《版权法》对于版权标记的形式和位置有相当灵活的规定。1976 年《版权法》第 401 节就规定，在"明显可视的作品"（visually perceptible work）上的版权标记包括以下情形：

1. 符号 ©（圆圈里一个字母 C）或 p（用于录音制品），单词"Copyright"或者是缩写为"Copr."

2. 作品首次出版的年份

3. 作品的版权拥有者的名字，或者是能够被辨认的名字缩写，或者是一般都知晓的权利人的替代名称[1]

版权法第 401 节还要求，附着在复制品上的标记，应该像版权声明的标记那样，具有适当的样式和位置。换言之，标记应该放在显著的位置，而不是深埋在作品之中。在大多数电影和电视节目中，著作权的标记作为片头和片尾字幕的组成部分出现。在录像带和（DVD 盘）上，版权标记出现在节目材料上，

或者是盒带和光盘的标签和包装物上。

值得注意的是，在美国 1989 年加入《伯尔尼公约》之前，1976 年版权法的修改中，不再规定版权标记作为版权保护的条件，尽管这一点仍然被强烈建议。要想对此了解更多，请参阅本章后面的《伯尔尼公约》一节。

4.1.5　谁拥有版权作品的版权

就像刚刚讨论过的，根据现行版权法的规定，作品只要已经创作，并以一种有形的方式表现出来，就被赋予了版权。但是谁拥有版权呢？一般规定是，符合版权保护条件的作品的版权属于创作作品的个人（或者是在合作创作情况下的每一个人）。像在第 3 章中所讨论的，这项规定的主要例外是：一部作品作为"职务作品"创作。根据美国版权法，"职务作品"意味着：（1）一个雇员在他或她的职务范围内创作了该作品（在这种情况下版权由雇员的雇主享有）或者（2）有专门的要求和委托，提供用于电影或其他视听作品部分，或者是属于版权法第 101 节"职务作品"定义下列举的符合其条件的其他种类作品，如规定"各方通过签署书面协议认为该作品属于职务作品"（在这种情况下，版权属于合同中的委托方所有）。要对此作更多了解，请看第 3 章"正确的权利约定——职务作品"一节。

86

4.1.6　在美国版权办公室的登记

为使作品获得版权保护，我们推荐的做法第 1 步是，在一件创造性作品的复制件上附上恰当的版权标记。第 2 步是到美国版权办公室进行版权登记。进行版权登记会涉及填写一份相应的申请书，并向版权办公室提交这份填写完整的申请书、缴纳少量费用和完整作品的复制件。版权登记程序将在第 9 章进行更为详细地讨论。

根据现行法律,版权办公室的版权登记不再作为版权持续保护的必要条件。换言之，即使你没有登记自己创作的作品，你仍然对该作品留有版权。然而，在版权办公室登记还是有一些重要作用的，这在你的作品陷入版权纠纷时尤为明显。首先，版权登记为一件版权作品建立了公开记录，这一记录在涉及该作品的诉讼过程中就成了唾手可得的证据。其次，如果有人已经侵犯了你的版权，你在向法院提起损害赔偿诉讼之前，你必须办理登记。虽然你也可以在侵权行为出现之后进行登记，但是这种情况会限制你寻求本可以证明的实际的金钱损失。如果你在侵害发生之前，或是作品被公开后的头 3 个月，花一点时间进行登记，你就有资格主张律师费和法定损害的赔偿。法定损害是指当实际的金钱损失难以证明或相对来说比较少时，由法院确定损害赔偿额。能够要求得到法定损害赔偿肯定是有利的。

4.1.7　媒介产品采用已有作品的特别提示

像刚刚讨论过的，那些要将已有作品在媒介产品中使用的媒介从业者也应该明白，根据现行法律，作品一旦以一种固定的形式创作出来并符合版权保护的条件，其版权就确立下来了。换言之，是创作作品的行为确立版权，而不是展示版权标记或在版权办公室的登记行为确立版权。由此带来的结果是，媒介制作人想当然地认为那些没有版权标记的作品是属于公用资料时，可能会发现这些作品仍然受版权保护。不幸的是，如果他们未经适当地许可就在其产品中使用了那样的作品，他们就会发现他们吃上了由权利人提起的侵权诉讼的官司。在这种情况下，只要制作人能表明是由于缺乏版权标记的误导而进行了过失行为，他就未必要承担更大的侵权损害责任。法院会要求移除在产品中的版权材料，或是为继续使用这些版权材料支付合理的使用费。要更多了解为媒介完整的产品寻求版权保护的情况，请看第 9 章。

4.1.8　版权的保护期

根据 1909 年《版权法》，作者的版权开始于作品发表之日，并可延续 28 年。在版权初始期限届满时，作者可以再续展 28 年。如果作者没有进行续展，该作品就进入了公用领域。

当 1976 年《版权法》于 1978 年 1 月 1 日生效时，这种情况发生了变化。1976 年版权法将保护的期限改成了作者有生之年加 50 年。对于合作创作的作品，版权的期限为最后一位存活的作者的有生之年加 50 年。对于匿名作品或使用笔名而不知真名的作者的作品，其保护期限是从发表之日（即作品首次向公众发布之日）起延续 70 年，或者是从作品创作之日起 100 年，以先到日期为准。如果就像媒介产品的通常情形，作者是名列在一个群体或组织中的一员，那么其期限是从作品开始使用之日起 75 年。"职务作品"的情形也是如此。

然而，国会 1998 通过了《Sonny Bono 版权期限延长法》,[2] 这些又全都变了。Bono 法案修改了 1976 年版权法，将保护期限延长了 20 年。因此，现在个人作者的作品的版权期限就是作者有生之年加 70 年。合作作品的期限是最后存活的作者的有生之年加 70 年。对于匿名作品和不知真名的作者的作品，其期限是首次发表之日起 95 年或是作品创作之日起 120 年，以先到者为准。对于《职务作品》和作者为一个群体或组织的作品，现在的版权保护期限为作品创作之日起 95 年。

最新的延长期限推迟了那些符合条件的作品的有效期的截止日期，也就是作品进入公有领域的日期。然而，值得注意的是，无论是根据作品现在的版权保护期还是根据之前的版权保护期，已经进入到公有领域的作品都不可能在恢复到保有版权的状态。决定一部作品事实上是否进入公有领域的问题在本章后面会更详细的探讨。

88

4.2 版权侵权

当有人以侵犯版权所有者专有权利的方式，使用他人获得版权保护的作品时，版权侵权就发生了。就像在这一章前面所描述的，这些专有的权利包括复制、发行作品的复制件、创作衍生作品以及（特定作品）向公众表演和展示作品的权利。当有人未获得版权拥有者的许可表示，就行使其中的一项或更多的权利时，他或她就实施了损害他人版权的行为。

值得注意的是，版权拥有者保有的权利之一是，决定他们的作品的全部或部分在其他作品中使用的权利。对于媒介制作人来说，这意味着完全复制他人的版权作品，或者采用他人版权作品作为自己作品的一部分，若未经版权拥有者许可的话，都为非法。但是，关于这一规定也有两个重要的例外：合理使用和强制性音乐使用许可。合理使用将在本章随后讨论，强制性音乐使用许可将在第 6 章讨论。

4.2.1　侵权诉讼

那些非法使用他人版权作品的制作人可能会发现他们成了版权侵权诉讼的被告。由于侵害版权触犯了联邦法律，侵权诉讼几乎总是向联邦地方法院提起。[3]提起版权侵权诉讼的版权拥有者可以寻求下述一种或更多的救济。

- 阻止进一步侵权的禁令或限制令
- 要求那些作为案件诉讼对象之材料进行扣押的法院命令
- 如果官司打赢了，销毁侵权材料的法院命令
- 要求侵权行为人归还所有因侵权行为所获得的利益的法院命令
- 赔偿实际损失，即版权拥有者能够证明的因侵权行为导致的金钱损失赔偿
- 赔偿法定损失，法定损失是指当损害数额很小或难以证明时，由法院确定的一笔赔偿数目
- 要求对方赔偿诉讼费和律师费

如本章前面提到的，上述列举的最后两项救济，要求法定赔偿和赔偿相关费用，只有争议的作品在被指称受到侵害时，已在美国版权办公室登记才能被采用。

为了要证明一项损害的发生，版权拥有者必须确定被指控的侵权人接触到了争议作品而且未经许可对作品构成了实质性部分的使用。值得注意的是，在确认责任方面，版权拥有者不需要去证明损害是有意的、故意的、还是恶意的。相反，版权拥有者只需证明损害发生即可。

4.2.2　实际损失和法定损失

在侵权诉讼中，判决的实际损失的赔偿数目，取决于版权拥有者由于侵害实际造成的金钱损失的多少。尽管实际损失的判决具有实质性意义，但是提起诉讼的版权拥有者则会由于负担着举证责任以及受证明程度的影响，有些损失不能得到弥补。

版权拥有者通过提供侵权人在使用涉案材料期间获得的总收入的证据来开始诉讼，这是典型的做法。在决定实际判决数目时，法院首先允许侵权人证明在总收入当中有来自非涉案作品的其他收入。法院从总收入中扣除这些"其他"

收入以及所有经文件证明的费用，便得出一个利润的数字，这便成为判决赔偿实际损失的基础。

由于实际损失常常难以证明，许多版权拥有者选择诉求法定损失赔偿。关于法定损失，是由法院确定的一笔数目。而 1976 年《版权法》第 504 节则对法定赔偿的上下限有一些相当具体的要求。第 504 节现在的规定是，在大多数侵犯个人著作权的案件中，法院可以判决法定损失赔偿，最低不少于 750 美元，最高不超过 30 000 美元。而在那些明知侵权而蓄意为之的案件中，法院的判决会高达 150 000 美元。如果侵权人能够证明这是一个过失损害的情形(也就是说，侵权人并不知晓并且也没有理由相信自己的行为构成对他人的损害)，第 504 节允许法院将判决法定损失的赔偿数目降至 200 美元。

在一定的情况下，侵权人也可能会成为刑事惩罚的对象。这些情况包括以下案件：

- 侵权人故意将一个欺诈性的版权标记附着在作品上
- 侵权人基于欺诈目的故意将一个作品的版权标记除去
- 侵权人为了商业优势或个人私利的目的无所顾忌地侵犯他人版权

依据具体情况，刑事侵权可能会导致承受以下一种或全部的刑罚：罚金、监禁、没收或销毁用于生产制造侵权物品的材料和工具。

4.3　版权作品的合理使用（fair use）

对于制作人来说，没有经过版权拥有者的许可，或没有向其付费，可以使用版权作品吗？令人惊奇的是，这个问题的答案是"是"，但这只能是在制作人的行为符合 1976 年《版权法》第 107 节规定的合理使用的规则的时候。有4 种因素决定一个擅自使用的行为是不是构成合理使用：

1．使用的目的和特征，包括是商业目的使用还是非营利的教育目的
2．版权作品的性质
3．与整个版权作品相比，已使用的数量和是否涉及实质性部分
4．这种使用对于作品潜在的市场或者价值产生的影响

这些标准给解释留下了非常多的空间，因此就无法事先确定一种具体的使

用行为是否构成合理使用。如果是用于教育或获取信息；如果被复制的作品是参考资料或散文；如果使用涉及作品的很小一部分；如果使用对于作品的潜在市场没有或有很小的影响，这些都是未经许可的使用行为获得"合理使用"保护的最好的机会。

不幸的是，很少案例如此简单明了。因此，法院只好常常将第 107 节规定的标准和其他考虑结合起来判断是否属于合理使用。比如，尽管一项未经许可使用的行为是商业性质而非教育性质，但相对于整个版权作品来说数量非常之小，法院也可能会判决这是属于合理使用。相反，法院也可能会对于使用他人版权材料单纯用于教育的行为，并不认定为合理使用，因为这种使用的数量相对于整部作品来说太大，以致削弱了其市场价值。

如果上述情形看起来比较混乱的话，在一定程度上要归咎于版权法。在处理合理使用的问题上，国会故意拟定了一些原则，要求法院运用自己的权力认真审查每一个案件。虽然如此，和 1976 年《版权法》之前相比，现在混乱的情况少多了，之前的合理使用只是存在于普通法之中。1976 年法至少确定了在确定合理使用时必须适用单独的制定法的系列原则。

91

4.3.1 在制作过程中对版权材料进行偶然性或背景性的使用

在制作过程中，发现潜在的版权侵害行为并不容易。比如，想象一下你的产品包含了一个幽默的画面，它使时光闪回到魔幻的 60 年代晚期。在几乎没有支付费用的情况下，你让演员穿上了扎染的嬉皮士风格的服装，把家具和墙上的海报也装饰成那个时代的样子。你也付费取得了一些那个时代具有嘲讽意味的摇滚乐的使用许可，来为画面营造恰当的情绪氛围。在获得有效的音乐使用许可证和职务作品协议之后，你感到所有的版权事宜都处理妥当了。

可是，通过对于画面的仔细审视，就会发现至少有一处潜在的危险。在背景处有一个海报是著名的摇滚表演家 Janis Joplin 的照片的复制品。那幅照片显然是一件版权作品。让许多电视和录像制作者感到惊讶的是，根据一些法院的规定，展示这样一幅照片或一件艺术品，就构成了对版权拥有者对于其作品的专有权的侵犯，即使这个作品只是出现在画面的背景之中。

在一些判例中，法院判决对一件版权作品的背景性使用为合理使用。法院在 Amsinck v. Columbia Picture Industries 一案中，[4] 驳回了原告损害赔偿的请求。本案中，原告起诉哥伦比亚公司侵害了他的版权，将几个包含有"泰迪熊"样子的"活动音乐熊宝宝"的形象用在了名为《Immediate Family》电影中。法院发现在电影中这些熊的形象的展现（时间不到两分钟）飞快而过，而且这样的使用对于原告作品的市场几乎没有影响，因而是合理使用。

但是，在别的情况下，法院对于这类合理使用的案件，并不总是愿意驳回原告的诉讼请求。具体例子有，在 Woods. v. Universal City Studio 一案中，[5] 法院拒绝驳回原告的主张，即环球公司及其导演 Gilliam 侵犯了名为《Neomechanical Tower (Upper) Chamber》画作的版权，将这幅画作里的许多元素用进了电影《12 个猴子》开场中。法院认为，在总长 130 分钟的电影里，该设计在片头中使用了 5 分钟，具有显著性，不属于合理使用。

尽管这样那样的案例产生了相互冲突的结果，但它们都表明，法院在决定对版权作品的背景性使用或偶然性使用是否构成合理使用时，要考量的一些因素。需要考虑的关键点是：作品是很快而简短地展现，不是反复展现；或是以一种故意吸引注意力的方式使用作品（比如运用特写镜头，或通过一个演员或多个演员的举动或行为，用直接指出或讨论的方式突出作品）。越是简短的、偶然性的使用，越容易被认为是合理使用。法院也会考虑在前面探讨过的第 107 节的其他标准，包括对于未经许可使用而遭受侵害的作品的潜在影响。当然，寻求版权拥有者对于作品使用的书面许可，是获得版权全面使用的唯一之路。

4.3.2 "合理使用"对照表

如何确定版权材料的特别使用，是否符合联邦关于合理使用的原则？虽然没有针对所有情况的全套确定规则，图 4.1 的对照表仍然可以提供一些帮助。这个一览表包括了评估未经著作权拥有者许可，使用其版权材料之风险的一系列问题。不过，要记住，法院在得出合理使用的结论前，会综合考量和平衡这些问题和其他相关因素。因此，在你认定自己行为构成合理使用之前，你应该考虑围绕产品和使用版权材料的全部环境因素。如果有所疑虑，就联系精通版权法的律师。

1．你的产品是非商业性（非营利性）的作品吗？如果这些版权材料使用于非商业性的、教育性的产品中，一个未经许可的使用行为，往往会被认为是合理使用。相反，如果这些版权材料在商业性产品中使用——包括限于内部交流的公司视频节目，则难以通过合理使用审查。

2．你的产品具有数据信息性质吗？当版权材料被用于一些数据信息性或教育性产品时，在判断是否是合理使用的时候，法院更倾向于宽容和大度。满足这一条件的产品包括商业性或非营利的纪录片和公共事务性节目，以及教学指导性的节目。

3．如果版权材料在数据信息性的产品中使用，那么它是否被用于信息性目标？当你把版权材料引用进数据信息产品时，你要清楚你是用这些材料提供数据信息，而不是用于艺术和商业目的。比如，为了使公众了解有组织犯罪，从电影《教父》节选片段用在纪录片中这就可能构成合理使用，前提是你使用的片段与该产品的信息性内容直接相关。如果将这些片断仅仅用于艺术目的——作为片尾的背景——可能不构成合理使用。

4．版权材料来自事实性作品还是工具书？一般情况下，法院更愿意让你从百科全书或年鉴中节选材料，而不要从短小的故事、小说，或者创作的其他作品中借用。这里的假定是：作为工具书，百科全书或其他一些事实性信息的汇编可以被用来作为创作其他作品的资料来源。尽管如此，法院也会仔细审查从这些作品中所节选的材料的数量和性质。[6]

5．你摘录的数量是不是非常小，对该作品的市场价值没有影响或造成很小影响？根据联邦法关于合理使用的规则，法院必须考虑"使用行为对于版权作品潜在市场价值的影响"。为了确定这种影响，法院将会从审查你使用了多少他人著作入手。使用一部两个小时的电影中 30 秒的内容，可能会通过这一部分的合理使用的审查，因为法院可能会发现这种使用数量很小，对于作品的市场没有造成影响。而从 5 分钟的电影里截取 30 秒就要另当别论了，因为这对于整个作品来说摘录的数量太大了，损害了作品的市场价值。

6．版权材料只是构成你作品的一小部分吗？法院一般会反对那些未经许可就在产品中使用太多版权材料的行为。尽管对于"太多"的界定差异很大，但是如果使用的他人的版权材料在整个产品里不是很小的一部分，这种行为可能不会被认为是合理使用。

7．如果未经许可的使用行为涉及摄影作品或者艺术作品在镜头中的展现，那么这种展现是飞快的并且不引人注意的吗？一些法院认为，在一件产品中对版权材料的

图 4.1
合理使用对照表

93

图 4.1
合理使用对照表（续）

附带性或背景性使用（如在镜头中出现一幅有版权的海报，或者在墙上挂上一幅绘画），可以构成对版权拥有者专有权的侵害。如果版权拥有者提出诉讼，那么能够被认定成合理使用的情形是：以一种简短而飞快的方式展示并且不引起观众对版权材料的注意。

8．产品是有限发行的吗？如果你的产品只打算向经过选择的受众发行，相对于那些计划向更广泛的受众多次播放的产品来说，更容易利用合理使用的机会。

9．未经许可使用他人版权材料的行为是一次性的、即兴发生的吗？一次性的、即兴使用，比起那种持续地滥用版权的行为，更容易被看成是合理使用。

10．在节目中出现版权所有者的字幕了吗？当你没有获得许可而使用他人的版权材料时，你应该总是在作品中标明版权所有人。尽管这不能保证你的行为就符合合理使用的规则，但是标明版权拥有者至少也表明你是一个行为诚信的人。如果没有这种良好诚信的表现，一些法院很难承认合理使用。

　　合理使用对照表的条目以提问的形式列举出来。在要做出一个未经许可使用他人版权材料的行为之前，先审视这个一览表并对每一个问题回答"是"或"不是"。如果所有的回答都是"是"，那么这个未经许可的使用可能构成合理使用。一个或更多的回答是"不是"，表明这种使用是有问题的，那么给律师打电话是明智的。回答的"不是"越多，在法院通过合理使用审查的可能性越小。

　　正像该表所列举的，对于那些以营利为目的的媒体制作人来说，被判定合理使用是很成问题的。值得注意的是，这一职业群体包括了在企业内工作的电视节目制作人，虽然他们创作的节目只是在企业内部有限发行。尽管大多数企业内部视频节目并非出售营利，但版权律师仍可以提出，这些产品通过强化雇员的表现或公司的销售业绩来为公司谋利，否则，公司为何投钱制作它们？

4.4　公有领域

　　当一件作品的版权期限届满时，作品就进入了公有领域。一旦作品进入公有领域，你就可以不经版权拥有者允许而自由使用。你可以制作和出售公有领域材料的复制品，也可以将材料在其他作品中使用。尽管这些材料可以被用在你的其他作品中，但是你不能对公有领域的材料拥有版权。在上述情况下，你可以对于你自己创作的那一部分拥有版权，但是你的版权没有给你控制属于公有领域那部分的发行和使用的权利。

4.4.1　哪些材料属于公有领域

公有领域的作品包括从未属于版权保护对象的材料（当然，像早些时候讨论的，符合版权保护条件的作品一旦有了有形的固定形式便获得了保护），以及根据美国法律规定，不受版权保护的材料（这类材料包括美国政府的出版物），和版权期限到期的版权材料（比如一些早期的默片）。因为版权保护只有一段期限，所有的版权材料最终都会进入公有领域，但是确定作品是否从版权保护中解除出来，以及版权解除何时发生并不总是一件容易的事情。你可以从检查作品上的版权标记开始。如果最初的标记是在 1923 年的 1 月 1 日以前，这个作品根据美国现行法律就可能进入公有领域了。如果在作品上有不止一个版权标记，这是因为在原有的作品上有修订版本，最近的标记日期必须是在 1923 年 1 月 1 日之前。

对于没有版权标记的作品怎么办？在一些情况下，作品上没有版权标记的事实可能是作品处于公用领域的征兆。在确认之前，你问自己以下问题：

- 这部作品确实是一部已出版的作品吗？预映的电影和预印的出版物一般不要求附着版权标记。大多数作品在正式出版时才附着版权标记。
- 如果是一部已出版的作品，它是何时出版的？在 1978 年 1 月 1 日以前出版的作品，只有版权拥有者的同意承诺而没有版权标记，就可能属于公有领域。如果一部作品是在 1978 年 1 月 1 日以后，1989 年 3 月 1 日以前出版，在作品永久进入公有领域之前，版权拥有者拥有 5 年修改错误的期限。作品在 1989 年 3 月 1 日美国加入《伯尔尼公约》以后出版，就会有问题，因为《伯尔尼公约》不要求为了确保持续的版权保护而展示适当的标记。
- 这个作品是以其他作品为基础吗？尽管此作品没有版权标记，但它可能是从一个有版权标记的作品发展来的。
- 版权标记本来就不存在或只是丢失了？在一些情况下，版权标记可能

95

只出现在最初的作品上，但是现在已经被意外地或有意地移除了。在这种情况下，作品仍然受版权保护。

除了极少数例外，作品一旦进入公有领域，作者就不能重新主张恢复版权，作品将永远属于公有领域。[7]

像前面提到的，美国政府雇员创作的作品作为公共职责的一部分，在美国法律下不能获得版权保护。这意味着大多数联邦政府出版的印刷物和媒介材料都属于公有领域，使用它们你不需要寻求许可。但是，如果你的作品有很大比例的内容来源于联邦政府的材料，你可能会被要求予以标明。[8]

4.4.2　判断一件作品是否属于公有领域

要确定一件作品是否属于公用领域，你首先要检查作品的版权标记。一旦你发现了标记，就确认出版的日期。出版日期能够表明作品是否属于版权保护的对象。

出版日期在 1923 年 1 月 1 日以前，作品现在属于公有领域——除非作品修改并再版，有修订的版权标记。

出版日期在 1923 年 1 月 1 日以后，但在 1950 年 1 月 1 日之前。作品可能不属于公有领域——除非是最初的作品版权在 1978 年以前已经到期，并且版权没有续展。

在 1950 年 1 月 1 日或以后，几乎所有的作品肯定都没有进入公有领域——除非最后的版权拥有者采取了非常措施放弃了版权。

在最后两种情形下，确定一件作品是否属于公有领域，可信度最高的方法是进行正式的版权搜索。版权搜索和调查在本章后面进行详细探讨。

如果在一部作品上没有版权标记，那么它在公有领域的身份就更加难以确定。基于前面所述原因，版权标记的缺失并不必然意味着作品处于公有领域。要确认，你就必须确定作品是已经出版还是预印的版本；版权标记是真的从出版的作品上移除了，还是你所使用的版本丢失了这个记号；一件作品是否在最初的版本中丢失了版权标记，而后又根据适用的美国版权法条款进行了补充；此作品是否还包括其他版权材料。同时，你也必须确定作品是何时出版的。一旦你掌握了全部信息，那么检查下面的哪些规则可以适用：

如果确实缺少版权标记的作品是在 1978 年以前出版的，它很可能处于公有领域。

如果确实缺少版权标记的作品是在 1978 年以后出版的，它可能处于公有领域，也可能不处于公有领域。因为美国版权法和国际版权法发生了变化，这种变化将版权标记的作用降低为只是作为表明版权的记号。

如果你打算使用的材料是后一种类型，大多数律师会建议你对作品的版权情况进行正式的调查。由于目前美国执行《伯尔尼公约》的相关条款，《伯尔尼公约》不要求展示版权标记作为版权保护的条件，所以进行深入调查更为可靠。有关伯尔尼的这些规定会在本章的后面讨论。

4.4.3　国际问题

公有领域的问题在涉及跨越国界的材料时，就变得更为复杂。下面看看美国版权办公室是如何阐述这一问题的：

即使你确定一件作品在美国属于公有领域，这并不意味着你可以在其他国家自由使用。每个国家都有自己关于版权保护的期限和范围的法律，这些法律对该作品在该国境内的使用产生效力。因此，在美国，版权保护可能性地终止或减弱，并不影响该作品在其他国家仍然处于充分保护之中，以防止那些未经许可的使用情况。[9]

如上述所警告的，各国对于公有领域材料的状态和使用规制的法律常常是不一样的。另外，根据美国最近加入的一些国际条约，一些已经进入公有领域的外国作品，根据现行法律，在特定的情形下，又重新恢复到拥有版权的状态。因此，如果你打算在产品中引用公有领域的材料，然后进行国际销售或发行，或者你正考虑将进入公有领域的外国材料用进你的产品，你一定要向熟悉国际版权法的律师咨询。更多关于国际版权问题的内容会在本章后面出现。

4.5　购买无版权的材料

许多制作人不愿意花时间自己去搜寻公有领域的材料或其他无版权材料，

97

而是更愿意从那些专门经营无版权作品的服务商那里购买自己所需要的东西。这种做法主要有两个好处：第一，每一个服务商那里储存并编目分类有大量的资料库，他们经常能够相对快捷高效地找到适合你需要的东西。第二，许多中介机构会保证这些材料的自由使用是基于第三方的版权声明，因此没有更多理由担心被怒气冲冲的版权拥有者提起侵权损害赔偿诉讼。考虑到确定一件作品确实属于公有领域是那么困难，上述第 2 种好处就非常有意义。

如果你计划购买无版权材料，必须确定你与提供方的协议已经以书面形式签订，如图 4.2 所示合同。你的协议应该对你要购买的每一项内容、你可以使用和修改这些条目的权利、你对这些东西保有上述权利的期限，都做出具体规定。同样重要的是，你的合同应该包括保证和赔偿条款，以保护你避免由于版权问题而陷入法律诉讼。

图 4.2
涉及无版权电影和视频材料的合同

98

本协议于 2002 年 11 月 4 日，由位于 1108 Broadway，纽约，NY 10017 的 The Nature Channel 有限公司（"TNC"）和位于 217 West Street，纽约，NY 10019 的 Sweeney 电影资料馆（"Grantor"）签署。

TNC and Grantor（"合同当事人"）兹订立协议如下：

1. **定义**。在这里所使用的术语意义如下：

1.1 "画面"，是指 TNC 从 Grantor 的资料库中选取的电影或视频材料。

1.2 "有线电视"，是指通过现有或今后任何技术手段，运用联播的方式（比如联播系统和联播台）向观众（订户）提供或传递视听节目的媒介，这些观众散居各地，而且在履行付费义务之后享有收看特定频道或电视台的权利，这可以被理解为订户没有权利得到展现这些视听作品的材料实物的支配权，TNC 也无权要求用户为观看这些视听作品支付许可使用费。

1.3 "播放日"，是指 TNC 应该在每一次决定播放的时候，由此开始的一个 24 小时的时段。这可能是每一日与每一日不同，也可能每一时区与每一时区不同。根据本协议的条款，在许可期的播放时间是没有限制的。

1.4 "许可期限"，是指从 2003 年 1 月 1 日到 2008 年 12 月 31 日。

1.5 "适用范围"，是指美国和加拿大。

2. **授权**。对于每一个画面，Grator 在此授予 TNC 将每一个画面或其部分，在有线电视中作为 TNC 的节目"自然之路"的一部分进行展示、发行、传输、表演的非排他性权利和许可。在许可使用的区域内和许可的时间范围内，每一个播放日播放的时间是没有限制的，并且可以使用和演示上述画面中所包含的任何音乐、抒情诗和音乐性作品。

3．**附带权利**。TNC 应该享有对每一个画面的编辑权，包括剪辑、配音，从每一个画面中摘录出一定数量，将这些摘录出来的内容与从其他画面和节目中截取的材料组合在一起，也可以对每一幅画面的音乐和配乐置换或强化。

4．**权利保留**。凡本合同没有明确授予的权利，Grator 都予以保留。

5．**材料的提供**。从 Grator 资料库选取的材料的复制件应根据 TNC 和 Grator 双方达成的协议，在 Grator 接到 TNC 以书面形式提出的要求后的 5 个工作日内，以录像带的形式提交。在许可期限届满时，TNC 必须归还根据协议所得到的全部材料。

　　根据 Grantor 的要求，TNC 应该将包含有 Grantor 提供的材料的每一个节目的复制件提交给 Grantor。在合同有效期内，Grantor 自行出资保存这些节目。在合同有效期届满时，Grantor 要将这些复制件归还 TNC。

6．**报酬和支付条款**。对 Grantor 此处授予的权利及今后提供的服务，TNC 对其在"自然之路"中使用的画面，应该按每分钟 500 美元的标准支付报酬。TNC 对使用不足一分钟的部分，也要按照比例支付许可使用费用。

　　在许可使用期内，TNC 对于在"自然之路"中使用的画面，每月都要向 Grantor 提供会计报表，Grantor 则要向 TNC 出具服务清单。TNC 应在接到每一张清单的 30 日内支付报酬。逾期支付的，按照每月 1.5% 的利率支付罚息。

7．**Grantor 的承诺和保证**。在本合同中 Grantor 承诺和保证有自由签订合同和履行合同的权利。Grantor 进一步承诺，Grantor 提供的每个画面要么是来自公有领域，要么 Grantor 拥有或 / 和有权授予该画面的所有权益。除此之外，Grantor 承诺和保证 TNC 依据本合同对这些画面行使权利，不会导致对他人的版权、商标权、公开发表权、以及任何个人和组织的人身权和财产权的侵犯。

8．**赔偿**。Grantor 要始终保证不会由于 Grantor 违背承诺、保证及合同其他条款，导致对 TNC，还有其客户、受让人、分公司、工作人员、导演、雇员、代理人造成损害，使他们不会招致任何索赔、损害、债务、增加成本和花费，包括合理的咨询费用，这些在本合同里统称"索赔"的情况。在 TNC 遇到索赔情形或在根据本合同这一条款接受服务的过程中被提出赔偿要求时，要向 Grantor 通报索赔情况。

图 4.2

涉及无版权电影和视频材料的合同（续）

99

图 4.2
涉及无版权电影和视频材料的合同（续）

Grantor 必须自行承担费用并迅速对索赔问题采取相应的调解、解决、抗辩，以及其他处理措施。如果 Grantor 不能勤勉尽责并持续寻求解决问题的办法，TNC 可以自己的名义或者实际上以 Grantor 诉讼代理人的身份采取行动。在调解、补偿、抗辩或者其他处理索赔的事宜中，TNC 所花费的费用，Grantor 都要及时予以支付。

TNC 也要始终保证，不会在上述情况之外，由于自身的使用和经营，导致对 Grantor、还有其客户、受让人、分公司、导演、工作人员、雇员、代理人造成损害，并使他们不会招致任何形式的索赔，如损害、债务、增加成本和花费（包括合理的咨询费用）。这些在本合同中统称为"索赔"的情况。在 Grantor 遇到索赔事件或在根据本合同的这一条款接受服务的过程中被提出赔偿要求时，要向 TNC 通报索赔情况。TNC 必须自行承担费用并及时对索赔问题采取相应的调解、解决、抗辩以及其他处理措施。如果 TNC 不能勤勉尽责并持续寻求解决问题的办法，Grantor 可以自己的名义或者实际上以 TNC 诉讼代理人的身份采取行动。在调解、补偿、抗辩或者其他处理索赔的事宜过程中，Grantor 所花费的费用，TNC 都要及时予以支付。

9. **其他**。本合同是当事人之间关于合同中的标的，对于以前所有的理解达成一致的产物。除非经当事人签署书面意见，合同不得变更。本合同在履行过程中受纽约州法律的约束。合同当事人一致同意将合同中的纠纷的司法专属管辖权归于纽约州的纽约地方法院。合同也允许任何一方当事人自由地将合同转让给有能力履行本合同条款的受让人，但要提供受让人同意承受本合同中的义务的书面形式承诺。本合同通过双方或多方亲笔签名或盖章签名生效。每一方的亲笔签名要被确认，但所有被确认的签名要组合成一个单一的文件。

以此为凭，合同当事人在此将上述确认之后的日期，为本合同生效的日期。

SWEEBEY 电影资料馆　　　　　　　THE NATURE CHANNEL 有限公司（"TNC"）

签字：＿＿＿＿＿＿＿＿＿＿　　　签字：＿＿＿＿＿＿＿＿＿＿

地址：＿＿＿＿＿＿＿＿＿＿　　　地址：＿＿＿＿＿＿＿＿＿＿

100

图 4.2 中的合同样本是一个空白合同，这是确定一个有线电视网和一个电影和电视镜头提供商关系的合同。在这种关系中，有线网正在制作一个关于野生动物的节目，供应商要从自己的资料库中提供节目所需镜头。合同保证该有线电视网（The Nature Channel）在制作节目时，可以从供应商的库存中以每分钟 500 美元的统一价格自由使用供应商储备的材料。合同也规定，给予有线网的权

利是非独占性的（意思是供应商可以自由地将该素材提供给其他人），并且有线网使用该素材的权利仅限于该节目（即这些素材并不能自由地使用在其他节目），另外，有线网允许以自己看来合适的方式编辑或修改这些镜头素材。

这些画面的许可期限从 2003 年 1 月 1 日起至 2008 年 12 月 31 日。如果自然频道打算在期限届满之后在其播放的节目中使用这些镜头，那就必须和提供者签订新的合同。新的合同中将会有新的条款来确定包含这些镜头的节目可以在多大范围转播，节目可以转播多少次，如何和何时向提供者支付使用其镜头的费用。

尽管图 4.2 所示合同力求涵盖购买无版权材料的各个事项，但是在你为获得版权材料的使用权而签订合同的时候，未必就会签署一个与此完全相同的合同。要了解更多情况，请参阅出现在本章后面的"与版权拥有者签订合同"一节。

4.6　进行版权调查

如果你难以确定一件作品是否拥有版权或者你想获得更多关于作品当前版权状态的信息，进行版权调查是非常明智的。尽管这听起来好像是一个律师要做的事情，但其实过程很简单。做这件事情所需要的全部也只是一点时间、一点信息、一点金钱。因为版权调查是要求政府提供服务，所以需要进行一些书面工作。

4.6.1　启动版权调查

大多数版权调查是一个简单的两步过程。你首先要对争议作品的版权标记，以及其他有助于你辨认作者、出版者、出版地点和日期的信息进行检查。然后将图 4.3 所展示的调查申请表填好并提交版权办公室。版权办公室会查看自己的记录并出具研究报告，以每小时 75 美元收取费用，不足一小时按同样标准收费。图 4.3 所展示的表格以及进行版权调查所依循的规定和准则在 www.copy.gov 都有在线提供。在这个网站上，也能对版权的记录进行有限的调查。

图 4.3
版权调查申请表

102

调 查 申 请 表

国会图书馆	材料文献部
版权办公室	（202）707-6850
101 独立大街	早 8：30 到晚 5：00
华盛顿东南部	东部时间周一到周五
20599-6000	传真：（202）252-3485

作品类型：
□书籍 □音乐 □电影 □戏剧 □录音制品 □电脑程序
□摄影作品 / 美术作品 □地图 □期刊 □文献 □建筑作品 □掩模作品

需要搜索的信息：
□登记 □更新 □转让 □地址

被研究作品的详细信息：
名称：＿＿＿＿＿＿＿＿＿＿＿＿＿＿＿＿＿＿＿＿＿＿＿＿＿＿＿＿
＿＿＿＿＿＿＿＿＿＿＿＿＿＿＿＿＿＿＿＿＿＿＿＿＿＿＿＿＿＿＿

作者：＿＿＿＿＿＿＿＿＿＿＿＿＿＿＿＿＿＿＿＿＿＿＿＿＿＿＿＿
＿＿＿＿＿＿＿＿＿＿＿＿＿＿＿＿＿＿＿＿＿＿＿＿＿＿＿＿＿＿＿

版权申请人：＿＿＿＿＿＿＿＿＿＿＿＿＿＿＿＿＿＿＿＿＿＿＿＿＿
（ 在 © 标注中的名字）

出版的大致年份：＿＿＿＿＿＿＿＿＿＿＿＿＿＿＿＿＿＿＿＿＿＿＿

登记号（如果知道的话）：＿＿＿＿＿＿＿＿＿＿＿＿＿＿＿＿＿＿＿

其他可确认的信息：＿＿＿＿＿＿＿＿＿＿＿＿＿＿＿＿＿＿＿＿＿＿
＿＿＿＿＿＿＿＿＿＿＿＿＿＿＿＿＿＿＿＿＿＿＿＿＿＿＿＿＿＿＿
＿＿＿＿＿＿＿＿＿＿＿＿＿＿＿＿＿＿＿＿＿＿＿＿＿＿＿＿＿＿＿

如果填写空间不够，请粘贴附加页。

按每小时 75 美元来估算收费，不足一小时按一小时计。作为我们研究的基础，你提供的信息越丰富，我们提供的服务就越完善。开据费用清单的日期与你收到报告的日期所间隔的时间大约为 8 到 12 周，要视工作量而定。

姓名、标题以及短语不受版权保护。
关于版权调查的更多信息，请阅读通知 22

你的姓名：＿＿＿＿＿＿＿＿＿＿＿＿＿＿＿＿＿＿＿＿ 日期：＿＿＿＿＿
住址：＿＿＿＿＿＿＿＿＿＿＿＿＿＿＿＿＿＿＿＿＿＿＿＿＿＿＿＿
＿＿＿＿＿＿＿＿＿＿＿＿＿＿＿＿＿＿＿＿＿＿＿＿＿＿＿＿＿＿＿

日间电话号码：（＿＿＿）＿＿＿＿＿＿＿＿＿＿＿＿＿＿＿＿＿＿＿

通过电话告之估算 / 研究结果　　附上费用？ □是　　金额：＿＿＿＿＿＿＿
□是　□否　　　　　　　　　　　　□否

版权局制定的费用标准会有变化，要查询当前价位可登陆 www.copyright.gov，也可直接向版权局写信或拨打电话。

你为调查机构提供的相关信息越多，调查就可能越成功。版权办公室要求你尽可能多地提供以下信息：

- 作品的类型（如书籍、戏剧、音乐作品、录音制品、摄影作品）
- 作品的名称以及可能有的其他名称
- 作者或创作者的名字，包括可能是笔名或假名的各种情形
- 作品创作、出版或向版权办公室登记注册的大概年代
- 版权拥有者的名字，这可能是出版者，如果是视听作品，则是制作人

许多电影、电视节目和视听作品是以拥有版权的书籍、小故事或杂志文章为基础的。许多还可能包括有单独版权的音乐或视频。如果你想要版权办公室调查这些基础材料的版权信息，你必须在你的调查申请表里指明。你必须尽可能提供这些基础材料的详细情况。这些信息常常会出现在要询问的作品的版权标记或产品参与者名单里。

一旦版权办公室接到你的申请信息，它会给你一个关于你的版权研究可能需要多少费用的预算。版权办公室也可能根据你的要求通过电话告诉你研究的费用估算和结果。为了能够通过电话接到信息，你只需在调查申请表上找到适当的空格，填上你的日间电话号码。否则，估算研究报告会通过电邮发送。

每小时 75 美元的费用是用于版权办公室的工作人员为你提供的调查服务。如果你不愿意交付这笔费用或者你需要迅速得到信息，你可以自己进行调查。大多数版权办公室的纪录在每个工作日的上午 8：30 至下午 5：00 都开放供公众查阅。当然除非你住在华盛顿特区，或是你居住的地区或附近有拥有版权办公室版权条款目录册的图书馆，否则你通过自己调查的做法会花费你的旅途费用。办公室、工作室、编辑部或指定的雇员为你工作也要花费时间。基于这些原因，大多数制作人都是让版权办公室来为他们做版权研究。如果你是供职于公司，公司的法务部门会愿意为你处理调查事宜。你也可以雇佣专门提供这种服务的机构来进行版权调查并出具报告。

调查的费用可能会达到几百美元或者更多，这取决于你需要调查结果的急迫程度和调查的复杂程度。

103

4.6.2　版权调查的限制

虽然版权调查可以基本涵盖一件作品的关键信息，但是版权调查的结果未必就具有结论的性质。尤其是在调查没能查到作品的版权记录的时候，你不能简单地认定该作品是处于公用领域。原因很简单：版权办公室的档案包括了通过版权办公室登记的所有作品的记录，但是一件作品并不一定要进行版权登记。

基于在本章别处的一些解释，下面这些类型的材料，即使它们现在在版权办公室没有登记，他们也可能受到版权保护：

- 1978 年以后出版的作品（尽管登记有若干好处）
- 1978 年以前，但在 1922 年 12 月 31 日以后出版的作品，只要版权拥有者遵守了适用的版权续展和通告法律规定
- 1978 年以前创作的未出版的作品，根据普通法的规定能够获得版权保护
- 根据美国签署的，美国成为成员国之一的一个或多个国际版权条约，首次在外国出版或登记的作品

以下任何原因会导致一项版权调查可能不具有结论性的意义：

- 一件作品新近登记了，但是信息还没有编入档案目录
- 调查研究所需的信息对于确定作品的版权状态来说不够完整和具体
- 作品可能是用其他名称登记的，或者是一件更大的作品的一部分

基于上述原因，调查报告对于证明那些在版权办公室登记的作品的版权状态是最有用的。但是它对于验证作品是否已脱离了版权保护，作用则要小得多。

4.7　获取使用版权材料的权利

如前面章节所显示的，那些使用或借用别人材料的媒介制作人必须考虑他们行为的后果。那些对这些问题不加理睬的制作人将他们自己、他们的产品、他们的公司置于相当大的风险中。当然，这并不意味着制作人就应该避免在他们的产品中使用他人的版权材料——只是他们应该遵守恰当的许可程序：

当你正考虑要将别人的材料在自己的产品中使用时，请遵循下列步骤进行：

1．确定哪些材料是受版权保护的，哪些是进入公有领域的。你可以根据本章前面提供的对公有领域材料使用的指导原则来作出判定。如果你确定作品是处于公有领域的，你就可以自由使用而不需要寻求许可和授权。如果作品不属于公有领域，进入第二步。

2．确定你对版权的使用是否符合 1976 年版权法规定的"合理使用"。要确定这一点，请回顾本章关于合理使用一览表所列举的规则（见图 4.1）。如果你的使用很明显属于合理使用，那么你就可以自由地使用这些材料而不用获得许可和授权。如果使用不属于合理使用，那就进入第三步。

3．如果材料既不属于合理使用，也没进入公有领域，你必须与版权拥有者联系并取得对作品使用的许可。[10]

为了获得对于版权作品的使用，你必须首先找到版权拥有者。然后，一旦版权拥有者表示愿意授权，你就必须对于你要对作品行使的具体权利与他进行协商。在大多数情况下，你要与他商量该作品的使用费用。

一些制作人并不愿意自己去完成这些步骤。他们更愿意雇佣那些专门从事寻求版权材料使用许可权利和许可服务的中介来进行。附录 B 提供了这些组织的联系方法。此外，本书第 6 章包括了一些与权利和许可服务中介进行合作的一些建议。虽然这些建议是在获得音乐授权场合下提供的，但这些建议在获得电影、视频镜头、文字作品或者其他产权材料时也可以广泛适用。

105

4.7.1　联系版权拥有者

找到现在的版权拥有者并不像听上去那么简单。在作品上列出的初始版权拥有者常常并不是现在的版权拥有者。而且即使当版权标记正确地列出了作为版权拥有者的每一个人，可作品有时却没有提供每一个版权拥有者现在下落的线索。

当现在的版权拥有者的信息难以得到时，媒介产品的制作人就要开始成为版权侦探了。首先是从作品本身开始调查，找到那些有助于确认拥有者身份的蛛丝马迹，即使版权标记可能没有显示版权拥有者的地址，但是出版者或发行者的地址可能会在作品的封面或书页的某处出现。在许多情况下，版权拥有者会将作品使用的许可权赋予出版者或发行者。在这种情况下，给出版或发行公司的相关权利许可部门打个电话，可能就是你该做的第一步工作。如果版权拥有者本人留有转授许可的权利，那么出版者或发行人通常都能提供现在的版权拥有者的地址和电话号码。

这里，我们对于那些迫不得已要成为版权侦探的制作人提供一些建议性的步骤：

1. 检查作品的版权标志。版权标记会列出在这一版出版时拥有版权的公司名称或个人姓名。研究版权标记和版权标记周边的区域来获得到哪里可以找到现在的版权拥有者的线索。版权标记周边的区域，即指标题页（在作品是印刷材料的情况下）、参与者名单和外包装（在作品是录音带、DVD 或其他视听材料的情况下）。如果这种研究不能发现充分的信息，那就试着和版权拥有者直接联系。

2. 如果你不能找到版权拥有者，研究作品去获得关于出版者和发行者的信息。如果这一研究获得成功，与出版者和发行者联系，确定出版或发行公司是否通过合同获得版权拥有者的许可。如果公司已获得这些权利，就和他签合同。如果公司没有获得这些权利，你就要和版权拥有者联系。

3. 如果你不能确定版权拥有者和出版者，你或许需要进行版权调查行动。就像本章前面所解释的，一个恰当的版权调查可以揭示记录在版权办公室档案中的作品的任何信息。假定作品在版权办公室登记，档案中包含了原始版权人和任何受让人在版权办公室登记的所有信息。

不用说，这种侦探工作会耗费相当的时间和精力。在这一过程开始之前，要确定你对于有疑问的作品是不是一定要用，为了获得恰当的许可你确定要投入多少时间。你也应该在头脑中有一些替代的材料。当你逼近了时间底线，要对这种情况重新做出评估。你已经快要找到版权拥有者了吗？如果没有找到，这些材料还值得你再多花多少时间和精力？替代材料能满足要求吗？

当寻求许可过程被拖延的时候，制作人有时企图放弃寻找，而在未经许可的情况下使用该材料。如果这种念头袭来，一定要阻止它。如果你真的决定放弃版权许可请求，那么你必须同时放弃使用该素材的想法。

4.7.2　与版权拥有者协商

　　一旦你联络到版权拥有者，便可以就版权材料使用权进行协商了。在协商过程中，始终记住关键一条：版权是一项财产权。这意味着版权拥有者确实拥有和控制他们所创作的作品，就如同你拥有和控制住宅、汽车或其他一些个人财产一样。换句话说，如果一个版权拥有者不想让你使用他的作品，他完全有权拒绝你的要求。

　　实际上，大多数版权拥有者都乐于授权许可，因为在向你提供之后，他们就会有所收获。通常这些收获是拿到现金，或对原作品有促销的效果，或者两者兼而有之。比如说，大多数电影公司都愿意提供电影镜头给电视评论人员作为推销电影宣传的一部分。出于同样的理由，许多录音公司一直都很乐于将音乐视频提供给 MTV 和其他以音乐为主的电视服务商。然而，由于产品制作费用的上涨，一些录音公司感到，音乐电视节目免费播放带来的广告效益，并不能弥补他们的成本付出。于是，现在这些录音公司要求音乐电视节目对这些MTV 的播放付费。

107

　　在你与版权拥有者签订正式合同之前，先花点时间掂量一下自己在谈判中的地位。在许多情况下，你会发现是你而不是版权拥有者在谈判中处于优势地位。毕竟，你会给许多版权拥有者意想不到的相当大的收获，给他们从这一财产中获得收入的机会，否则，这笔财产只能竖在书架上搜集灰尘。当然这种情况容易发生在使用纪录片或企业录像节目片段的情形中，而不是使用那些热播的电视节目或电影的片段的情形中。

　　如果可能的话，给版权拥有者打电话开始谈判。先解释你希望使用什么样的材料，你计划如何使用它们，你愿意通过何种方式支付报酬，然后表明你对这些基本条款能接受的态度，随之再将下面的问题写成书面协议：

- 你获得许可使用的材料。包括这些材料片段使用的时间，还要有一个对于确定使用材料的简短描述（比如，对传奇吉他手查理·艾利欧的 5 分 45 秒的采访，来自你的电影《The Guitar Slingers》）
- 你如何使用这些材料（比如，用于表现美国爵士音乐历史的电视纪录片）
- 你的产品如何发行（向学校和图书馆出售磁带和 DVD）
- 你对这些权利行使多久（比如，从 2003 年 1 月 1 日起到 2012 年 12 月

31 日结束，为期 10 年）

● 对修改和编辑材料你拥有何种权利

● 对于你使用的材料，你将向版权拥有者提供何种报酬

就像在图 4.2 所展示的那样，你的合同应该包括保证条款，版权拥有者应该保证他或她确实拥有许可他人使用材料的权利。

在你和版权拥有者谈判的过程中，许多谈判都集中在你作为获得使用材料权利的回报的报酬和支付方面。在协商报酬时，记住前面所提供的一些规则。首先，要明白你对于材料需要的迫切程度，你愿意支付的报酬的确切数量。不要期望版权拥有者总是会给你材料，也不要为不合理的要求而就范。相反，要准备替代的材料，并使对方知晓一旦价格不合理，你就会使用替代材料。

与版权拥有者谈判的另外一个潜在的困难是艺术控制的问题。作为为获得权利支付代价的人，你希望在制作产品时能够完全控制材料的使用权，特别是为了使材料适合你的产品，对材料编辑和修改的权利。

108

那是你所想拥有的，却不是版权拥有者所愿意提供的。一些版权拥有者坚持保留对于使用材料的一些控制措施，并将其作为许可协议的一部分。特别是当材料具有历史意义和代表艺术家个性时更是如此。比如，如果你不能保证这些镜头用于对演员的积极正面的表现，一个已去世的演员的家人可能就不愿意从已故演员表演的优秀电影中许可使用镜头。就像在第 7 章中讨论的，如果这个演员是演员工会或美国电视和广播艺术家联合会的成员，仅有演员的许可（如果演员去世了，是其家人）是不够的，还需要获得对电影拥有版权的团体的许可。还有，像在第 5 章"公开表演权"一节讨论的，如果你将演员的镜头用于渲染产品或服务的广告或者其他环境中，除版权所有人的许可外，演员本人的许可通常是必须的。

你要谨记一条，要避免对你使用材料造成约束的协议。尽管这些约束看起来是无害的，但是，却会最终导致你的制作行为向各种争议敞开大门，并最终陷入法律诉讼的泥潭。如果你必须签署一份对你编辑和修改材料的能力进行限制的协议，必须确定这些限制一定要写得非常清楚详细。特别是要详细写明，在什么时间，通过什么方式，允许版权拥有者对产品进行检查，以及发生了争议如何解决。

最终，许多版权拥有者要求你对材料来源要在节目中的参与者字幕部分、包装部分、节目宣传中有所显示。大多数制作人愿意接受合理的署名

要求，尤其是因为这样的要求并不会要求制作人额外花钱。然而，要注意的是，具体规定包含这种署名要求的协议时，应该注明，如果制作人由于疏忽没有履行署名义务，只要制作人同意在可能的情形下就会改正（也就是在未来发行产品或宣传产品时），便不被视为是对材料使用协议的违反。

4.8　著作人身权

媒介制作人也应该了解这样一种逐渐增强的趋势，即赋予艺术家在他们的作品出卖之后仍然保有修改作品的权利。在美国，"人身权利"或"精神权利"的支持者坚持认为，艺术家应该拥有阻止他人歪曲、肢解其作品的法律权利。这种权利在许多欧洲国家都已经被确立，特别是那些签署了《伯尔尼公约》的国家，该公约规定作者有权在其作品出售之后反对对其作品的分销和修改。

在美国，联邦法律对于大多数版权作品的创作者没有给予这种类型的保护。一些州在这一领域已经制定了立法。但是，1976 年《版权法》的 1990 年修正案对于视觉作品（不是视听作品）在销售之后保护作品完整性的有限权利都没有赋予。[11]

所有这些对媒介制作人意味着什么？第一，纽约、加利福尼亚、马萨诸塞和其他一些州已经通过了人身权立法。这些州的制作人应该知晓，在未获得原始版权拥有者同意的情况下，这些州法律对于他们编辑和修改被许可使用的材料所设定的限制。[12] 在这些州签署协议，特别重要的是，合同中应该对这些权利有详细明确的规定。第二，那些获得外国而不是在美国创作的作品使用许可的制作人应该明白，约束他们的是美国法律，而不是作品最初获得版权的国家的法律。大多数情况下，确定许可协议包括一个关于这种影响的条款，这是一件很简单的事情。第三，作为一项一般规则，和在第 2 章列举的一些协议样本所展示的一样，在制作协议中，应该标明"所有权"和"转让权"，涵盖受版权保护的所有创作如手稿，视频节目脚本。同时应该写上，许可方明确表示，放弃该作品全部的"在世界范围内所谓的作者著作人身权和所有其他类似权利"，这样制作人就可以在法律适用的范畴内获得最大限度的许可。

最终，制作人应该关注，在州和联邦的层面上扩大艺术家享有的作品人身权的各项努力。如果，就像已经被提及的，国会进一步修改1976年《版权法案》，以与《伯尔尼公约》和其他国际版权协议所给予的更多的权利相协调，就更应该保持警惕。

4.9　瑕疵担保

许多许可协议包括了这样一个条款，要求授权方（卖出自己材料的个人或公司）保证，该交易处于瑕疵担保（E&O）之下。如果授权方许可的权利牵涉进纠纷的话，瑕疵担保条款将保护合同双方。一个典型的瑕疵担保条款包括以下法律语言：

在执行本协议之时，并且在支付本协议中许可费的任何部分之前，许可方应该保证，对于合同中的节目材料，应该提供适用的瑕疵责任保险单。保险单应该写明：被许可方为追加的被保险方，对于被许可方的每一项损失，以及遭遇到的涉及一人或多人实施的冒犯行为、不履行行为，无论行为重复的频率如何，每一项保险费不少于100万。这种保险单应该由许可方付费投保，而且许可方应该坚持到合同期限终止以后的第30日。合同一旦履行，许可方就应该向被许可方提供包括前述条款和规定的保险内容的证明文件。

简言之，这样的语言要求许可方保证材料被一项瑕疵担保条款所涵盖，被许可方（购买材料的团体）列在保险单的附加被保险人名单里。如果被许可的材料所有权发生争议并将导致合同双方当事人都牵入诉讼中时，这一条款能够对双方提供适当程度的保护。

瑕疵担保条款在以下合同里最常见，由发行和制作公司签订的涵盖完整的电影和视频节目的许可协议。因为发行人或制作公司经常并非是原始的或单独的版权拥有者。那些正在进行版权许可的组织就要寻找一些额外的保护，以应对可能发生的，由权利许可引发的版权纠纷。瑕疵担保提供了这种保险。（要获得更多关于制作人的保险的信息，参看第5章）

4.10　许可某种特定材料的其他问题

截止当前，上述规则涵盖了一个制作人在获得一项版权材料使用许可的绝大部分的情形。然而，某种特定的情形和材料，需要特别的注意。下面就是对这些情形的集中列举：

- 在媒介产品中对摄影作品的使用。就知识产权而言，一件 20.3 厘米 × 25.4 厘米的摄影作品看起来太小了，似乎不会引发版权争议。然而，作为创作性的财产，摄影作品能够而且总是能够被版权保护。因此，在你的产品中使用一幅照片时，你必须寻求版权人的许可。其意义在于，因为你通常会展示整幅照片，这种使用很少具有合理使用的性质。

- 对于职务作品的使用。在这些情况下，版权拥有者不是作品的创作者，但它是创作者为一个公司或团体创作的。所以，你应该确认和恰当的当事人订了合同。

- 剧本的许可。当你要获得一个已经完成的剧本的许可时，要特别注意作者将要对这一特定作品所保留的权利范围。这笔交易是购买了他的全部版权吗？作者会从已完成的产品产生的收入中得到版税吗？作者是美国编剧协会的成员吗？由此，美国编剧协会关于追加酬金、重复使用和所有权规定的条款是否适用？（见第 7 章）

- 文字作品的电影和电视摄制权。这笔交易购买了它的全部版权吗？作者能得到版税吗？还有，这个文字作品自身是建立在一个可能会引发另外的版权问题的作品基础上吗？

在最后两种情形中，许可协议应该采取完整的合同形式。这一合同应该由一个对这样的协议非常有经验的律师来准备，或者至少是由其来审查。要获得关于这种合同的更多信息，参看第 2 章、第 3 章。

4.11　国际版权

正如前面所讨论的，美国公民创作的作品受 1976 年《版权法案修正案》的保护。但是，关于外国人创作的作品，外国人在美国创作的作品该怎么办？

只要这些材料符合一项或多项美国1976年《版权法案》第104节规定的条件，也同样受该法案保护。这些条件如下：

- 该法案保护那些"不考虑国籍和居所的作者"的未发表的作品。
- 那些已发表的作品，该作品首次发表时，作者是美国居民，或者他是"具有某一外国国籍，或在某一外国有居所，或受某一外国的主权管辖，而这个国家与美国同处于某个版权公约之下"。
- 已发表的作品，在作品首次发表时，作者"是一个无国籍人，无论该作者定居何处"。
- 作品首次发表时，是在美国或是在作为世界版权公约的成员国境内。
- 作品是由联合国或美国的政府组织首先发表的。
- 作品属于总统发布的命令保护的范围，即总统发布命令，对给予美国公民与其公民同等保护的国家，对这些国家的公民的作品予以保护。
- 作品属于《伯尔尼公约》规定的作品（参看下面关于伯尔尼公约的探讨）。

有150多个国家是一个或多个国际版权公约的签署国或地区，美国也是这些国际公约的签署国。在大多数情况下，这意味着，在某成员国境内，本成员国作者与其他成员国作者享有同样的版权保护。

对于媒介产品制作人来说，显而易见的是，使用所有外国作者创作的作品，应该和你直接使用美国作者的作品一样，给予同样的小心和注意。但要记住这一点，你也许要和一个对国际版权法很熟悉的律师一起工作。

伯尔尼公约

知识产权的国际贸易，诸如电影、书籍、电视节目、录像带和计算机软件，近年来有了飞速增长。现在，好莱坞制片公司上映的动作大片在国际市场比在国内市场获得了更多收益。《海上救援队》和《老友记》这样的电视剧风靡世界。微软这样的软件公司已经成了美国出口商的领头羊。随着娱乐业和信息市场国际化的不断增强，版权法律国际化的程度也随之加剧。

虽然美国长期拒绝站在国际版权保护的前沿，（但）最近也开始采取实质性的举措，引导美国版权法律更多地与国际实践接轨。一项主要的行动发生在1989年3月1日，美国正式加入伯尔尼保护文学艺术财产联盟。这一组织更多地是作为《伯尔尼公约》被知晓 。[13] 像在本章在著作人身权一节中提到的，美国加入《伯尔尼公约》的意义之一是作者最终被给予了控制修改他们作品的权利。另一重要意义是保证版权的持续保护不再要求有一个适当的版权标记的展示。最后的变化发生在国会通过的《1988 年落实伯尔尼公约法案》。这一文件对 1976 年《版权法案》作了几处总体上算是很小的修改，但是却使它与《伯尔尼公约》更加吻合。此外，美国最近还签署了另外几个具有重要意义的版权协定，这包括 1994 年《乌拉圭回合协定》[14] 和 1996 年《世界知识产权组织版权公约》[15]。

对媒介制作人来说，美国加入《伯尔尼公约》和其他的国际版权协定，清晰可见的好处是扩大了对他们完成产品的国际保护。所有的《伯尔尼公约》成员至少要对在公约中具体规定的版权要给予最低限度的保护。此外，成员国还必须同意向外国公民提供和本国公民同样的保护。

小结

113

- **什么是版权**？版权是赋予文学、艺术、音乐、戏剧和视听作品的创作者一系列财产权利的集合。版权给予这些作品的创作者复制和发行其作品复制品的专有权，以及创作演绎作品、向公众表演和展示作品的专有权。版权还给予创作者和作者决定自身作品是否可以被用于另一作品包括电影、电视节目和其他视听产品的一部分的权利。

- **什么是版权法的渊源**？在美国，版权法的基本渊源是 1976 年《版权法案》。这一联邦综合性法律实际上将各州版权法和联邦之前的版权法律全部取代。

- **什么是受版权保护对象**？ 几乎任何以有形形式出现的创造性作品都是受版权保护的。那些受版权保护的作品包括书籍和戏剧、电影、电视节目和其他的视听作品、视听作品的脚本、摄影作品和绘画、音乐作品和录音制品、计算机软件。

- **什么是不受版权保护的**？不受版权保护的项目有：思想、联邦政府雇员制作的作为他们职责部分的材料、科学和事实信息、发明和生产过程、产品和服务的名称。然而，这些项目中有一些可能会符合其他保护的条件，如专利和商标。

- **版权是怎样确立的**？ 在美国现行法律之下，只要作品以有形的形式固定下来，就符合了版权保护的条件，版权便自动确立下来。要确保获得最大限度的保护，作品最好附上版权标记并在美国版权办公室登记。

- **版权持续多长时间**？ 1978年1月1日以后创作的作品，保护期限是作者终生加死后70年。如果作者是在一个团体或一个组织内的，就像经常遇到的媒介产品，版权保护的期限是作品发表之日起95年。在1978年以前创作的作品的保护期分为各种不同情况。这些作品的最长期限，是从其版权最初开始生效之日起95年。

- **什么是版权侵权**？ 版权侵权发生在有人以侵犯版权拥有者对其作品专有权的方式使用他人作品的场合。最常见的侵犯包括未经版权人同意，对他人的原创作品和演绎作品的复制。版权侵权是触犯联邦法律的行为。

- **什么是合理使用**？ 1976年《版权法》107节确定了几项条件。在这些条件之下，未经版权拥有者同意，使用他人的版权作品是合法的。当一项使用符合107节规定的标准，他就有合理使用的资格。一项未经许可的使用，最可能具有合理使用的资格是：具有教育或提供信息的性质，被复制的是参考性资料或散文，使用的数量很小或者对于作品的潜在市场没有影响。

- **什么是公有领域的材料**？ 公有领域的材料是那些脱离了版权保护的作品。这一类型的材料包括：从未获得版权保护的作品，不能被版权保护的作品，版权保护期限届满的作品，版权被放弃的作品。当一件作品处于公有领域时，你可以不经其原始创作者或版权拥有者的许可自由使用该作品。

- **你如何获得使用版权材料的权利**？ 为了获得对版权材料使用的权利，你必须首先与那些控制版权的个人、团体或者公司取得联系。然后你必须签订一个许可证协议，对于协议中的具体材料、你将能够使用的权利、对材料修改的权利，权利的期限以及必须向版权拥有者支付的酬金，要具体规定。

114

注释

1. 1976 年《版权法案》，17u.s.c. § 401(b)。

2. Pub, L.105-298, 112 Stat.2827(October 27, 1998)。

3. 版权侵权诉讼在联邦法院受理一般原则的一个例外是，如果版权侵权指控是某个更大的案件的一部分，如违背合同，商业侵权等其他州管辖的法律案件，那就未必由联邦法院审理。在此类案件中，被告可能会基于案件中涉及联邦版权要求而寻求将案件"移送"至联邦法院，但是原告仍然可以选择该案件在州法院审理。当然，由于（这是原因之一）联邦法院受理的案件通常比州法院少，所以一般而言，如果有可能的话，原告更倾向于在联邦法院诉讼。

4. Amsinck v. Columbia Picture Industries, 862 F.Supp.1044(S.D.N.Y1994)。

5. Woods v. Universal City Studio, 920F.Supp.62(S.D.N.Y.1996)。

6. 美国最高法院认定"事实内容"不能受到版权保护，于是"后来者"可以在创作作品时使用现存作品中的事实部分，但是，"原创性选择和安排"，事实所在的特定文本性或试听性作品（比如百科全书），是有版权的。见 Feist Publications Inc. v. Rural Telephone Service Co.,449 U.S. 340(1991)。

115

7. 这类例外最主要的表现是，根据版权法 104A 的修订，特定的合格的外国作品，在原版权国如果仍然在版权保护之中，但是在美国进入了公有领域，那么可能重新获得版权保护。

8. 这些条款仅对美国政府材料有效。州和地方政府出版的材料可能是有版权的。

9. 《如何调查作品的版权状况》，通告 R22，Washington D.C: 版权办公室，国会图书馆。

10. 如前所述，音乐的许可程序与此处所说的许可过程有所不同，有关音乐许可的更多内容参见第 6 章。

11. 1990 年视听权利法案，Pub.L.101-650,104 Stat.5128(1990 年 12 月 1 日)，在美国版权法加入了 106A 条款，给予作者的"视听艺术作品"特定的"姓名标示和整合的权利"，以与《伯尔尼公约》所保护之作者人身权相协调，该条款包括，正确标识作品的权利，以及防止作品被肢解，对作者的职业声誉造成负面影响的权利。

12. 加利福尼亚的规定，《加利福尼亚艺术品保存法》，见加利福尼亚民法典

§§987-989。马萨诸塞的规定，见《马萨诸塞一般性法律》，231 章，§§85S。纽约州规定，《纽约艺术家著作权法》，见《纽约艺术和文化事务法》§§6 11.01-16.01。其他州关于"艺术家权利"的条例包括康涅狄格州（Conn.Gen.Stat. §42-116t）、路易斯安纳州（La.Rev.Stat. §2152-2156）、缅因州（Me.Rev.Stat. §§303），以及新泽西州（N.J.Stat. Ann. §§2A:24A1-2A:24A8）之法律。

13. 除了《伯尔尼公约》之外，美国加入的另一个重要的国际版权协议是《国际版权公约》。

14. 在通过了 1994 年《乌拉圭回合协议法案》后，Pub.L.103-465,108 Stat.4809(1994 年 12 月 8 日），美国国会执行了乌拉圭回合协议的某些条款，根据这些条款修改了美国版权法的 104A 条款，为某些外国作品恢复版权，这些作品虽然按照过去的美国法律被列为公有领域，但是在该原创国受到版权法保护和拥有相应权利。

15. 考虑到互联网使用的飞速发展，WIPO 版权协议规定，文学和艺术作品的数字传输和发行也是《伯尔尼公约》规定的版权所有者保有的专有权利之一。

116

5

安全地进行制作：许可、豁免、诽谤和制片保险

在前面章节我们谈到，制作人的工作内容之一就是进行安全性的考量。他必须对一些可能出现的法律问题未雨绸缪，谨慎处理制作过程中出现的法律问题，避免节目惹上官司。第 2 章和第 3 章中，我们谈到，在节目的制作过程中，如何谨慎地订立能够保护各方利益的合同文书，而在第 4 章则讨论了制作人怎样避免由于使用具有版权保护的素材而涉诉。那么，在本章中，笔者将再为各位制作人介绍 3 种"武器"，它们是你防御"军火库"之必备：即拍摄许可、演员的隐私权豁免许可和外景地拍摄的豁免许可，以及制作保险。除此之外，你还将了解到两个被制作人越来越关注的媒介法分支：隐私法和诽谤法。

5.1 拍摄或外景地使用许可

许多州和直辖市要求制作人在外景地拍摄之前获得相应的拍摄许可，尤其该活动在公共空间或者政府产权内（government property）进行的时候，这种许可文书更是必不可少。在大部分地区，这些使用许可都是由州、县或当地的市政部门进行审批，它的存在实质上是为了确保当地警察、消防及其他市政部门与制作人之间取得必要的联系，以便在拍摄过程中，能够及时提供相关的服务或者进行必要的监督。现在，很多需要电影电视管理部门批准的许可都能直接在网络上进行申请。

相关的影视管理部门的名称及地址详见附录 A。

5.1.1　许可的种类

拍摄许可这个词语从字面上看，很容易使人误解，它并不仅指某一张许可证明文件，实际上，进行一次合法的外景拍摄，必须获得一系列的许可和执照。例如你要在洛杉矶进行一次外景拍摄，所需要的联邦、州、郡和地方层面的许可包括：

- 如果你的拍摄涉及联邦政府所有，或由其管理的产业，你必须获得具有所有权或授权管理该产业的联邦机构的许可。
- 如果你要拍摄涉及州政府所有，或由其管理的产业，你必须获得加利福尼亚州摄影/摄制许可（详见图5.1）。
- 如果你要聘请一些未成年人参演，你必须获得由加利福尼亚州劳工标准执行部门颁发的娱乐业从业许可。
- 因为拍摄要在洛杉矶进行，所以你还必须获得洛杉矶电影拍摄许可（详见图5.2）。
- 如果你的拍摄包括任何爆炸、烟雾、明火或其他焰火式的特效，你必须获得一张洛杉矶消防部门的特许证明。
- 如果你的拍摄工作要涉及动物，你也必须要获得洛杉矶动物管理部门颁发的一张允许在电影、电视、戏剧拍摄中使用指定种类动物的许可。

那么，你如何确定在制作过程中需要填写哪些表格，或递交何种申请呢？针对这个问题，你最好联系拍摄地的州立或者市政电影和电视管理部门，这些机构的工作人员会告知你需要取得哪些州政府层面的许可证明，以及哪些本市、县层级、地方层级的电影管理局的许可。[1]

你在和政府电影管理机构打交道的时候，一定要记住他们角色的两面性，一方面，他们的首要任务是吸引媒介制作人与之进行交易，这些交易会给当地创造工作机会和税费收入。因此一旦双方达成交易，他们有义务保证制片工作的安全进行，并向符合标准的申请人及时颁发许可。如果你能够向这些机构的工作人员提供制片资料，他们会很乐意协助你填写申请表格，完成申请。一些州的电影管理局甚至还会提供以下更多的相关服务：

- 可供外景拍摄的地点目录和有关图片
- 发行保险的信息

- 提供协助封锁高速公路和街道进行拍摄的服务

- 协助解决制作人与郡县和地方行政部门的纠纷

为媒介制作人提供该服务的政府机构名单以及详细联系方式见附录 A。

图 5.1

摄影 / 摄像许可申请样表

申请表

		申请日期：_____
加利福尼亚州	**许可项目**	电话：332-860-2960
电影摄制许可加利福尼亚州	（请选择一项）	免费电话：1-800-858-4749
电影委员会加利福尼亚州	☐ 道路	道路使用许可传真：323-860-2976
好莱坞 林荫大道 7080 号 900	☐ 公园	公园使用许可传真：323-817-4126
邮编 90028	☐ 建筑物 / 市政设施	建筑 / 市政设施使用许可传真：323-860-2972

公司： | **电话号码**

名称：_____　　　　　　　　主要电话号码：_____
地址：_____　　　　　　　　传真号码：_____
城市：_____　州：_____　邮编：_____　详细地址：_____

拍摄项目： | **人员**：

节目名称：_____　　　　　制作人：_____
节目类型：_____　　　　　导演：_____
手机号码：_____　传呼机号码：_____　UPM：_____
许可服务：_____　　　　　职位 . 经理 / 助理：_____

外景拍摄地：包括具体国家和城市，进行公路申请时，还要注明方向（例如：东、南、西、北）及相关参量

拍摄活动和场景：包括使用的设备及其放置场地，和相关交通协助的需求

拍摄时间：包括前期准备和中断时间 | **时间段**：以 24 时制标明例如：06：00-22：00

交通工具号码： | **烟火特技**：

卡车：_____　车队：_____　　　　剧本：_____
起车：_____　picture car：_____　**总天数**：　技术指导：_____
货车：_____　摄影车：_____　　　　许可证号码：_____
食物采购车：_____　发电机：_____　　电话号码：_____
　　　　　拖车：_____　**工作人员总数**：　FX 许可：_____
其他：_____

119

图 5.1

摄影／摄像许可申请样表
（续）

加利福尼亚州电影摄制许可申请要求和限制

加利福尼亚州电影委员会

责任豁免：申请人不得就任何有关本次许可行为或其执行过程中的损失，控告申请受理机关及其管理人员、代理人、或部门职员。

申请人同意就拍摄过程中，由本方所造成一切损失做出赔偿。

申请受理机关有权在任何时候就本申请表的具体内容指标对申请人进行审查，本许可证明不得转让。

如发现申请人有不符合申请要求的内容，受理机关有权随时终止、收回许可。但本受理机关承诺不会滥用该终止权力。

申请人承诺其在法律上具有独立的申请能力，并以权利人身份，独立承担本许可所引发的法律责任。

本申请表内容不得随意涂改、修正，凡需修正的内容必须获得申请受理机关书面签署的修改证明。

申请人确保已经购买加利福尼亚电影委员会所要求的所有拍摄保险项目。

申请人确保在拍摄过程及员工雇佣过程中，不做任何种族、宗教、性别、血统、年龄、国籍、或生理条件上的歧视行为。

申请人承诺遵守附件中注明的各项要求，本申请许可的要求，包括该附件中的条款内容。

申请人承诺拍摄期间，遵守所有与之相关的法律内容。并在拍摄时，随时携带本许可副本于拍摄现场。

被许可代表签字

公司法人代表签名 _____ 日期 _____

公司法人代表名称（正楷） _____ 节目名称 _____

5.1.2　基本要求

120

从图 5.1 和图 5.2 这两张许可申请的样表中，我们可以看到制作人为获得外景地拍摄许可，所必须要提供的信息内容和保险承保的范围。尽管由于管辖地不同，具体的申请条件各有不同，但大多数的拍摄许可申请都会要求制作人提供以下材料：

- 制作公司的名称和地址以及拍摄活动的主合同样本
- 拍摄活动的天数和预计的时长
- 拍摄活动将使用的外景地和交通工具的详单
- 影片的种类（例如电视片或者电视连续剧、电影、广告片）
- 每个拍摄场景的摘要
- 交通管制和集会管制需求的清单
- 责任险的证明

在绝大多数许可证申请的要求中，制作人都必须保证：如果在拍摄过程中，发生了因为制作活动而引起的个人伤害或者财产损失，则制作人应承担任何此类向发证机关提出的赔偿主张的责任。除此之外，制作人必须向发证机关保证：影片拍摄能够遵守所有当地法律、法规，并且拍摄完成后，所有外景及被征用的公共设施依然保持完好。为了确保该条款的履行，州或者地方政府有时会要求制作公司支付"诚信履约"的保证金———笔很可能一不小心就会被政府没收的押金。当然，这种情况只有在外景地因拍摄而遭到破坏，制作公司在还没有承担相关的修复、清偿责任，就匆匆离开的时候才会发生。如欲了解更详细的情况，请联系附录 A 中所列举的相关机构。

图 5.2
电影拍摄许可申请样表

洛杉矶市
电影拍摄许可申请

日期 _____　　　　　　　　　　　　　　　　　　第 1 页共 __ 页

EIDC 洛杉矶市电影办公室（局）
好莱坞，林荫大道 第 7083 号 500 单元 洛杉矶，邮编：CA900028

请将此申请电传至：（323）962-4966
如果有任何发送文件的问题，请拨打（323）957-100

注意事项：
1. 填写的城市、郡县名称及提供的保险单名称及内容必须准确，且有存档记录。
2. 这个申请不包含许可证书在内。
3. 书写或打印内容必须清晰。
4. 申请人的姓名必须和保险单一致。
5. 在规定的地方请务必填写有效的传真号码。
6. 申请外景拍摄必须说明申请的日期和时间区间。
7. 本申请不可用于证明授权封闭街道或外景拍摄地。详见说明。

申请人姓名（公司名称）_____　代理人 _____
法人代表 _____　电话 _____
传真 _____　传呼机号 _____　手机号码 _____
节目名称 _____
节目类别：电影故事片（ ）　　电视连续剧（ ）　　电视电影（ ）
　　　　　广告（ ）　　MV 音乐电视（ ）　　静态摄影（ ）　其他 _____
制作人：_____　导演 _____
Prod Mg _____　1st A.D _____
吨位卡车 _____　其他类型的卡车 _____　货车 _____　Mtr.Hum./Dr Rms _____　发电机 _____
摄像车：_____ Pic.vehicles _____ 演员 / 工作人员用车 _____ 工作人员 _____ 演员 _____ 其他人员 _____

申请使用拍摄地： _____　**拍摄种类** _____　**公开拍摄** _____　**秘密拍摄** _____
地点（写明该地点的具体位置，（某区、某街、某路等），以及地在 Thomas Bros 地图册上的具体页数和位置）

日期 从 _____ 至 _____　时间：从 _____ 至 _____
注意：请详细说明到场与离开的时间，并以 24 时制标明例如：07：00-17：00
拍摄镜头简介 _____
_____
_____

ltc: _____　使用动物种类 _____　数量 _____
是否有枪击内容：是（ ）否（ ）申请鸣枪 _____ 至 _____　**次连发**（ ）**单发**（ ）
　　　　　　　　　　　　　　　　　　　　　　　　　弹药装填：全满（ ）1/2（ ）1/4（ ）
是否有特效镜头拍摄：是（ ）**否**（ ）_____　枪击 / 弹道效果（ ）爆炸（ ）
　　　　　　　明火特效（ ）烟火特效（ ）其他 _____
需要协助封锁的街道（包括在 Thomas Bros 地图册上的具体页数和位置）：
_____
_____
_____
_____

121

5.1.3　费用和罚款

外景拍摄的支出费用并不是固定的，它会随着你所选择拍摄地点的不同，所需要的警力、消防等相关服务内容的不同而上下波动。但总的来说，你可能需要支付以下几种或全部类别的费用：

- 外景拍摄许可证的申请费用
- 申请一些额外的许可证所必须支付的费用，例如向警察、消防或其他政府部门缴纳的相关许可申请费
- 在拍摄期间，出动警力、消防或其他管理部门而支出的花费，在这项收费中，还有一种一揽子付费方式可供选择，这种支付方式，包括了拍摄期间所有政府服务的费用
- 向外景拍摄地管理机构支付的场地租赁费用

如果你被发现在未经许可的情况下进行拍摄，则有可能被处以罚款。至少，在获得必须的书面许可之前，管理部门会禁止你的一切拍摄活动，这种档期上的延误会造成大量不必要的演职人员开支和闲置的机器租赁费，从而导致制作成本的飙升。如果不注意，你还可能陷入一些具体项目的罚款陷阱。如果一旦查出你未经授权从事某些行为，例如：使用焰火特效这类高危行为，甚至还可能面临刑事惩罚。

5.2　隐私权及其豁免

在美国，隐私法旨在保护个人的私生活不受侵犯，并明令未经许可不得将他人姓名及肖像用于商业目的。对媒介制作人而言，这意味他们必须向每一个出现在影片中的自然人取得一张书面的隐私权豁免许可。除此之外，如果影片的外景拍摄场景包括了他人的私有财产，则拍摄也必须获得财产所有人的书面豁免声明。若不如此，则该影片就可能因侵犯他人隐私或其他原因而吃官司。

5.2.1　隐私法概述

从法律概念本身来看，隐私一词是近代历史的产物。大多数的学者在

追溯美国隐私法的起源时，都将时间认定在 1890 年，当时，萨穆·D.沃伦（Samuel D Warren）和未来的美国最高法院大法官路易斯·D.布兰代斯（Louis D Brandeis）共同撰写了一篇文章，该文积极倡导通过订立成文法或者通过普通法的案例保护个人享受（不被人打扰）私生活的权利。[2] 很明显，沃伦对隐私的重视部分基于其私人的一些理由。他的太太是一位很有个性且时髦的波士顿人，所以沃伦希望通过一些法律手段保护他的家人，避免他们不情愿地成为社会新闻和八卦版面的明星人物。

尽管沃伦和布兰代斯的文章引起了人们对隐私问题的关注，但是文中建议订立成文法规与做出裁判先例的倡导却迟迟未有结论。光阴流转，到 20 世纪初，涌现的一大批州法院与联邦法院的判决逐渐形成了普通法意义上的隐私权概念，还有一些州也通过立法保护个人的私生活免受某些特定形式的侵扰。但遗憾的是，这些州立的法律经常和普通法的先例相冲突，且不同的州之间对隐私权保护的办法也区别悬殊。

在普通法中，隐私权一直是一个含糊不清的混合体，而州立成文法则倾向于将其视作几种特定的侵权行为，日渐增多的联邦成文法则着重于防止政府档案和电子监视资料的滥用。尽管三者之间有许多混乱和冲突，但是在以下 4 种隐私权利的保护上，还是比较一致的：

● 盗用（appropriation）个人有权保护自己姓名与肖像在未经本人许可的情况下不被用于商业行为。（此权即我们常说的"公开权"，本章后面会对此做出具体分析）

● 侵扰（intrusion）不得无端窥探他人隐私。

● 歪曲报道（false light）个人有权保护自己的隐私事实不被他人歪曲报道。[3]

● 公开披露（public disclosure）个人有权保护自己不便启齿的隐私内容不被公开披露。（但我们在本章的后面会谈及，相比普通公民而言，法律对公众人物在这方面保护强度会适当减弱）

总的来说，这 4 大块隐私的保护内容组成了所谓"个人独处权的内容。"换句话说，这种独处权是指个人享有免受媒体骚扰的权利。如果权利人同意放弃该项权利，则应以书面声明表示，而制作人则应妥善保管该豁免文件。

5.2.2　表演者的隐私权豁免

前文提到，取得豁免是保证制作活动免于因侵犯隐私而涉诉的关键。因此制作人必须依法取得所有参演人员的书面隐私权豁免许可声明。但有一个例外，如果该演员仅出现于影片的群众场景或者远景镜头中，且未以其面部肖像示人，则不一定必须获得其本人的许可。但是制作人必须保证当事人的形象在镜头中不具有可辨认性，他的亲友或者审讯案件的法官和陪审团成员不会将镜头中的形象认作当事人本人。

对一些职业演员而言，有关这种豁免权的条款都会包含在一个专业的演出合同中，该合同对其各种表演权益都有了详细的规定（详见第 3 章）。但对其他演员，包括企业音像节目制作中上镜的工作人员，都需要签署一张像图 5.3 那样的隐私豁免协议。尽管具体的措辞会有略微的出入，但基本上所有的隐私豁免协议都必须注意以下几点：

- 尽管有的州承认口头协议的法律效力，但是隐私权豁免协议还是以书面形式为佳。有了书面的协议，你便保有一张记录表演者同意出镜的具体条件的书面证据。

- 豁免协议应该注明表演者授权制作人使用演员名字，肖像等权益的具体范围和详细时间。表演者应该声明放弃哪些隐私权利？参演的影片将以何种形式，在什么范围内发行？制作人能在多长时间内使用表演者的形象？理想的结果是，制作人应该获得以任何形式在任何媒介上对表演者在影片中表演内容的永久使用权。

- 签署豁免许可协议应该要求该表演者声明自己是否是自由身，以及拥有参演并签署协议的自主决定权。演员是否有其他合约在身，可能会影响到他在本剧中的演出？演员是否具有独立签约的能力？还是需要家长代为签署？如果演员是未成年人，那么必须由其家长或监护人代为签署豁免许可协议。

- 协议应当注明演员本次参演所应获得的报酬（以及赔偿条款）。在第 2 章我们谈到，对于任何具有法律效力的合同而言，对价都是其核心问题之一。而隐私权豁免许可协议也是合同的一种，所以即使演员仅需微薄的酬劳甚至只是出席推销活动的报酬，也必须在合同中写明相应的对价条款。此时，表演者必须清楚声明同意履行协议要求，并"确认获得可观且合理的报酬"。由于推广活动是否足以成为合理的对价内容依然存在争议，为了避免引起纠纷，在实践中，一些制作人会向演员支付象征性的报酬。

本人 ＿＿＿＿＿＿＿＿＿＿＿＿＿＿＿（"演员方"）仅以此书面声明，授权＿＿＿＿＿＿＿＿＿＿＿＿＿＿＿（"制作方"）在暂定名为＿＿＿＿＿＿＿＿＿＿＿＿＿＿（产品）的节目中，录制、使用本人的声音及肖像。

依据本协议，演员给予制作方及其继承者、转让人和许可人，对与产品相关的演员声音及其肖像，通过无线广播、有线电视、录影带、DVD、电影、印刷品、互联网及其他已有或可能产生的电子和机械性媒体传播的形式，进行制作、复制、发行、展示和传播等活动的所有和永久权利。

本人已知悉并同意制作方在本协议条款之下，拥有本演员任何拍摄和录音素材的永久、唯一和独占的所有权。无论制作方的具体行为是否涉及对本人的诽谤或冒犯行为，本人及本人之继承人或权利受让人无权干涉其对这些素材内容的使用。

本人还知悉并同意制作方享有或授权他人享有依照本协议使用本人姓名、肖像、照片、声音等其他具有生理特征的内容用于本节目的推广、宣传等行为的权利。但是，没有人可以要求制作人必须将本人姓名、声音或类肖像，在本协议之内的任何途径使用，或者在本协定规定权责范围内进行任何权益处理。

本人保证自己有权签署及有能力履行本协议，且本人履行本协议不存在任何法律上的障碍，事前亦未与他人签订任何与本协议内容相冲突的合同。对于节目中所录制的本人形象或声音，本人同意承担制作方和任何第三方因为使用此素材而可能引起的法律诉求、责任、损失或赔偿。但在拍摄过程中，制作方应该依照协议中同意、允许和赔偿的条款行事。

制作方承诺向本人支付＿＿＿＿＿＿＿＿美元的酬金，作为本人授权拍摄的完全报酬。

- 或者 -

双方同意，前述所转让之权利还包括推广活动报酬。如制作人行使本协议许可的权利，则视为同意支付全部和完全酬劳的意思表示。

图 5.3
表演者隐私权豁免协议的样本

125

图 5.3

表演者隐私权豁免协议的
样本（续）

本人对以上内容同意并接受。

表演者

签名（手写）： _____

姓名（打印）： _____

社会保险号： _____

住址： _____

城市： _____

州： _____   邮政编码： _____

时间： _____

制作方

签名（手写）： _____

名称（打印）： _____

节目名称： _____

如果表演者是未成年人，则应附加如下条款：

本人声明，本人为此协议中所指称演员的法定监护人。作为其法定监护人，我同意并授权制作方行使本协议所约定的内容。对节目中录制的，本人监护的未成年人的名字，图像或肖像，本人承诺就此放弃追究制作方及任何第三方因为其使用行为而可能引起的法律责任。

签名（手写）： _____

姓名（打印）： _____

与表演者的关系： _____

126

　　一些公司要求其雇员在雇佣合同中就签署一揽子的豁免许可协议。因此如果你去拍摄某公司，并将其雇员作为出镜演员，请务必与该公司的法律和人事部门联系，确认该雇员是否与公司存在上文提及的豁免许可。不过即便双方存在法律一揽子的许可协议，也只有在他们存在雇佣关系的条件下才能生效。因此，制作人最好还是和每一位员工分别签署一份书面隐私权豁免协议。

　　除此之外，制作人还要保证表演者在签署该协议之前已经明白条款所示的内容，如果表演者拒绝签署该协议，或是要求进行大量实质性条款的变更，你最好换掉这个演员。而在你取得所有表演者的隐私豁免许可协议后，请将文件妥善保管在一个安全且没有火灾隐患的场所，并在另一安全的地方再单独存放文件的副本。

5.2.3　观众的隐私权豁免

　　一些影片，尤其是现场演示或者表演节目的录制，经常会捕捉一些观众的特写镜头。因此理论上来说，每一位观众也应该签署一份如图 5.3 所示的隐私权豁免协议，授权制作公司在影片中使用有其出镜的镜头。如果达不到上述要求，制作方则必须在拍摄场地每一个入口最为显眼的地方张贴如下告示：

　　本次活动将被录影并用于电视或其他公共性展示，其间可能会有拍摄观众的镜头。我们以此告示郑重提示您，如果不希望出镜，请勿参加录影，一旦你参加本次拍摄活动，我们将视为你同意出镜，并允许我们在任何媒体上以任何目的播出该内容。谢谢合作，祝您录影愉快。

127

　　一些制作人将两种方法合二为一，要求每一位观众在进入拍摄场地前，都必须签署一份附带以上告示内容的简易隐私权豁免协议。这种做法在录制演播室观众现场参与节目时比较有效，尤其是当观众人数较少，制作人又可以掌控全场的时候。一份简易的隐私豁免许可，必须包括图 5.3 所展示的核心条款。（例如：一份同意在相关制作中出现个人形象的许可协议，以及声明知晓并同意制作人拥有将包含自己特写镜头的影片用于所有发行渠道的永久性权利）

5.2.4　外景地拍摄豁免许可

　　隐私权中有一部分权利是指能够在空间上满足个人独处要求的"空间独处"权。通过分析绝大多数法律对隐私权的定义，我们可以得知，所谓独处的空间包括一般认为的私人场所，尤其是个人的住宅。而在一些成文法规与案例法中，隐私空间也包括部分公共场所。（例如：办公室、酒店房间、餐厅和公园）

因为，尽管它并非为当事人私人所有，但是个人身处此地，会对隐私权的保护有一个合理的期待。

如果你要在私人领地进行一次拍摄，首先必须获得一个外景地拍摄的豁免许可。否则即便镜头中仅仅拍摄了某人的私产，就已经会带来侵入或侵犯隐私权的指控了。在保护你规避非法侵入指控同时，外景地拍摄豁免也可以作为一份合同，确定在何种条件下，你被允许使用该场所，以及使用拍摄素材照片或镜头的各项权利。

图 5.4 是一份外景地拍摄豁免许可的样本，你还可以根据具体的制作需要进行一些细节上的修改。就像演员的豁免许可一样，外景地拍摄豁免许可最好也是采用书面的方式，而不是口头约定。在协商的时候，请务必注意以下几点：

● 在确定外景地拍摄使用期限的时候，一定要留有足够的余地，以防出现因为天气的变化导致拍摄计划延期的情况

● 保证制作公司拥有携带器材与相关设备进入外景地的权利

● 保证制作公司拥有在该地拍摄的所有声音和影像素材的使用权和发行权

● 私产所有人因此次拍摄豁免许可而得到的报酬

128

图 5.4
拍摄豁免许可协议样本

签署人（"业主"）在此同意给予_____（"制作方"）如下权利，在暂定名为_____（"项目"）的节目制作过程中，将本人名下位于_____的_____（"处所"）作为外景地，为其摄影、录影、录像或其他拍摄活动之用。

根据本协议，制作方可以自某时起，至_____日止（天气或拍摄计划延迟等因素干扰除外），占据和使用该场所进行拍摄活动。此期间内，制作方可以携带必要设施，设备和器材进入该场所进行拍摄。

制作方应保证对该场所尽到合理照管、保护的义务，确保拍摄完成后，该场所完好如初，当然，可预期的自然损耗忽略不计。在该地拍摄期间，制作人必须为如下事宜提供担保：第一，由制作方提供所有到场员工及相关器材使用的责任保险。第二，假如制作方在抗辩中不能达到由己方补偿告诉方所主张的赔偿，制作方须保证业主在该场所拍摄期间无需承担由拍摄活动引起人员伤亡或财产损毁导致的相关法律责任，并对业主由此造成的损失进行补偿。

在本协议条款之下，所有关于本场所拍摄的图像和录音，包括该物业内的所有景物，制作方享有永久的，独占和唯一的所有权。制作方享有将该拍摄素材通过无线广播、有线电视、录影带、DVD、电影、印刷品、互联网及其他已有或可能产生的媒体传播形式，进行制作、复制、发行、上映等活动的完全和不可撤销的权利。处所业主及其所有人和受让人，无权对该作品的使用提出任何法律主张。

处所业主必须保证其为该处所唯一的所有者，并有权签署及有能力履行本协议，且其履行本协议不存在任何法律上的障碍。业主在此代表并且保证他不会就制作人及其继承人，许可人或受让人，就本项目包括的任何内容，以及与此项目相关的广告活动和发布行为可能导致的对业主权利的任何侵犯，引发、制订或者提出任何主张，或者同意其他方做出上述行为。在此，业主豁免，放弃和解除针对制作方及其继承人，许可人，或者受让人的，在所有上述情况中的全部主张、控告、诉因、诉讼和要求。

业主明确知晓制作人筹备、制作和播出本节目的行为，皆有源于业主许可及本协议的签订。因此拍摄方可以基于对业主承诺行为的信赖，而着手拍摄计划的筹备、制作、发行等行为。所以，如果业主单方违约，业主将承担和补偿制作方及其雇员、代理人、许可人，权利受让人和继承人因此造成的所有损失，损坏，成本费用和责任，即他们无需承担任何法律责任。

如场所业主包括多个自然人、法人或社会团体，则本协议所指"业主"将被认为是包括全部合法的权利主体在内，且各主体皆对本协议规定的权利义务内容承担连带责任。

制作方承诺在拍摄完成后向业主支付 ＿＿＿ 美元的酬金，作为对方同意授予权利的全部和完全报酬。除本条款约定的酬劳内容外，制作方无需向业主支付其他任何费用。

制作方不因本协议的签订而负有必须在该处所进行拍摄活动的义务，以及必须将该处所的拍摄素材运用于项目的义务。如制作方打算取消借用该处所进行拍摄，可以随时以书面形式将其意图传达与业主知晓。如该撤销行为发生在制作方进场拍摄之前，则制作方无需向业主支付任何使用费用；如该撤销行为发生在制作方进场拍摄之后，则制作方应向业主支付部分合理费用，该费用可以天数或阶段为计算单位。

本人同意并且接受。

处所业主

签名（手写）：＿＿＿＿＿＿＿＿＿

姓名（打印）：＿＿＿＿＿＿＿＿＿

社会保险号或税号：＿＿＿＿＿＿＿＿＿

住址：＿＿＿＿＿＿＿＿＿

城市：＿＿＿＿＿＿＿＿＿

州 ：＿＿＿＿＿＿＿＿＿

时间：＿＿＿＿＿＿＿＿＿

制作方

签名（手写）：＿＿＿＿＿＿＿＿＿

名称（打印）：＿＿＿＿＿＿＿＿＿

节目名称：＿＿＿＿＿＿＿＿＿

图 5.4
拍摄豁免许可协议样本（续）

129

　　为了保障财产所有人的权益，豁免许可协议中还要言明权利人不必对拍摄中由制作方造成的财产毁损负责。尤其当财产的毁损是由制作公司疏忽所致时，这项条款显得尤为重要。同样，由于制作方为此次外景的使用付出了真金白银，为保护其权益，制作方有权要求财产所有人保证所有物品在拍摄前都安然无恙和保持完好。(safe and in good order)

5.2.5　获得豁免许可的必要性

　　正如前文所言，豁免许可以帮助制作人免因侵犯他人公开发表权而受诉——而隐私权这个领域正是当前媒介制作人最为关注的对象。当然，要获得这一揽子保护，最为关键的就是要找到愿意签署该协议的适当对象。如果缺少这个基本条件，制作人最好还是找其他对象和外景拍摄点，再与当事人协商，因为在未获得适当豁免情况下贸然进行拍摄，实在过于冒险。

5.3　其他隐私权问题

　　获得相关的豁免许可是保证制作人避免因为侵犯他人隐私而涉诉的关键之一。但是，制作人会发觉自己常常还要面临其他更为复杂的隐私权问题的困扰。因此在下文中，我们会就以下几个相关问题进行讲解。

5.3.1　隐私权法和新闻节目

　　隐私权法经常会给新闻节目的制作带来更多的挑战。因为新闻节目的天性就是经常披露一些个人的窘况。况且被拍摄的当事人通常也不会愿意签署豁免协议，不会同意公开被拍摄的内容或者使用他们的姓名或肖像。尤其是在一些犯罪性调查的新闻报道中，这些情况都是十分常见的。

　　所幸法庭对此已经有所了解，新闻节目制作人在面临更大的挑战同时，也享有一定的特权。在这类因为报道而公开个人隐私的案件中，法庭已经明确认定，"新闻价值"可以成为一个合理的抗辩理由。[4]如果制作人能够证明发表的内容符合正当的新闻报道目的，则可以对有关侵犯隐私的控诉免责。但是如果是在明知的情况下，对他人隐私进行歪曲报道，或者是通过非法入侵他人私人空间，侵犯他人独居权利而获得的新闻报道内容，则这条普通法意义上的抗辩理由则未必有效。在本章后面有关诽谤的内容中，我们还会谈到，对于新闻节目制作人故意或过失的歪曲事实的报道行为，法律同样不予免责。

另外，"新闻价值"并不能保护制作人盗用新闻报道的镜头用于非新闻用途。换句话说，制作人如果拍摄了某名人的新闻镜头，但将其用于音乐录影和电视广告中，那么如果被控非法盗用，原先所谓的该镜头具有"新闻价值"的抗辩理由则难以成立。在这种情况下，节目制作人盗用包含知名人士镜头的新闻素材，很明显不是出于一种正当的新闻报道目的，那么该知名人士十有八九会在有关公开发表权的官司中胜诉。所以制作人可以使用的唯一的抗辩理由就是，事先获得当事人的同意，且最好能有一份以书面形式签写的隐私权豁免许可。

5.3.2　公开发表权

正如前文所言，隐私权法的一个重要组成部分就是公开发表权。它是指未经当事人许可，不得将其姓名或肖像用于商业用途。与其他一般性隐私权相比，后者在成文法与案例法中都被划归人身权的范围之内，而公开发表权是一种缺乏明确定义的财产权，最初只出现在一些案例法中。

在司法实践中颇有争议的一个问题是，这种公开发表权是否会因个人的死亡而消失。换句话说，使用死者的肖像或姓名是否合适？环球电影公司曾经销售印有演员 Bela Lugosi 饰演的恐怖片角色图片的 T 恤和其他商品，该演员的后人要求制止这种行为。1979 年加利福尼亚州最高法院判决指出：这种公开发表权不能被继承或"传及后代"，因此驳回了 Bela Lugosi 后人的诉讼请求。[5] 在 1980 年的另外一个案例中，联邦第六巡回法院上诉法庭根据田纳西州的法律，判定猫王 Elvis Presley 的公开发表权不得被继承，因此他人可以自由地将 Presley 的姓名与肖像用于商业目的。[6] 但是由于为商业目的而使用死者姓名的权利在许多州来说是个普通法的问题，所以以后的法庭判决可以给该项权利的使用加以限制或附属一定的适用条件。例如，虽然联邦第六巡回法院在 Elvis Presley 案件的判决中适用了田纳西州的成文法律，但是田纳西某个法院在后来的判决中还是认定这种公开发表权是可以被后代继承的，并且支持了某知名人

131

士的继承人根据此权利而提出的诉讼请求。[7]

除了州和联邦的法院（判决）外，一些州议会已经通过积极立法的方式界定公开发表权的内容，并且进一步商讨其是否可以继承的问题。加利福尼亚州和其他的一些州已经相继颁布相关成文法规，在一定程度上保障名人及其继承人对该名人肖像的使用权，而纽约州议会则已经在考虑出台所谓《过世名人法案》，该项法案意图允许名人的肖像使用权在其死后的一定年限中，由其家庭成员享有。[8]目前越来越多的州制定成文法规，将原来个人控制他们的姓名和肖像使用于商业用途的普通法权利成文化，按这种趋势发展下去，公开发表权最终也会成为州成文法的确定内容。

另外，在许多有关公开发表权的州法律中，专门为新闻和信息类节目使用名人的名字和肖像提供"避风港"，但前提是，在使用过程中不涉及任何产品和服务的宣传。[9]例如，这种安全港条款允许制作人在一部有关前总统尼克松生平的电影中（例如奥立佛·斯通（Oliver Stone）的电影《尼克松》（《Nixon》））使用尼克松的姓名和肖像。当然，在没有获得尼克松继承人授权同意的情况下，该条款既不会保障制作人在商业广告中使用尼克松的肖像作为产品代言的行为，也不会允许生产厂家在产品上擅用尼克松的形象。[10]

近几年，为了阻止他人未经许可将自己的姓名与肖像用于商业行为，一些名人开始谋求联邦法律的帮助。尽管目前尚无有关公开发表权的专门联邦成文法规，但是1946年《联邦商标法》（《兰哈姆法》）第43条a款，明文禁止在商品或服务的销售中使用"错误的产地名称和误导性描述"，商业广告或促销活动就被包含其中。[11]在下一段中，我们就会说到歌手Tom Waits援引43条a款控告Frito-Lay有限公司使用和其声线非常相似的配音在某零食广告中。最后他打赢了这场官司，并获赔两百多万美元。

总之，无论当事人的生死，制作人在片中使用某人的形象或肖像，一定要向熟悉本州及联邦有关隐私公开发表权法律近况的律师咨询。

5.3.3　与名人相似的容貌或声音（celebrity look-alike and sound-alike）

一些制作人为了避免涉及公开发表权的问题，而聘用一些和名人的长相或

132

声音相似的人参加演出。但由于其实际上还是盗用了名人的形象，因此法院通常会将其视为侵犯名人公开发表权。伍迪·艾伦（Woody Allen）曾经在两个涉及使用与其相似的容貌演员参演广告的纠纷中获胜，[12] 而贝特·米德勒（Bette Midler）则打赢了一起涉及声音相似的官司。[13] 有关米德勒案件的细节，我们会在第 6 章中进行讨论。

最近，歌手 Tom Waits 控告 Frito-Lay 有限公司在广告中使用和其声音相似的配音，并且胜诉了。事前，该公司的广告代理（agency）曾经与 Waits 交涉，希望能够在公司 Doritos 牌薯片广告中使用其独特的声音风格（vocal style）并意图邀请其为广告配音。可当 Waits 拒绝后，Frito-Lay 公司在其广告中采用了一个与 Waits 声线相似的人进行配音。结果 Waits 援引该州的公开发表权法和《兰哈姆法》第 43 条 a 款向法院提起诉讼。当 Waits 在联邦区法院胜诉后，美国联邦第九巡回法院上诉法庭再次确认了该判决结果，并指出"名人进行代言行为的效应就是通过本人可识别的身份特征（如：外貌、声音等）得以实现，因此，它符合《兰哈姆法》第 43 条 a 款所称误导性肯定的要求。"[14]

5.3.4 "化名"的抗辩事由（the "changed name" defense）

如果在公开报道或者歪曲报道他人隐私的过程中，没有使用当事人的真实姓名，此类行为是安全的吗？这个问题对于那些专门拍摄纪录剧情片和根据真人真事改编的故事片的制作人而言，密切相关并且确实存在危险。1980 年加州案件判决以前，制作人如果在拍摄过程中变更或隐瞒所参照人物的真实姓名、事发地点和具体细节等内容，一般不被认为侵犯了人物原型的隐私。但是在"Bindrim 诉 Mitchell"的案件中，加利福尼亚上诉法院认为：即便模糊了人物的真实姓名和事件的具体细节，如果当事人能够证明自己在影片中依然具有"合理的可识别性"，那么还是应该确认该行为侵犯了他的隐私权。[15]

对制作人和编剧们而言，Brindrim 案的判决开了一个很令人头疼的先例。因为它使任何能够和剧中人物对号入座的当事人都有了向法庭起诉的权利。尽管后来在其他州的一些判例中削弱了"Bindrim 诉 Mitchell"一案的影响，但在隐私权法领域中，这依然还是一个既复杂又麻烦的问题。所以，制作人在拍摄纪录剧情片或者有"原型"的故事片之前，一定要向熟知本问题最新判例和发展动向的资深律师进行详细的咨询。[16]

5.3.5　隐私权注意事项对照表

如果前面对隐私权法的讨论让你头昏脑涨，毫无头绪，这种情况并不希奇。由于缺乏一套全面的、预见性强的联邦隐私权法，大多的隐私法问题还是由州法律和普通法进行调节，所以留有不少有争议的问题，即便是一些经验丰富的律师对此依然不知所措。

图 5.5 列明了一些对制作人而言，需要特别注意的隐私权"雷区"。这张隐私权注意事项清单和第 4 章中合理使用对照表十分类似。在核对时，只需判断"是"与"否"，如果选项的答案都是"否"，则你大致上不会有隐私权侵权的麻烦，如果有一至两个选项答案为"是"，则预示你可能存在侵权的危险，此时很有必要向资深律师咨询有关细节。总之，如果清单中的答案为"是"的越多，你面临隐私权的诉讼的可能就越大。

134

图 5.5
隐私权对照表

1．你是否未经当事人同意，就将其姓名或者肖像用于商业目的，侵犯了他人公开发表权？在传媒领域，这种侵权行为十分常见，且在司法实践中，该行为的认定十分明确，并无争议。如果你要在商业节目（包括企业内部使用的节目）中使用某人的姓名、声音或者肖像，一定要与之订立书面的豁免许可协议（见图 5.3）或者演员合同（performer's contract）。否则，你的节目则有可能面临非法使用或其他有关侵犯隐私权的指控。

2．你是否未获得业主的许可，就在其私家产业上进行外景拍摄？无论何时，只要拍摄活动涉及他人私产，请务必与其所有人签署一份像图 5.4 一样的豁免许可协议。

3．你是否公开了某人的尴尬事或一些具有冒犯性的内容？个人有正当的权利，保护自己某些行为、观点、历史（history）或者个人偏好中一些羞于启齿的内容不为公众知晓。但此种保护并不适用于官员或者其他公众人物。这些曝光行为对他们而言是公平的，因此只要你可以证明自己节目中所发表的内容与其公共人物的身份相关，就可以免责。如果你的节目的的确确发表了一些普通人的隐私内容，则在法律上可以援引抗辩理由有两个。要么，你必须证明当事人表示同意公开这些内容（这个条件不大可能得到，如果可以，最好是白纸黑字的当事人的书面许可），要么你就必须证明该报道具有新闻价值。如果要证明该内容具有新闻价值，你必须证明发表行为是为了满足公众知情权，且报道包含合理的公共利益。除此之外，如果所报道的内容并非新近发生行为或者事件，你还必须证明，自己将过去的公共利益事实转向私

图 5.5
隐私权对照表（续）

人性事实的报道行为，并未削弱其在公共利益上的价值。

4．你的节目是否歪曲报道了某人的事迹？有时，一些事实会因为被重新组合或无意使用，给个人的形象造成了歪曲性的影响。例如，假设你在制作一部有关毒品的电视纪录片，使用隐性采访的方式拍摄了真实的毒品交易的镜头。并在镜头中突出的展示了一位商人的行动，他正在与方才进行了毒品交易的当事人谈话。此时，节目的画外音暗示该商人可能介入了毒品交易。而事实上，这个商人在镜头中只是在参加某宗教团体发起的反毒品运动。此时，该商人则可以控告纪录片的制作人侵犯其隐私权，因为制作方歪曲报道了其个人的形象。因此为了避免这种情况引起的诉讼，制作人必须要确保节目在事实描绘方面准确无误，尤其是在纪录片中，如果你想通过剪辑达到特殊效果，一定要注意避免引起这方面的误会。

5．你节目中的故事性内容是否改编自真人真事？在纪录剧情片或其他"真实"影片的拍摄过程中，要求制作人对隐私权的问题更加小心。如果你拍摄的正是此类节目，请向隐私权法的资深律师咨询相关事宜。

5.4　书面诽谤

媒体诽谤诉讼一般都是轰动新闻。一个被媒体轰炸的案件就是，女演员 Carol Burnett 指控一份全国发行的小报（national tabloid newspaper）刊载了好几段煽情性报道涉及她的个人隐私。另外两个被广为报道的案件分别是 Ariel Sharon 将军诉《时代周刊》（time magazine）案和 William C. Westmoreland 将军诉哥伦比亚广播公司案，前者报道 Sharon 将军曾参与 1982 年黎巴嫩难民营对巴勒斯坦人的大屠杀，而后者则在报道中宣称 Westmoreland 将军在越战的一份情报书中，故意歪曲敌方军事力量。[17] 而最近，歌星 Wayne Newton 还控告美国全国广播公司在一段报道中诽谤他与某个犯罪组织的头目有关系。[18]

尽管这些官司涉及的具体问题各不相同，但是都有一个共同点：即在每个案件中，原告都指称被告扭曲了事实。这个特点使诽谤诉讼与其他一般的隐私权诉讼相区别。在隐私权诉讼中，原告通常不会纠缠于被公开的信息是否真实，他所关注的是被告是否有权将该信息公诸于众。总的来说，如果你说的是事实，则不会受到诽谤罪的惩罚；但如果你传播他人的隐私及其不愿为他人知悉的窘况，或侵犯了他人的公开发表权，则你依然有可能面临侵犯隐私权或非法使用的诉讼。

5.4.1　诽谤、书面诽谤和口头诽谤

书面诽谤是一种民事侵权行为（而不是刑事犯罪），它是一种由法院提供救济的民事过错。书面诽谤（libel）连同其"孪生兄弟"——口头诽谤（slander），共同组成一个大的法律类别诽谤（defamation）法。传统意义上，书面诽谤是指那些以书面文字或描述性图画进行的诽谤行为。而口头诽谤则是指口头发表诽谤性内容的行为。但是近年来，两种诽谤之间的界限已经越来越模糊，尤其是涉及音像播放的媒体。而现在尽管在理论区分上，业内依然会区分诽谤的两种形式，但书面诽谤（libel）一词在实际的使用中已包括了口头诽谤的意思。

尽管诽谤的具体定义各州有所不同，但是在认定诽谤成立的要件上，基本是一致的，即发表或传播他人的虚假事实，这里所谓的传播，指的是报道者明知并且有意向至少一个第三方传递信息。如行为人满足以上条件，遭受诽谤的当事人则可以提起诽谤诉讼要求损害赔偿。

5.4.2　诽谤法的渊源

在联邦层面的法律中，并没有全面界定诽谤的成文法。相反，诽谤法与隐私权法一样，是普通法和州制定法的混合体。但由于很多诽谤的案子涉及出版自由和言论自由的问题——这两种权利受到美国《宪法第一修正案》的保护——这两个领域当中的许多裁定都来自联邦法院的判决。特别是美国最高法院的一些关键性的判决，为第一修正案保护下的言论自由与诽谤性言论划清了界限。在下文中我们还会提及其中一些比较著名的案例。

媒介的制作人必须认识到，尽管联邦法院建立了一些具有决定性意义的判例，但只要不违反联邦法律和美国宪法，各州依然还是具有独立的诽谤法立法权。因此，各州的诽谤法可能各有不同，所以除了了解本章所说的一些基本内容外，制作人必须向熟悉工作地和发行地当地诽谤法的律师详细咨询有关具体事宜。

5.4.3　诽谤行为的构成要件

怎样才能辨别一段具体的陈述或一个影片镜头（scene）是否会面临诽谤

诉讼呢？在大多数案件中，要构成诽谤必须满足 5 个要件：内容虚假、造成损害、公开发表、涉及原告和被告有过错（fault）。在下文中，我们就对每一个要件进行详细阐述。

1. 内容虚假

具有诽谤性的言论或文章通常都是针对某个尚在人世的人，而陈述的事实为虚假内容。如果被告能够证明争议性内容的真实性，则法院通常会驳回原告的诉讼请求。一般而言，如果被告可以证明涉嫌诽谤的言论仅仅只是一句玩笑话或者仅是个人一种纯粹的意见性表达，并且人们亦不会将其误认为事实陈述，则法庭会驳回诽谤诉讼。

2. 造成损害

从法律对诽谤的定义来看，诽谤性陈述必须对当事人的名誉造成损害，或者造成某种其他的人身或者物质损失。满足如上条件的陈述包括下面的情况：谎称他人不具有专业资格、从事不道德的商业交易、不诚实、不守信用、酗酒、有犯罪行为、患有生理或心理疾病等。如果涉嫌诽谤的言论中包含以上一项甚至更多的内容，并且满足其他构成诽谤行为的要件，此时即便原告无法证明其因此遭受了任何实际的经济损失，法院依然会推定原告的名誉受到侵犯。

137

3. 公开发表

公开行为是构成诽谤行为的一个先决条件。在诽谤法中，发表意味着向第三方散布或者传播一些冒犯他人的材料。私下里，你可以抱有任何诽谤性的思想观点或者在没人知晓的情况下肆意诽谤他人，甚至还可以向你意图造谣的对象表达你想说的"流言蜚语"，但前提条件是必须保证没有第三人在场。

公开行为作为诽谤的前提条件背后所包含的逻辑其实非常简单，如果言论没有公开，则原告的名誉不可能因为其中的内容而受到损害，也不可能导致经济损失。如果没有侵权行为或者损失，就没有所谓的诽谤案件。

媒介制作人必须意识到，公开存在不同的情况，在不同的场合会造成不同的结果。例如在一个公司视频节目中（a corporate video programme）出现了对某位员工的诽谤陈述，即便这个节目只播放给该员工的上司观看，也会引发诽谤诉讼。在这个例子中，公开行为已经成立，因为该视频已经播放给至少一个第三方观看，同时因为这些诽谤性信息的接收者是该员工的老板，则该被诽谤员工或许可以证明，节目损害了他的个人名誉并且影响了本人的职业前途。

4. 涉及原告

在一件诽谤案件中，原告除了要证明某节目中包括诽谤性内容外，还需要证明他人能够辨认自己正是言论中被非议的对象。如果原告的姓名或者形象出现在影片中，那么毋庸置疑，该行为绝对满足诽谤法中成为原告的条件。如果原告在影片中并没有被指名道姓或者出现形象，那么只要他可以证明该诽谤内容所指正是本人，或者其他认识原告的人能够从影片中辨认出原告正是所指对象，那么同样可以满足涉及原告的要求。

当某个团体的成员提出诉讼，指控影片诽谤某个团体涉及其个人权益时，可辨认性的问题则变得十分复杂。在这种情况下，法官必须要判断，针对团体的陈述是否可能损害成员个人的名誉。在作出裁决前，法官一般会强调以下两点：（1）团体的规模。（2）诽谤言论在多大的程度上能够被认为是针对某个具体的对象。如果被诽谤的对象人数越多，或者该言论的指向越广，法官认为其涉及原告的几率就越低。

5. 被告有过错

在许多州，如果要打赢一场诽谤官司，原告必需要证明被告在传播、发表诽谤性言论的行为中，至少存在疏忽、大意等过失。在涉及诽谤公共官员的案件中，原告在抗辩部分还需要进一步证明被告具有"实际恶意"。在下面的内容中，我们会详细讨论有关实际恶意的条件。

5.4.4 公共官员、普通个人和实际恶意

1964年，美国最高法院作出了一个在诽谤法上具有里程碑意义的判决。这就是纽约时报诉沙利文案。[19] 该案源自阿拉巴马州蒙哥马利的公共事务专员L.B. 沙利文提起的对《纽约时报》的上诉案件。沙利文的控告是因为《纽约时报》在1960年的某版面中为民权组织刊登了一则广告。该广告声称，包括蒙哥马

利在内的一些南方城市，警察和政府官员对参与民权运动的人士采取了不恰当甚至是非法的措施等。

沙利文在诉讼中称，该广告有些事实内容是虚假的，尽管广告中并未提及其本人，但他作为一名公共官员的名誉已经受到损害。阿拉巴马某地方法院接受了该诉讼理由，并作出了有利于沙利文的巨额赔偿判决。该判决在上诉过程中，得到了阿拉巴马最高法院的支持。

由于在阿拉巴马州初审与上诉法院连连败诉，《纽约时报》将案件上诉至美国最高法院。尽管通常民事诽谤案件都归各州法院管辖，但最高法院认为阿拉巴马州的判决中涉及出版自由的问题，而这是《宪法第一修正案》所保护的内容，因此同意受理此案。

经过深思熟虑，最高法院援引以下几点理由，一致通过推翻阿拉巴马州的判决：

- 如果阿拉巴马州的原判决成立，该案件将为一种变相的新闻审查打开方便之门。这会导致媒体不愿去讨论任何有争议的问题，因为他们害怕这样会得罪一些当地的公共官员并惹上官司。

- 对于民主社会而言，公共讨论是必须的，因此媒体在报道一些敏感问题时，需要一定的"呼吸空间"。在媒体积极追求上述目标的过程中，一些错误的陈述与表达是可以预见的并且是应该容忍的。

- 像 L.B. 沙利文这样的公民，一旦他们决定服务于国家的公共事业，就与普通公众不同，应自觉接受媒体责问并且放弃部分隐私权。而且如果他们真的在政府内就职，成为了公共官员，则其通过媒体反驳诽谤言论的机会，相对于普通公民而言也要多的多。基于以上理由，公共官员应该可以预见和接受法律对他们免受诽谤侵害的保护力度，会小于对普通公民的保护。

139

作为更进一步的合理推断，最高法院指出，公共官员如果指控媒体诽谤必须证明被告具有"实际恶意"。换句话说，如果公共官员想打赢一场诽谤官司则必须证明对方的行为是在"明知该言论是虚假或忽视求证其真假"的情况下做出的。不言而喻，要证明实际恶意是非常困难的，所以最高法院在纽约时报诉沙利文案中所作出的判决实际上导致公共官员状告媒体诽谤变得更加困难。

尽管最高法院的判决解决了纽约时报案的具体问题，但它同样带来了一系列的新问题。既然公共官员在诽谤案中必须特殊对待，那么怎样判断一个人是否属于公共官员？他仅仅是指那些通过选举而产生的官员，还是包括了任何一位在政府中供职的个人？那诸如明星、运动员、政治活动家、退休的政治家等其他家喻户晓的人物是否也被囊括在内呢？这些公众人物是否也被包含在纽约时报诉沙利文案判决所指称的公共官员之中呢？

1. Gertz 诉 Robert Welch,Inc

自从纽约时报案以来，最高法院通过一系列其他的诽谤案判决解决了以上的问题。在 1974 年的 Gertz 诉 Robert Welch,Inc 案中，法院指出，因为有限目的成为公众人物的普通公民（在本案中，Gertz 是一位被芝加哥警察杀害的黑人家庭的代理律师）如果要控告媒体诽谤，只要在具体的案件中，自己没有刻意追求公众人物的地位，则无须负有证明被告具有实际恶意的义务。但是 Gertz 案中判决仍然要求普通公民在诽谤案件中必须证明媒体的行为在某种程度上有过错。换言之，普通公民在指控媒体诽谤的过程中，仅仅证明对方发表或传播了一些错误甚至是诽谤性的言论是不够的，还需要进一步证明被告在主观上具有某种程度的故意或疏忽。

Gertz 案判决中非常重要的一点就是，在诽谤案件中可由各州法院自行决定原告需要在多大程度上证明被告的过错行为。因此，在 Gertz 之后，各州均制订了各自不同的规定。在有些州，普通公民与公共官员所承担的举证要求是一样的，既要证明有过错，又要证明实际恶意。但是在有些州，普通公民只需简单证明媒体有过错即可。所以，最好还是问问熟知你影片制作与发行地的律师，他会告诉你需要承担多大程度上的举证义务。

2. Firestone 诉 Time, Inc

在纽约时报案和 Gertz 案所建立的理论框架之上，法院一直在寻求确定公众人物和一些无意成为公众焦点的普通公民的界限所在。例如，最高法院在 1976 年 Firestone 诉 Time, Inc[20] 一案的判决中指出，普通公民不应该因为自己卷入一件备受争议的诉讼而被认定为公众人物：

> 当诉讼当事人在诉讼中，因为诉讼的一般或特定目的，合情合理地成为了"公众人物"时，他们虽然大部分并不愿意成为公众人物，但为了获得最起

码的救济，或者保护自己免受政府和其他人的侵害，大多数人可能还是会像 Firestone 太太一样，被推向一个公众人物的地位。如果诽谤法仅仅因为他们被卷入了一场官司，就剥夺这些一般公众受保护的地位，那是毫无理由的。

对制作人来说，Firestone 诉 Time, Inc 案以及最高法院的判决所要表达的意思再明显不过了：不要以为指控你诽谤的人是个名人或最近出现在新闻中的人物，你就可以安然无恙了。在大多数州的法律中，只有那些公共官员和那些自愿置身于特定公众争议的普通公民，在控告媒体诽谤时，才需要证明实际恶意。

3. 其他重要的诽谤案例

《宪法第一修正案》所保护的言论自由与诽谤法之间的互动，一直是最高法院关注的焦点。其中与媒体利益有关的判决有以下几个：

- 1986 年，最高法院在 Anderson 诉 Liberty Lobby, Inc 案中 [21]，重申并补充了纽约时报诉沙利文案中有关实际恶意的标准，要求下级法院在审理诽谤案件的过程中，需要认真检验原告的诉求内容是否符合此条或其他宪法性条件，如果没有，法官可以采纳辩护方提出的简易判决动议。（审前简易判决动议是指在开庭前向法官提交无异议的事实，法官可将其视为法律事实，就案件或案件的某个部分作出简易判决）

- 同样是 1986 年的判决，在 Philadelphia Newspaper, Inc 诉 Hepps 案件的判决中 [22]，最高法院明确反对普通法在诽谤案件的审理中，对涉及媒介和言论主体因为参与公共问题而成为被告，进行"有过错"的预先推定。最高法院判定在此类案件中，应该由原告承担所谓"过错"的举证责任，而不是如传统普通法所要求的由被告承担举证责任，证明所谓诽谤表述确属事实。

- 在 1986 年的《皮条客》杂志公司诉福尔韦尔案（Hustler Magazine, Inc v. Falwell）[23] 的判决中，最高法院指出一名公众人物不应该借由被告有意造成其感情上的痛苦，而不是诽谤的原因，而认定对方具有实际恶意。另外，法院还指出，如果本案中的媒介内容是（在本案中，是指一则恶搞某位知名牧师的古怪广告）"没有哪个有理智的人会认为该广告描述的是实际发生的事情"，那么原告将得不到赔偿。

- 在 1990 年的 Milkovich 诉 Lorain Journal CO. [24] 的案件中，最高法院再次重

141

申，对于那些"仅仅涉及公众所关注之事务，且不包含任何可能错误的事实联想的表述"应当受到《第一修正案》的保护。但是最高法院拒绝对意见性表达的宪法保护做出更宽泛的司法解释，因为这样会使某些媒体打着纯粹意见表达的幌子通过言论"暗示一些事实性的论断"。

对媒体而言，以上提及的诽谤法案件的判决，大多数都是在重申甚至是扩大纽约时报诉沙利文案中所确立的对媒体被告进行特别保护的原则。但制作人必须谨记：这些保护原则最多只是针对公众人物和公共事务。如果对象是普通公民或者不包含任何公共利益的事务，媒体作为被告所面临的处境和其他诽谤案件中的被告所面临的并无区别。换句话说，在这种情况下，大多数州的法律都要求被告必须证明其言论的真实性，而原告则无需承担证明对方具有实际恶意的举证义务。除此之外，媒介制作人还必须认识到，对于一些在国外引发的诽谤官司，不一定必然能够获沙利文案所确立的特殊保护，因为该权利的依据是美国的宪法，而在涉外纠纷中，本国宪法并不想当然适用。正如在第8章中所说的，一旦涉及全球化传播的网络媒体，就是另一回事了。

4. 其他有关诽谤的抗辩理由

在面对诽谤诉讼纠纷时，除了纽约时报诉沙利文案中所确立的宪法保护外，媒介制作人还受益于普通法和州成文法中的相关抗辩理由。例如，在普通法中有"官方报道"的特权——如果记者所报道的诽谤性内容来自某个公开的会议记录、司法文书或者相关的政府报告、抄本以及任何政府的有关文件中其他人的陈述，记者可以免于承担诽谤侵权责任。但许多地方对这种特权也施加了一定限制——即记者必须履行足够的注意义务，确保报道的公正、准确。与之相似的还有所谓的"中立报道"的特权。这是一种限制性的法律保护，是指记者如果能够公正、准确地报道第三方针对某个公众人物的诽谤性陈述时，即便该言论并非来自某个公开会议或者政府公文，记者依然可以免责，条件是这些言论针对的是官员的公共责任和重大公共问题。[25] 此外，普通法中还有"公正评论"的抗辩理由，他保护的对象是任何涉及重大公共问题的诚实意见之表达，该抗辩理由包含并管辖于纽约时报诉沙利文案所确立的宪法性抗辩理由。除此之外，许多州也都已经同通过了相应的成文法律确认这些普通法中的特权。

5.4.5 收回条款（retraction statutes）

在美国，超过 30 个州都有"收回条款"，他们在不同程度上减轻媒体因报道引发的高额诽谤赔偿。[26] 该法律最典型的特点就是，只要媒体能够及时、全面地更正错误的报道，减轻不良影响，则可以免除惩罚性赔偿（一般不是实质性赔偿）。大多数法律都会详细规定获得此项保护的具体要求。媒体必须满足这些条件，才有可能免付惩罚性赔偿。以加利福尼亚州的"收回条款"[27] 为例，媒体必须在接到被冒犯个人或团体投诉的 3 周内以"显著的方式"将更正报道刊登在与原文发稿相一致的版面位置上。除此之外，加利福尼亚州和其他许多州一样，都规定：在媒体作为被告的诽谤案件中，原告如果怀疑对方有诽谤行为并向对方提出过更正的要求，则可以向法庭要求向被告处以惩罚性赔偿。

由于各州在此方面的规定各不相同，因此那些认为自己可能惹上诽谤官司的制作人，必须向熟知当地相关法律的律师咨询清楚，看看本地是否有相关条款的规定，如有的话，具体要求有哪些。一个经验丰富的律师还能判断你的收回举措是否足够，以及还可以使用哪些普通法或者宪法中的相关抗辩理由。

5.4.6 对公司和组织的诽谤

就像自然人一样，一个公司如果认为自己的法人名誉受到虚假事实的损害，也可以提起诽谤诉讼。但如果是公司作为被诽谤的对象，其诉讼时限与企业高管或雇员的寿命并没有关系。因此，此类诽谤诉讼可能会拖上许多年。同理，对于那些针对俱乐部、非政府组织、非法人组织的诽谤诉讼亦是如此。

贸易诽谤（trade libel）又名贸易中伤（trade disparagement），是一种特殊的诽谤行为，相对于一般针对某公司的诽谤行为而言，他特指针对该公司的某具体产品或者服务的错误性和伤害性言论。在贸易诽谤的案件中，原告必须证明：公司产品或服务的市场销售下降是该诽谤行为造成的结果，而不是市场本身的波动所致。由于这一点非常难证明，所以贸易诽谤的胜算一般都不大。但如果媒体作为贸易诽谤的被告方，要获得宪法保护，则同样要在符合纽约时报诉沙利文案、Philadelphia Newspaper, Inc 诉 Hepps 案以及其他相关案件中所确立的条件才有胜诉的可能。[28]

与公司和私人组织不同，政府机构是不能指控他人诽谤的。但是政府的某个工作人员可以个人的身份控告他人诽谤、侵犯了自己的名誉权。

5.4.7　谁承担诽谤的法律责任

如果你刚刚在一个小型影视制作公司谋得一个职位，你的第一个任务就是拍摄一个有关违规排放有毒废物的影片。这部影片的脚本出自一位自由撰稿人之手，由国家的一个基金会投资拍摄。该片声称已从废物排放公司的副总那里得到证实，该企业在公共水源附近非法排放有毒废料。节目制作好以后，一家拥有强大实力的媒体公司购买了影片，并将其在所属的几个有线电视网中播放。

废料排放公司的副总看完节目后大发雷霆，声称该节目中的内容是捏造的，他决定以诽谤侵权提起诉讼，那么谁应该成为被告呢？你？还是你的公司？编剧？投资的基金会？传播节目的有线网络？还是拥有该网络的媒体公司？

从理论上来说，"以上几者都可以"。因为以上所有主体都参与了该节目的制作与发表，因此都可能负有责任。但是在一些案例中，某些当事人会借口自己仅仅是节目传播者或者是转播者而请求免责。通常，他们都说自己对具体传播内容并不知情，也不具有相应的编辑权利。

其实在实际的案例中，许多原告在咨询过律师后，通常都只会挑选其中一至两个作为诉讼的被告。根据诉讼的目的不同，原告要么选择一些财大气粗的（一般都是能够支付巨额赔偿的公司或个人），要么就专挑好欺负的对象作为被告。

5.4.8　协议中的诽谤条款

如果你要签署一份协议，其内容是有关创作、制作、发行，或是放映一部影视作品，那么一定要仔细阅读有关侵权责任归属的约定。有些公司为了保证自己不惹上诽谤的官司，会在合同中明确要求对方（即根据合同制作或提供作品的一方）必须承担所有由该节目所引起的诽谤侵权责任。在合同书中，诽谤责任的归属条款一般包括在有关代表和保证，以及违约责任与补偿的部分中。

在签合同之前，你必须仔细阅读这些条款，并且确保每一项内容都十分清楚明白。一旦有任何问题或者觉得自己提供的作品可能存在诽谤的可能，请立即和熟悉该专业的律师联系。

5.4.9　诽谤保险（libel insurance）

随着诽谤诉讼危险的与日俱增，许多影视制作公司和发行集团都开始将诽谤保险视为公司错漏责任险或媒介职业责任险的一部分。尽管购买这些保险所要求的保险金数额不菲（deductibles），但它的确能够帮助媒体及其员工免于卷入一些标的巨大的诽谤纠纷（并且节省了巨额的诉讼费用）。在一些案例中，这些保险还可以保护为产品提供素材的作者和制作人。因此如果你要签署一份类似的合同，一定弄清楚公司对你的工作也买了保险，如果有的话，确认该项条款已经被写入了你与公司的合同之中。

5.4.10　如何保护自己抵御诽谤诉讼：诽谤事项对照表

145

防止自己卷入诽谤官司最好的方法就是说实话。第一步就是核实你作品中的每一个事实，尤其是那些有可能构成诽谤言论所依据的事实内容。如先前所言，那些指责个人或团体不具有专业资格、有不专业行为、不道德的商业交易、不诚实、不守信用、酗酒、懒惰、犯罪或有患有生理、心理疾病的内容一定要一再核查。如果你的作品中或明示或暗指的包含了以上的内容，那么认真地想一想，它们是否非说不可，如果不太重要，就直接删掉，如果对作品来说，实在是不可或缺，那么你一定要保证这些内容的真实性。如果连你自己都严重怀疑这些内容的真实性，那么就干脆假设它们是虚假的，把它从作品中剪掉（或者最低限度，让它们以言论的形式体现，而不是事实陈述）。

如果你不是编辑，无权删除那些可能涉及诽谤的言论，该怎么办？例如你是一个发行商，正在和制作公司商量发行一个节目，但是其中包括了一些可能涉及诽谤他人的内容，但是制作人坚持不肯删减，否则就干脆连生意也不做了。又或者你是一个制作人，节目播放之后才发现，节目内容所依据的原著被卷入一场诽谤官司。在这些情况下，你怎样才可以判断出自己的处境？

请认真地核对图 5.6 中罗列的各项事宜，如果对照结果显示你处境危险，请立即和律师联系。因为涉及高达几百万美元的赔偿，所以最好不要让它们有任何发生的机会。

图 5.6
诽谤责任对照表

这个对照表帮助制作人评估影视作品诽谤风险的大小。在核对本清单所列内容前，请确认作品中所说的内容是否真实。其实一旦打起官司，无论输赢，都免不了花费一大笔诉讼费用。况且就算你所言真实，免去了诽谤的责任，却还有可能因为侵犯他人隐私而再次被告上法庭。所以，为了避免惹上官司，最安全的办法，就是删除任何有争议的内容。

如果陈述的内容可能是不真实的，如果它们所暗示的情况或事实可能是不真实的，或者你无法证明上述内容的真实性，那么安全的做法就是把他们从节目中删去。如果实在不能删减，则根据以下对照内容进行检测。如果以下所有标准，你的节目内容都不符合，则你十有八九要被指控诽谤。如果节目能够符合下列一两个条件，那么你还有免责的可能，如果你希望知道自己的节目在多大程度上能获得法律的保护，最好还是咨询熟悉当地诽谤法事宜的资深律师。

1．有争议的内容是不是更多的倾向于一种意见的表达而不是事实的陈述？因为《宪法第一修正案》保护任何偏激、错误意见的表达权利，只要它是一种纯粹的意见性内容即可。换句话说，你说"我认为史密斯先生很令人生气"和"史密斯先生欺骗他的顾客"的后果是完全不一样的。在第一句话中，你所陈述的是你个人意见，所以《宪法第一修正案》会保护你免遭诽谤起诉（但按照最高法院的司法解释，如果你的意见表达明确的暗示了某个虚假的事实结论，也要承担诽谤的责任）。而在第二句话中，你是在陈述一项事实，所以你最好能够证明其真实性。不要以为你在发表时用了"据说"或者其他的限制性词语，就能逃脱责任，这样做可能有一定的作用，但不是一个完整的抗辩事由。除此之外，如果观众都能意识到你节目的内容不过是些玩笑话，并非事实，那么你也无须承担诽谤的法律责任。

2．这些有争议的内容是不是关于某位公共官员的工作表现？和普通公民不同的是，公共官员如果要指控媒体诽谤，则必须证明对方具有"实际恶意"（即明知内容为虚假或"无视其是否虚假"而进行的报道）。虽然由于这条规定，公共官员要赢一场诽谤官司并不容易，但并非在所有的指控内容中，他们都丧失了公平游戏的机会，而只能听天由命。如果你觉得批评某位官员的行为是很有必要的，那么请确保你所批评的内容仅仅是针对该官员的公务行为，而不是他们的私人生活或者一些与职业无关的事情。当然，为了确保能获得充分的保护，你还是要重点核实报道内容的真实性，以防止对方指控你具有实际恶意。

146

图 5.6

诽谤责任对照表（续）

3．有争议的言论内容是不是因为新闻节目制作中的过错所产生？如果诽谤的内容言论是因为新闻节目，尤其是定期播出的新闻节目工作人员的"诚实的错误"（honest mistake）所致，则法庭更倾向于宽恕当事人的责任。因为考虑到新闻报道的工作压力，以及他们在向公众提供突发事件信息时不可替代的地位，对于那些时效性较强的突发事件报道，法庭通常可以容忍记者和其他从业人员在截稿时间的压力下，报道内容与事实可能会有一些出入。

4．这些有争议的内容是不是如实援引自某些官方的文件、会议内容记录或文书？"官方文件"的特权是普通法中的一个概念，意思是如果一个新闻节目中被指控诽谤的内容是对官方的会议内容记录（例如：庭审记录、政府的听证会、国会的会议等）或者文书（例如：判决书、政府报告等）的直接援引，那么也可以受到法律的保护。针对此类事件，如果要完全免责，被告还要保证援引内容是某位官员的言论，或起码是某人在公共集会上的发言，与此同时，还要保证转述内容客观公正、准确、完整。

5．消息的来源是否可靠？尽管消息的来源并不能作为完全免责的抗辩理由，但是它如果能够与本对照表中的其他抗辩事由一并使用，还是可以在某种程度上大大降低责任承担的风险。

6．发表这些有争议的内容之前，是否经过当事人同意？当事人同意是一个充分的抗辩理由。如果在发表这些有争议的言论前，原告已经很大度的表示同意发表，而事后你又能够证明他确实有此同意的表示，即便后来他改变主意，你依然可以免责。通常而言，一张书面的豁免许可协议是最有力的证据。

7．如果有争议的内容是一个改编自真人真事的作品，你是否已经对人物及事件的原型做了修改，使之不可辨认？正如本章内容所说，仅仅通过模糊身份或者事情发生的地点来保护无辜的（或者有罪的）人物原型，是难以完全免责的，但可以稍微减轻一些法律责任。因此，如果你模糊的元素越多（例如：姓名、年龄、外貌特征、时代背景等），能够获得的保护力度就越大。

8．被告是否按照所在州收回条款的规定，主动消除影响？正如本章所言，一些州制订了相关的法律，规定如果被告能够及时收回诽谤言论，消除影响，则可能避免承担巨额损害赔偿金。所以最好向一些资深的诽谤法律师咨询，他们非常清楚本州是否有相关的规定，以及获得相应保护的方法。

147

5.5　制作保险和完工保险

　　由于制作费用的剧增容易引发资金问题，大多数电影或电视公司都会通过购买制作保险的方式来保证自己的投资不会血本无归。基本上制作保险的保险金大约是影片总预算的 3% ～ 5%，具体的数额要视具体的险种（比如外景地工作险和危险特技险）、公司的支付能力，和保险公司责任的限制条款等情况而定。

一般来说，制作保险单的内容会比较复杂，但都包括以下一些基本内容：

● 演员的保险，确保制作公司不需再因为演员或者导演的生病、受伤，甚至死亡而支出额外的赔偿费用。

● 恶劣天气险，确保如果因为天气恶劣而延迟拍摄，制作公司不会为此再另外支付费用。

● 设备保险，制作公司自己所有和租借来的一切设备的损坏赔偿费用。

● 服装、道具和场景的保险，这部分负责在拍摄工程中，服装、道具、场景布置的修补、替换费用。

● 动物死亡保险，这部分负责的是保险单上所列举的用于参与拍摄的动物的保险费用。

● 录像带和负片险，此部分负责清偿制作公司由于录像带或者胶片、已录制录像带、已拍摄的胶片、录音带的丢失而引发的费用。

● 飞行器、船舶使用险，此部分负责在拍摄中可能使用到船只以及各种飞行器的损坏费用。

● 财产赔偿责任险，此部分用于补偿或者支付影片在制作过程中对他人财产造成的损失。

● 全面责任险和机动车强制责任险，这部分用于支付剧组在拍摄过程中由于意外原因造成的人身与财产赔偿要求。

全面责任险对有外景拍摄的影片来说，是一项非常重要的险种。因为在外景的拍摄过程中，任何天灾人祸都是可能会发生的，而从实际经验来看，它也总是会发生。因此这种全方位的保险可以使你的制作活动一帆风顺，不会被任何因拍摄事故引发的人身伤害或者财产毁损而引发的诉讼纠缠不休。除此之外，（我们在本章开头也曾提到）许多州或者市政府颁发拍摄许可的条件之一就是制作人必须证明其具有购买此种保险的经济实力。

在一些州，你还需要给剧组的雇员购买职工全面责任险。除此之外，一些社团组织或者行业协会还会要求，如果雇用其成员，必须额外为其支付某些特定的保险费用，例如飞行意外险（主要是针对到达或者离开剧组过程中的旅行

保险）。如果需要详细了解有关行业协会的协议内容，请参看第 7 章。而在第
4 章，我们已说到许多全责险，他们甚至还包括了某些程度上的对节目错误和
遗漏事项的承保内容。

　　除以上所说的一些比较常见的保险项目外，大的制作项目（例如：故事片、
电视连续剧）通常还要另外再购买一种保险，我们称之为完工保险。投保后，
作为按时完工的保证人，保险公司会干预制作预算、拍摄期限，以及其他任何
可能影响影片投资方回收成本的事宜，以确保投资商的利益。反过来，作为提
供这种保护的酬劳，保险公司不但能够得到一笔不菲的投保金，还能掌控制作
活动的方方面面，有时甚至还包括挑选演员的权利。除此之外，保险公司还有
权利决定是否终止项目，但这是最后一步棋，不到万不得已，也不会轻易为之。
如果你想知道更多有关完工保险的内容，你可以联系一些著名的保险公司，在
纽约、洛杉矶等一些知名的制片中心的电影或电视制片指南上都有他们的具体
联系方式。

小结

149

- **什么是拍摄许可**？摄制或者外景摄制许可是由相关行政部门授权制作
  公司临时征用一些公共的公园、建筑、街道甚至是高速公路用于拍摄
  的许可证明。这些许可通常都由州或自治区的电影管理部门颁发，这
  些部门与负责管理当地外景拍摄工作与相关器材事宜的政府机关都有
  联系。

- **媒介制作人还需要取得哪些许可证或者执照**？除了州或市政府所要
  求的一些基本的许可证外，制作人还应该根据自己影片的具体类别
  与拍摄的内容而取得一些其他的许可证明。这些额外的许可证明包
  括美国政府颁发的拍摄联邦财产的证明，聘用未成年人或其他特殊
  人群工作的工作许可证明，消防部门统一颁发的使用烟、火等特技
  效果的许可证明和当地动物管理局颁发的允许在拍摄中使用某种动
  物的授权声明。

- **如果没有取得拍摄许可而进行拍摄活动会受到什么惩罚**？如果你被

查出有无证拍摄的行为，当局会立刻禁止你的拍摄活动直到你获得相关许可证明为止。而这会导致你在演员、器材租赁的开销方面大出血，除此之外，你还有可能因此被处以罚款，更有甚者，还会招来牢狱之灾。

- **什么是隐私权法**？隐私权法是普通法和成文法中保障个人独居权的所有内容的总称。在美国，这种独居权包括以下内容：私人生活空间及相关事宜不受他人打扰的权利、个人姓名与肖像在未经本人许可的情况向不得为他人使用的权利（此项权利又称公开权）、隐私事宜不被他人歪曲报道的权利，以及拒绝公开任何不愿为他人知悉的隐私的权利。

- **隐私权法的法律渊源有哪些**？在美国，隐私权法包括州与联邦层面的案例法，还包括了各州成文法条中一些规制侵犯隐私行为的内容，以及联邦针对滥用政府记录和电子监视仪设备的成文法。但总的来说，美国并没有一项完整的联邦隐私权法案。

- **怎样避免作品因为"侵犯他人隐私"而惹上官司**？最好的办法就是要求每一个在你作品中出镜或者配音的人都签署一份同意放弃相关隐私权利的豁免协议。如果拍摄中还有他人的私产要出镜，那么不要忘了向财产所有人获得书面拍摄许可协议。

- **什么是书面诽谤**？书面诽谤是指以虚假事实中伤、侮辱某自然人、法人及其他团体组织的行为。尽管各州的具体要求不尽相同，但总的来说，认定某种行为构成诽谤，一定要满足以下几个条件：内容是虚假的、已经发表，即至少已为一个第三人知晓、伤害了当事人的名誉。当以上各点具备，则被中伤的当事人可以向法院提起诽谤诉讼。

- **书面诽谤和口头诽谤有什么不同**？书面诽谤和口头诽谤的内容共同组成了一个大的法律类别——诽谤法。传统意义上，书面诽谤是指以文字或者图像的形式进行诽谤的行为，而口头诽谤则专指用口头言语表达或传播诽谤内容的行为。但是近年以来，尤其是在一些声视频合用的媒体中，两者之间的区别变得十分模糊。

- **诽谤法的渊源有哪些**？美国没有统一的联邦诽谤法，和隐私权法一样，诽谤法也是州成文法与案例法两者兼而有之。因为有些案子可能要涉及言论自由的问题，所以可能联邦法院，尤其是美国联邦最高法院会有一定的管辖权。而美国各州在不违反宪法以及联邦法律的情况下，可以自由制定本州的诽谤法。

● **怎样保护你的作品不因诽谤而惹上官司**？最好的方法就是说真话。认真核实你作品中的每一个事实细节，尤其是那些有可能构成诽谤言论所依据的事实内容。如先前所言，那些涉及他人或团体不具有专业资格、从事不专业行为和不道德的商业交易、为人不诚实、不守信用、酗酒、懒惰、犯罪或患有其他生理或心理疾病的陈述内容一定要一再核查。如果你的作品中或明或暗的包含了以上的内容，那么认真地想一想，他们是否非说不可，如果不太重要，就直接删掉，如果对作品来说，是不可或缺的部分，那么你一定要保证这些内容的真实性。如果你是因为新闻节目而被指控诽谤，则可以使用一些抗辩理由为自己辩护。尤其当原告为公共官员时，法庭会要求其证明媒体的实际恶意，否则对方可能面临败诉的局面。

● **什么是制作保险**？制作保险是专门针对各种可能阻碍拍摄工作进程的突发事件而产生的一种特殊保险项目。一个全面的制作保险针对的是剧组可能面临的以下额外支出内容，包括：剧组演职人员的伤病、死亡的费用；因天气原因取消拍摄而花费的成本；剧组自制或租赁来的道具、服装、场景的维修与损耗费；拍摄使用动物的意外死亡支出；还有拍摄母带或者废胶片、视频带、冲印好的胶片、音频带的丢失或损毁引起的费用以及拍摄中使用的船只、飞行器的相关花费。另外，制作保险通常还会包括全面责任险和自动责任险，他们主要是针对拍摄过程中因意外事件而造成第三人生命、财产损失的侵权赔偿请求。

● **什么是完工保险**？一些规模较大的影视制作（例如：故事片、电视连续剧等）通常还会购买一种特殊的保险，我们称之为完工保险。一些我们称之为完全责任保证人的保险公司会负责此类保险的经营，他们帮助影片投资方抵御各种超支、延期等拍摄意外。反过来，他们之所以能够提供这种保险服务，一方面是因为收取了巨额的投保金，另一方面则是因为他们取得了各个环节拍摄的掌控权。

151

注释

1. 在一些外景拍摄地没有专门的州立或地市级电影电视局管理部门，如果遇到这种情况，你可以向当地的市政厅或警察局等有关部门咨询具体事宜。

2. 萨穆·D.沃伦，路易斯·D.布兰蒂斯《隐私权》《哈佛法学评论》第4期（1890年12月15日）。

3. 稍候在本章中会讨论，歪曲报道与诽谤有共同点，但并不是一回事，诽谤是指传播虚假内容、捏造事实、导致他人名誉毁损，而歪曲报道则是宣扬当事人不愿为他人知道的隐私内容，该信息可能不会有损于当事人的名誉，但会使公众对其产生误解，或将其置于一个非常尴尬的境地。例如，Warren Spahn 是美国著名的棒球投手，在一本关于他的传记中，出版商未向本人求证，也未经其许可，就在书中将其描写为一名战斗英雄，而事实上，他并不是。这些言论对当时人的名誉可能并无损害，甚至还会增加正面影响，但 Spahn 最后成功的以歪曲报道侵犯其隐私权为由控诉成功。参见 Messner Inc. v. Spahn, 383 U.S. 1046(1947)。

4. 早期以"新闻价值"作为抗辩理由的案件参见 Sidis v. F. R. Publishing Corporation, 113 F. 2d 806 (2nd Cir. 1940)。

5. 参见 Lugosi v. Universal Pictures, 25 Cal. 3d 813,603 P.2D 425 (1979). 自加利福尼亚州有关公开发表权的成文法生效后，本案判决中的观点即被推翻，按加州现行法律规定，发表权在当事人死后70年内可由其继承人享有。

6. 参见 Memphis Development Foundation v. Factors Etc., Inc., 616F2d 956, (6th Cir.1980), cert . denied, 449 U.S 953(1980)。

7. 参见 Commerce Union Bank v. Coors, 7 Med.L.Rptr.2593 (Tenn. Chanc. Ct. 1981)。

8. 纽约州现行的公开发表权的法律规定，自然人在世时，他人不得未经其许可就将当事人肖像用于商业用途，但是知名人士的继承人对知名人士的肖像则不享有该权利，详见纽约民权法（New York Civil Right Law）§§50-51。另外，除了加利福尼亚州以外，以下这些州也制定了相关的成文法保证名人的继承人享有对已故名人肖像使用权的许可权：佛罗里达州、印第安纳州、肯塔基州、内华达州、俄克拉荷马州、田纳西州和德克萨斯州。而在有些州，普通法中就已经有很完备的有关死者肖像发表权的规定，包括：康涅狄格州、佐治亚州、新泽西州和犹他州。

9. 加利福尼亚州有关公开发表权的现行法律是加利福尼亚民法典 §3344。与之相关的还有一条是加利福尼亚州民法典 §3344.1（以前是 §990），它推翻了早前有关已故名人公开发表权的 Lugosi 判决，重新规定：知名人士逝世后，其继承人可在 70 年内享有授权他人使用去世名人肖像、姓名与商业用途的权利。在 §3344 中，还规定了有关"安全港"的问题，即在新闻和资讯类节目中，使用名人的肖像和姓名不构成侵权。而在 §3344.1 中，有关"安全港"的规定则更为详细，言明本条不适用于以下情况：在戏剧、书籍、杂志、报纸、音乐作品、影视作品或广播、电视节目中以及在虚构或非虚构的娱乐节目、戏剧、文学或音乐节目中使用已故名人的姓名、声音或肖像。

10. 以文中的说明为例，根据有关公开发表权的规定，尼克松的继承人可以限制他人在未经授权的情况下将已故总统尼克松的肖像用于商业用途，因此引起的法律纠纷，则应由加利福尼亚州的法律进行管辖，因为尼克松在去世时，居住地是加州。

11. 15 U.S.C § 1125(Lanham Act § 43)(1997)。

12. 参见 Allen v. National Video, Inc., 610 F. Supp. 621(S.D.N.Y.1985) ; Allen v. Men's World Outlet, Inc., 679 F. Supp. 360(S.D.N.Y.1985)。

13. 参见 Midler v. Ford Motor Co., 849 F.2d 460(9th Cir 1998)。

153

14. Waits v. Frito-Lay, Inc., 978 F.2d 1903, 1908(9th Cir 1992), cert. denied, 113 S Ct. 1047(1993). 在另外一个有关"盗用名人身份"的知名案件中，明星 Vanna White 指控三星美国电子有限公司在其产品的一个商业广告中，让一个机器人戴上了一顶金色的假发，站在《幸运之轮》综艺节目的海报板前，实际上是盗用其作为《幸运之轮》主持人的形象。参见 White v. Samsung Electronics America, Inc., 971 F.2d 1395(9th Cir. 1992)。

15. Bindrim V. Mitchell, 98 Cal. App. 2d 61, 155 Cal. Rptr. 29(1979)。

16. 为了防止发生类似的隐私权纠纷，许多制作公司都在作品中附上声明："本故事人物、情节纯属虚构，如有雷同纯属巧合"。尽管这种声明可以在一定程度上减少法律纠纷，但是对于一些涉及严重侵权问题的当事人而言，他们不会因为片中附上了这么一个小小的声明而罢休。况且，就算附上了这样的声明，在诉讼中，这种事先声明的行为也不能够成为一个完全独立的抗辩理由，制作人依然还是要证明，片中的人事皆为虚构。

17. 参见 Westmoreland v. CBS, Inc., 596 F. Supp. 1170(S.D.N.Y.1984)。

18. 参见 Newton v. National Broadcasting Co., 930 F2d 662(9th Cir. 1990) cert. denied, 502 U.S 866(1991)。

19. New York Times Co. v. Sullivan, 376 U.S 254(1964)。

20. Firestone v. Time, Inc., 424 U.S 448(1976)。

21. Anderson v. Liberty Lobby, Inc 477 U.S 242 (1986)。

22. Philadelphia Newspaper, Inc. v. Hepps, 475 U.S 767(1986)。

23. Hustler Magazine, Inc v. Falwell, 485 U.S 46(1986)。

24. Milkovich v. Lorain Journal CO., 497 U.S 1(1990)。

25. 中立报道特许权最早开始是在 Edwards v. National Audubon Society, 556 F2d 113 (2nd Cir. 1997), cert. denied, 434 U.S 1002(1997) 的案件中被提出。但参见 McCall v. &Louisville Times Co., 623 S.W.2d 882(Ky.1981), cert. denied, 456 U.S. 975(1982) 一案，可发现该项特权在肯塔基州的司法实践的抗辩效力正在减弱。

26. 以下这些州，都在相关法律对责任的减免进行规定：亚拉巴马州、亚利桑那州、加利福尼亚州、康涅狄格州、佛罗里达州、佐治亚州、爱达荷州、印第安纳州、衣阿华州、肯塔基州、缅因州、马萨诸塞州、密歇根州、明尼苏达州、密西西比州、蒙大拿州、内布拉斯加州、内华达州、新泽西州、北卡罗来州、北达科他州、俄亥俄州、俄克拉荷马州、俄勒冈州、南达科他州、田纳西州、德克萨斯州、犹他州、弗吉尼亚州、华盛顿州、西弗吉尼亚州、威斯康星州、怀俄明州。

27. 加利福尼亚州有关侵权责任减免的法条参见《加利福尼亚州民法典》California Civil Code § 48a。

28. 参见 Bose Corp. v. Consumers Union, 466 U.S. 485 (1984). 在本案中，联邦最高法院认定原告 Bose Corp. 不能够证明被告主观具有纽约时报诉萨利文案中确定的"实际恶意"。

插入音乐：特别注意媒介制作中的音乐使用

6

适当使用音乐可以加强媒介作品的激情和感染力。这就是为什么耐克公司在 1987 年用电视广告促销新款运动鞋 "革命" 时，一定要高价购买甲壳虫乐队的歌曲《革命》。不幸的是，音乐同样会带来一系列隐藏的法律问题。虽然耐克及其广告部门认为自己已经购买了该歌曲所有的必要权利，不过，他们很快发现自己仍然陷入了一场争议，有人质疑他们是否确实拥有使用该乐曲录音的权利。

耐克公司并非外行。它知道应该获得使用《革命》的适当许可，而且它认为自己已经做到了。特别是耐克已经从国会录音公司和百代录音公司购买了使用许可，这两家公司控制着世界范围甲壳虫录音作品的版权。但是，耐克没有从苹果录音公司拿到许可，这个公司也代表着一些甲壳虫的权益。苹果公司认为耐克公司 "对甲壳虫乐队的美好愿望和荣誉进行了错误的交易"，在纽约提起民事诉讼，要求耐克赔偿其 1 500 万美元。

6.1 获得音乐许可的过程

耐克案显示了使用音乐权利有多么复杂，特别是当你在媒介制作中想使用一段流行音乐的时候。在最基本的方面，获得音乐许可的过程与我们在第 4 章讨论的获得影片片段、照片和其他非音乐素材许可的过程一样。你必须首先联系掌握这些素材权利的个人或团体。然后专门就你所使用素材的权利与版权所有人达成协议，其中包括该所有人在让渡这些权利后可以得到的补偿。

但是就音乐录音作品而言，这些本来直截了当的程序可能会变得相当复杂。首先，一般有两个方面控制着录音的权益：拥有歌曲版权的音乐出品人或者歌曲作者；以及发行录音带的唱片公司。其次，如耐克案所指，可能会有更多人宣称对该作品拥有权利：最早将这个歌曲送到音像公司的独立制作公司，在录音中演唱的歌手等。最后，即使你联系到了正确的对象，并与他们商定了使用作品的权利，你应该知道还有两个特别的权利应该考虑到：同步权和演出权。你如果想知道你需要获得什么权利，你必须明了在你的作品中将如何使用这些音乐，完成作品又如何展示和发行。

下面的内容将尝试说明在媒介产品制作中，与音乐使用相关的许多其他问题和概念。许多讨论基于第4章我们探讨过的版权法而展开。

6.1.1　音乐作品与版权法

在大多数情况下，版权法视音乐与其他在版权法保护之下的作品一样。第4章我们讨论过各种可拥有版权的素材。与此相同，音乐产权在当音乐形成一种固定形式起，就置于版权法的保护之下，目前保护的时限是版权所有者个人的终生再加上70年。另外在第4章我们讨论过注册、侵权、职务作品，以及合理使用的条件，都适用于音乐作品。

但是美国版权法同时也对音乐作品区别对待。比如说，该法规定音乐权利有以下几种：机械录制权、同步权（或同期录音权）和表演权。版权法同样为其他音乐产权提供保护：歌词或乐曲、录音、唱片。另外，音乐也是仅有的几个在美国法律中获得强制许可的知识产权之一。这些特殊术语、定义和条件将在后文中详细讨论。

1. 音乐作品

在美国版权法中，歌曲并不是（我们常说的）一首歌，它是音乐作品。在最近的版权法中，一个音乐作品包括：音乐——用特殊的方式组织音符，并成为一个原创的作品，歌词（如果有歌词的话）。一首摇滚歌曲、一首交响乐、一个歌剧或者其他任何一个可以被表演和录制的作品，都是音乐作品。

非常重要的是，作为一个独特的，有版权保护的音乐作品与该作品的录音、拷贝和唱片不是一回事。不妨想象一个音乐作品作为音符和语言出现在乐谱上的情形。

2. 录音

当乐手演绎一首音乐作品的乐曲和歌词，并且这种表演被录制下来，其结果就是"录音"。如同音乐作品本身一样，每个录音都是独特的，有版权保护的财产。换句话说，每当一个音乐作品被录制，一个新的，有版权保护的录音就产生了。比如说，Norman Whitefield 和 Barrett Strong 创作了一首经典的流行歌曲《I Heard It through the Grapevine》，并且被许多歌手演唱，包括 Marvin Gaye，Gladys Knight 和 the Pips，Creedence Clearwater Rivival。首先，歌曲《I Heard It through the Grapevine》以一个独特的音乐作品存在，而它的版权属于最初创作者 Norman Whitefield 和 Barrett Strong。另外，每次当这首歌被录制，一个独特的，拥有版权的，与其他录音不同的新的录音就产生了（比如说 Marvin Gaye 的录音就是一个独特的，拥有版权的作品，Gladys Knight 的版本是另一个不同的作品等）。当然，由于这首歌本来就是一个具有版权的音乐作品，Marvin Gaye，Gladys Knight 以及其他演绎该歌曲的人，都需要为使用这首作品给予 Whitefield 和 Strong 相应的补偿（或者，更可能是那些音乐出品人，或其他拥有该版权的机构）。

3. 拷贝和唱片

只要你能够理解音乐作品与录音之间的区别，那么你将很快熟悉另外两个音乐权利的重要术语：拷贝和唱片。拷贝是组成乐曲音符和语言的乐谱化显示，或者是其他导致真实感受的乐曲的实际表达。

唱片是录音的物理存在方式（比如留声机唱片、录音磁带、CD、DVD、电脑磁盘）。要产生唱片，你必须先对音乐作品进行录制。然后将这些录音拷贝进你的磁带，CD 或其他发行中介。所有来自录音的有形拷贝都是唱片。注意，唱片不是版权法定义下的音乐作品和录音的拷贝，因为当你仅仅看到唱片，你不能真正看到组成音乐作品的音符和语言，或者形成录音的声音信号。

157

6.1.2 音乐出品人和录音公司的地位

在音乐产业，特别是流行音乐行业中，很少有独立制作的作曲家或表演者。与此相反，大多数作曲家和表演者都与一个或多个音乐出品人或录音公司合作，这些机构部分或全部拥有他们歌曲或录音的权益。记住，在版权法中，歌曲和录音是截然不同的作品。因此，写歌的人未必在该歌曲的录音中拥有所有者权益，而创作出录音作品的表演者和录音公司也未必能拥有这首歌的全部所有者权益。

下面就是（歌曲面世的）最一般流程。当一首歌被创作，在被录制之前，作曲者和歌词作者一般将其转让给发行人。按照通常的发行安排，发行人获得了全部或部分版权，作为回报，作曲方将在发行人推广和销售该歌曲的收益中获得一定比例的收入。比较普遍的情况是，在扣除总收入的 10% ～ 20% 作为管理费用之后，作曲者将获得发行人收益的 50% ～ 75%。

过去，音乐发行人最主要的收入方式来自歌手录制或 "翻唱"（cover，与 original 相对）歌曲。其他的收入来自出售电影、电视使用音乐的许可。但是近些年，发行业务与音乐产业的其他环节一样，越来越复杂了，特别是许多表演者开始谱写和录制自己的歌曲，而许多词作者和录音公司也开始冒险建立自己的音乐发行网络。今天，一首歌曲可能被词作者或者歌手自己的发行公司所发行。而对录音公司而言，要将词作者和歌手的歌曲进行录制，必须向歌手的发行公司购买录制权，而该歌曲录音被视为作者和歌手的职务作品（work made for hire）。

要注意的是，在上述正常情况下，歌曲作者或演唱者既不拥有该歌曲的版权，也不拥有该录音的版权。歌曲的版权属于音乐发行公司（事实上，歌曲作者或演唱者拥有该公司部分或全部权益），而录音的版权属于录音公司。上面说过，歌曲作者／演唱者和发行公司的合同中会要求发行方付给创作方一定比例的收入，该收入来自于出售该歌曲的使用权。另外，与录音公司的另一份合同，会要求唱片公司（record label）将来自销售录音拷贝收入的一定比例支付给表演者。如果该歌曲在电影、电视上使用，演唱者还可以获得任何唱片公司卖出使用许可收入的一定比例。最后，音乐发行人和作者还将共享公共演出（主要是广播电台的唱片播出）中特许表演权（the performing rights royalty）的收益。

作者、表演者、发行人、唱片公司的合同关系会变得非常复杂，特别是关系到第三方或第四方的时候。比如说，一个摇滚乐队与独立制作人签合同录制一首歌，这首歌是成员之一在几年前写的，并且卖给了一个音乐发行人。当该独立制作人从音乐发行人和乐队那里获得了制作歌曲的权利后，他想将歌曲录音的发行权卖给一家大的唱片公司。

一般来说，媒介制作人在制作中如果对一首歌曲感兴趣，没必要了解它所有的版权历史。在大多数情况下，知道现在谁掌握着这首歌的版权，谁掌握着歌曲录音的版权，就足够了。

6.1.3　对媒介制作人的意义

对于只想在制作的节目中加入一段音乐的制作人来说，所有的这些概念和区别到底有什么意义呢？下面是一个虚构的案例，Paula Hernandez 和 Howard Allen 是两个制作人，他们为一家 500 强企业制作一段叫做《Together Today, Together Tomorrow》的动画，他们选择了《Made for each other》作为这段影片的主题曲，这首流行歌曲由 Jerry Miles 创作，Miles Ahead Music 公司发行，这首歌的畅销版本是由 Sure Thing 组合演唱，Dynamic Records 公司录制。

Hernandez 和 Allen 有两个选择：（1）获得使用音乐作品（歌曲本身）和 Sure Thing 版本录音的使用权，或者（2）他们只需要获得音乐作品的使用权，而安排别的歌手去演唱，然后将其用在自己的影片中。这两种方案中，制片方都必须从发行公司 Miles Ahead Music 手中获得该音乐作品的使用权。而在第一个方案中，制作方还要从唱片公司 Dynamic Records 手中买来 Sure Thing 版本的使用权。

那么哪一个方案是正确的选择？这取决于制作人考量的优先次序。如果制作经费和时间是他们最关心的问题，他们就必须确定哪一个选择金钱和时间花费更少一些：是从唱片公司买来现成的版本，还是从发行公司获得作品版权，然后自己录制。当然，制作人也会考虑到他们的选择会给影片质量带来怎样的影响。Sure Thing 版本的歌曲更关键，还是重做一版也无妨？

在实践中，通常是只获得作品版权，而后自己录制会更加容易和便宜。而获得唱片公司的许可去使用原版音乐会比较困难和昂贵。原因很简单，发行公

159

司通过售卖你所需要的各种权益而获利，唱片公司通过销售唱片而获利。除非你能说服唱片公司，你对该唱片的使用可以提高该唱片的市场销售，不然可能会吃闭门羹。另外，在有些时候，表演者与唱片公司会在合同中禁止公司在未获得表演者许可的条件下，让渡唱片的使用权于商业目的。当然，适当的经济补偿会让大多数表演者同意将其唱片用于商业目的。Mick Jagger 和 Keith Richards 一直拒绝滚石唱片公司将其歌曲用于商业目的，但在 1995 年，据说微软公司付出几百万美元购买他们的歌曲《Start Me Up》，用于推销系统软件Win95，他们最终改变了自己的立场。

如果你想自己录制一首流行歌曲，你可能会先购买一个先期录制好的乐曲音轨，或者"铺底音乐"（music bed），而后你在这个上面再铺上自己版本的演唱音轨。如果是这样的话，你仍然需要获得上文所说的所有权益和许可。另外，你还要获得录制乐曲音轨的公司的书面协议，这个协议应该确认在什么条件下，公司将提供音轨以及使用权的确切范围。

由于非播出性使用带来的销售增长微乎其微，唱片公司碰到那些企业音像制作人提出将其流行音乐加入到一个内部片的时候，态度尤其强硬。即使他们确实会同意让渡使用权，但费用一般会很高昂——使用一次（即在片中只能出现一次）就要付出几千美元，或者长期使用，那要负担上万美元。当然，你同样需要购买音乐唱片中音乐发行人所拥有的对歌曲本身的使用权。谢天谢地，这部分的费用一般比较合理，基本上是唱片公司让渡唱片使用权费用的 25% ~ 35%。

在某些情况下，制作人可能需要从发行方或唱片公司获得其他类型的许可，包括为了满足特殊的制作需要而改变歌词的权利，或者使用该作品的其他版本的权利。在电视商务和销售展示中这种情况经常出现，制作人希望通过更改流行歌曲的歌词来促销特定产品。通过后文图 6.3 的音乐权利一览表，我们可以更完整地就这些多种选择进行讨论。

6.2 权利的种类

当你开始就作品中使用歌曲和录音进行协商前，你有必要知道需要获得什么类型的权利。对媒介制作人而言，最重要的两个权利是同步权和表演权。当然，你也有必要知道"主盘录声权（灌录权）"，"强制机械录制许可"，以及其他在许可权讨论中出现的术语。

6.2.1　同步权、主盘录音权（灌录权）和表演权

　　如果你想获得在制作中使用音乐素材的许可，通常需要同时获得该素材的同步权和表演权。同步权允许你将歌曲插入影片的图像之中。表演权允许你将包含有该音乐的作品展示在观众面前。另外，如果你使用原版音乐，你必须获得主盘录音权。

1. 获得同步权和主盘录音权

　　如何获得同步权？如前文所讨论的，你必须首先确定你需要的只是音乐作品或歌曲本身，还是既需要歌曲又需要特定的录音。如果你只需要歌曲本身（或者说，你想自己去录制歌曲），你就需要从发行人那里获得同步（同期）许可。如果你想获得特定版本的歌曲录音，那么你就需要同时从音乐发行人（歌曲使用权）和唱片公司（录音使用权）获得许可。从唱片公司获得的权利以"主盘录音许可"的形式出现，该权利表示你可以在自己的作品中使用该录音。你可以在该歌曲所在的音乐盒带或者 CD 的封面、标签、封套上找到该歌曲的发行人和唱片公司。如果唱片公司拥有或者另外控制了歌曲录音以及更为根本的歌曲本身的必要权利，那么你可能从唱片公司那里通过一个更为简单的"同步和主盘录制许可"获得同步权和主盘录音权。这种合并许可的条件是，唱片公司出示代表权或保证、显示其拥有让渡歌曲录音及歌曲本身所有权益的权利。

　　图 6.1 是同步权许可的样本，即在特定期间让渡一个独立的音乐作品在非播出性影片中使用的非排他性权利。虽然一般而言，如果获得更广泛的权利更加可取（比如并不把权利限制在非播出性影片或者特定时间），但是控制同步权的个人或组织一般不愿意给予如此广泛的许可，或者他们会要求在让渡更大权利的时候获得更多的实质性补偿。所以在一开始，制作人必须明了自己的现实需要以及自己为这些权利真正能够付出多少。如果你在制作一个可能需要 2 年到 3 年的行业录像节目或者电视广告，你就没有必要购买永久同步权。但是，

如果你在制作一个可能在辛迪加中永远存在，为电视网络提供的情景戏剧，那么你就有必要就特定剧情中使用的所有歌曲的永久同步权进行协商。

图 6.1 中，一个非播出节目的制作人付出 1 500 美元，获得了歌曲初期 3 年的同步权，并且包括延期 3 年同时追加 1 500 美元的选择。这样的选择对制作人很有利，因为制作人可以有权在超过初期 3 年之后，付同样的钱继续使用这首音乐作品，而不需要再次协商，这都在于制作人的实际需要，而不是强制性的。

图 6.1
同步权许可合同样本

162

> 2003 年 4 月 21 日（"生效时间"），Major Music 有限公司，一家注册于加利福尼亚，办公地点位于 16500 La Cienega Boulevard，洛杉矶，加利福尼亚 90066 的公司（"发行方"），与 Insight Video 有限公司，一家注册于纽约，办公地点位于 1470 Davis Avenue，White Plains，纽约 10605 的公司（"获许可方"），就名为 "Top of the world" 的音乐作品（"作品"）以及被许可人名为 "Going for Gold"（"制作产品"）的非广播性音像作品达成如下协议：
>
> 1. **准予许可。**发行方在此给予非排他性许可于制作方，在制作产品中的图像部分同步录制和插入（本音乐作品），并且将包含本音乐作品的产品在世界范围展示和发行。上述许可包括将包含本音乐作品的音像产品通过录像带，录像光盘（包括数字录像光盘或 DVD）发行的权利。但下列权利特别排除在外：（ⅰ）公开表演产品中音乐作品的权利（这种公开表演权，如果被许可方需要，被许可方需要另行获得或放弃）;（ⅱ）将产品中的音乐作品在商业性广播、有线电视、付费电视和家庭卫星电视中传播的权利;（ⅲ）发行包含本作品的唱片、压缩光盘，和 / 或者录音带的权利。本处未特别提及的该作品的所有其他权利为发行方所有。本许可合同第一段所给予的权利此后专门被代为"许可"。
>
> 2. **期限。**除非另有协议，本许可的开始时间从"生效时间"开始，到 3 年后的该时间为止。本期限到期之后，所有本处授予权利将返还发行方。
>
> 3. **补偿。**通过对本许可权利进行全面和严密地考量，被许可方将付给发行方 1 500 美元。被许可方有权更改一次权利期限，书面通知发行方追加另一个为期 3 年的使用年限，并提供追加报酬 1 500 美元，该通知和付款应该在有效时间到期之前的 30 天内提交给发行方。
>
> 4. **不得改编。**本许可不包括改变歌词或者通过任何方式更改本作品基本特征。任何对本作品的更改和改变都必须提前获得发行方的书面同意。

5. **声明、保证和保障**。发行方声明并且保证本方拥有签署本协议和授予权利的完全权利和权力。发行方同意补偿和承担被许可方，由有悖上述声明和保证所引起的任何和所有要求，赔偿，成本和费用（包括法庭费用和合理的律师费）。被许可方应该及时告之发行方任何相关或涉及上述补偿问题的要求和诉讼，发行方有权从自己投入的角度，对抑制或参与任何这种要求和诉讼做出选择。无发行方同意，被许可方无权处理任何此类要求和诉讼，这种同意权不能被不合理拒绝。

6. **其他约定**。本协议显示发行方和被许可方就本标的事务所做的完全协议，取代之前任何对本问题的约定、沟通和协议。本协议只有通过双方书面协议才可以更改和修正。被许可方除非得到发行方的书面许可，不能转让本协议中的许可和权利，该同意权不得被不合理拒绝。本协议服从于加利福尼亚州适用于合同的法律，这些合同将在该州范围内充分或准备施行，而不考虑该州对法律条件的选择。由本协议引起的任何争议和争端都将在加利福尼亚州洛杉矶的有管辖权的法院审判，本协议各方在此同意将这些问题诉诸这些法院的审判。本协议可采用手签或签章，并且形成副本，任何一个副本只有与原本在一起的时候才有效，所有的文件（包括原本和副本）在一起的时候才能组成一个并且是同一个法律文件。

　　本文件为凭，本协议各方在上述时间的当天开始执行本协议。

发行人
（本人签字）

_____

打印的名字：_____

职务：_____

被许可人
（本人签字）

_____

打印的名字：_____

职务：_____

图 6.1
同步权许可合同样本（续）

163

　　注意，图 6.1 中的同步许可排除了歌曲的公开表演权，制作人在这种情况下应该从合适的表演权部门获得该项权利。同时要注意的，这个同步权样本包括了通过录像带和 DVD 发行该作品的权利。过去，这种物质性媒介发行的"机械性录制"权利应该获得另外的"机械录制许可"。今天，由于大多数节目制作最后都是以录像带或 DVD 的形式发行，那么将其作为同步许可的一部分是适当和合理的。

制作人应该了解，许多音乐发行人和代表音乐发行人的代理人，都坚持在让渡同步权的时候使用他们自己的合同文本。虽然许多发行人在对合同中让渡和保证的内容进行重大修改的时候都犹豫不决。但是我们必须知道，这些合同内容并不是板上钉钉的，将它按照你的特殊制作需要而修改是合理的，而且是可行的。在执行同步协议书之前，你必须确认该协议在所有相关的发行渠道中，提供了你在制作中所需要的特定权利，并且该发行人和代理人代表着并且保证他们拥有让渡这些权利的权力。特别是你在制作一个内部或有限发行的影片，而许可文书却是针对那些提供播出和有线网络发行的节目时，你要特别小心。

当你真正准备就歌曲或录音的权利进行协商的时候，你应该考虑与一个熟悉媒介制作的，音乐权利和许可事务代理人一起工作。更多的内容在本章后面"和权利与许可代理人一起工作"（ rights and permission agency ）的部分进行讨论。

2. 获得公开演出权

如果一个包含音乐作品的影片将公开播映，那么就必须获得演出权。自然，所谓公开演出指包含音乐作品的影片通过广播、有线电视、直播卫星进行播出。公开演出同时包括在非广播性的场所，比如商务会议室、办公楼的休息室或者体育场和会议中心的大屏幕进行显示。因此，非广播性影片的制作人如果想在这些或其他场所展示该片的话，也必须获得影片中所有音乐的演出权。

在美国版权法中，演出权过去只与音乐性或乐曲作品相关，而与表演这些作品的录音无关。我们在第 8 章将会讨论，在 1995 年国会通过了数字录音表演权法¹ 之后，情况就变了。版权法赋予通过互联网和其他在线互动服务传输的录音有限的表演权利。如果你的作品不会通过这些途径传播，那么你就不需要为你使用的所有音乐录音获得表演权。当然，如前所述，如果你确实计划在制作中使用录音，那么你需要从控制该录音的唱片公司的手中获得主盘录音许可。

如果你的作品专门在广播电视或者有线电视网中播出，你通常不必担心获得表演权许可的问题。你或许已经获得了该权利，我们会在后文中讨论，大多数拥有表演权的协会已经与广播、有线电视网、个人电视台、有线网络运营商商定，给予他们一揽子的免费表演许可。虽然在过去这种一揽子许可在法庭上受到了挑战（这是一种拥有全部或完全没有的安排，要求被许可方为许可方拥有的全部音乐付出一定费用，如果不付钱那就没有任何权利），但是主要的电视网和大多数美国电视台仍然拥有这种许可。所以，广播或者有线电视网的节目制作人一般只需要获得该"版权所有"歌曲的同步权即可。[2] 但是，针对广播和有线电视节目的同步权有时需要被许可方认识到或者同意，它有责任从表演权协会或者其他控制表演权的组织获得必要的表演权。

在美国，有两个占主导地位的表演权协会，一个是广播音乐组织（BMI），另一个是作曲家、作者和发行人协会（ASCAP），[3] 后者的历史更长一点，而BMI 目前更大一点。

ASCAP 和 BMI 将很大的精力用在与电视经营商、广播经营商、有线电视网争论一揽子表演权许可的协议上，即讨论和安排由于一揽子许可带来的特许费用的汇总和支付方案。ASCAP 和 BMI 同样也可以将他们代表的音乐性作品的公开表演权给予那些非广播性发行节目的制作方（比如供企业用或公共场所使用）。

非常重要的是，ASCAP 和 BMI 除了他们代表的音乐性作品的公开演出权之外，不能安排和让渡任何其他音乐权利。要获得音乐性作品的其他权利（比如同步权），你必须直接与音乐发行人联系。同样重要的是，在协议中，ASCAP 和 BMI，以及其他表演权协会代表的是作曲家和发行方，而不是唱片公司。因此，表演权协会只能给予该歌曲作品的许可，而不是录音的许可（当然，如前所述，录音的表演权目前只在极少场合被要求）。

那么你又如何知道，特定歌曲的作者、作曲和发行人的权利被哪一个表演权协会所代表？在录音带或 CD 的封面或封套上就可以找到。如果上面没有列出协会的名称，打电话或上网访问 ASCAP 或 BMI 的网站。如果他们代表了你所找寻的音乐的发行人，会告诉你相关情况。在附录 B 中，我们也列举了主要的表演权协会的联系方法。如果 ASCAP 和 BMI 没有代表该音乐作品，你就需要直接从发行方或控制作品表演权的个人那里获得表演权了。

6.2.2　强制灌录许可

设想如下情况：几年前，你创作了一首好听的流行歌曲，并获得了版权。你将它卖给了一个流行音乐组合及其录音公司，该公司获得录制和发行该歌曲唱片的许可，作为回报，你可以从每一张卖出的唱片中获得版权收入。该录音面世了，成为了一首热门歌曲，所有人都赚钱了。

现在，另一个歌手想演唱和发行该歌曲。但是你并不喜欢这个歌手，你还担心这个版本会损害歌曲作为一个流行经典不断上升的威望。那么是否有任何法律途径，使你可以拒绝这个歌手录制这首歌和发行唱片呢？

令人费解的是，答案是否定的，前提是该歌手愿意按照美国版权法履行"强制灌录许可"条款中的相关义务即可。该条款规定，任何人可以获得已出版的音乐性作品的创作和发行许可。要获得这个许可，歌手或组合只要符合下述要求即可：

- 通知版权所有者他想使用这首歌曲
- 同意按照版权法付给一定比例的特许费用
- 承诺不会更改该作品的基本特征

虽然"强制灌录许可"条款允许表演者在一定程度处理和诠释歌曲，创作出特别的版本，但是任何对歌词和基本旋律的更改必须获得版权所有人的同意，并另行签署同意书。

计算"强制灌录许可"的特许费率方法由《美国版权法》第 115 条规定，该费率按照消费指数的变化进行阶段性调整。当然，许多表演者都试图通过版权所有人的主动许可获得一个比法律规定更低的费率。为了处理这个问题，许多音乐作品的所有者都委托 Harry Fox 代理公司[4]作为代理人去商讨灌录使用中的费用问题。Harry Fox 代理公司同时也作为所有顾客的支付中介，收取和支付机械性许可的费用。

媒介制作人应该注意，所谓灌录权利和"强制灌录许可"条款，只是当你制作和发行一个音乐作品的唱片或其他物质性拷贝，或者在制作和发行的节目中使用该歌曲的时候才用得着。上面说过，计划将歌曲插入节目的制作人必须获得同步权，在许多情况下，直接从版权所有人或者适当的表演权协会获得表演权。另外，"强制灌录许可"只适用于音乐作品本身，而不适用于歌曲录音。在制作的影片中使用录音的权利以及这个权利的报酬，必须与唱片公司或其他控制录音权利的组织协商。

6.3　与许可代理人合作

有些制作人喜欢通过代理人，即专门从事获得音乐或其他版权作品的法律代表，而不是他们自己，去寻求和获得音乐许可。制作方向代理人提供歌曲或录音的名字，并提供一定报酬。而代理人，作为服务，将确定谁拥有或控制着版权，以及获得制作人所需要的权利要付出多少钱。如果原创歌曲或录音的权利难以获得或者贵得无法问津，大多数代理人将向顾客提供可行的选择。对那些非广播性节目的制作人，这些选择包括制作你自己的原创录音，购买使用类似声音录音（sound-alike recording）的权利。

你应该自己取得权利和许可，还是雇佣一个代理人？由于代理人在业务上比较专业，并且可以代替你完成所有跑腿工作，因此，与代理人一起工作将节省你大量的时间和精力。另外，由于他们对媒介法领域比较熟悉，他们将确保你获得节目制作中所有的音乐权利和许可。一个好的代理人还会提供给你在法律上行之有效的，清晰地确定你的权利的协议书。

当然，所有这些利益必须与雇佣这些代理人的成本相衡量。事实上，对于大多数媒介制作人，在进行简单的成本和收益衡量之后，选择就呼之欲出了。如果请代理人的收益超过付出，那么与代理人一起工作。如果相反，自己去做这些事。

如果你真的决定去请一个代理人，首先并且落实在文字上的，是确认他将提供什么服务以及如何付报酬（分期付款或者按小时收费）。另外，在同意某些商务安排之前，必须调查该代理人的声誉如何。打电话给请过这个代理人的圈内同行，询问这个代理人的情况以供参考。附录 B 列出了一些权利代理人，这些人将很乐意为你提供咨询和描述他们业务的基本情况。

167

6.4 乐库（Music library）

我们的讨论大多数都是针对比较复杂的许可程序。如果你只是想在节目中加入一小段背景音乐或一些音效的话，该怎么办呢？为了满足这种需要，许多制作人在此会选择一个或多个音乐资料库的服务。

6.4.1 选择音乐库

音乐资料库专门为广播、电影、多媒体、无线和有线电视，以及企业和教育音像节目的制作人提供版权清晰的音乐和音效。虽然许多资料库提供非常广泛的录音，但是有些资料库只提供专门领域的音乐（比如古典金曲、广告歌、音效、摇滚音乐）。大多数资料库同时提供各种音乐材料：数字录音磁带、镭射光盘，以及数字录音材料。几个主要的美国音乐库在附录 B 中列出。

这么多音乐资料库哪一个才最适合你呢？你首先应该确定哪些资料库提供的音乐或音效可以满足你的需要。致电或去函向这些资料库索取目录。许多资料库也会提供磁带、CD，或者数字声音格式的合集样本。

6.4.2 费用选择

一旦你找到适合需要的资料库，你就要确定哪一个在费用上是最合适的。在这一点上有点小复杂。大多数资料馆提供 3 种选择：

1. 按点计费，要求你在制作中每次使用资料库的资料时都付出一定的费用

2. 批量费率，对多次使用一个或多个资料采取折扣费用

3. 年度一揽子费率或许可，付一个年度费用，可以无限制使用资料库的素材

有些音乐库还提供一个买断方案。这种安排是指你先付一大笔钱，这个资料库就是你的，可永久使用，而不必按点付费和按年付费获得许可。

有些音乐库在价格结构上更加复杂，对音乐素材不同的使用方式也有不同的费用。比如，来自播出性制作单位的制作人一般要比非播出性节目的制作人为年度许可付出更多的钱。另外，制作节目的长短也会影响按点计费的素材的费用。节目越长，费用越高。如果音乐素材将被用在电视和广播的广告当中，这种按点的费用会更高。

年度许可和买断方案最适合那些大的制作公司，他们对音乐库提供的各种储备音乐有相当大的消费。对那些需求不大的小公司而言，按点付费更为合理。如果你拥有年度许可，必须确认这个交易包括音乐库提供在许可时间之内加入目录的所有新的素材。在所有情况下，你都要书面确认音乐资料库拥有代表权和许可权，即这些素材不受任何版权和其他限制，否则这种限制将影响你对该素材的使用。

168

6.5　职务音乐作品（启用原创音乐）

你是不是不能确认你所需要的音乐素材的储存地点，或者难以获得你所需要的音乐录音的许可？你是不是想为重要的作品配上一段独特的乐曲或主旋律？如果上述情况听起来似曾相识，那么你或许是有希望第一个使用原创音乐的人选。

与一些制作人的想象恰恰相反，在考虑启用原创音乐的时候，你不必是为一家预算巨大的电视节目或电影工作的人。实际上，许多组织或者非播出性项目的制作人经常通过其他渠道获得原创歌曲和背景音乐。当然，大投资制作老板一般会邀请大牌作曲和表演者，而比较小的项目制作人会选择那些不是太出名的演员。

6.5.1　全套音乐制作方案

如果你不能请到大牌制作人，你又如何为节目制作出原创音乐呢？一个方案是使用全套音乐制作机构。一个货真价实的全套机构可以按照你的要求完成从第一步，到最后的混音，将音轨插入你的母盘的工作，提供音乐合成，配器，以及制作过程中的所有录制服务。要找到你所需要的音乐作曲和制作公司，可以在电话黄页中的"音乐编曲人和作曲人"的项目下寻找，或者在出版的音像和电影产业各种指南中找"配乐录音及其产品"目录。与往常一样，你应该要求参考资料和公司作品的样品。

169

6.5.2　音乐制作合同

无论你什么时候想使用原创性音乐，该交易都会涉及合同，图 6.2 就是合同样本。该合同应该一开始就确定个人或者公司为你提供的切实服务。该公司是否既承担作曲又承担制作？如何处理最后的成品和播放？合同必须同时确认在本合同中谁拥有创作产品的各项权利。只要有可能，这个提供给你的音像产品的音乐，都应该是你或你公司的职务作品，作为制作人，你应该拥有该素材的完全所有权，以及再次使用的权利。尽量避免采用替代性安排，即作曲人和音乐制作公司保留该素材的某些权利，因为此类安排会让你在处置包含该音乐的作品时束手束脚。

图 6.2 中的合同样本同时包括任何音乐制作合同的其他条款：

● 在本合同之下，你将为素材制作服务付多少钱，什么时候支付的详细条款

● 该项目各重要环节的完成日程，以及成品的交付日期

● 要求合同方表明他拥有签署合同的权利，以及他所提供的素材的完全支配权保证和赔偿条款

另外，如果该项目涉及美国音乐家协会的成员，合同也应该按照 AFM 集体（劳资方）谈判合同确定权利和其他条件。更多关于协会和工会的要求，参见第 7 章。

图 6.2
音乐制作合同样本

2002 年 1 月 16 日

Rachel Wright 女士

Wright Sounds 有限公司
Irving Boulevard 1775 号
22-B 室
达拉斯，TX 75212

亲爱的 Rachel：

本信函，在尊驾签署之后，将成为一份协议。协议双方分别是 Wright Sounds 有限公司（"WSI"），一个德克萨斯的公司，办公地点是 Irving Boulevard 1775 号 22-B 室，达拉斯，TX 75212；以及 Industrial 媒介有限公司（"制作方"），一个德克萨斯的公司，办公地点位于 Cortland Avenue740 号，Fort Worth，TX 76109。

制作方在此与您约定，由贵方为制作方的一个 15 分钟的录像产品（"产品"）提供音效和原创音乐（"素材"），该产品是为 International Semiconductors 有限公司（"顾客方"）所制作。

一、服务和素材的说明

在本协议的期限内，WSI 同意提供下述素材和服务：

A. **原创性音乐**。WSI 将创作，配器，和制作原创音乐，作为产品的开始和结束曲。该曲目的总长为 60 秒。另外，本曲目 5 ~ 10 秒的乐曲片段将在脚本和情节设计的 4 个场景中作为伴奏。本协议生效之时，该脚本和情节设计将提供给 WSI。

B. **资料库音乐和音效**。本产品的剧本和情节设置要求大约 10 个地方使用资料库音乐和 / 或音效。WSI 应该在咨询制作方的需要之后，选择这些音乐和音效。

C. **混音和回录**（将最终的声音声轨转换回到录影带的母带上）。WSI 应该将他们创作和提供的音乐和音效在制作方提供的声轨上进行混音和回录。制作方应该向 WSI 提供录影带的母带以及相同内容的拷贝，这些录影带都有按照制作方格式设定的可显示的时码。WSI 应该负责监督和支付将声轨从母带剥离，进行格式设计和混音，最后将混音后的声轨回录到母带。

二、报酬

　　对贵方提供的服务和素材的全面完整的报酬将在后面说明，制作方将通过分期付款的方式支付总额为 15 000 美元的费用，其中 5 000 美元将在合同执行后的 15 天内支付，另外 10 000 美元在制作方收到并且同意接受具有完整声音效果的母带之后支付。

三、日程

　　下面的日程显示制作和提交素材的关键时间。WSI 同意遵守这些时间约定，并且任何可预见的延误都提前告之制作方。

1．2002 年 2 月 6 日：制作方向 WSI 提供产品的粗编带。

2．2002 年 2 月 15 日：WSI 应该与制作方和顾客方一起协商，提交对原创曲目的设想。只要这个设想被制作方和顾客所选择和同意，WSI 应该马上确定制作日程，并完成该原创音乐的录制。

3．2002 年 2 月 22 日：制作方将母带和两个内容一致的拷贝提供给 WSI。在收到这些材料后，WSI 应该开始设置音乐和音效的声轨。

4．2002 年 3 月 1 日：WSI 与制作方和顾客方会面，展示和预演声音和 WSI 加入的音效。如果配乐和音效被接受，WSI 应该确定混制的时间以及将声轨回录至母盘的时间。此项工作必须及时地，

图 6.2
音乐制作合同样本（续）

图 6.2

音乐制作合同样本（续）

在各方同意的母带送交最后时间，即 2002 年 3 月 8 日前完成。

5．2002 年 3 月 8 日：WSI 将把完整的母带送交给制作方。

四、素材所有人

WSI 明确同意，在 1976 年美国版权法规定的期限内，该素材将作为职务作品，为顾客的音像作品所创作。所有权利包括曲目（包括版权），所有权，以及该素材的内在权利，都归顾客方所有。如果在某些情况下，该素材不被视为职务作品，WSI 也在此同意，本协议认定将所有权利，曲目，以及素材的内外权益都归于顾客方。另外，WSI 同意，如果没有得到制作方以及顾客方特别的、书面的同意，不能被 WSI 再制作或者使用在任何场合。因无限制，如果顾客方选择使用所有或部分素材于其他产品，不用付给 WSI 再次使用的费用。如果顾客方有保护和注册该素材的所有权的要求或安排，WSI 同意提供和 / 或执行任何进一步必要的材料。

五、保证

WSI 代表并保证它有签署和全面履行该协议的完全权利和权力；该素材是 WSI 的完全原创，而不是部分或完全拷贝自任何其他作品；该素材不会对任何个人、公司和其他组织的隐私或公开权造成侵犯或违反，造成对他们的诽谤，对他们的版权、商标、品名、财产权，或其他权益造成侵犯；所有本协议之内或者为本协议所提供的购买自其他渠道的原创素材，以及任何音乐和音效，只要提交给顾客方，任何其他方将不再拥有留置权和任何权利要求，其中包括任何工会，协会或者表演权协会就此的任何补偿要求，以及对再次使用费用的要求；为了让制作方和顾客方可以充分运用这些素材，WSI 应该获得所有可能需要的权益、认可和许可。

六、保障

WSI 应该保证在所有时候，就制作方和顾客方以及他们的办公人员、导演、雇员、以及持证人，由于制作方和顾客方使用 WSI 在此提供的素材，或者制作方和顾客方使用已经由 WSI 让渡的任何权益，或者由于 WSI 对任何代理权利、保证、以及本合同的任何其他条件造成的违背，所引起的任何和所有权利要求、民事赔偿、债务、成本、花费、包括合理的咨询费，进行保障和维护。

七、其他约定

本协议形成协议各方就本标的事务所做的全部约定，取代之前任何对本问题的

172

约定，沟通和协议。本协议只有通过所有各方书面协议才可以更改、修正和中止。制作方和顾客方可以自由转让本合同，WSI 如果没有上述两方的事前书面许可则不可以转让。本协议以及所有相关事务和问题，由德克萨斯州适用于合同的法律所管辖，任何关于本协议的各方争议应该受到位于德克萨斯州达拉斯市法院的唯一裁决，各方在此同意服从这些法院的裁决。

本文件为凭，本协议各方在上述时间的当天开始执行本协议。

INDUSTRIALMEDIA 有限公司

_____

By：Michael Prellinger
President
WRIGHT SOUND 有限公司

_____

By：Rachel Wright
President
INTERNATIONAL SEMICONDUCTORS 有限公司

_____

By：Rosemary Mueller
Executive Vice President

图 6.2
音乐制作合同样本（续）

173

6.6 使用类似声音的表演和录音

设想一下，你正在为顾客制作一个录像节目，顾客坚持要求在配乐中包括一首最近非常热门的流行歌曲《Ready for you》。这首歌的 CD 显示《Ready for you》由 Ginny Lewis 创作，Too Loose Music 有限公司发行，该热门版本由 Janice Jones 演唱，Pacific Recording 公司录制。

在几通电话以及一些法律信函的沟通之后，你能够从音乐发行方买到使用这首音乐的许可。但是，你最迫切的请求却被拒绝了，Janice Jones 和 Pacific

Recording 公司不愿意让你使用他们的热门录音版本《Ready for you》。你向顾客解释这个状况，但是该顾客仍然坚持 Janice Jones 的声音正是他或她所需要的。那么制作人该怎么办？

以前，你可以通过录制自己版本的类似声音的歌曲来绕过这个问题。首先，你当然需要从歌曲作者和发行公司那里获得使用这个歌曲的许可。随后，你应该使用一个新的歌手或者与一个音乐工作室联系，去录制一个新的录音。一般而言，最理想的结果是该录音与原版录音尽可能地相似。即使获得原版录音是可能的，但是通过这种办法，你可以非常经济地使用这首歌曲而不是花更多的钱去购买原创录音的许可。许多流行音乐的艺术家，从艺术的角度出发，一般拒绝将他们的作品运用在电视广告和企业录像产品上。

但是在 1988 年，旧金山的美国第九巡回上诉法庭在裁决中[5]，给"声音类似"的录音使用带来了法律阴影。该裁决推翻了低级法院的判决，这是一个要求赔偿 1 000 万美元的诉讼，流行歌手 Bette Midler 控告福特汽车公司以及它的广告代理人 Young 和 Rubicam。福特汽车公司买下了 1958 年的歌曲《Do You Wanna Dance》的版权，计划在电视广告中使用这首歌，来促销 Marcury Sable 新款汽车。比较特别的是，福特计划使用 Bette Midler 在 1973 年演唱的录音版本。但是当 Young 和 Rubicam 与 Midler 接触时，她拒绝了。代理人于是雇佣了 Midler 以前的替身歌手，并且按照 Midler 的风格录制了新版录音。

1985 年，Marcury Sable 汽车广告在这首声音类似的歌曲配合下热播。Bette Midler 马上有所反应，控告福特汽车公司以及 Young 和 Rubicam，声称她的声音和发音风格在广告中被模仿了，而她对于声音和发音风格拥有财产权。该诉讼没有受到法庭的支持，法庭认为 Midler 不具备她所声称的财产权，由此，该案件不能进入程序。但是 1988 年联邦上诉法院决定推翻低级法院的判决，该案件得以继续诉讼。1989 年，该案件最后宣判，洛杉矶的一个法院作出对 Midler 有利的判决，被告方赔偿其 40 万美元。

Midler 案打开了歌手挑战类似声音的大门。比如，第 5 章中我们讨论的歌手 Tom Wait 诉 Frito-Lay 有限公司案。该公司的广告代理人在 Doritos 牌薯片的电视广告中使用了类似 Wait 的声音录音[6]。如 Midler 案一样，广告代理人首先找到了 Wait 商讨在广告中使用 Wait 版本。在 Wait 拒绝之后，代理人转而录制了声音类似的版本。

Wait 控告 Frito-Lay 有限公司基于几个法律理由，包括这种类似声音的使用造成了美国商标法《兰哈姆法案》第 43 条 a 中的他的标志性发音方法的错用和误用。Wait 最后获得了超过 200 万美元的赔偿和罚金。

Midler 和 Wait 案的深远影响到今天仍然可以感受到。特别是这些案件没有明确这些判决适用于怎样的范围，而在这个范围之内，歌手拥有独特的和可辨识的发音风格，并且可以拒绝对其原版录音的使用。正因为如此，许多制作人在使用类似声音的录音以及名不见经传者模仿大牌明星的录音时，变得更加小心翼翼。反映这种心态的一个例子是，那些包括模仿知名度不高的歌手的许多广告和促销都有免责声明。

总而言之，所有这些法律争议的一个意义是明确的：如果你计划在产品中使用一首类似声音录音或者使用一个模仿明星的歌手，你必须要咨询在本领域对目前判例法情况熟悉的律师。否则，下一个案件的主角可能就是你。

最后，即使是你录制了对原创版本进行"滑稽模仿"（Parody）的类似录音，也不能认定你一定会摆脱法律麻烦。对流行歌曲的滑稽模仿是否属于合理使用或在什么情况下属于合理使用，或者是否是对创造性表达的一种保护形式，这些问题最近一段时间经常引起诉讼，而其中至少有一起案件闹到了美国最高法院[7]。这些案件显示，美国版权法认为这种对流行歌曲的滑稽模仿是一种合理使用，但条件是他们符合我们在第 4 章所讨论的合理使用的条件。就是说，法院将考虑版权法第 107 条衍生出的 4 个基本的合理使用原则，包括在滑稽模仿中原创作品的"使用数量和基本特征"的因素。对本领域比较熟悉的律师将会帮助你判断你的特定滑稽模仿是否可以通过"合理使用"的检验。

175

6.7　音乐权利对照表

如果你还是不能确定关于音乐权利的那些规则和许可如何在特定产品的制作中运用，可参考图 6.3——音乐权利对照表。遵照该表前面的说明，你将可以提高合法使用特定音乐以及规避麻烦的可能性。

图 6.3

音乐权利对照表

　　本表陈述了制作人在节目制作过程中，使用现存原创的音乐素材时，所拥有的 6 个选择。你应该先浏览列出的所有选项，考虑哪些比较适合你的当前情况。然后你再回到你所选中的选项，详细阅读其解释。这些解释说明了你合法使用特定音乐和避免法律问题的步骤。在使用现存音乐的情况下，你通常需要获得该素材的同步权，并且有时候，你还需要获得表演权和主盘录音权的许可，这些权利在本章的前面已经讨论过。

　　要知道，所有这些检查目录都假定，你将在一个内部的，企业性的影片制作中使用音乐素材，而这个节目不会公开播出（即通过广播电视，有线电视，或者向付费观众展示）。如果情况不是这样（比如你为有线电视或剧情片制作节目），那么还有其他的限制条件。当然，在所有情况下你都应当知道，没有什么能强迫版权所有人提供你所需要的许可。由于这个原因，你的第一选择可能被拒绝，你必须准备替代方案。

1．你计划在制作中使用一首现存音乐录音的部分或全部（比如说一个大牌摇滚乐队或爵士歌手的录音）。如果要使用一个原创录音，你必须从两个方面获得许可：拥有歌曲版权（曲和词）的歌曲发行人或歌曲作者，以及控制录制权利的唱片公司。这个许可应该通过书面协议的形式给予，如图 6.1 所示，在协议中应该确定你为此权利将付出的费用，以及修改，发行和再次使用该素材的权利的性质及范围。特别是，你要确认你获得了在所有适当的市场发行包含有该录音的产品的所有权利。书面协议还要保证，该歌曲不存在其他的限制你发行该完成作品的隐藏权利。

2．你计划自己录制一首现存歌曲的录音版本，使用原来的曲和词。由于歌曲的流行录音版本难以获得，或者你更倾向于录制更贴近产品需要的录音时，这个选项就比较重要了。为了使用原创的乐曲和／或歌词，你需要获得拥有该歌曲版权的音乐发行人或歌曲作者的许可，并为此付出报酬。该许可应该通过书面协议的方式体现，确认你将付出的报酬以及修改，发行和再次使用该素材的权利的性质及范围。如图 6.1 所示，这个协议一般采用同步权许可的形式。特别是，你要确认你获得了在所有适当的市场发行包含有该录音的产品的所有权利。你同时需要获得，在你的录音版本创作过程中，所有表演者的书面协议或豁免协议。

3．你计划录制自己的歌曲版本，并对歌曲和歌词进行改动。当你是广告片或者企业产品的制作人，你需要更改歌词去配合特定产品和顾客，通常会有这个选择。要达到你的需要，你必须获得选项 2 中的所有许可。你同时需要获得修改的许可（一般作为同步权许可的一部分，在 6.1 所示协议中进行确定）。你可能会发现，这种许可并不容易获得，因为许多歌曲作者拒绝同意将自己的作品为了商业目的而改头换面。即使他们同意你修改，一些歌曲作者和发行人也会保留对你更改后的录音成品进行评估和同意的权利。

4．你计划使用一首现存的与原创歌曲声音类似的录音。所谓声音类似的录音是指对一首流行音调的再制作，由不知名的表演者模仿原创热门版本，制作出声音接

图 6.3
音乐权利对照表（续）

近的录音。由于你不是使用原创录音，所以你不必获得发行该录音的唱片公司的许可。但是，你仍然要从拥有版权（曲和词）的发行人和歌曲作者那里获得许可，并付出报酬。同样，如图 6.1 所示，这个协议一般采用同步权许可的形式，通过书面协议的方式体现，确认你将付出的报酬，以及修改，发行和再次使用该素材的权利的性质及范围。你同样需要与拥有该类似声音录音的公司签订书面合同。合同应该确定在什么期限内该公司提供此录音给你以及你使用该录音的确切范围。合同应该保证，该作品与任何其他隐藏约束（包括表演者的剩余权利）没有义务和牵连（free and clear），而这些隐藏权利有可能影响到你发行包含此类似声音录音的完成产品的能力。

　　在本章前面部分我们讨论过，最近法院的判决显示，在节目制作中，制作和使用模仿知名歌手独特发音方式的类似声音录音的情况引起了法院的关注，因此你在使用该录音之前，应该向该领域中比较熟悉当前诉讼和判决情况的律师咨询。

5．你计划为产品制作原创音乐。如果你计划为产品制作原创音乐，你应该使用下述全部或部分服务：歌曲作者 / 作曲者、编曲者、制作人、表演人（歌手或乐手）、录音技师、录音师、录音设备。或许如许多媒介制作人一样，你喜欢找一个音乐制作室来提供整套人选和服务，制订全部日程。总而言之，你与所有个人和组织的关系都应该用类似图 6.2 的合同来体现。

　　合同应该确定提供的确定服务和素材，送交的时间以及制作人在限定期限内提供服务和素材应该得到的报酬。该合同还应该确认，谁是该合同中生产出的素材的所有人，是否所有歌曲作者，表演者和为此工作的其他人特许或剩余权利将被付给。除非特殊情况，为你所制作的音乐应该作为职务作品而制作，你，作为为上述所有事务买单的人，保有完全所有权，以及再次使用该素材的权利。但是要知道，如果该产品准备在广播电视、有线电视、家庭录像或者剧院发行的话，与音乐人协会的合同可能要求你负担剩余义务。更多信息参见第 7 章。

6．你计划使用购买自音乐库的音乐和音效。音乐库在提供权责清晰的音乐和音效给媒介制作人时，都非常专业。在你从音乐库购买音乐的时候，应该让音乐库确切了解你使用素材的想法，并且让音乐库书面保证，这些素材没有任何版权责任可能限制到你通过你想要的方式使用该素材。你和音乐库的合同同时应该确定在什么时间内，音乐库提供该音乐素材，你使用该素材的具体权利，以及你将付出的使用或再次使用的费用。

177

小结

- 为什么媒介制作人应该特别注意音乐使用？在使用音乐素材特别是音乐录音的时候，制作人难以确定他需要获得怎样的权利去使用音乐素材以及谁控制着这些权利。首先，要在节目制作中使用一个现存的音乐录音，至少要涉及 3 个不同的权利：同步权、表演权和主盘录音权。其次，一般有两个方面控制着音乐录音的权利：控制歌曲版权的音乐发行人或歌曲作者，以及发行音乐录音的唱片公司。另外，可能会有更多人宣称他们在该作品中拥有某种权益。

- 管辖音乐权利的法律和规范来自何处？音乐性作品受到 1976 年美国版权法以及国际版权法的保护。美国版权法规定了针对音乐性作品的一些专有和主要的特殊权利：机械性录制权、同步权、表演权。版权法同时提供了音乐性作品的几个分类和类型：歌词或乐曲，录音以及唱片。

- 音乐权利的主要种类？对媒介制作人来说，最重要的音乐权利是同步权和表演权。同步权是许可你将歌曲插入你所制作的影像之中的权利。而表演权是许可你将那些包含歌曲的产品展示在观众面前的权利。另外，主盘录音权是允许你使用原创母盘录音并作为你产品的一部分。

- 什么是表演权协会，他们在音乐许可过程中处于什么地位？表演权协会，比如 BMI 和 ASCAP，是作曲家，歌曲作者以及音乐发行人的表演权利的代理人。表演权协会的主要工作是与电视台和广播电台、剧院、餐馆、夜总会、体育场和其他经常向观众展示和表演音乐的场所订立许可协议。当然，这些协会也可以在协商非播出性产品的单曲表演权许可上提供帮助。

- 什么是音乐库？音乐库向媒介制作人提供版权清晰的音乐和音效的各种服务。顾名思义，音乐库是可以提供媒介制作许可的音乐和音效的汇总或资料库。大多数音乐库既提供一揽子许可费用（无限制使用），也提供按点计费（单个使用）的安排。

- 在启用原创性音乐的时候应该特别注意什么问题？在启用原创性音乐

的时候，制作人必须用书面合同的形式确认与创作方和制作方的关系。
该合同应该确定个人或公司应该提供的准确服务，同时必须确定谁将
拥有该合同中创作音乐的所有权。除了极少数例外，提供给影像制作
的音乐应该是职务作品，制作人拥有全部所有权和再次使用该素材的
权利。

注释

1．公共法案 104-39(1995)（美国法典更名第 17 号）。

2．一些电视节目在有线电视，直播卫星电视或者境外电视上播出，而不仅仅是在
美国的广播电视上播出。在这种情况下，制作人应该获得涵盖这些播出形式的演出权。
当然，许多主流有线电视网已经与表演权协会订立了一揽子许可合同。你应该与各许
可方联系，看是否需要获得他们的演出权许可。

3．欧洲出版歌曲的表演权可能由歌词作者、曲作者，创作者协会（SESAC）控制，
SESAC 相当于欧洲的 ASCAP 和 BMI。

179

4．Harry Fox 代理公司位于 711 Third Street，Eighth Floor，纽约，NY10017。电话是
(212)953-2384。可以找到该公司信息的网址是 www.Nmpa.org/hfa.html。

5．见 Midler 诉福特汽车公司案，849 F.2d 460(第九巡回法庭 .1988)。

6．见 Waits 诉 Frito-Lay 有限公司案，978 F.2d 1093，1098(第九巡回法庭 .1992)，
cert.denied,113 S.Ct.1047(1993)。

7．闹到最高法院歌曲滑稽模仿的案件是 Campbell 诉 Acuff-Rose，114 S.Ct.1164(1994)
(RAP 乐团 2 LiveCrew 滑稽模仿 Roy Orbison 演唱的《Pretty Woman》)。其他重要的滑
稽模仿案件还有 Berlin v. E.C.Publications, Inc., 329 F.2d 57(第二巡回法庭 1964)； Elsmere
Music Inc. v. National Broadcasting Co., 62 F.2d 252(第二巡回法庭 1980)； Fisher v. Dees, 794
F.2d 432(第九巡回法庭 1986)。

与协会及工会合作

对于媒介制作人来说，与相关的协会、工会合作就意味着需要面对纷繁复杂的条款、限制及要求。首先，你必须同意，保证对参与制作的演员以及其他协会或工会的成员支付等于或高于限定的薪酬。同时，你还要同意额外支付这些人员薪酬的一定比例，作为协会工会的养老金、退休金计划的供款。其次，你要保证制作场地的工作环境（例如，总工作时间、饮食及休息时间）符合协会、工会相关条款中所确定的严格要求。同样重要的是，对于那些演员和"标准线上"的其他演员，作为与协会协议的一部分，你必须要接受严格的剩余和再制作利润支付的条款。

既然有这么多麻烦，为何制作人不选择放弃与协会、工会人员合作，而独自执行制作计划呢？很多制作人，特别是制作一些商业机构或非广播形式节目的制作人可以这样做。但是，其他制作人就发现自己没有选择余地，必须要跟协会、工会的表演人员及技术人员合作，尤其在下列情况中：

- 制作计划需要有经验的、专业的演员、撰稿人、导演或音乐人员参与（因为大部分有经验的专业制作人员皆为协会或工会的会员，尤其是那些在主流制作公司工作或在这些公司外围工作的人员）。
- 该作品是一部在美国制作的电影、广播电视或有线电视节目（因为这个层次的制作往往需要专业的表演人员及技术人员参与，而他们大多为协会或工会成员）。
- 该制作计划是一个企业项目，根据该企业与工会所签订的协议，企业内部的制作人在制作中必须使用工会的技术人员。

当然，有一些制作人倾向于同这些工会和协会合作。做这个选择的原因在于他们相信，因为他们与工会和协会签署了合作协议，所以他们只需要履行该协议的规定，便可保证获得一群最专业及最有才华的制作人员参与节目制作，同时保证在制作期间免受制作人员罢工及其他工人运动的影响。另外，一些制作人也发现，在与工会和协会合作的制作计划中，在工作开始之前，大部分的基本规则都已经尘埃落定，他们之间的合作内容与条款被详细列于工会和协会与主要电视电影制作人的"基本协议"之中。另外工会和协会亦会为他们提供正规严谨的合约用以聘请参与制作的个人。如果合作对象是非工会和协会的人员，合同中的详细条款需要制作人与他们个人单独进行协商 。[1]虽然这种个别商讨可能对制作人或制作计划有利，但同时也令制作人感到头昏脑胀和心烦意乱，而他们只想集中精力以应付手头上的创造性工作。

这一章讨论的主要内容，涉及与相关的协会、工会一起合作的媒介制作项目中的主要事项。但有一点需要注意，一个项目没有必要一定要区分为工会的或非工会的。因为，一个项目可能同时聘请工会与非工会的成员参与，成为一个混合式的制作项目。例如，一个制作项目可能聘请相关协会的演员演出，但撰稿人及其他拍摄成员却并非协会的成员。再者，在此章会谈到，在一个制作中同时聘请工会与非工会的成员参与是可行的。

7.1 《劳工法》的渊源

在美国，工会、雇员及雇主之间的关系主要由两大联邦法规所管辖：《国家劳工关系法》(the National Labor Relations Act)(又称瓦格纳法 , the Wagner Act)及《劳资关系法》(the Labor Management Relations Act)(又称塔夫托－哈特莱法 , the Taft-Hartley Act)。于 1935 年订立的《瓦格纳法》规定劳工有组织及参与和雇主进行集体谈判协议的权利，是劳工权利的奠基法案。《塔夫托－哈特莱法》于 1947 年通过，该法虽然被美国总统杜鲁门否决，但国会最终通过该法案。该法案对部分《瓦格纳法》所规定的工人权利与权力予以限制，当中明确包括了工会不能要求在有工会背景机构工作的所有人员成为工会会员，以及工会不能为了迫令雇主解雇不愿意加入工会的劳工而发动罢工或其他停工行动。在《瓦格纳法》

规定下成立的美国国家劳资关系委员会 (The National Labor Relations Board)，主要负责执行联邦劳工法规的各项条款及确保工会与雇主之间有一个公平的关系。

　　联邦劳工法规其中的一个重要条款，是保障所有雇员皆有加入工会的权利。同时，禁止雇主用任何方法对合法的工会筹建活动制造威吓。与其他雇主一样，媒介制作人有法定权利选择不与工会合作，但他们却不能合法地阻止他们的雇员加入工会及参与合法的工会活动。

　　联邦劳工法规亦保障工会享有为其会员与雇主进行集体谈判、商讨薪酬及工作条件等协议的权利。就这些协议内容，工会可能只需与个别独立雇主商讨，但有时候，谈判对象却可能是行业内的一群雇主。在某些情况下，两个或更多的工会会联合起来，与一群雇主进行集体谈判，商讨一个全面的协议。在美国的电视电影业这就是一个真实情况：代表电视及电影表演人员的美国演员工会 (the Screen Actors Guild) 及美国电视与广播艺术家联合会 (the American Federation of Television and Radio Artists) 经常合作，与代表主要的电视节目与电影制作公司及制片厂的电影与电视制作人协会 (Alliance of Motion Picture and Television Producers) 进行谈判，商讨合约内容。因此，美国演员工会及美国电视与广播艺术家联合会与主要影片公司、电视节目制作公司及电视网的 "基本协议" 在本质上是一致的。

183

　　媒介制作人需要注意的是，由于这类集体商讨的协议需要长时间的谈判工作才可以达成，在这期间，临时的或修正协议往往先通过生效。如有任何疑问，请联络有关的工会，查询哪一份合约的哪一个版本为现行生效的。与媒介节目制作有关的主要工会及协会的地址及联络电话号码见附录 C 。

7.2　代表演员与技术人员的主要协会与工会

　　大部分电影、电视及电台的演员皆为美国演员工会或美国电视与广播艺术家联合会的会员，甚至同时是这两个工会的会员。美国演员工会及美国电视与广播艺术家联合会代表男女演员、播音员及其他屏幕及广播的演出人员 。[2] 美国编剧协会 (The Writers Guild of America) 代表剧本撰稿人，他们的创作往往为演员工会及电视与广播艺术家联合会会员在影片或节目中演出。美国导演协会

(the Director Guilds of America) 代表导演群体，他们教导演员工会及电视与广播艺术家联合会会员何时在影片或节目中说出对白及如何将之演绎出来。

另外，一些特别的工会和协会中有一群特定的表演人员及演员，当中包括美国音乐家协会 (the American Federation of Musicians)、屏幕临时演员协会 (Screen Extras Guild) 及各种特技演员协会。

主要的技术人员工会包括国际戏剧雇员联盟 (International Alliance of Theatrical Stage Employees) 及美国广播工作及技术人员协会 (National Association of Broadcast Employees and Technicians)。[3] 这两个工会代表一大群从事不同职务的技术人员及其他非拍摄工作的制作人员，当中包括音响技术人员、编辑、宣传人员、剧本监督人员、化妆及发型师、戏服管理人员、服装设计师、戏服服务员、漫画家、道具管理员及摄影师。

有些制作项目还需要其他工会的技术及拍摄人员的参与：国际电工兄弟会 (International Brotherhood of Electrical Workers) 的电工、国际卡车司机协会 (International Brotherhood of Teamsters) 的驾驶员等，附录 C 详细记录部分其他工会的电话号码及地址。

184

7.3 协会及工会协议

先前已经提及，大多数协会及工会与制作人的关系，由一些经过双方共同商讨的、精心设置的协议所管辖。这些核心协议由代表表演人员、技术人员的工会，与电影与电视制片人协会及其他代表电影、电视行业雇主的组织经过多个月艰辛的谈判所得。如果谈判破裂或某些团体不满意对现存合约内容的修订，这些团体就可能发动罢工。这种情况曾在 1980 年发生，当时有演员发动罢工，令电视台的节目生产停了 10 个星期。1988 年编剧的罢工行动，也导致电视网节目制作出现的混乱情况超过 20 个星期。在 2000 年，美国演员工会及美国电视与广播艺术家联合会发动罢工行动，抵制电视广告的制作人，令广告制作停顿了数个月。在 2001 年，美国演员工会及美国电视与广播艺术家联合会及时在限期前同意新合约内容，成功阻止了一场一触即发，对电视和电影制作人的罢工行动。虽然事情得到解决，但也打乱了该年预定电视、电影节目制作时间表。

　　当谈判成功（这是经常出现的结果），双方便会制定一份全面的合约或基本的协议，规定工会会员及媒介制作人在各个方面的合作关系。例如，美国电视与广播艺术家联合会最近与企业类及教育类节目的制作人所订定的合约（美国演员工会所订定的相关合约基本相似）就包括了以下各点：

- 各项工作的最低工资（见图 7.1 的工资表样本）
- 加班、晚间工作、周末及假日工作的附加工资
- 所规定的养老金及健康保险
- 产品发行带来的其他额外收入（根据协议规定，在企业界及教育界市场的发行）
- 发放工资的期限，逾期发放的附加费及预扣所得税 (Tax withholding)
- 各类规则，用以规定在试听、彩排、演员挑选、化妆、试戏服时，表演人员的工资、权利及义务
- 服装费津贴（如果表演人员需要提供私人服装参与演出）
- 大量条款用以规定旅行及交通事宜（如旅途的工资、飞机意外保险规定、交通工具的种类及等级、旅程途中住宿支出）
- 个人意外保险及财物损坏保险的规定，以保护表演人员在受雇佣期间的安全
- 午饭小休、每日及每周休息时间的安排 [4]

　　当然，上述各项只不过是工会规章及合约全文内容的一小部分。例如，美国电视与广播艺术家联合会全国性公平作业规则（AFTRA National Code of Fair Practice）用于非广播 / 企业 / 教育类资料的就有接近 100 页。内容详尽至包括衣架的需要、储物室及专为相关协会演员在拍摄现场而设的座位、轻便床位。

　　有一点需要注意的是，协议里的工资及工作条件规定只是制作人在聘用协会成员的最低要求。协会的表演人员越是有才能，越是有经验，该演员（更有可能是其经纪人）往往要求制作人提供超过该最低要求的工资，以保障该演员在制作中的工作。若某个著名演员为电影及广播电视节目演出，超过最低要求的薪酬往往意味着制作人要支付这名演员 7 位或（为电影演出）8 位数字的工资，还要加上该产品的其他活动所带来的利润和收入的一定比例（如推销商品或商业的联合销售活动）。另外，还需要为该演员提供一个豪华更衣间、豪华

轿车接送服务及其他表演场地上及场地以外的各种福利设备。

图 7.1
工资表样本

以下是根据美国电视与广播艺术家联合会全国性公平作业法（AFTRA National Code of Fair Practice）用于非广播／企业／教育类录制资料而制定的最低"限度"的工资表。协会会员可以自由与相关人员商讨更高的工资，但有关人员却不能支付比这个最低工资还少的金额。电影、广播电视节目、互动式节目以及其他不同类型的产品皆有各自的工资表。

出镜类表演人员	第一类	第二类（单位：美元）
演出一天的表演人员（演员或特技演员）	420.00	526.00
演出半天的表演人员		
（只限 4 小时，并有限制）	275.50	342.00
演出 3 天的表演人员	1 064.00	1 839.00
演出一周的表演人员	1 485.00	1 839.00
（制片厂，一周 5 天）		
（只限通宵工作，一周 6 天）	1 634.00	2 023.00
演出类舞蹈，游泳和滑冰人员		
每天：单人／双人	378.00	471.00
每天：团体	316.00	396.00
3 天：单人／双人	905.00	1 132.00
3 天：团体	760.00	949.00
每周：单人／双人	1 509.00	1 886.00
每周：团体	1 266.00	1 582.00
歌手，每天		
单人／双人	423.00	526.00
团体	255.00	315.00
演员演唱	319.00	394.00
承包商：额外增加 50%		
主持／演讲人员		
第 1 天	769.00	911.00
额外增加的每 1 天	423.00	526.0
不出镜类表演人员		
演出一天的表演人员（旁白）第 1 个小时	346.00	385.00
额外的每半个小时	101.00	101.00
演唱人员，每个小时		
单人／双人	227.00	255.00
团体	151.00	171.00
演员演唱	189.00	214.00
承包商：额外增加 50%		

186

重拍，只限旁白表演人员	（单位：美元）	
整个剧本，第 1 个小时	346.00	385.00
整个剧本，每附加半个小时	101.00	101.00
部分剧本，在 60 天之内，每 30 分钟	188.00	188.00
临时表演人员		
一般临时演员	110.00	110.00
特技临时演员（包括替身，相片替身）	121.00	121.00
龙套演员	206.00	206.00
其他各项付费		
第 44 章　服装津贴		
主要演员（每两天更换 1 套服装）		
晚装	29.00	
所有其他的服装	19.00	
临时表演人员（按需要更换服装）		
第 1 次更换	17.00	
每次附加更换	6.00	
礼服等	28.00	
第 31 章　饭餐津贴		
早餐	11.00	
晚餐	29.00	
第 56 章　交通		
按里程计算的交通补贴	214/ 千米	

图 7.1
工资表样本（续）

187

　　* 美国电视与广播艺术家联合会的规章定义第 1 类制作计划的作品是用于"培养、告之、推广一个产品，或实施一个公关功能"，以及将作品在"教室、博物馆、图书馆及一些不用收取入场费的场地，向一些特定的群体展出"。第 2 类制作包括下列作品："其目的为了向消费大众售卖特定的产品或服务"以及一些与商品一起提供给客人的作品，以作为奖品或刺激物，或一些作品用于"(1) 在产品或服务售卖的地方，或 (2) 在公众地方如体育馆、火车站、机场或巴士总站或购物中心向大众消费展示"。请注意，支付金额较高的第 2 类作品的工资，代表相关制作人可以有权利将该作品用作第 1 类作品的用途。

　　最后，请注意到这些样本合约的条款，是从管辖协会表演人员参与企业及教育类的节目制作的协议中摘录出来的。协会及工会的会员参与其他类型节目的制作将由其他类型的合约所规范，而这合约可能在实质上与企业／教育类制作的合约完全不同。例如，美国演员工会管辖电影制作的协议便包括在戏院发行该影片，及售卖该影片的相关权利给有线电视台、家庭影片商及其他市场所得到的收入的补偿方案的详细资料。在企业／教育类制作节目的合约中这些条款相对没有那么重要，因为没有再使用及附加费用需要支付。只有在一些例外情况下，这些节目才会被发行至企业及教育界以外的市场。

7.4 关于协会及工会协议的一些误解

在前文提及过，制作人与协会及工会的关系并不简单。这些团体的谈判可能需要以月计，甚至数年的时间，而谈判成功后所订立的协议可以超过 100 页，当中包括了详细的条例与规章。如果制作人对相关工会的规章不太熟悉并产生误解，他们之间的问题则会变得更加复杂。举例说，很多制作人以为聘用美国演员工会及美国电视与广播艺术家联合会的表演人员，意味着他们必须同时聘请一个工会的摄制队。事实上，这两个工会的规章都没有订明，制作人聘请工会的表演人员时要同时聘用工会摄制队。特别是，一个企业的制作部门完全可以一边聘用自己部门的非工会会员的员工，同时聘请美国演员工会或美国电视与广播艺术家联合会的演员。反之亦然，该机构可以聘用工会技术人员的同时，聘请不属于两个工会的表演人员演出。虽然一些协会及美国电视与广播艺术家联合会的规章的确包括一些关于其他劳工组织的条款，但这些条款只不过是防止制作人惩罚一些赞同其他工会的合法的、准许的对抗制作公司的罢工行动的会员。

很多制作人同样误以为，当与美国演员工会及美国电视与广播艺术家联合会签了协议之后，他们只能聘请已成为这两个工会会员的表演人员。事实上，于 1947 年通过的《劳资关系法》(塔夫托－哈特莱法)，就防止了工会坚持要求制作人只可以聘用工会会员参与制作。大部分协会皆尝试设法在最大的程度上绕过《塔虎脱－哈特莱法》的限制，这主要是透过在与制作人签定的协议中，加入一些用字严谨如"工会企业"或"工会保障"的条款。以下一段文字属于美国电视与广播艺术家联合会全国性公平作业规章（AFTRA National Code of Fair Practice）用于非广播 / 企业 / 教育类录制资料的"工会保障"部分，很具代表性：

除非并且直到 1947 年劳资关系法中的工会保障条款被废止或修改，而容许更加严格的工会保障条款，否则的话，在协议期限内，制作人应该雇佣的对象只限于美国电视与广播艺术家联合会表现良好的会员或*在受雇日起 30 天内申请加入本会的人，并与这些人维持雇佣关系……（这些人）*因此需要维持一个良好的会员身份，以作为获继续聘用的条件。在这里，要遵守美国电视与广播艺术家联合会入会资格的要求，即要缴纳入会费及其他不同的费用的要求。（斜体字是作者的特别强调）

根据这一规定，已签署了这一规章的合约的制作人，可以聘用非工会（或非美国演员工会）的表演人员参与演出。但是，在 30 天之内，这些在制作中非工会会员的表演人员必须加入该工会或支付适当的工会入会费及其他费用。基于法律规定，表演人员不能因为将加入协会作为条件，而被迫加入这些协会，才能参与一些已签署了上述合约的制作人的制作。但是，根据前文的协议规定，如果制作公司已签署了这一合约，参与其制作的非工会会员的表演人员仍需要支付适当的工会入会费及其他费用。

从协会的角度出发，这些"工会企业"或"工会保障"的条款能够防止表演人员在相关的协会规章上享用免费午餐：即没有支付协会的会费及其他费用，却从规章中得到利益（最低等级的工资、工作环境条件、抚恤金及健康保障）。当然，从非协会会员的表演人员的角度出发，这些保障条款可以比较有效地促使他们加入相关的协会，因为即使他们决定不加入，他们仍需要缴付与会员费相等的款项给协会。因此，一些表演人员在这个处境之下，往往会基于理性或其他原因选择成为完全的协会会员。

那些与协会签订了合约的制作人需要注意，他们需要同等对待所有参与制作的表演人员，即使是非协会会员也要与协会会员一样。这就是，他们需要支付非协会表演人员至少最低"等级"的工资，并根据协会规章的规定，为抚恤金及健康保障作安排。另外，美国演员工会及美国电视与广播艺术家联合会的企业 / 教育类制作规章中的工会保障条款，特别列明了赔偿条件。如果已与这些协会签署了合约的制作公司，雇用了一些非这些协会的表演人员，而他们又没有遵守工会的保障规定，制作人便需要支付这笔赔偿。

189

也就是说，只要制作人愿意向协会支付罚款，已与这些协会签署了合约的制作公司可以雇用一些非协会的表演人员，这些人在限期之内也无需申请加入协会。

最后，美国演员工会及美国电视与广播艺术家联合会的规章为某些表演人员的聘用规定提供豁免，包括一些扮演自己的人（如一个行政总裁在一个企业类影片中扮演自己）、没有对白的临时演员及其他军事人员。这些就是一些可以获得豁免的表演人员。因此，制作人若打算行使豁免权，需要查阅现行相关的协会规章，以保证他们所聘用的特别表演人员符合协会的豁免规定。

制作人绝对不能盲目地处理协会与工会的规章事宜。另外，制作人不能被误解及谜团所误导，而令本身已存在的规章的危险性与复杂性不断扩大。当你对这些规章的实际内容存有怀疑或你需要解答特定条款的问题时，要求相关的协会或工会给予你一份相关协议的复印本。若你依旧对规章的内容及其对你与你公司的影响存疑时，找一个熟悉这些现行规章的律师，咨询他的意见。

190

7.5 签字：成为美国演员工会及美国电视与广播艺术家联合会的签约人

要成为一个美国演员工会及美国电视与广播艺术家联合会的签约人，你需要事先索取一份相关规章的复印本，并把一份已签署的复印本交还协会或联合会的办公室。如果你正准备制作企业或教育类节目，你便需要签署前文讨论过的企业／教育类制作的协议。不同的规章管辖不同种类的节目，包括影片及广播电视节目的制作。

大部分的协会规章有效期长达数年。签约后，你便要遵守双方协议中的条款直到它逾期失效。然后，你可以选择签署最新的协议文本（假设美国演员工会及美国电视与广播艺术家联合会和电影与电视制作人协会已经进行谈判，并达成共识），或者你拒绝签署，恢复为一个未签约人。[5]

所有协会及工会的合约都详细列明了其会员聘请及雇用的要求。其中部分重要的规定在下面章节加以概括。

7.5.1　雇佣

　　在这一章前文提及过，美国演员工会及美国电视与广播艺术家联合会规章并不要求已签约的制作人只能聘请协会成员。当你准备聘请协会演员时，这两个协会的规章要求你优先聘请一些居住在"优先区域"的演员，这个区域由距离制作场地 80.5 千米以内范围至 483.1 千米以内范围，而特定大城市的"优先区域"的实际大小亦在规章中清楚标明（亚特兰大的是 120.8 千米，洛杉矶的是 483.1 千米）。这两个协会的规章也包括了试演及聘用程序的一些基本法则。演员必须真正获悉试演的时间与地点以及试演必须在合适的条件下进行（例如，演员必须得知其所演角色的所有资料，在试演时剧本已经准备妥当）。再者，那些规章特别注明，对制作人来说，怎样构成一个确实的聘用或一个聘用的保证。

191

7.5.2　工作条件

　　在主要协会的规章中，有大部分内容用以规定一些管辖其会员工作条件的条款。如果工作条件不符合双方合同的规定，表演人员有权拒绝演出，或拒绝提供应有的服务。

　　协会的工作规则中，一部分是一般的规则并适用于所有会员。而另一部分，则是特定的规则并只适用于某类演员。例如，美国电视与广播艺术家联合会全国性公平作业规章（AFTRA National Code of Fair Practice）用于非广播 / 企业 / 教育类的内容，包括很多要求制作人为所有参与其制作的会员提供合适的工作条件的条款，同时也包括了一些附加规定只适用于舞蹈演员、演唱人员及其他特定类型的表演人员。例如，特别为舞蹈演员工作条件而设立的规定，当中便包括"编舞舞蹈演员跳舞的地板必须具有弹性、是柔韧的及平坦的，并需要每天最少打扫一次及以'消毒药水'拖洗一次"。

　　如果你有一个制作项目需要与协会合作，在排演及开拍之前，你需要弄清楚适用于该制作计划的，那些相关协会规章对工作条件要求的规定，特别是与员工健康及安全有关的规定。否则的话，你的制作计划便会因表演人员向其所属的协会投诉而受到阻延。

7.5.3　工资与演员标准合同

所有协会及工会的规章都包括了为演员订立最低工资等级表（请参见图7.1）。此章稍后部分将会讨论，如果制作项目有协会会员参与，那这个最低工资表同样适用于协会会员及非协会会员。就是说，在一个制作项目中，若这个工资表可以适用于最少一个演员身上，那这个标准就适用于在这个制作中所有专业的表演人员。

正如前文所述，这个为不同类型的协会表演人员所订立的最低工资等级表中所列的工资，只是一个制作人必须要支付的最低工资。个别的表演人员可以，也经常会与制作人商讨一个比最低工资高的工资。如果一个制作人认为某个表演人员的才能与经验值得获得一个高于标准的工资，那这个工资规定需要在双方的合同中特别订明。

美国演员工会及美国电视与广播艺术家联合会提供了标准的合同格式以供制作人根据工资表在聘请其会员时使用。若制作人支付高于该标准规定的工资，可以将这个格式略加修改以制定双方合约。图7.2的文件是一个企业／教育类制作的标准合同。修改标准合同只能在下述情况下进行。首先，修改是基于演员的利益而做出的（例如，一个演员不能接受低于该标准规定的工资），以及双方白纸黑字表示同意这一修改。如果制作人以个别的、非协会格式合约的形式聘请表演人员，相关的协会可能要求在合约中加上一些条款，用以确保制作人及表演人员皆受现行的协会规章中的条款所管辖。当然，为了演员的利益而对个别协议中的某些条款做修改不在此列。

7.5.4　付款方式及报告

根据大部分协会规章规定，制作人以协会会员的名义直接向协会缴付养老金及健康保障的供款。在某些情况下，制作人会直接将受聘的协会会员的工资支票送到协会，再由协会将支票送到会员手里。

没有得到美国演员工会的预先同意，艺人不能放弃这工会合约的任何部分

美国演员工会
标准雇佣合约
企业 / 教育类影片或录像节目

这合约订立于第——日——（月），19——，由————，制作人，以及————，表演人员，订立。

1. 服务 – 制作人聘用演员，并且该演员也同意在 1 个节目中演出 / 该节目暂定名称为 _____，该演员演出剧中的角色为 _____，该剧以 ____（客户）的名义制作。

2. 种类 – 指出节目首要及最初用处
　□第 1 类（企业 / 教育）

　□第 2 类（售卖点广告，包括第一类）

3. 客户数目 – 指出节目客户数目
　□单一客户
　□多个客户

4. 期限 – 表演人员的雇佣期是一个连续期间，其开始时间由 ____，19____，并连续直至该角色的拍摄及记载工作完成。豁免（只适用于演出 1 天的表演人员）– 表演人员可能被解散及召回而在此期间并不会获得任何薪金，除非在聘用期间表演人员获得一个确实的召回工作日期。如果有，表演人员确实被召回的工作日期为 ____，19____。

5. 报酬 – 制作人聘请表演人员为：_ 出镜的表演人员　_ 不出镜的表演人员　_ 出镜的主持人 / 演讲人员
　□演出 1 天的表演人员　　□演出半天的表演人员（有相关限制条款）　□演出 3 天的表演人员　　□演出 1 周的表演人员
　□舞蹈人员，单人 / 双人　　□舞蹈员，团体　　　　　　　　　□演唱人员，单人 / 双人　□演唱人员，团体
　□演唱人员，演员演唱　　□一般临时演员　　　　　　　　　　□特别技能临时演员　　　□不出声的小角色临时演员
　制作人必须于不迟于员工受聘后的 30 天内支付薪金
　　出镜费 _____ 每 □1 日 □3 日 □1 周
薪金为
　　不出镜费 _____ 演出第一个小时，_____ 其后每附加半个小时

6. 加班 – 所有超时工作费用必须以表演人员合约规定的完整工资比率计算，直至协议的上限为止（不设次数）。
　直接按时的比率为按演出 1 天的表演人员的工资的 1/8、演出 3 天　表演人员的工资的 1/24、演出 1 周的表演人员的工资的 1/40 计算。
　相当于原工资标准 1.5 倍的工资（Time-and-one-half rate）– 按每小时计算（1.5× 标准工资）
　双倍工资 – 按每小时计算（2× 标准工资）
　请参阅基本合约的第 32 章以获取更多关于演出 3 天及 1 周的表演人员的直接按时、相当于原工资标准 1.5 倍及双倍工资的计算工资方法的详情。

7. 每周折算率（Weekly Conversion Rate）– 请参阅基本合约的第 32 章
　以获取详情（只适用于演出 1 天及 3 天的表演人员）。
　表演人员的每周折算率为每 1 周 _____。

8. 支付薪金的地址 – 表演人员的工资需要送至 _____。

9. 额外使用的附加补偿 – 制作人可以取得以下的额外使用权，只需要支付所标明的费用。（查看下列合适的选项）请参阅基本合约的第 7 章以获取收费详情。

	在 90 天之内 （演员总收入）	在 90 天以后 （演员总收入）
□A. 有线电视，3 年	15%	65%
□B. 非电视网电视，无限次数	75%	125%
□C. 剧院，无限次数	100%	150%
□D. 外国电视台播放，在美国及加拿大以外，无限次数	25%	75%
□E. 与其他作品整合和 / 或改编	100%	100%
□F. 在该行业对作品的销售和 / 或租赁活动	15%	25%
□G. 对上述 A、B、C、D、E、各项权利的整批交易	200%	不适用
□H. 第 2 类（只限第 1 类节目用于现场广告）	50%	100%
□I. 节目只用于政府服务	40%	不适用
		实际总收入的 %

非广播电视，剧院及外国电视播映权
　J. 电视网（只适用于先前已经与美国演员工会商讨并获得许可）
　　□表演人员并不同意其演出的作品由电视网供货商使用。
　K. 收费有线电视（只适用于先前已经与美国演员工会商讨并获得许可）
　　□表演人员并不同意其演出的作品由收费有线电视供货商使用。

10. 出售和 / 或出租节目给公众 – 制作人可以取得出售 / 出租权，只需要支付相关人员的总工作日数工资的额外的 200%。

11. 戏服 – 如果主要表演人员使用自己的戏服，每使用两天或当中的部分时间，以下的收费便适用：基本的戏服 _____（最低 18.00）；晚装及礼服 _____（最低 28.00）临时表演人员的服装费用，请参阅基本合约。

12. 特别条款 –

13. 一般规则 – 所有美国演员工会的现行基本合约的条款及条件将适用于上述的聘用。

制作人 _____　　　　　　　　表演人员 _____
　　　　签署　　　　　　　　　　　　　签署（若未成年，由家长或监护人代签）
由 _____　　　　　　　　　　社会保险号 _____
　　　名字及职位
地址 _____　　　　　　　　　　地址 _____

请注意：表演人员必须填妥附加的 W-4 表格

图 7.2
美国屏幕演员工会标准雇佣合约样本

大部分协会要求制作人将其会员的雇佣合约复印件送交至协会的办公室。另外，制作人也需要将不同的表格及报告送交至协会办公室。首先，任何有协会会员参与的制作，其制作报告必须送交协会。该报告必须注明以下各点：

- 主要制作机构的名称及赞助该制作计划的赞助商名称
- 制作中所聘用的表演人员的姓名
- 节目或影片类型（例如，企业类节目的录像带、专题电影、电视广告）
- 排练及录像合计时间
- 其他不同类型的信息可让协会监控及了解该制作计划

部分协会及工会同时要求一份记录了健康保障及退休基金供款情况的独立报告。根据主要协会的现行规章，健康保障及退休基金的供款额为表演人员在一个制作中所赚得工资的13%，这工资计算不包括特定开销及津贴。

个别演员或许需要递交其各自的报告给协会相关的办公室。这些报告的内容与制作人递交协会的制作报告内容大同小异。递交这个报告的责任完全在演员身上，制作人只负责在完成的报告上作草签。

准时送交相关的制作报告及表格是书面工作中的首要任务。根据各个协会及工会的规章，没有在限期之前递交所需要的报告可被视作为违反合同，如果没有及时处理好，可能会引致罢工行动、遭到罚款，或二者同时进行。在大部分情况下，协会及工会为这些所需要的报告提供固定表格格式。

7.5.5　承担协议

当产品制作完成后，制作人往往会把完成作品中的所有权，作为发行交易或类似安排的一部分，转让至第三方。若该作品有相关的协会会员参与制作（即存在一个持续的支付工资责任），这一权利的转移，需要由协会根据购买人的财政承担力来进行批准。因此，大部分协会要求在买卖双方所定的协议中包括承担协议 (assumption provision)，如图7.3所示。这些协会坚持这个保障性做法是为了保证，这些对协会会员担负了与制作人一样责任的发行商或其他机构，在财政上有责任及在合约上有依据地，必须履行这些责任。

194

图 7.3 美国演员工会的承担协议

_____（承买人的名字）在此同意（制作人的名字），在这个协议中的所有节目，受到制作人－美国演员工会 2002—2005 的企业及教育类制作合约所管辖。该承买人明确同意，为了美国演员工会及其会员的利益，支付所有在该合约列出的工资及费用，以及所有的社会保障、预扣所得税 (withholding)、失业保险及伤残保险的供款，并为美国演员工会－制作人的养老及健康保障计划作出合适的供款，而这些供款及工资是按照该合约的条款缴付的，而承买人需按合约其他条款的规定以使用该节目及准备所需的纪录及报告。承买人也需要明白及同意，承买人对该节目的使用权是受到规管及有条件的，承买人需要根据该合约规定，及时向表演人员支付相关的薪酬与费用。假若承买人没有支付相关的费用或薪酬，本协会，以参与演出的表演人员的名义，将可以获得授权，以强制解除这一使用及相关的权利。

7.6　再使用费用 (Reuse Fees) 及剩余使用费用 (Residuals)

195

所谓再使用或附加销售费用是指当协会会员所参与制作的产品在其他制作项目中再次被使用，或为某个市场而制作的产品在另一个市场发行（例如，一个为电视网制作的节目，在有线网中播出），便产生了再使用或附加销售费用，这是付给协会会员的补充性的、往往是一次性的报酬。而剩余使用费指的是当协会会员参与制作的节目每一次重播或向公众展示，付给协会会员的补充性酬劳。例如，根据美国电视与广播艺术家联合会及其他电视网制作人之间的协议规定，每一次当所制作的节目"在电视网重播"，制作人便需要向参与的表演人员支付剩余使用费用，这个费用的计算是依据表演人员参与演出固定工资的一个可变的百分比。

根据不同种类的制作产品，附加费用的问题可以变得非常棘手。特别是随着新兴技术提供更多的途径以发行节目，以及协会不断施加压力要求制作人为附加使用的行为提供额外补偿，再使用及剩余使用费的事宜越来越复杂。事实上，近年来美国演员工会及美国电视与广播艺术家联合会与电影、电视节目制作人之间的争论中，将产品卖给第 2 个频道 (secondary channel)，比如家庭电影频道，其中的剩余使用费及额外使用的酬劳问题，为最核心的问题。

7.6.1 用于企业及教育类制作的再使用费用 (Reuse Fees) 及剩余使用费 (Residuals)

再使用及剩余使用费在非广播性的企业及教育类节目中相对比较简单直接。根据现行的美国演员工会及美国电视与广播艺术家联合会的企业及教育类节目的合约规定，企业及教育类节目可以分为第 1 类及第 2 类制作。第 1 类制作的产品用于"培养、告知、推广一个产品或履行一个公关功能"，以及将作品在"课堂、博物馆、图书馆及一些不用收取入场费的场地"，向一些特定的群体展出。第 2 类制作包括现场广告以及其他产品，其目的为了"向消费大众售卖特定的产品或服务"以及"在产品或服务售卖的地方作展示……或在公众地方如体育馆、火车站、机场 / 巴士总站或购物中心作展示"，或免费送给购买产品的大众作为赠品（例如，购买健身设备的人可免费获赠一个示范影带）。因为第 2 类制作作品是向公众展示的，所以根据最低工资表，参与这类制作的演员工资较参与第 1 类制作的高。如图 7.1 所示，根据美国电视与广播艺术家联合会 2002 年的工资表中列明，参与第 1 类制作的主要出镜演员基本工资是每天 423 美元，而参与第 2 类制作的主要出镜演员基本工资是每天 526 美元。支付演员上述工资之后，这些包含他们演出的作品便可以无限制售卖及使用，只要这些作品是根据其原先生产种类，并在这个范围内使用（即只要第 1 类制作产品是向一个培训团体展示，以及第 2 类作品是为了推广产品而发行，那么不论展示多少次或有多少第 2 类作品的影带被复制，制作人也不需要额外缴付剩余使用费及专利使用报酬）。

7.6.2 转变作品类型及其他附加用途

如果你制作的企业或教育类作品大受欢迎，并且你有一个机会，可以将这个作品超出原先的制作类型发行，那结果会怎么样？假设在 2002 年，你聘请了一个美国电视与广播艺术家联合会的演员参与一个培训类作品的制作，用在公司年度的销售会议上，介绍一个新的产品，这是一个第 1 类的制作。你聘请那个演员共 1 天的时间，作为制作中的主要演员，你发给他现行工资表中列出的第 1 类制作工资 423 美元。然而这个制作在销售会议上的效果非常好，推广部门决定将它放在售卖现场作展览宣传之用，这是一个第 2 类的制作。根据该会的合约条款规定，要得到该演员参与作品的第 2 类制作展出权，你需要额外支付他原来工资的 50%(如果你在这个制作主要拍摄工作完成后 90 天之内申请)，或额外支付他原来工资的 100%(如果你在 90 天后才提出申请)。

在一些特殊情形下，你需要这个作品的有线电视播出权，你要如何处理？该作品在有线电视播出 3 年的权利，需要你额外付出演员工资的 15%(在 90 天之内) 或工资的 65%(90 天以外) 作为再使用费。美国电视与广播艺术家联合会协议里列出了各项费用，包括在剧院演出、在美国及加拿大的非广播电视网播放、在外国电视台播出、出售或出租给企业、在收费有线频道播出、及其他各类型的额外发行。然而，该合约并没有列出该制作作品用于电视广播网，或用于制作影带或数码多功能光盘，出售或出租给大众的费用。这些不同的发行方式受该协会的不同规章条款管辖，而制作人在发行之前，需要事先向协会商讨并获得其同意。最有可能的是，若制作人向美国电视与广播艺术家联合会申请将制作作品在电视广播网播出或用于制作影带以作售卖之用，该协会可能要求制作人支付参与演出演员的附加酬劳及剩余使用酬劳。[6]

197

7.6.3　专题电影及广播电视节目剩余使用费用

如果你制作电影、播出类电视节目或电视广告，剩余使用费用将是这个制作的一个重要的部分。然而，正如刚刚提及，这个剩余使用费用由于新型电影及电视作品发行渠道而急剧变化。这些发行渠道的日益发展，导致近年来剩余使用费用的规定越来越复杂——复杂到本书难以一一尽数。例如，按一个著名演员与电影制片人的合同规定：当影片在剧院播出，该演员可以得到这收入的一个百分比作酬劳；当影片作家庭影片售卖时，表演人员可以得到这收入的另一个百分比作酬劳；当影片在电视网播放，演员也可得到这收入的另一个百分比作酬劳。合同还可能规定，当影片售卖给有线电视网、广播电视节目辛迪加市场及全球发行时，表演人员可以要求制作人支付相关的剩余使用费用。

现行的美国演员工会及美国电视与广播艺术家联合会的规章特别规定了演员参与剧院上演的影片、广播电视节目及其他相关类型的制作的剩余使用酬劳。一般情况，剩余使用费用被计算入发行及宣传的开支，而不是计算入制作开支。即使如此，任何参与制作商业电影或电视节目计划的制作人都需要注意，要确保手上的协会规章中关于剩余使用费用规定是最新及现行的，特别是如果制作人在该项目中处于协议一方。要做到这样，最佳的方法是索取及阅览相关规章的复印件。

7.7　当你是非签约方时与协会会员合作

试想你置身于这一情况：你是一个独立的制作人，正准备开拍一部企业类的影带，并将会送到一些主要商业机构的经理手上。你没有与任何协会签下任何合作协议，但在你的构思中，剧中担任主角的那个女演员是美国电视与广播艺术联合会的会员。你真的想聘请她担任主角，你要怎样做才可以聘请她？

当然，其中一个选择就是立即与该协会签订现行的非广播、企业及教育类节目制作的协议，使你成为一个已签约的人。然而，你力图放弃这个选择，因为根据该协议规定，签约后这一次及日后所有制作将成为与协会合作的制作。

第 2 个选择是给予那个演员一些特别酬劳，要求她不可以将该次演出向其协会报告，以及在该制作的演员名单之中不会有她的真实姓名出现。但这个安排会令该演员处于一个困难局面，如果她这个做法被协会发现，她将可能受到协会处分。此外，该演员不一定同意这一安排，或者你宁愿光明正大处事的原因，令你放弃这第 2 个选择。

剩下只有两个选择：（1）你可以与第三方安排一份协会薪金服务合同，或（2）你可以与该协会签署一份单项制作协议，这两个选择将在下文探讨。请注意，虽然根据美国电视与广播艺术家联合会非广播／企业／教育类节目录制协议，这两个方法都可选择使用，但是并非在美国演员工会及美国电视与广播艺术家联合会的所有协议下，这两个方法都可选择使用。例如，第 8 章探讨的美国电视与广播艺术家联合会的互动制作协议就包括了单项制作协议书这个选项，但协会薪金服务合同则没有包括在可选择范围内。另外，哪些解决方法在可选择范围内会随着协会政策的改变、不同协会规章的失效以及再商讨修订而改变。如果你真的要选择上述的解决方法，在决定前必须询问相关的协会，在与你的制作相关的协会规章中，你打算使用的方法是否可行。

7.7.1　协会薪金服务合同 (Guild Payroll Services Contracts)

如果制作方不能够或不愿意承担雇佣和支付协会演员过程中的会计、文件和其他相关报告的责任，或者在当时情况下不能选择单项制作协议，那么第 1 个选择，安排一份协会薪金服务合同或薪金主合同就是比较合适的。以下是它的运作原理：作为一个没有与美国电视与广播艺术家联合会签定协议的制作人，你需要与一个已与该协会签约的薪金服务公司定下合约，使其作为你与该协会的中间人。为了赚取服务费用，那个薪金服务公司就成为档案上参与制作的表演人员的雇主。一般情况下，那个薪金服务公司将支付表演人员工资及负责所有协会规定的记录管理及报告工作，当中包括关于养老金及健康保障规定的供款及报告。而你作为一个制作人的责任，便是要遵守该协会相关的聘用及工作条件的规定。

7.7.2　单项制作协议 (One-Production Letter of Agreement)

第 2 个选择，签署一份单项制作协议，往往受一些有资源去应付协会的会计及递交报告要求的公司欢迎。这类公司包括没有与协会签约的大型商业制作机构及一些商业录像公司，其母公司可以提供必要的出纳薪金及簿记服务。签署单项制作协议书之后，在制作中，你便成为协会协议的签约人。签约人的义务只适用于该单一的制作，即使你有其他制作同时或在稍后时间进行，这份协议书对这些制作没有效力。当你履行及完成该协议的规定时，你的签约人身份也将同时完结。若要安排签署单项制作协议书，联络就近的协会办公室以索取这一份合约。签署这份合约不需支付任何费用。但是协会有时会限制单一制作人或单一制作公司申请签署这份合约的数量。

选择签署一份单项制作协议与选择安排一份协会薪金服务合同一样，你需要遵守所有适用的协会对聘请及雇用协会会员的规定。简单地说，在聘用协会会员参与这单一制作的相关规定上，你需要履行作为签约人的义务，但这义务并不意味着你日后的制作项目必须与协会合作。

7.8　美国演员工会和美国电视与广播艺术家联合会之外的协会和工会

这一章大部分内容集中讲述了与美国电视节目制作产业中两个主要的演员工会，美国演员工会及美国电视与广播艺术家联合会的合作详情。作为制作人，你有很多机会与其他工会或协会合作，特别是与导演、撰稿人、音乐家及技术人员相关的工会或协会。一般情况下，与这些工会或协会合作的相关协议架构与前两者大同小异。这些规章协议皆包括其会员的最低工资表及工作条件，以及当制作人未能完成及遵守协议条款时相应惩罚。

7.8.1　美国编剧协会与美国导演协会 (The Writers Guild of America and the Directors Guild of America)

美国编剧协会是一个代表电视及电影剧本写作人员的协会。美国导演协会则是一个代表导演及助理导演的协会。与美国演员工会及美国电视与广播艺术家联合会一样，这两个协会也与电影及电视节目制作人集体商讨协议。

除了一些美国演员工会及美国电视与广播艺术家联合会规章中的标准条款，这两个协会的规章也包括一些特别针对其会员需要的条款。例如：美国编剧协会的规章详细列出不同种类的，其会员可能要求完成的各写作环节的最低工资：策划案、故事大纲、故事、电影及电视剧本、重写文稿或其他类似工作。美国导演协会的规章则详细列明在基本合同中，其会员的工作种类及相应的最低工资：导演、小组制作经理、首席助理导演、主要第二助理导演、第二助理导演、额外的第二助理导演及其他的类似位置。

制作人若考虑聘用这两个协会的会员，需要联络这两个协会以索取现行的与该制作相关的规章。附录 C 详录了这两个协会的电话号码及地址。

7.8.2　美国音乐家协会 (American Federation of Musicians)

美国音乐家协会代表参与直播或录播电视节目的音乐师。包括参与电视台的综艺节目及颁奖典礼节目的音乐师以及为广播电视网、有线及非广播电视台录制乐曲时参与演奏的音乐人。与美国演员工会及美国电视及广播艺术家联合会一样，这个协会的规章特别列明，其会员参与各类制作时适用的最低工资表、剩余使用酬劳及附加使用酬劳。另外，该协会的规章同时包括工作时间及工作条件的规定，这些规定与美国演员工会及美国电视与广播艺术家联合会规章中的相关条款类似。

7.8.3　国际戏剧雇员联盟 (The International Alliance of Theatrical Stage Employees)

201

对媒体制作人来说，在所有协会及工会的规章之中，国际戏剧雇员联盟（IATSE）的规章最为复杂，因为该会的规章数量太多。处理这个协会的事务，意味着处理与不同机构的事务，每一个机构都代表一个不同的技术雇员团体以及每一个机构都有自己的规章。虽然，这里有基本的东岸及西岸合约以供参考，但不同团体的规章可以规定不同的工作时间、工资表及其他雇用条件。

其中一个在大多国际戏剧雇员联盟规章中出现的条款为"最少制作人员"(minimum crew) 条款，该条款规定在每个制作项目中，聘请该工会会员的最少人数。例如，用于美国东部电影拍摄人员的地方分会规章，国际戏剧雇员联盟规章本地 644 条 (IATSE Local 644)，列明了一个电视网节目制作系列中的一部分影片制作项目，制作人必须聘用一个首席摄影师、一个操作摄影师、第一及第二助理摄影师，以及一个固定机位摄影师。

不同的协会及工会的合同及协议可引致相当多的混乱，通过附录 C 列出的电话号码，你可以致电相关的协会或工会获得相关数据，进而判断与协会工会合作还是不合作，最乎合你的利益。若向工会或协会查询并未能提供协助，找一个熟悉现行协会工会规章合约，并且将你的利益放在首位的律师做咨询。

小结

- 与协会及工会合作制作，有什么主要的好处与坏处？与协会及工会合作制作，最主要的好处就是可以在一批专业的表演人员及技术人员中选择最合适的聘用（因为大部分有经验的专业人员是协会及工会的会员，特别是那些在主要制作中心附近工作的专才），以及只要你遵守与协会及工会的协议规定，你便可以免受罢工及其他工会行动的威胁。部分制作人认为，与工会协会合作的制作计划中，在工作开始之前，大部分的基本法则都会有计划安排，协会及工会的规章里严谨地包括了所有正规条款的详细细节。与协会及工会合作制作，最主要的坏处包括需要支付制作人员及技术人员不低于或高于他们所制定的工资水平，以及工作条件必须严格遵守协会及工会的相关规定。在某些情况下，这些规章条款可能要求你向表演人员支付剩余使用酬劳及附加使用酬劳，以及聘用额外的技术人员以符合最少制作人员规定。

- 什么是劳工法的来源？在美国，两个主要联邦劳工法规分别为：《国家劳工关系法》（瓦格纳法）及《劳资关系法》（塔夫脱－哈特莱法）。美国国家劳资关系委员会主要负责执行联邦劳工法规的各项条款及确保工会与雇主之间有一个公正的合作。联邦劳工法规中一个重要条款为所有雇员皆享有加入工会的权利。该法规亦保障工会享有为其会员与雇主进行集体谈判，商讨双边协议的权利。另外，法规也禁止雇主用任何方法对合法的工会筹建活动制造威吓。

- 表演人员及技术人员有什么主要的工会？在美国，表演人员的主要工会包括美国演员工会及美国电视与广播艺术家联合会。其他代表创意制作专业人员的工会包括美国导演协会 (Directors Guild of America)、美国编剧协会 (Writers Guild of America)、美国音乐家协会 (American Federation of Musicians) 及临时演员协会（Screen Extras Guild）。主要技术人员工会包括国际戏剧雇员联盟 (International Alliance of Theatrical Stage Employees) 及全国广播工作及技术人员协会 (National Association of Broadcast Employees and Technicians)。其他技术或相关服务人员工会包括国际电工兄弟会 (International Brotherhood of Electrical Workers)、国际画家及手工艺技术人员联合会 (International Brotherhood of Painters and Allied Trades) 及国际卡车司机协会 (International Brotherhood of Teamsters)。

● 如果你打算与协会合作进行一个制作计划，是不是所有参与制作的表演人员都需要是协会会员？美国演员工会及美国电视与广播艺术家联合会不可能（根据美国劳工法例）要求你只聘用协会的表演人员参与制作。然而，这两个协会规章中的"工会保障"(union security) 条款却要求，与协会签约合作的制作中的非协会会员，在过了宽限期之后，一定要选择加入这些协会或交纳一个会员应付的工会入会费及其他费用。这些协会的规章同时要求，已与他们签约的制作人，给予居住在距离制作场地一个规定范围内的有经验的表演人员"优先聘用权"。

● 如果你聘请协会的表演人员，那你是否必须聘请协会的拍摄人员参与制作？这两个协会的规章中，并没有规定当制作人聘请协会表演人员时同时必须聘请协会的拍摄人员。例如，一个商业的录像制作机构聘用自己的内部、非工会会员作拍摄人员时可以聘请上述两个协会的表演人员参与演出。

● 一个没有与协会签约的制作人可否聘用这两个协会的表演人员参与制作？在特定情况下，一个没有与协会签约制作人也可以聘用协会的表演人员参与演出。例如，没有签约的工业或教育类节目制作人也可以聘请上述协会的表演人员参与制作，只要制作人与工会签署一份单项制作协议书，或在特定情况下与一些符合资格的公司协定一份协会薪金服务合约。在上述任何一种情况下，制作人需要负担与已签约的制作人一样的义务——但只限于那一个制作计划。

● 在一个与协会、工会合作的制作计划中，如果你违反了当中适用的规章条款的规定，将会出现什么情况？如果你违反了协会规章中的条款，你可能会被罚款或遭受行业罢工，或二者同时发生。行业罢工往往会出现在，当所违反的条款规定，会对在制作场地工作的工会会员的健康或人身安全造成明显的危害的情况下；或当所违反的条款规定，是某个制作人在制作中的某些问题的持续发展。

203

注释

1．协会规章列出了协会会员参与制作的最低薪酬及工作条件要求的规定。但是正如在这一章较后部分谈及，有经验的表演人员及其他专才可以，也往往与制作人商讨一个高于这些最低规定的待遇。

2．在很多情况下，美国演员工会及美国电视与广播艺术家联合会，需要与电影与电视制片人协会商讨"孪生"协议。例如，美国电视与广播艺术家联合会全国性公平使用规则用于非广播／企业／教育类录制数据与美国演员工会的企业类／教育类节目合约基本上是相同的内容。在一般情况下，美国演员工会代表了参与电影制作计划的表演人员（例如，专题影片、每周电视频道影片、已拍成影片形式的电视节目），而美国电视与广播艺术家联合会则代表参与电视节目影带录制或"现场直播"节目的表演人员。在这个版本的制作人媒介法 (Media Law for Producers) 准备出版之际，上述两个协会进行投票否决一个争议很大的建议方案，该方案建议将两个协会合并以组建成国际媒体艺术家联盟 (Alliance of International Media Artists)。支持与反对的票数相当接近，合并建议的支持者计划将继续其行动。

3．作为 1990 年的合并行动的结果，很多参与遥距的及非广播节目制作的全国广播工作及技术人员协会会员加入国际戏剧雇员联盟。

4．协会及工会的规章对工作及休息时间备有关的规定，这些规定近年来越来越严谨，因为发生了数起交通意外及其他突发事件，当中涉及了一些因长时间工作而精疲力尽的协会及工会会员。一些协会及工会现在推动更加严格的工时限制，适用于一些需要连续工作 24 小时及数天的会员。

5．你不一定需要成为一个已与协会签约的制作人，才能够聘请协会表演人员。如需要更多数据，请参阅这一章的"当你是没有签约的人时与协会会员合作"部分。

6．美国电视与广播艺术家联合会的规章亦详细列出费用，当制作人在其日后的制作中使用或整合其协会会员有份参与的制作作品。

走进多媒体：与互动产品相关的法律问题

许多电视或音像产品的制作人，由于本人自愿或工作需要，开始涉足两个逐渐普及的互动式或多媒体产品领域：互联网站点以及多媒体只读光盘或数字光盘（CD-ROM, DVD-ROM）。时至今日，只要是超过 5 个雇员的公司（有些更少），都会有自己的网址，用于促销，营销和销售。另外，许多过去通过录像带发行培训和营销节目的企业宣传片制作机构，现在都被要求将影片压制成 CD 或 DVD 格式，以便让公司雇员和顾客在自己的工作平台上使用该节目。在某些公司，这种将娱乐性和激励性素材采用新的电脑格式制作的需要，导致了企业宣传片制作部门（他们是制作有效的影片素材的常驻专家）和企业数据处理或网络部门（他们是熟悉计算机技术和网络技术的常驻专家，确保最终的产品能够在不同计算机上准确运行，并且为产品通过网络发布提供技术保障）的联姻。

本章将讨论由于使用这两个节目平台所引发的几个重要的法律问题。在大多数情况下，那些规制传统媒介产品的基本法律原则也适用于新的互动产品的生产。比如说，与企业宣传片制作人一样，那些从事网站运营的个人也必须与制作或提供网站素材的关联方签订合同，从出现在网页中的个人那里获得适当的豁免，并且检查可能存在诽谤言辞的网页。但是，由于网站是一个全世界任何人都可以接触的产品，那么它所引发的问题，就不仅仅是一个本地发行和播出的音像节目问题所能概括的。比如说，有几段言辞在美国受到宪法第一修正案的保护，并不视为诽谤，但是当英国或其他国家的居民将其从网站下载，而这些国家对新闻自由的宪法保护有所缺位，诽谤法给予媒介的保护较少，那么该言辞就会被认为是诽谤。

本章的其他部分将关注使用 CD 或 DVD，以及运做网站两者之间的法律区别。下面的讨论基于一个前提，就是你对前文所介绍的媒介法基本原则比较熟悉。除非特别指出，这些原则同样适用于 CD 或 DVD，以及网站的使用和发布。

8.1　开发多媒体只读光盘（CD–ROMs）

典型的只读光盘包括某个互动演示的驱动程序、静态影像、声音、以及文本，它们由计算机的基础代码排列和控制。本部分将讨论你在将这些部分合成为一个产品的时候，会遇到哪些法律问题。我们所讨论的基本原则也适用于 DVD 的使用，DVD 是另一种逐渐盛行的互动发行模式。

8.1.1　CD-ROM 开发协议

CD-ROM 开发仍然由相对专业的企业进行，这些企业既具备必要的图像和图形技术来创造顾客所需要的有吸引力的内容，也具备计算机程序技术保证这些图像能够流畅展示。由于录像和电视制作人一般缺乏将这些专门技术结合在一起的条件，许多 CD-ROM 的制作都是在外部开发机构的帮助下完成的。

如果你使用外部的开发机构制作 CD-ROM 或者 DVD-ROM，你与这些机构的关系应该通过合同来确立，该合同的样本见图 8.1。与第 3 章所示的制作合同样本的范围类似，图 8.1 的 CD-ROM 开发协议确定作为第三方的开发者的责任，包括开发者什么时候提交 CD-ROM 的不同部分和版本，谁拥有这个完成产品，开发者的酬劳什么时候支付，数额多少。另外，如制作协议一样，CD-ROM 开发协议如样本所示，应该包括一个"职务作品"的协议，所有在本 CD-ROM 开发期间提供服务和素材的个人（除开发机构的雇员之外），都应该履行此协议。

由于 CD-ROM 的开发在技术上比制作传统的录像产品更加复杂，因此，CD-ROM 开发协议包含了传统制作协议所不需要的概念、前提和条件。比如在第 5 段中，要求开发商为合同公司提供技术支持文件，以便公司在收到那些由于计算机的配置不同，导致 CD-ROM 不能运行的投诉时能够给予回应。另外，由于开发者在制作 CD-ROM 过程中，经常使用由第三方授权的制作工具和软件程序，CD-ROM 协议第 6.3 段要求开发机构提供权利证明它可以使用这些制作工具和软件程序来制作本协议中的 CD-ROM。在 CD-ROM 协议的 "定义" 和 "重要环节的日程" 部分应该设定，开发方应该有机会和时间进行技术测试，并且为 CD-ROM 的 ALPHA 和 BETA 版本进行调试或纠错（debugging）。

图 8.1 所示 CD-ROM 协议与第 3 章的一般制作协议还有一些区别值得一提。首先，虽然两个项目都是基于 "职务作品"，一般制作协议所考虑的既包括一系列固定的支付方式，还包括销售量超过 1 000 个单位的版税的可能补偿，而在 CD-ROM 协议中，只有固定支付没有可能补偿。这种区别来自于项目的制作特性，而不是录像带和 CD-ROM 的天然区别。一般制作协议中的录像节目销售给一般公众（因此要考虑到与销售量相关的版税问题），而图 8.1 中 CD-ROM 是属于内部发行（因此与版税无关）。即使完成产品的拷贝被销售给一般公众，对 "职务作品" 项目来说，非常普遍的情况是，他们完全属于定额付款方式，不会给制作单位版税或其他的可能性补偿。

最后，CD-ROM 协议包括一些源代码的考虑。在传统的线性音像产品制作中，"你看到的东西就是你得到的东西"。就是说，你仅仅通过收看视频就可以检查完全作品的所有问题，并且你可以通过调整、移除或者增加素材的编辑手段进行必要的修改。但是，这种 "后 - 后制作" 就 CD-ROM 这种互动产品来说更加困难，因为问题可能隐藏在使用者与产品互动时，经由的大量路径之下，那么修正问题就意味着修正决定这些路径的基础计算机代码。一般而言，这类修改由计算机程序员来进行，他们能够进入源代码：可读的基本计算机代码 。[1] 由此，源代码对完全 CD-ROM 产品而言是十分重要的组成部分。一些 CD-ROM 开发人同意，如图 8.1，在制作的各个阶段提交的产品中，都包括最近版本的源代码，如果开始的合同人不能完全履行工作，其继任者才有可能继续完成。

8.1.2　芯片、版权以及 CD-ROM

第 4 章中，我们阐述了所有媒介制作人都应该记住的版权法的两个基本原则：（1）总是以为素材可以受到版权保护（比如文字产权、影视素材、照片和音乐）并且确实受到版权保护，[2] 以及（2）不要以为你可以不获得版权拥有者的许可就使用版权所有的素材，即使你只想使用一个简短片段。

本协议（"协议"）于 2002 年 12 月 20 日，由 VoiceTech Industies 有限公司，一家密苏里州的公司，公司地址是 7000 Walnut Street，密苏里州堪萨斯市 64106，和 Inter-Act 有限公司（"公司方"），一家德克萨斯州的公司，公司办公地点位于 204 East 7th Street，德克萨斯州奥斯丁市 78701（"开发方"），就一个互动软件项目（由附件 A 确定，本处表述为"项目"）达成协议。公司和开发方达成如下共识：

1. 某些定义

"Alpha 版本"的意思是本项目的一个版本。它的所有代码、图像、导航路径，以及制作工作的 90% 已经完成，其他剩余部分的制作已经充分考察，但是还没有进行全面测试和纠错。

"Beta 版本"指的是项目的完整和可运行版本，开发方应该通过公司方认可的潜在顾客的有限使用对其进行测试、缺陷跟踪和验收实验。

"公司产权"指的是公司所拥有，控制和特许的所有知识产权涵盖的作品，并且在本协议第 6.4 规定之下的公司所同意在项目中使用和包含的作品。这些作品包括却不仅限于任何和所有声音录音、音像作品、音乐作品、文本、歌词、照片、图片、动画、软件以及文学素材。

"开发方产权"指的是开发方提供的所有作品，它们在项目中包含或使用。他们包括且不仅限于开发方和第三方的开发和制作工具，并且是知识产权的对象（ⅰ）由开发方拥有或控制的或者（ⅱ）由第三方给予开发方特许（"第三方素材"）。

"最终版本"指的是具有全部功能的最后的项目版本，完成了纠错和检测，确定不存在整合的问题，并且可以随时进行主盘压制、复制和发行给一般公众，而不需要再次调整和检测。

"知识产权"指任何和所有历史上存在的，现在和今后在美国和全球范围内生效的，在专利法、版权法、商标法、商业秘密法、不公平竞争法、著作人格权法、公开权法、隐私权法，以及任何和所有其他类似产权中体现的，包括任何更新、扩展和恢复中体现的权利。

"整合问题"是指（ⅰ）任何由于不能达到性能标准（performance standards）而出现的错误；（ⅱ）任何由于不能与项目运行平台的软硬件相匹配导致的错误；（ⅲ）项目的图像和功能在运行平台上不能持续和无间断地运行；（ⅳ）项目说明存在任何误解和错误，以及（ⅴ）公司有理由认定的任何其他对使用、性能、运行能力和市场能力造成负面影响的错误和缺陷，以及单纯由复制和／或拷贝生产所导致的媒介缺陷，从而造成的整合问题。

"性能标准"是指功能、特征、目标、规格和其他在本协议中要求的项目标准，以及／或附件 A 中附录的项目规格。

"项目"是指开发方按照本协议提供的一系列成果及过程，在计算机程序中开发方产权（如果有），以及艺术家 / 公司产权应该以 CD-ROM 的格式出现，其包含并不仅限于任何和全部与计算机程序一起提供给一般公众的包装、图样、手册和其他东西。

"源代码"指的是本项目所有源代码，包括（ⅰ）用普通计算机语言写的项目程序代码，以及（ⅱ）用任何第三方开发和制作工具的脚本语言所编写的程序脚本和宏。

"第三方材料"指的是下述文字材料，来满足公司方在 6.3 部分的要求：（ⅰ）所有和全部第三方素材的附件表，这些素材与项目中包含和使用的部分相关，（ⅱ）开发方拥有使用第三方素材的权利证明材料，以及（ⅲ）"职务作品"的合同。

"作品"指 6.1 部分使用的含义。

2.　开发协议
2.1 开发服务；提交。开发方应该（ⅰ）按照性能标准的要求尽最大努力做好项目的设计和开发工作；（ⅱ）按照附件 B 的日程，在相应的重要环节完成日或提前，完成和提交每一个重要工作，如果有的话，同时提前提交源代码的拷贝以及任何和全部相关第三方的材料；以及（ⅲ）提早告之公司方任何可能耽误项目进程的情况。

2.2 同意和接受。公司方可以自行酌情决定同意或不同意本项目的重要环节和任何部分。公司方在重要坏节部分送交后的 15 个工作日内，应该书面决定接受或拒绝这些重要工作，书面文件包括任何整合问题的报告以及拒绝的任何理由。开发方应该尽最大努力纠正公司方提出的任何问题，但是纠正的时间不能超过开发方收到拒绝后的 15 个工作日。本协议规定的公司方拥有权利的其他问题，包括 8.1 部分规定的权利，直到重要环节部分都被公司方接受为止，都应该按照公司方 2.2 所规定的进行。

3.　报酬。由于向公司方提供了以下的服务，产品和权利，作为全部和完全的回报，公司方将按照产品送达时间表，共付给开发方三万五千美元。

4.　名单和告示。如果开发方已经履行了他所承担的下述义务，开发方有权在项目的介绍名单中注明"由……开发"。公司方有权酌情同意或处理所有其他名单和知识产权说明的插入方式。

5.　技术支持材料和技术咨询。开发方应该向公司方提供完整的技术支持材料，并且应该在公司方难以解决问题的时候提供长期的合理的技术咨询，这些材料包括并不仅限于任何开发方产权。开发方应该提前解决公司方认定的任何不兼容的问题。

6.　权利和许可
6.1 权利的所有人。本协议任何和所有成果以及开发方的各环节服务，包括并不仅限于重要部分和源代码（"作品"）以及项目，都依照公司方的特殊要求，它们组成

图 8.1

CD-ROM 开发协议样本（续）

209

图 8.1
CD-ROM 开发协议样本
（续）

了所有相关版权法之下，向公司方所提供的"职务作品"。如果由于某种原因，根据任何相关版权法，本作品的任何部分、项目或者任何衍生作品被判定不能作为"职务作品"，开发方同意本协议形成一种在这些版权法之下，开发方任何和所有权利、所有权和权益，对公司方、其继承方和受让方不可变更的永久性转让。这里的版权涵盖不仅限于任何和所有世界范围的版权及其更改、扩展和重新获得，涵盖并不仅限于排他性的、世界范围的、不可更改的，以及／或者其他对本作品、项目，任何由此带来的衍生产品，以及任何前述部分的权利。即通过全世界任何和所有媒介和手段，永久的演出、展示、再制作、发行、制作衍生作品、使用、广告、促销、营销、销售、生产、展览的权利。另外，开发方在此转让、移交、受让世界范围内，所有语言的，所有本作品和项目及其衍生产品的其他知识产权给公司方。开发方在此放弃所有在全球范围被称作"著作人格所有权"或"作者人格所有权"以及其他任何类似的权利。

6.2 进一步资料。 开发方应该根据公司方的要求，实施、告之、递交，并且／或者记录公司方认为对证明、实现、履行和保护公司方权利必要的各种安排、资料或其他东西。开发方在此给予公司方下述权利，即作为开发方的代理人将开发方在实施、告之、递交和记录方面失误的任何和所有资料，向美国版权办公室或任何其他地方实施、告之、递交和记录。

6.3 开发方的特许权；第三方资料。 开发方给予公司一种非排他性的，不可更改的、永久的、世界范围的权利和许可，即通过全世界任何媒介和手段，演出、展示、再制作、发行、制作衍生作品、使用、广告、促销、营销、销售、生产、展览以及其他方式利用开发方的知识产权（包括但不仅限于第三方素材），只要是这些知识产权与项目及其衍生物有关，而不管是事先告之还是临时通知。开发方使用的第三方素材必须具备下述条件（ⅰ）获得公司的事前书面同意，以及（ⅱ）令公司方满意的，证明开发方拥有使用这些第三方素材权利的材料，包括再授权给公司从事与项目相关的使用的权利。开发方应该同时提供让公司方满意的项目使用第三方素材的目录。所有第三方素材的费用都应该包括在公司方在第 3 部分提供的费用之中。除非事先第三方签署了附件 C 中的"职务作品"合同，开发方不能进行任何第三方提供的与项目及其各阶段相关的服务。

6.4 公司方产权的使用。 除非获得了公司方事先的书面同意，开发方不能使用任何公司方产权。另外，开发方应该遵守公司方告之的关于公司方产权许可的时限和条件。公司方在此给予开发方，仅在本协议期限之内，有限的、非排他性的、不可转让的、用于开发本项目之目的的，使用公司方产权的许可。开发方无权将公司方产权再次授权或安排给任何个人和团体，公司方保留所有本处未提及的让渡给开发方的权利。

7. 代表权和保证；保障
7.1 限制。 第 7 部分的保证是仅与项目保证相关，并形成一个有限保证书。公司方和开发方否认存在任何和所有其他的保证，即包括而不仅限于为某一特定目的，表达或暗示一种可销售性和适用性的保证。除了 7.4 部分所规定的外，公司方和开发方不负责另一方或任何第三方任何有因果的、特别的、间接的或者附带的损失，

图 8.1

CD-ROM 开发协议样本
（续）

包括且不仅限于利润损失或其他经济损失（无论是因为违反合同还是侵权），即使双方被提早告之有产生损失的可能性。

7.2 开发方的代表权和保证。开发方代表并且保证（a）本作品在各方面都是个高质量的作品，不存在任何不整合的问题，符合性能标准；（b）开发方拥有、控制或者具有所有开发方权利，包括并不仅限于所有必要的知识产权，包括并不仅限于第三方素材的各种权利；（c）本作品为开发方原创，不可以被任何其他作品和素材，全部或部分复制或采用（除了为公共领域或公司方权利使用）；（d）不论是开发方产权、作品，或者是它们的使用，都不会侵犯或者违背任何知识产权或者其他人的其他权利。

7.3 公司方的代表权和保证。公司方代表和保证（a）公司方拥有，控制或者具有所有公司方产权的必要权利，包括并不仅限于所有必要的知识产权；（b）公司方产权及其使用不会侵犯或违背任何知识产权，或者其他人的其他任何权利。

7.4 补偿。由于违背行为或任何关于违背保证、代表权以及契约的赔偿要求，一方（"补偿方"）应该补偿并且保证另一方（"受补偿方"）在所有权利要求、赔偿、债务、亏损、花费或者任何事务（包括并不仅限于合理的代理费用）的损失上都不承担责任。受补偿方在没有补偿方事先的书面同意的情况下，不能处理任何上述事务，该书面同意不能够被不合理地扣留。

8. 终止；救济

8.1 终止。如果公司方违反了本协议任何内容，在发出书面通知的 15 个工作日之后，如果该情况仍然继续，开发方可以终止合同。公司方可以终止协议（i）按照本协议第 8.1（i），不需要任何理由，在至少 30 天前告之最后终止期限；（ii）如果开发方违反了本协议的任何内容，在发出书面通知的 15 个工作日之后，如果该情况仍然继续；（iii）如果任何重大环节的送交日期超出了约定完成期限 15 天，或者经公司方同意，超出了 60 天；（iv）如果开发方破产或者进行保护债权人利益的安排；（v）如果由于破产法，破产清盘法或债务者救济法，与开发方相关的程序已经开始，在 60 天内没有结束的；或者（vi）如果开发方被清盘或解散。

8.2 终止的影响。如果本协议被终止，除了任何救济之外，公司方和开发方应该（i）开发方马上向公司方提交所有完成或未完成作品；（ii）开发方停止所有对公司方产权的使用，并且马上归还公司方提供给己方的所有材料；（iii）如果按照 8.1（i）终止了合同，或者开发方依据 8.1 终止了合同，开发方无进一步的义务继续开发，而公司方也无进一步的义务支付任何重要部分的费用。此时，公司方将付给开发方终止前同意的重要部分的费用，不过有商定的话，公司方付给开发方目前一个尚未完成的重要环节的相应比例的合理费用；（iv）如果公司方按照 8.1（i）部分终止了合同，条款 6.1、6.2、6.3 中，包括并不仅限于公司在这些条款之下的权利和特许应该继续，而条款 6.3 中的公司方特许将终止；以及（v）7、8、9 部分的条件应该持续保留。

图 8.1
CD-ROM 开发协议样本
（续）

8.3 衡平法上的救济。开发方认识到，威胁性或者实质性地违背协议条款的行为，仅靠赔偿的救济是不够的，因为这种违背行为将造成公司方巨大的，即刻的，难以估量的损害和损失。由此，公司方应该能够获得除赔偿之外的强制性补偿（injunctive relief）或者衡平法的救济，当然该救济不能代替公司方按照本协议获得的任何救济性赔偿。开发方从公司方、继承和受让人处获得的任何权利和救济，在诉讼法中如果有，仅限于补偿损失。开发方在此放弃任何衡平法的权利和救济，包括并不仅限于要求退还或终止公司方对于作品的权利，或者寻求任何形式的强制性补偿。

9. 其他条款

9.1 转让。开发方不应该在事先没有获得公司方书面同意的情况下，转让协议的任何权利，取消本协议中的任何义务。公司方可以转让本协议及其权利给任何个人或团体，只要上述受让方书面接受这些义务，公司方可以解除对于开发方的义务。

9.2 机密性。协议各方同意不泄露在履行合同当中接触到的对方的机密信息和财产信息，除非这些信息是公开信息或提前获知，或者依据法律或行政诉讼程序的要求而披露。

9.3 管辖法律；裁决。本协议由密苏里州适用于合同制订的现行法律所管辖和解释。任何关于本协议的各方应该仅仅服从位于美国密苏里州堪萨斯市的联邦和州法院的当地裁决，并且同意任何上述法院就所有本协议引发的争议和权利主张而言，都是方便解决问题的诉讼场所和合适的管辖地。协议各方在此放弃他们所拥有的挑战上述唯一裁决和场所的所有权利。任何胜诉一方都可以获得本协议中他所要求权利实现之合理律师费和花费补偿。

9.4 独立承包人。协议各方都是一个独立承包人，本协议不能解释为协议双方的一个短期合营、合作、代理或者雇佣关系，协议各方也没有权利、权力或者职权代表对方形成任何明示或隐含的义务或者责任。

9.5 通知。依照本协议，应该或者可能发出的所有通知或者沟通，应该通过书面的、英文的形式，通过保证或挂号的邮资已付信件，要求回执收条方式送交；或者通过传真，电传或者电缆通信等方式；或者通过 24 小时商业承运人，并以收到签字为证；或者亲手送达。如果是采取传真、24 小时快递、电传或者电缆通信，这些信息沟通应该被认为是快速送出和接收；如果是亲手送出，那就是同时收到；如果是通过保证或挂号信，应该在 5 日内收到，并且应该将信件送达协议开头的各方地址，或者协议各方之后指定的其他地址。各方授权代理人不能质疑已经收到的任何通知的送达方式。

9.6 完全协议；修改或放弃。本协议包括所有附件，是各方协议和约定最终和唯一的表述，超越所有先前和同期的，关于本事项的书面或口头的，明示的或暗含的合同、表述和约定。除非协议双方书面签署，本处期限和条件不能被修改和放弃，协议也不能被修正。公司方可以酌情书面更改性能标准，重要部分的完成日期或者重要部分的款项支付，将按照开发方的实质性变化的影响而变化。本协议在传真或者亲笔签字后施行，并复制若干副本。

本文件为凭，立为法律依据，形成协议的各方将在其授权范围内，在协议期内负责地履行协议。

VOICETECH INDUSTRIES 有限公司　　　　　INTER-ACT 有限公司

姓名 _____　　　姓名 _____
职务 _____　　　职务 _____
日期 _____　　　日期 _____

附件 A
项目详细说明书

说明

　　本项目是一个互动的 CD-ROM，用来介绍和培训消费者或销售人员使用公司的语音识别产品。本项目在应用范围和结构上与本公司的其他销售 / 培训 CD-ROM 类似（这些产品的拷贝已经提供给开发方），并且应该包括图形、动画图像、声音以及文本。公司方人员将参与早期的制作会议，在脚本和草图设计方面对开发方进行协助。

技术性说明

最基本的技术要求：该项目应该可以在 Windows 3.1 或更高的平台上运行，并且具备下面最低要求：66MHz 处理器，16MB 内存，2×CD-ROM。

图形：屏幕 640×480 分辨率（14 寸屏）或者更低。最小分辨率：8bit，256 色。所有文本（除文本域）应该位图化。

图像：所有图像的压缩方式都应该采用为视窗提供的 QuickTime 形式，如果采用 AVI 或者 DVI 的形式，必须获得公司方的同意。数字化的图像不应该超过下述速率，除非公司方同意采用更高速率的图像。

- 单速包括声音应该 95k/s
- 双速包括声音应该 175～185k/s
- 三速包括声音应该 245～275k/s
- 四速包括声音应该 370～400k/s

声音：所有音乐应该至少 16bit，并且应用时为立体声。

图 8.1
CD-ROM 开发协议样本（续）

213

图 8.1

CD-ROM 开 发 协 议 样 本
（续）

214

附件 B
重要阶段日程表

重要阶段	完成日期	付款（单位：美元）
接受存盘和草图	03 年 1 月 13 日	7 500
接受原版	03 年 2 月 17 日	5 000
接受 Alpha 版本	03 年 3 月 17 日	5 000
接受 Beta 版本	03 年 4 月 14 日	5 000
接受最终版本	03 年 5 月 19 日	12 500

附件 C
职务作品合同

本合同于　　　由 [此处是合同第三方的名字]（"你方"）与 VoiceTech Industries 有限公司（"公司方"）之间订立，关于在 Inter-Act 有限公司（"开发方"）要求并监督之下的你方提供的服务，即开发公司培训用 CD-ROM，以及任何与此（"项目"）相关的或由此导致的事务所形成的协议。公司方和你方就下述条款和条件达成共识：

1. 你方应提供下述与项目相关的服务和 / 或产品：[此处说明这些服务和产品]，任何和所有与项目有关的成果，产品以及服务的收益，包括但不仅限于任何和所有前述结果，都是在下文中所指"作品"。这些作品是在开发方的指导下由你方提供的东西，应该服从于公司方和开发方从可行性出发所做出的判断，这些作品不应该包含任何淫秽内容。

2. 根据本合同，由于你方的服务被支付了全部的补偿，所以作品和所有权益都给予或转让给公司方，公司方将支付你方 [此处为支付的金额] 如下：[此处为付款一览表]。你方认可，第 2 段中公司方支付的补偿或者开发方代表公司方支付的补偿，对于本合同中你方的全部义务来说，是充分和完全的，令人满意的。

3. 你方认可并同意该作品是根据公司方的专门要求而做，并成为所有相关版权法中所谓的"职务作品"。如果由于某种原因，根据任何相关版权法，本作品或其部分被认定不能是为公司方所做的"职务作品"，你方同意本合同形成一种在这些版权法之下，你方任何权利，所有权和权益，对公司方、其继承方和受让方的，不可变更的永久性的转让，这里的版权涵盖但不仅限于所有世界范围的版权及其更改、扩展和重新获得。你方在此转让、移交、受让世界范围内，所有语言的，所有本作品和项目及其衍生产品的其他知识产权，给公司方、其继承方和转让人，这些权利包括但不仅限于所有专利权，发明权和商标权。你方在此放弃所有在全球范围被称作"著作人格所有权"或"作者人格所有权"，以及其他任何类似的权利。你方应该根据公司方的要求，实施、告之、递交、并且 / 或者记录公司方认为对证明、实现、履行和

图 8.1
CD-ROM 开发协议样本
（续）

保护公司方权利必要的其他文件。你方在此给予公司方下述权利，即作为你方的代理人，在美国版权办公室或任何其他地方，将你方在实施、告之、递交和记录方面失误的任何这些文件，进行实施、告之、递交和记录。公司有权按照自己的选择和考虑，使用你方的名字，类似物以及历史的信息，作为本项目的促销和广告或其他用途。你方同意公司方在使用任何给予公司方的权益和使用本作品上，不承担任何责任。

4．你方代表并且保证（a）你方拥有参与和履行本合同条款的所有权力和授权，并且有所有权力和授权去让渡本处所指权益；（b）你方没有并且将来也不会参与任何将要或可能对本合同条款造成干扰和冲突的协议或活动；（c）本作品是并且将是你方的完全原创，不会被任何其他作品全部或部分复制，除了那些公共性素材或者公司提供的素材；以及（d）就你方所知，本作品及其使用不会造成任何隐私和公开权的侵犯和冒犯，不会造成书面诽谤和口头诽谤，或者任何不公平竞争或对任何个人和团体的版权、商标权、知识产权造成侵犯和触犯。

5．如果出现实质性的或者声称性的对合同的违反，你方从公司方、继承方和受让人处获得的任何权利和救济，如果有，在诉讼中仅限于补偿损失。你方在此放弃任何衡平法的权利和救济，包括并不仅限于要求退还或终止公司方对作品的权利，或者寻求任何形式的强制性补偿。

6．在合同履行过程中开发方和／或公司方披露给你方的任何信息，都是专属于公司方的机密信息。你方同意对所有这些专利信息严格保密，除非这些信息属于公开使用的信息，或者你在任何披露之前已经提前知道了该信息。

215

7．你方不能将本处合同和权利进行转让，或者全部或部分取消你方义务。公司方可以转让本合同及权利给任何个人或团体，只要上述受让方书面接受这些义务，公司方可以解除对你方的义务。

8．合同各方都是一个独立承包人，本合同不能解释为协议双方的一个短期合营、合作、代理或者雇佣关系，合同各方也没有权利、权力或者职权代表对方形成任何明示或隐含的义务或者责任。

9．本合同由密苏里州适用于合同制订的现行法律所管辖和解释。各方同意本合同是各方协议和约定的最终、完整和唯一的表述，超越所有先前和同期的，关于本事项的合同、表述和约定（书面或口头）。除非合同双方书面签署，本合同不能被改变和修正。

如果你同意上述条款和条件，请通过在下面签字来表达您的同意。

同意并且赞同

_____
［合同方签字］
姓名_____
时间_____

图 8.1

CD-ROM 开 发 协 议 样 本
(续)

VOICETECH INDUSTRIES 有限公司	INTER-ACT 有限公司
姓名 _____	姓名_____
职务 _____	职务_____
日期 _____	日期_____

这些原则之所以对 CD-ROM 的制作至关重要，是因为从根本上说，CD-ROM 是由一系列芯片组成的，通过他们达到索引、搜索和链接的技术能力。比如说，微软，Compton's，Collier's 以及其他公司出版了 CD-ROM 版本的百科全书，使用者键入搜索单词可以找到将原创文本或图形与原有的图片，活动图像，音乐和其他声音结合起来的文章。[3] 一些这类现存素材，比如从 19 世纪而来的资料和图片，属于公有，因此不存在任何版权限制。但是，除非你可以确定包含有涉及版权问题内容的芯片中的内容确实属于公有，（又或者你可以确定你对该素材的使用可以通过第 4 章的合理使用的检验），你唯一安全的途径就是在将芯片纳入你的 CD-ROM 之前，寻求并且获得版权所有者的许可。如果做不到，就不要使用该芯片。

216

8.1.3 行业协会问题

在 CD-ROM 的制作中，行业协会问题容易在两个情况下产生：（1）你想在 CD-ROM 中使用一段电影或者电视的片段，而其中的一个或多个演员是行会的成员；或者（2）你想为 CD-ROM 制作原创性的影像片段，并且想使用一个行会成员来演出（比如说，一个属于 AFTRA 的解说员或者一个属于 WGA 的撰稿人）。如我们在第 7 章中讨论的，在协会与各类制作人的基本协议中详细列举了管辖这些协会成员的规章以及他们在传统电影和录像制作方面的优先履行问题。但是，不是所有协会都有关于制作 CD-ROM 或其他互动产品的基本协议，有些时候这类协议只是权宜的过渡性或者附件性质的合同。所以，这类涉及互动产品的协会问题的规范总是不那么明确，而协会也会根据新的技术和产业发展来更改这些规则。由于这些原因，制作人应该在使用协会演员或者包含协会演员的片段之前，与相关协会联系并索取最近的互动协议的版本。

1. 使用包含协会演员的片段

几乎所有电视节目和电影都是在签署了一个或多个行会合同之后制作的。因此，在 CD-ROM 中使用这些电影或者节目的片段，会引发相应的行会合同中，许可费用和重复使用费用义务的问题。比如，目前 SAG 和 AFTRA 互动协议要求，要将一个片段纳入互动产品，你必须获得在片段中出演的 SAG 或 AFTRA 成员演员的同意并且支付该成员目前协会"演员最低日工资"。[4] 当然，这个义务实际由制作原创性电影或电视节目的公司负责，该公司（而不是你）才是在那些制作影片或节目的行会合同上签字的人。比如说，如果你想在 CD-ROM 上使用电影《独立日》的片段，你需要与 20 世纪福克斯公司联系（该公司投资和发行了该影片），并获得使用该片段的许可。如果该公司同意给予你许可，那么 20 世纪福克斯公司（作为协会签字方投资该电影）应该承担获得并支付片段中协会成员演出再次使用的责任。但是实际操作中，20 世纪福克斯公司在允许你使用该片段的同时，会要求你来承担这些责任。实际上，除非你能确证该片段的使用可以极大提升该片的商业价值，一些电影或电视节目的制片人一般拒绝给予许可。因为他们会认为，通过使用该片段许可所得到的相对很少的收入远远比不上他们可能会因为没有履行合适的特许和报酬的程序，最终受到行业制裁的风险来的大。

了解协会许可和费用的要求与版权许可和费用的要求的区别相当重要。比如说，20 世纪福克斯公司作为电影《独立日》的所有人，拥有选择权、给予或者拒绝给你该影片片段的使用权，用于 CD-ROM 或其他作品。如果福克斯拒绝了，你却继续使用该片段，你可能陷入侵犯版权的困境之中（如我们在第 4 章中讨论，除非你可以证明你是合理使用）。如果福克斯给予你使用权，你对于该片段的使用虽然不会陷入侵犯版权的诉讼，但是如果得不到演员行业协会的许可和支付相应报酬，你或者（非常可能）福克斯将会陷入另一个事关协会的困境。反之，如果你从协会那儿获得了许可，并且直接支付给该协会成员相应报酬，你也不能在获得福克斯，即版权所有人的同意问题上免责。

217

2. 使用协会成员制作原创影片

毫不奇怪，主要的几个协会（比如 SAG、AFTRA、WGA 和 DGA）都有关于成员被雇佣于 CC-ROM 或其他互动产品制作的相关规范。在 SAG 和 AFTRA 的互动协议中，作为协会签约方的制作公司只能雇佣该协会的演员或者同意在雇佣后 30 日内加入协会的非协会演员（见第 7 章）。SAG 和 AFTRA 也同意在雇佣本协会成员进行互动产品制作上，要求最低的工资水平。图 8.2 就是 AFTRA 在该协会演员被雇佣从事互动产品制作时的演员合同。

作为 DAG 成员的导演被雇佣参与互动产品制作，比如 CD-ROM 或者 DVD-ROM，通过协议的附属合同来规范。DGA 导演被雇佣于网站使用的互动产品制作，通过协会的"网络电影附属合同"来规范。这些附属合同参照 DGA 基本合同制订，其中包括大部分，但不是全部，基本合同的条款。

WGA 目前有一种单页的互动节目合同。签署该合同意味着，制片人可以雇佣 WGA 的成员从事"单一产品"制作。就是说，那些使用互动节目合同的制片人，虽然在合同期间承担使用 WGA 编剧的义务，但不一定是 WGA 基本合同的签署方。该互动节目合同没有设定应该付给 WGA 编剧的最低工资水平。但是制片方必须同意，为 WGA 津贴计划和健康基金捐助（捐助金额目前是付给编剧总金额的 12.5%）。

8.2 在互联网制作网站

互联网和万维网的迅猛发展同时引发了一个新的法律领域的快速发展，这就是互联网法或网络法。虽然"互联网"（Internet）和"万维网"（World Wide Web）的名称经常被互换使用，但是他们在技术上是有区别的。互联网最初是研发作为大学和政府机构进行研究和沟通的全球性计算机网络 。[5]而万维网（或称网络）是让互联网上的资料和其他资源之间更加容易找到和移动的图形化界面（graphic interface）。万维网的发展，使互联网从原本是学术和政府雇员使用的相对狭隘的工具，转变为今天世界范围的，多功能的国际现象。

互动媒介的演员合同

公司：_____　　演　员：_____

　　　　　　　　　　　　　　　　　（转交）：_____

标题：_____（"节目"）

雇佣行为开始时间 _____　　电话号码（　）_____

角　色：_____　　社会保险号码：_____

雇佣的种类（选择一项）：出镜演员____画外音（一天 4 小时）___配音____特技

____独舞／双人舞演员 ____ 3-8 人团体舞蹈演员 ____ 9 人或更多团体舞蹈演员

____独唱／二重唱演员____ 3-8 人合唱团演员____ 9 人或以上合唱团演员____音效

____承包人____其他____

雇佣方式：1 日____ 3 日____ 1 周____

日工资 _____（美元）3 日工资 _____（美元）

1 周工资 _____（美元）每小时出镜工资（仅限于歌手）_____（美元）

是否现在支付：路费____综合 ____（除非要求）

其他条款和条件是否附上：是_____　　否_____

特别条件（如果有）：

演员本人提供服装：是_____　　否 _____

如果有，套装的数量_____　　@ _____（美元）

（夜礼服）_____　@ _____（美元）

本合同包括，_____公司雇佣上述演员于互动节目，并且按照上
述工资支付报酬的事宜。为了演员和制片方的利益，本合同服从并且应该包含，
1994 年 AFTRA 互动协议包含或提供的所有适用的前提和条件，这些条件可以由
AFTRA 和制片方共同修正。制片方在 AFTRA 互动合同范围内，可以最大程度地拥
有演员提供本合同所述服务所带来的所有权利、成果和利益。

接受并且同意：

_____　　_____
公司　　　　　　　　　　　　　演员
　　　　　　　　　　　　　　　若"其他条款和条件"被同意就开始履行

　　　　　演员注意：保留一份合同副本作为你的永久记录

图 8.2
AFTRA 互动产品的演员合同

219

图 8.2

AFTRA 互动产品的演员合同（续）

220

其他条款和条件

I. 美国广播电视演员工会协议（"AFTRA"协议）的条款由公司和 AFTRA 签署订立，如果此处的任何条款违背该协议，由下述条款管辖。

II. 服务：演员应该在所有情况下，提供制片方要求的全部服务，包括那些包含艺术品位和判断的内容。演员应该有可能在该时该地提供制片方安排的服务。制片方没有义务一定要使用演员的服务，或任何成果和收益，也没有义务一定要制作、完成制作、公开、发行、展出、广告和使用该节目，或者节目的任何部分。本段没有任何内容可以更改或豁免制片方对于演员的补偿。制片方有权按照 AFTRA 协议的规定，要求演员在最大的工作时间内提供该服务。任何超过合同时间的工作，都应该按照本附件的合同正文首页的规定支付报酬。如果该合同没有设定加班报酬，适用 AFTRA 的尺度。

III. 定义："互动媒介"指：数字化产品运行的所有媒介，使用者通过他们可以与该产品形成互动关系，包括但不仅限于个人电脑、游戏机、计算机、电玩产品、所有 CD 互动机器以及任何和所有模拟的，类似的或者不同的，基于微处理器基础上的组件，以及与此相连的电子模式或操作平台。"远程传递工具"指：使任何远离中央处理单位的位置能够使用该数字产品的所有系统，中央处理单位是数字产品最先被使用和存储的地方，这些传递工具包括在线服务、通过有线电视网的传递服务、电话线路、微波信号、广播、卫星、无线网络或者任何现在或以后为数字产品进行互动使用而研制的传输和传送手段。"整合"指的是：将演员按照本协议表演的片段，使用在其他任何互动产品上，演员并没有参加这些互动节目的演出，但是，该产品的制作人与先前雇佣演员进行表演的制作人是同一个人。在此处，演员的表演通过其他方式进行再次使用，都被认为是"再次使用"。"整合"不意味着和包括：（ i ）任何单独的互动节目由于收看者的选择和重看某一部分，以及程序操作而导致的，该互动节目呈现为多个不同的节目；（ii）为了使互动节目适用于不同的操作平台，将单个节目用于计算机软件代码的部分进行重组和重新配置；（iii）在线性节目中为互动媒介而使用素材。"节目"：指编辑完成的最后版本，可以展示给观众，提供他们使用。"互动节目"指在互动媒介上使用的编辑完成的最后版本，当然由于平台的不同会导致节目的变化。"节目"指的不是那些在数字化程序中使用的计算机软件代码，不是任何电子技术，专利，商标和制片方的任何知识产权。"平台"：指的是以微处理器为基础的硬件，包括但不仅限于 CD-ROM、CD-I 和 JDO 设备，这些设备通过适当的安排，比如卡盘和磁盘或者其他格式，形成可记录的互动节目，提供给受众使用。"线性节目"指的并不是该节目获得"线性"性质的互动质量，指的是这些节目（ i ）通过录像带或者电影胶片，或者其他现在或今后研发的图片和图像（真实拍摄或者是动画）的制作和纪录设备，或者与音效，以及创造与现实生活相似的形象图景相联系的设备，以及（ii）通过电视（地面电视的高频或甚高频，有线，卫星，或其他现在和今后出现的用于电视信号接收的方式）和 / 或录像带，磁盘，或者其他与相应硬件相联系的，将节目展现在电视屏幕或其他类似设备显示器上，供受众观看，以及 / 或者专供影院播放的电影胶片。"再次使用"指的是将那些为互动媒介制作的素材，使用在线性节目中，并且将本合同下制作的素材，使用于与"整合"部分无关的其他节目中。

IV. 推广 / 促销：制片方有权对本互动节目进行推广，包括"leasers"（一种短预告），用于广告和促销目的。如果在合同期限内，在这些推广活动中，对演员服务的使用不应该产生其他额外的费用补偿。另外，与推广相关的工资可以适用最低的工资水平。

演员在此处说的推广活动中的服务，不能使用除演员所雇佣提供服务项目相关的活动之外的服务和产品。如果互动节目的名字在促销已经明确显示给消费者，关于互动节目运行所需要的硬件，平台或者远程传输系统，以及其他互动节目，并不被视为违反本规定的服务和产品。

所有与本节目相关的广告，公开信息和促销信息，包括但不仅限于演员在其中的角色，由制片方提出和把握。没有制片方的书面同意，演员无权出现和主导任何广告，公开发布或者促销信息（包括但不仅限于新闻发布会），或者在任何的公开场合提及该互动节目。

V. 屏幕信用：制片方偶然或突发的，与信用义务条款相关的任何问题，都不能成为违反合同的原因。由于制片方产生问题，演员权利和救济，仅限于演员本身的权利，可以依法获得赔偿，但是他不能由于任何上述违背合同的问题而终止本合同，或者限制本节目的出版和发行。

VI. 成果和收益：制片方有权记录演员的声音和表演，并且在所有与本节目相关的互动媒介或者与 AFTRA 协议或本合同相符的任何当前和未来研发和发明的媒介中使用它们。制片方拥有此处演员服务的所有成果和收益，包括它的版权，并且拥有其他全部所有权，仅服从于 AFTRA 协议所要求的远程传输和整合的额外补偿，以及 / 或者本合同没涉及的线性媒介使用和其他再次使用的报酬。演员在此同意并给予制片方唯一的权利，即在节目及其广告和促销中使用或授权使用演员的名字，和类似物的权利以及与此相关的权利，而不需要在推广活动和所有促销中额外付费。制片方可以将此权利交易，或者用于自己的所有合理合法目的。

演员不能转让本合同。制片方按照 AFTRAD 协议的规定，在其他团体愿意承担所有义务的情况下，可以将本合同转让给其他个人和团体。

　　网站就是在互联网上某一个地址存在的娱乐和信息服务。个人可以从自己的电脑进入这些网站，通过（1）由网络服务提供商提供的通信线路连接互联网，并且（2）通过一个叫"浏览器"的软件工具（比如，网景的导航者或微软的探索者）进入网站（比如 www. ibm. com）。按照上面的步骤你就可以与专门的网站主页相连接，你可以从那里链接到该网站提供的所有服务和素材的网页。[6]下面的篇幅我们将探讨，当一个公司开发和运行一个用来营销、交流和售卖的网站，所引发的几个普遍存在的法律问题。

网站开发和服务协议

　　与开发 CD-ROM 一样，许多公司缺乏技术与经验，仅靠自身去开发网站。另外，由于网站必须以计算机为基础并储存其中，通过适当的技术配置与软件协议与互联网相连，所以需要必要的工程和技术人员去建立和运行，而许多公司不具备这样的条件。面对这样的条件和问题，许多公司不得不雇佣外部的承包人去开发和维护网站。那么，通常来说这类与第三方的关系需要有一个全面的书面协议来管辖，图 8.3 就是该合同的样板。

　　图 8.3 是网站开发和维护协议的样本。在这个协议中，一个运动鞋制造商雇佣了第三方来建立和维护自己的促销网站。这个协议在许多方面与 CD-ROM 开发协议类似。比如，两个协议都要求开发方提供完成项目的源代码，提供合同公司使用任何与项目相关的"开发方产权"的特许（如软件编辑工具），并且与任何参与项目的非雇佣者签订职务作品合同。两个协议都包括通常的所有权，代表与保证，以及赔偿的条款。二者的最主要区别在于，网站协议不仅要求开发方开发网站而且要求他继续接手和维护该网站的服务。而 CD-ROM 协议只是单纯的开发协议，开发方在送交项目成果之后，就没有继续的责任（除了修改和确定整合问题）。网站开发方继续维护和支持责任由协议的 IB 和 IC 部分确定。

221

8.3　互联网上的诽谤和其他责任问题

　　在第 5 章中我们讨论了适用于传统媒介产品的诽谤法基本原则。这些原则同样适用于网站，不过更为复杂。如前所述，这种复杂性源于网站的特殊能力，即可以被全世界的人访问。因此，将一些内容放在网站上，对某些地区的法院来说，就成为一种故意将该内容在能够访问该网站的所有国家公开的行为。随之而来的结果就是，那些将可能造成诽谤的内容上传的个人或公司，会陷入一些国家的诉讼，这些国家存在比美国要宽泛得多的诽谤法，而对媒介被告的保护却不够。

目前，国外法院管辖权的法律如何适用以及国外诽谤法如何在这类案件中应用，仍然不太明了。有鉴于此，网站制作人在发布潜在的诽谤内容（一类是任何提供对时事、公众人物和名人名流的评论网站）时都应该向熟悉该领域目前状况的律师进行咨询，并将网站内容让律师进行检查。这些网站的制作人还应该考虑发表图 8.4 中的声明。

图 8.3
网站开发和维护协议样本

222

本协议于 2002 年 6 月 13 日签订，由 Trushoes 有限公司（"公司方"）和 Wonderweb 有限公司（"开发方"），就开发和维护一个或多个功能为万维网站（"网站"）的计算机程序，以促销本公司产品事宜而达成。

公司方和开发方一致同意：

I. 服务

A. **开发服务；送交**。开发方将按照本协议规定的规格，在网站的设计和开发上投入最大的精力。这些规格包括但不仅限于，在 2002 年 5 月 9 日之前，由开发方送交公司方的提案（"提案"）中提出的规格。公司方可以采取书面通知的形式，按照自己的需要对提案中的规格进行改变。在本协议生效后的 60 天内，开发方应该（ⅰ）送交功能完全、经过测试以及纠错的网站版本，供公司方评价和批准，并且（ⅱ）送交公司方所有网站的源代码和相关第三方的所有资料（见Ⅲ D 部分）。"源代码"指所有网站的源代码，并且包括（ⅰ）用普通的计算机程序语言编写的网站的程序代码，包括但不仅限于让该网站在开发方的服务器中运行的专门的程序代码，以及（ⅱ）用任何第三方的开发和编辑工具程序的脚本语言编写的脚本和宏命令代码。公司方可以按照自己的标准判断接受或不接受该网站的所有部分。开发方应该提早告之公司方任何可能导致开发计划耽搁的情况，包括由于公司方造成的延误，比如没有及时提供必要的素材，或者由于公司方更改了协议的相关规格，以及/或者更改了提案造成的延误。在这种情况下，开发方应该尽快按照公司方的要求提供更新的，修正的和补充的网站材料。开发方认同由于经营，法律或者其他原因，公司方可以临时通知对网站进行修改，开发方应该尽最大努力尽快完成修改。

B. 网站维护协议。公司方给予并且开发方接受，在协议期间，公司方给予开发方有限的、可撤销的、非排他性的、不可转让的特许，将该网站载入服务器并且使其与万维网相通。开发方应该尽最大努力保证该网站连续地，无限制地，每天 24 小时可用。开发方认为，该网站应该主要由最终用户使用，并且每单位小时有大量的最终用户访问该网站。开发方将提供足够的设备和系统来解决网站的巨量访问问题。开发方的设备和系统将保证和提供足够的容量和余量来维持最低的"当机时间"（downtime）。开发方将提供公司方认可的其他网站的超链接，并且同意与公司方或其他任何第三方合作，运行这些网站使其使用更加便利，在任何两个网站之间形成透明的，无缝的和无差错的连接。开发方将按月并且按照需要，提供使用效能跟踪和使用信息。开发方认为，公司方拥有所有和全部这类通过网络搜集的使用信息，以及所有顾客信息（包括但不仅限于姓名，地址，电话号码和电子邮件地址），在没有得到公司方书面同意的情况下，开发方不能公开和使用任何这类使用信息或者顾客信息。没有公司方书面同意，开发方不能更改网站以及／或者从事任何网站编辑工作。公司方有权按照自己的需要，在任何时候暂时和永久拒绝对网站的访问。如果公司方书面通知开发方中断对网站的访问，开发方就应该尽快中断，行动时间不能迟于公司方通知后的 24 小时。

C. 维护服务的期限。开始时间（ⅰ）在公司方测评和认可后，在万维网上开始运行网站，并且（ⅱ）万维网用户可以访问该网站（"开始时间"），开发方按月接手和维护，逐月持续，除非公司方按照 V.A 部分另行通知。

D. 技术支持。除了本协议规定的报酬之外，开发方将无偿对网站任何"整合"问题进行补救，并且为公司方提供技术支持和持续合理的咨询服务。"整合问题"指（ⅰ）任何由于提案规格问题导致的网站缺陷；（ⅱ）该网站不能提供持续的和无间断的应有特性和功能；和／或（ⅲ）公司方有理由认定的任何对使用或者演示该网站产生负面影响的错误和缺陷。

Ⅱ. 报酬

开发方提供给公司方服务、产品和权利的全部报酬如下，公司方应该付给
(a) 网站设计和开发费用：

    10 000 美元，在合同执行后的 15 个工作日内付清。

    15 000 美元，在开始时间或者公司方收到源代码和所有第三方资料后（见Ⅲ.C 部分）的 15 个工作日内付清。

(b) 网站在开发方服务器中的维护费用：每月 1 000 美元，在开始日期后的 15 个工作日之内付款，并且在之后每月同样的时间付款。

图 8.3
网站开发和维护协议样本（续）

223

图 8.3

网站开发和维护协议样本
（续）

224

Ⅲ．权利；许可

A．职务作品；所有权。 开发方同意，依照本协议由开发方的工作和服务产生的任何成果和收益，包括但不仅限于源代码（总称"作品"），是由公司方特定要求而来，它们组成了所有相关版权法之下，向公司方提供的"职务作品"。如果由于任何原因，根据任何相关版权法，本作品的任何部分或者任何衍生作品被判定不能作为"职务作品"，开发方同意本协议形成一种在这些版权法之下，开发方任何权利，所有权和收益，对公司方，其继承方和受让方不可变更的永久性转让，这里的版权涵盖但不仅限于所有世界范围的版权及其更改，扩展和重新获得。另外，开发方在此转交、移交、转让世界范围内，所有语言的，所有本作品和网站及其衍生产品的其他知识产权给公司方。这些权利包括但不仅限于任何专利法、商标法、商业秘密法、不公平竞争法、著作人格权法、公开权利法、隐私法和所有类似产权法之下的权利，而这些法律目前或今后在美国或世界范围内生效。开发方在此放弃所有在全球范围被称作"著作人格所有权"或"作者人格所有权"以及其他任何类似的权利。

B．进一步的资料。 开发方应该根据公司方的要求，实施、告之、递交并且／或者记录公司方认为对证明、实现、履行和保护公司方权利必要的各种安排，资料或其他东西。开发方在此给予公司方下述权利，即作为开发方的代理人将开发方在实施、告之，递交和记录方面失误的任何资料，向美国版权办公室或任何其他地方实施、告之、递交和记录。

C．开发方的许可；第三方材料。 此处"开发方产权"指的是开发方提供的所有作品在与网站相关的工作中包含或使用。他们包括但不仅限于开发方和第三方的开发和制作工具，这些素材是知识产权的对象（ⅰ）由开发方拥有或控制的或者（ⅱ）由任何第三方拥有或控制（"第三方素材"）。开发方给予公司一种非排他性的、不可更改的、永久的、世界范围的权利和许可，即通过全世界任何媒介和手段，演出、展示、再制作、发行、制作衍生作品、使用、广告、促销、营销、销售、生产、展览以及其他方式利用开发方的知识产权（包括但不仅限于第三方材料），只要是这些知识产权与网站及其衍生物有关，而不管是事先告之还是事后通知。开发方在网站中使用第三方素材必须具备下述条件（ⅰ）获得公司方的事前书面同意，以及（ⅱ）令公司方满意的证明，证明开发方拥有使用这些第三方素材权利的材料，包括再授权给公司从事与网站相关的使用权利。开发方应该同时提供让公司方满意的与网站相关的第三方材料的目录。所有第三方材料的费用都应该包括在公司方在第Ⅱ部分提供的费用之中。除非事先第三方执行了附件中的"职务作品"合同，开发方不能参与任何第三方提供的服务，去创作作品或作品的任何部分。"第三方材料"指的是下述文字材料，来满足公司方在本部分，即ⅢC部分的要求：（ⅰ）所有和全部第三方素材的附件表，这些素材与网站相关并包含和使用其中，(ⅱ)开发方拥有使用第三方素材的权利证明材料，以及(ⅲ)任何"职务作品"的合同。

D. 公司方产权的使用。公司方在此给予开发方，仅在本协议期限之内，有限的、非排他性的、不可转让的、用于开发本协议的网站之目的使用公司方产权的许可。"公司方产权"指的是公司方所拥有，控制和特许的所有知识产权涵盖的作品，并且在本条款规定之下的公司所同意在开发网站中使用和包含的作品。这些作品包括却不仅限于任何声音录音、音像作品、音乐作品、文本、歌词、照片、图片、动画、软件以及文学素材。公司方保留所有本处未提及的让渡给开发方的权利。如果没有其他规定，在没有公司方事先书面同意的情况下，开发方不能在本网站和其他任何网站之间创建任何超链接。

Ⅳ. 代表权及保证；赔偿

A. 限制。第Ⅳ部分的保证是仅与网站相关的保证，并形成一个有限保证书。公司方和开发方否认存在任何其他的保证，即包括而不仅限于为某一特定目的，表达或暗示一种可销售性和适用性的保证。除了第ⅣD部分所规定的外，公司方和开发方不负责另一方或任何第三方任何有因果的、特别的、间接的或者附带的损失，包括且不仅限于利润损失或其他经济损失（无论是因为违反合同还是侵权），即使双方被提早告之有产生损失的可能性。

B. 开发方的代表权和保证。开发方代表并且保证（a）本作品在各方面都是高质量的作品，不存在任何整合问题，符合性能标准；（b）开发方的设备和系统是安全的，并且具有处理巨量网站访问的足够容量；（c）开发方拥有，控制或者具有所有开发方权利，包括但不仅限于所有必要的知识产权（包括但不仅限于第三方素材的各种权利）；（d）不论是开发方产权、作品或者是它们的使用，都不会侵犯或者违背任何知识产权，或者其他人的任何权利；（e）本作品不包含任何淫秽内容。

C. 公司方的代表权和保证。公司方代表和保证（a）公司方拥有，控制或者具有所有公司方产权的必要权利；（b）公司方产权及其使用不会侵犯或违背任何知识产权，或者其他人的任何权利。

D. 补偿。由于违背合同的行为或任何由于违背保证、代表权以及契约导致的赔偿要求，一方（"补偿方"）应该补偿并且保证另一方（"受补偿方"）避免所有权要求带来的损害，要求、赔偿、债务、亏损、花费或者任何事务（包括并不仅限于合理的代理费用）的损失上都不承担责任。受补偿方在没有补偿方事先书面同意的情况下，不能处理任何上述事务，该书面同意不能被不合理地拒绝。

Ⅴ. 协议终止；救济

A. 终止。如果公司方违反了本协议任何内容，在发出书面通知的15个工作日之后，

图 8.3
网站开发和维护协议样本
（续）

225

如果该情况仍然继续，开发方可以终止合同。在开始时间（Start Date）之前，如果开发方违反了本协议任何内容，在发出书面通知的 15 个工作日之后，如果该情况仍然继续，公司方可以终止合同。在开始时间和之后，公司方有权提前 24 小时告之开发方之后，随时中断网站并且终止本协议。如果公司方终止了协议，而开发方并无过错，公司方应该按照规定，付足全月费用。

B．**终止的影响**。如果本协议被终止，除了公司方与开发方可以拥有的任何救济之外，公司方和开发方应该（ⅰ）开发方马上向公司方提交所有完成或未完成作品；（ⅱ）开发方应该马上停止进入网站，并将网站从其服务器中移除；（ⅲ）开发方停止所有对公司方产权的使用，并且马上归还公司方提供给己方的所有材料；（ⅳ）条款 ⅢA，ⅢB，ⅢC，包括并不仅限于公司在这些条款之下的权利和许可应该继续；以及（ⅴ）Ⅳ，Ⅴ，Ⅵ部分的条件应该持续保留。

C．**衡平法上的救济**。开发方认识到，在下面情况中，如果它威胁性或者实质性地违背协议条款的行为，仅靠赔偿的救济是不充分的。因为这种违背行为将造成公司方巨大的、即刻的、难以估量的损害和损失，由此，公司方应该能够获得除赔偿之外的强制性补偿（injunctive relief）或者衡平法的救济，当然该救济不能代替公司方按照本协议获得的任何救济性赔偿。开发方从公司方、继承方和受让人处获得的任何权利和救济，在诉讼法中如果有，仅限于补偿损失。开发方在此放弃任何衡平法的权利和救济，包括并不仅限于要求退还或终止公司方对于作品的权利，或者寻求任何形式的强制性赔偿。

Ⅵ．一般性条款

A．**转让**。开发方不应该在没有获得公司方事先书面同意的情况下，转让协议的任何权利，取消本协议中的任何义务。公司方可以转让本协议及其权利给任何个或团体，只要上述受让方书面接受这些义务，公司方可以解除对开发方的义务。

B．**机密性**。协议各方同意不泄露在履行合同当中接触到的对方的机密信息和财产信息，除非这些信息是公开信息或提前获知，或者依据法律或行政诉讼程序的要求而披露。

C．**管辖法律**。本协议由佛罗里达州适用于合同制订的现行法律所管辖和解释。任何关于本协议的各方应该屈服于位于美国佛罗里达州迈阿密市法院的唯一裁决。

D．**独立承包人**。协议各方都是一个独立承包人，本协议不能解释为或形成协议双方的一个短期合营、合作、代理或者雇佣关系，协议各方也没有权利、权力或者职权代表对方形成任何明示或隐含的义务或者责任。

226

E.　通知。依照本协议，应该或者可能发出的所有通知或者沟通，应该通过书面的英文的形式，通过保证或挂号且邮资已付的信件，要求回执收条方式送交；或者通过传真，电传，或者电缆通信等方式；或者亲手送达。如果是采取传真，电传，或者电缆通信，这些信息沟通应该被认为是同时送出和接收；若亲手送出，那就是同时收到；如果是通过保证或挂号信，应该在 3 日内收到。各方授权代理人不能质疑已经收到的任何通知的送达方式。

F.　完全协议；修改；放弃。在本协议条款与草案条款不一致的情况下，以本协议条款为准。本协议包括所有附件，是各方协议和约定最终和唯一的表述，超越所有先前和同期的，关于本事项的书面的或口头的，明示的或者暗含的合同、表述和约定。除非协议双方书面签署，期限和条件不能被修改和放弃，协议也不能被修正。本协议在传真或者亲笔签字后施行，并复制若干副本。

本文件为凭，立为法律依据，形成协议的各方将在其授权范围内，在协议期内负责地履行协议。

TRUSHOES 有限公司　　　　　　　WONDERWEB 有限公司

姓名＿＿＿＿＿＿＿＿＿＿　　　姓名＿＿＿＿＿＿＿＿＿＿＿

职务＿＿＿＿＿＿＿＿＿＿　　　职务＿＿＿＿＿＿＿＿＿＿＿

日期＿＿＿＿＿＿＿＿＿＿　　　日期＿＿＿＿＿＿＿＿＿＿＿

图 8.3
网站开发和维护协议样本
（续）

附件 A
职务作品合同

本合同于＿＿＿＿＿＿＿＿＿由 [此处是第三方承包人的名字]（"你方"）与 Trushoes 有限公司（"公司方"）之间订立。关于在 WonderWeb 有限公司（"开发方"）的监督之下由你方提供的服务，即与公司方的万维网网站相关的服务，以及 / 或任何与此相关或衍生事务（"项目"）所形成的协议。公司方和你方就下述条款和条件达成共识：

1.　你方应提供下述与项目相关的服务和 / 或产品：[此处说明这些服务和产品]，所有与项目有关的成果，产品以及服务的收益，包括但不仅限于所有这些成果，都是下文中所指"作品"。这些作品是在开发方的指导下由你方提供的东西，应该服从于公司方和开发方从可行性出发所做出的判断，这些作品不应该包含任何淫秽内容。

2.　根据本合同，由于你方的服务被支付了全部的补偿，所以作品和所有权益都给

图 8.3
网站开发和维护协议样本
（续）

予或转让给公司方，公司方将支付你方 [此处为支付的金额] 如下：[此处为付款一览表]。你方认可，第 2 段中公司方支付的补偿或者开发方代表公司方支付的补偿，对于本合同中你方的全部义务来说，是充分和完全的，令人满意的。

3．你方认可并同意该作品是根据公司方的专门要求而做，并成为所有相关版权法中所谓的 "职务作品"。如果由于某种原因，根据任何相关版权法，本作品或其部分被认定不能是为公司方所做的 "职务作品"，你方同意本合同形成一种在这些版权法之下，你方所有权利，所有权和权益，对公司方，其继承方和受让方的，不可变更的永久性的转让，这里的版权涵盖但不仅限于任何和所有世界范围的版权及其更改、扩展和重新获得。你方在此转让、移交、受让世界范围内和所有语言的，所有本作品和项目及其衍生产品的其他知识产权，给公司方、其继承方和转让人。这些权利包括但不仅限于所有专利权，发明权和商标权。你方在此放弃所有在全球范围被称作 "著作人格所有权" 或 "作者人格所有权" 以及其他任何类似的权利。你方应该根据公司方的要求，实施、告之、递交并且 / 或者记录公司方认为对证明、实现、履行和保护公司方权利必要的其他文件。你方在此给予公司方下述权利，即作为你方的代理人，在美国版权办公室或任何其他地方，将你方在实施、告之、递交和记录方面失误的任何和所有这些文件，进行实施、告之、递交和记录。公司方有权按照自己的选择和考虑，使用你方的名字，类似物以及历史的信息，作为本项目的促销和广告或其他用途。你方同意公司方在使用任何给予公司方的权益和使用本作品上不承担任何义务。

4．你方代表并且保证（a）你方拥有参与和履行本合同条款的所有权力和授权，并且有权力和授权去让渡本处所指权益；（b）你方没有并且将来也不会参与任何将要或可能对本合同条款造成干扰和冲突的协议或活动；（c）本作品是并且将是你方的完全原创，不会被任何其他作品全部或部分复制，除了那些公共性素材或者公司提供的素材；以及（d）就你方所知，本作品及其使用不会造成任何对隐私和公开权的侵犯和冒犯，不会造成书面诽谤和口头诽谤或者任何不公平竞争，或者对任何个人和团体的版权、商标权、知识产权造成侵犯和触犯。

5．如果出现实质性的或者声称的对合同的违反，或者出现其他类似状况，你方从公司方、继承方和受让人处获得的任何权利和救济，在诉讼中如果有，仅限于补偿损失。你方在此放弃任何衡平法的权利和救济，包括并不仅限于要求退还或终止公司方对于作品的权利，或者寻求任何形式的强制性赔偿。

6．任何在合同履行过程中，开发方和 / 或公司方披露给你方的任何信息，都是专属于公司方的机密信息。你方同意对所有这些专利和信息严格保密，除非这些信息属于公开使用的信息，或者你在任何披露之前已经提前知道了该信息。

7．你方不能将本处合同和权利进行转让，或全部或者部分取消你方义务。公司方可以转让本合同及其权利给任何个人或团体，只要上述受让方书面接受这些义务，公司方可以解除对于你方的义务。

8．合同各方都是一个独立承包人，本合同不能解释为协议双方的一个短期合营、合作、代理或者雇佣关系，合同各方也没有权利、权力或者职权代表对方形成任何明示或隐含的义务或者责任。

9．本合同由佛罗里达州适用于合同制订的现行法律所管辖和解释。各方同意本合同是各方协议和约定之最终、完整和唯一的表述，超越所有先前和同期的，关于本事项的合同、表述和约定（书面或口头）。除非合同双方书面签署，本合同不能被改变和修正。

如果你同意上述条款和条件，请通过在下面签字来表达您的同意。

同意并且赞同

[承包方姓名]
时间

TRUSHOE 有限公司   WONDERWEB 有限公司
姓名＿＿＿＿＿＿＿＿＿＿＿   姓名＿＿＿＿＿＿＿＿＿＿＿
职务＿＿＿＿＿＿＿＿＿＿＿   职务＿＿＿＿＿＿＿＿＿＿＿
日期＿＿＿＿＿＿＿＿＿＿＿   日期＿＿＿＿＿＿＿＿＿＿＿

图 8.3
网站开发和维护协议样本
（续）

229

　　还有一个相关问题是，是否网站运营商或者其他在线服务的提供者，应该承担第三方放置在网站上的内容的诽谤责任。一些网站提供了公告板、讨论群、论坛或聊天室，允许网站用户发布和交流各种材料。虽然由网站运营商承担第三方诽谤陈述的责任似乎不大公平，但是目前已经有一个法院认为网站运营商应该承担某个诽谤陈述的责任，即使该网站对此并不清楚。在 Stratton Oakmont 有限公司诉 Prodigy Services 公司案中，[7] 关键问题是，是否网站运营商 Prodigy Services 公司拥有该网站的编辑控制权并且有责任将不合适的内容移除。法院认为，Prodigy 确实控制着并且应该作为诽谤性陈述的"出版人"而承担责任。当然，如果 Prodigy 仅仅是作为"发行人或储藏者"，不具有编辑和删除该文章的权利，那么它可能就不会在诽谤诉讼中承担责任。

　　虽然本领域法律仍然在改变和发展，但是 Prodigy 案透露出来的信息已经很明白了：如果网站运营商在自己的网站中"监管"（polices）着第三方发布的材料，那么它就可能需要承担诽谤性，侵犯隐私权的陈述或者其他由此产生的问题的责任。[8] 相应的，网站运营商应该告诉网站的访问者，它不监管第三方提供的内容（最好通过图 8.4 之声明的形式），或者它们确实监管着这些内容，并且将删除那些貌似诽谤或其他冒犯性的内容。如果是后者，网站运营商应该定期审查所有这类材料，并且删除那些可能造成诽谤或者造成法律诉讼的内容（包括那些下文我们将讨论的，可能会违反淫秽规定的内容）。

8.4　在网络上传播淫秽或猥亵内容

第 9 章我们将讨论在广播电视渠道传播淫秽或猥亵内容的法律限制。而互联网则有其自己的管辖法律，由于未成年人可以非常方便地接触网络上的色情内容。因此，该领域的法律首先是关注这个问题。1996 年美国通过了《通信内容端正法》（CDA，Communication Decency Act），[9] 该法律规定，任何个人或团体，明知接受对象为小于 18 岁的未成年人，而通过"电信设施"（telecommunications device）传播淫秽或猥亵内容，又或者使用互动电脑服务，向小于 18 岁的未成年人，以其能够得到的方式，通过评论、请求、暗示、建议、图像或其他交流方式，在语境中描写或者叙述那些根据当时的社区标准，明显是令人作呕的各种性行为或排泄活动、器官的内容，将处以刑事处罚。[10]

在 1996 年 6 月，宾夕法尼亚州联邦审判小组支持了一项初步的强制令，制止 CDA 法律中关于"猥亵"条款生效。[11] 这个审判小组认为，该法案适用于猥亵内容的部分过于宽泛；就是说，实施该条款有可能过度地限制第一修正案所保护的言论的自由流通。在 1997 年 6 月，该命令被美国最高法院所支持。[12] 由此，色情内容的提供者和传播者目前仅仅受到符合 CDA 淫秽定义内容的惩戒。[13]

人们参与这类传播的问题在于，互联网天生是州际和国际的东西，而美国对于"淫秽"的法律定义使用了当地的"社区标准"。因此在审判中就出现了在联邦起诉中使用相关社区标准的情况。[14] 这样，由于在网上发布信息整个美国都可以看到，在网上发布和传播赤裸裸色情内容的人将陷入危险之中，任何一个美国社区都可以按照自己标准认为该内容是淫秽的，并按照CDA 进行起诉。这个事实可能会对色情内容的传播造成威吓效应，提供者可能会被要求对其发布信息进行裁减，以适应最为保守的美国社区对于淫秽的标准。[15]针对这个问题，人们提出了各种解决方案，包括采用网络或者电脑空间专用的淫秽标准，或者回到原来的国家标准。[16]但是，在新的标准被采用之前，参与传播网络色情内容的公司和个人都应该明了，如果他们的传播内容被任何一个可以看到该信息的美国社区认为是淫秽的，他们仍将面临刑事诉讼。[17]

8.5　儿童网络隐私权保护法

由于在网上儿童隐私特别容易被滥用，为了解决这个问题，国会通过了《儿童网络隐私权保护法》（COPPA）。[18]这个在 1998 年施行的重要法律，在搜集年纪小于 13 岁儿童的个人网络信息方面，给予了网站运营商一系列义务和限制。特别是那些并不特别指向儿童的一般性公众网站但是实际知道（actual knowledge）自己进行了 13 岁之下儿童的个人信息的搜集，也应该遵守该法律。

231

COPPA 涉及的网站经营商必须（1）对他们搜集信息的行为进行公告；（2）在搜集儿童个人信息之前（遵守一系列重要的例外规定），获得"可证实的父母同意"；（3）让父母能够查看搜集的儿童信息；（4）保证其信息的机密性、安全性和完整性。最后，法律要求相关的网站运营商不能要求孩子们在参与游戏，竞赛或其他在线活动的时候，披露参与该活动合理需要信息之外的更多的个人信息。

联邦贸易委员会（FTC）负责 COPPA 的执行，违反 COPPA 的行为将作为《联邦贸易委员法》中的不公正和欺骗性行为。媒介制作人要了解最近 FTC 实施COPPA 的情况，最好的办法就是访问该委员会的网站 www.ftc.gov。同样，并非针对 13 岁之下儿童的网站制作人可能也需要在网站的主页上发布澄清公告，并且在网站的法律信息和免责声明中加以说明。

图 8.4

一般网站法律信息／免责
条款（放置在网站的显要
位置）

232

重要法律信息：请在进入程序之前阅读

您对网站的使用应该遵守重要的法律条件和规范。如果您不能接受或者不能遵守一条或多条下述条件和规则，你就应该离开本网站。如果您选择继续，那就意味着你接受并且遵守所有条件和规定。

1. **无法保护隐私权**。本网站的一些地方和功能让您能够选择提供信息或者发表评论。您应该认识到，您提供的所有材料是全世界都可以看到的。如果您想保留隐私，那么就不要提供信息和发表评论。本网站的运营商对任何第三方信息或评论的使用不承担任何责任。

2. **在网站材料使用中的版权和商标限制**。除非另有说明，本网站的所有内容都是版权所有的。你可以下载任何网站网页或者网站部分的拷贝，用于个人的、非商业用途。未得到网站的明示许可，任何进一步的下载、复制、修改、公布或其他任何对网站版权所有内容的使用，都是不可以的，您可能要担负侵犯版权的责任。本网站的所有商标，服务标识以及标志都是网站运营人的产权，或者是在所有人同意下使用。您对网站的使用，不代表您被授予了特权和许可去使用那些商标，标识或者标志。

3. **与论坛、聊天室、公告板和讨论群相关事务的警告和免责声明**。对于论坛、聊天室、公告板和讨论群，以及公众可以自由上传的其他网站区域，网站运营商不存在任何控制其内容的措施并且不承担任何责任。使用上述区域的用户被提示不能发布冒犯性的、淫秽的、违法的内容，包括亵渎的、色情的、诽谤性和其他诽谤陈述，煽动性言论或者任何违背刑法和民法的内容。但是，运营商不能保证所有人都能够遵守这些指导。因此，进入这些区域您将冒着风险，如果您发现这些内容是讨厌的，令人难受的或者是有害的，请不要进入这些区域。虽然网站运营商没有定期查看公众发布的内容，但是运营商保留将任何自己判断可能是冒犯的，违法的又或者不合适的内容，从网站移除的权利。网站运营商还保留拒绝和限制上述内容发布者进入网站的权利。网站运营商将和任何执法部门或法院密切合作，在他们所管辖的范围内，提供他们所需要的那些文件的发布信息。

4. **您提交之内容的所有人**。任何提交给本网站的内容和观点成为网站运营商及其相关公司的产权，他们可以没有限制地使用该内容，而不需要付给提交人任何报酬。因此，如果您希望保留该观点和内容的所有权，并且控制其发布，那么就不要上传该材料。

5. **无法保证准确性**。网站运营商尽力保证网站内容的真实性。但是，网站运营商不能代表，保证和承诺其提供信息的准确性。任何由于信任或使用运营商提供信息的风险，由您本人承担。

> 6. **一般免责声明，无保证声明**。由于您进入和使用网站所造成的任何直接的、间接的、偶然的、因果性、惩罚性或者其他损失，网站运营商对此不负责任。如果没有其他说明，本网站及其提供给您的所有内容，是"作为"没有针对特定目的的任何经营性和适用性保证的东西，或者不保证对适用法律没有任何违反。
>
> 7. **管辖**。本网站由位于美国加利福尼亚州的办公室运营和控制。您对网站的使用服从于美国和加州的法律。运营商没有保证网站中的内容适用于任何地方使用。在其他地区使用该网站应该遵守当地法律，在那些法律的范围内行事。您在此同意，任何由于您进入或使用网站导致的争议都服从美国加州洛杉矶市法院的唯一性裁决。

图 8.4
一般网站法律信息 / 免责条款（放置在网站的显要位置）（续）

8.6　获得域名

如果你想在互联网上运行一个网站，你需要为这个网站注册一个域名。比如说，IBM 就注册了 www.ibm.com 作为自己网站的域名，而 MTV 则注册了 www.mtv.com 作为自己的域名。作为万维网的一个地址，所有域名都要以"www"为前缀。扩展名".com"被认为是一个高级域名或者顶级域名（TLD），意味着这是一个商业网站。其他扩展名如".org"，表示是非营利组织的网站，而".gov"表示是政府部门的网站。[18]

在万维网发展的初期，域名仅仅由 Network Solutions 有限公司（NSI）运营的注册服务分配，并置于国家科学基金会的合同之下。[19] 但是现在的域名可以由全世界的几十家注册服务公司发出。当然，为了保证获得域名的过程更加顺利，最好是使用由互联网名称与数字地址分配机构 (ICANN) 授权的注册服务机构。在 www.internic.net 可以找到授权注册机构的名单。

域名注册过程的一个潜在障碍是，某些公司会发现自己的名称或者商标已经被一个不相关的机构注册为域名了。在域名注册的早些时期，一些著名公司，比如可口可乐公司和麦当劳公司都非常郁闷地发现，自己的关键商标或者商品名称（比如 www.coke.com 和 www.mcdonalds.com ）都已经被其他无关投机者所注册了。

这些案件所引发的问题是，将一个公司的名称和商标注册为域名，是否实际上构成"商标使用"，即构成商标侵权诉讼主张的足够理由。[20] 大多数法院都裁决，域名的使用应该具有商标的意义（may be used in a trademark sense），

233

于是商标所有者可以提出侵权或相关诉讼，控告那些不经过商标主本人的同意，在网络上使用别人商标来注册域名的人 。[21]

在 1999 年，ICANN 采用了《统一的域名争议解决方法》(UDNDRP)，意图减少商标所有人与域名注册人之间的争议，并且据此处理这些争议。UDNDRP 首先要求通过授权机构注册域名的申请人，代表并且保证（1）所有注册协议上的信息都是完全和准确的；（2）就申请者所知，该域名的注册将不会侵犯任何第三方的权利；（3）该域名注册的申请不是为了一个非法的目的；（4）申请人不会在明知的情况下，使用这个域名去违反适用的法律和规定。只要申请程序完成，域名已经发给，出现第三方申诉人声称（1）该域名与申诉人拥有权利的商标，有同样的或者混淆性的相似；（2）申请人没有权利申请该域名；以及（3）该域名虽然被注册，但是被恶意地使用；UDNDRP 还要求所有申请人同意并遵守 "强制性行政程序" 来解决争议，该程序由经过批准的 "行政争议解决服务机构" 来实施。

如果你在替一个公司开发网站，那么首先应该查看该公司是否已经申请了一个或多个域名。如果是，该公司可能会指示你使用其中的一个域名或者将你的网站内容纳入一个现存网站之下。如果不是，那么询问你的雇主，你是否需要代表他完成整个域名注册的程序（需要牢记的是，你作为公司的代表，在程序中可能会被要求做出某些代表和保证）。由于域名注册与商标注册保护往往纠缠在一起，所以你也必须向那些熟悉商标政策和程序的律师进行咨询。

8.7 音乐公开表演权

在第 6 章中我们解释了音乐性作品的公开表演权以及两个主要表演权协会，ASCAP 和 BMI 在许可这些权利中的地位。在网络中传播音乐性作品构成了该作品的公开表演。由此，运营播放音乐或者加入版权所有音乐的网站的那些个人和公司，必须获得这些作品的公开表演特许。在第 6 章中我们讨论了获得特许的程序。ASCAP 和 BMI 都有涉及网络音乐作品表演的特许协议。

1995 年国会在声音录制法案[22]中通过的数字表演权的条款，则使网络的公开表演权更加复杂。如我们在第 6 章所说，表演权以前只是与音乐性作品（歌曲本身）相关，而和那些录制音乐表演的录音无关。1995 年法案则有所改变，针对网络和其他互动手段，以及在线服务的数字化音乐传播，确立了录音的有限表演权。

　　1995 年法案最初看来只是指向那些"音乐点播"以及类似在线服务，还不清楚现在这个法案所确立的新的表演权如何适用于网络上所有作为音乐和背景音乐的录音使用。为了安全起见，只要是在音像制品中使用了音乐录音，网站开发人应该从拥有录音权的录音公司或其他机构那里获得表演权，作为主盘录制许可一部分。更多关于录音和主盘录制许可的信息，参见第 6 章。

协会问题

　　在本章的前面部分我们讨论过，大多数主要协会都有关于 CD-ROM 开发中，使用协会演员和协会产品片段的互动协议和附属合同。这些协议和附属合同同样适用于网站开发。比如，如果你想在网站中包含 SAG 电影的片段，你将需要遵守 SAG 互动协议中特许以及支付最低工资标准的要求。同样的，如果你想使用 AFTRA 的成员为网站录制一段画外音，你将需要满足 AFTRA 互动协议中最低工资水平和工作条件的要求。

　　不幸的是，协会的互动协议以及附属合同，未必能涵盖所有网站使用协会会员和协会产品片段的问题。比如说，在 AFTRA 互动协议中，制作方通过支付最低工资或更高给 AFTRA 成员，而"购买"到在单一 CD-ROM 或其他互动产品中使用该成员表演的权利。如果你想在其他产品和环境中再次使用该表演，那么就需要支付给该成员附加的使用费。但是，目前的 AFTRA 互动协议中并没有说明，如果该产品是一个网站，在使用过程中，可能会被个人用户上百万次地访问，那么制作方应该获得怎样的使用权。制作人可以获得在网站中永久使用该表演的权利，还是这种权利在某个时候会终止？

　　当这些问题被提出，你只能像往常一样，唯一的办法就是向这些协会咨询。要求他们提供该问题的文字答复，以便保留为你的产品资料。在刚刚举的例子中，AFTRA 至少在一个场合说明，在满足了工资水平和其他协会条件之后，该权利包括为期一年的在网站上使用该成员表演的权利。如果这个规矩保持下去，那么任何超过一年的表演使用都应该支付给该成员追加的费用。

8.8　其他互联网问题

　　网络激发的许多另外的法律问题和冲突，难以在一本关于媒介制作法律的书籍中完全透彻分析。比如说，许多公司要求将产品上网，其目的不仅仅是广告和促销。另外某些产品（比如可以数字传输的计算机软件），一些公司可以直接在网上传输售卖给消费者。但是，目前还不清楚，那些早前规范商业合同和商品范围的《统一商法典》、《欺诈行为法》和其他法律，如何适用于这些通过网络进行的交易行为。[23] 由此，在网络上，买方和卖方都承担着额外的法律风险和不确定性。

　　最常见的网络协议就是所谓的"点击生效协议"（clickwrap agreement）。在这类协议中，使用者被要求在"我同意"（或者其他类似语言）按钮上单击，表示同意在线"使用条款"合同（类似于图8.4的免责声明），或者同意涉及在网络上购买商品或下载资料的合同。在一些案件中，这种点击生效协议的有效性受到了挑战，尤其在那些点击"我同意"并不足以构成接受一个有约束力合同的时候。目前，法院看起来更愿意承认点击协议的有效性，只要个人被要求履行一个确认的步骤，比如在显示接受的按钮上点击（而不是像有的网站"使用条款"协议上，仅仅用继续使用来表示同意）。[24] 由此，个人在被要求接受任何网络协议的时候，网站运营商将要求个人进行此类的确认步骤。当然，网站运营商应该同时确认他们的网络协议包括了我们在第2章中讨论的强制性协议的其他基本要素。

　　另一个法律问题是，国会的一些议员开始关注网站运营商使用从网上获得的信息，用于侵犯消费者隐私权。这类关注确有实据，许多公司开始将他们的网站作为一种手段，来搜集自己产品潜在消费者的详细信息。比如，一个汽车制造商可能在自己的网站上提问，要求访问者回答他们在汽车方面的喜好。该制造商可能同时要求访问者提供他们的电话号码、年龄、通信地址、电子邮件地址以及其他私人信息，以便公司在营销或促销的时候使用。网站运营商也同样有可能跟踪访问者的路径，在访问者不知情的情况下获得其他特定信息。

　　在本章前面我们讨论过，国会出台了《儿童网络隐私权保护法》（COPPA）来解决存在和潜在的网络运营商滥用儿童信息的问题。众议院同时也在考虑通过立法，要求商家在卖出或重复使用网上搜集的信息之前，要通知所有网站访问者，并且获得他们同意。在履行 COPPA 的责任之外，联邦贸易委员会同时介入了网络隐私权的争议，探讨是否，并且在何种程度上，政府应该监督网络上的个人信息的搜集和散布。面临着所有这些立法和监督行为，所有在网络上搜集信息的公司，必须将他们的工作和做法，置于熟悉当前法律情况的律师的指导之下。而那些通过访问者完整的竞赛注册表格获得个人信息的公司，应该加倍地小心，因为竞赛和抽奖行为，正成为重点的监管领域。联邦贸易委员会网站 www.ftc.gov 提供了许多当前该领域的法律和规定。

　　另一个网络上的法律问题集中于将一个网站的内容"框置于"（framing）另一个网站之下。"框置"出现于下述情况，一个网站允许用户接触另一个网站的内容，将其他网站的内容显示在第一个网站之中。即第一个网站提供了边框和框架，用于广告和其他信息的显示。在 1997 年 2 月，华盛顿邮报和其他新闻机构（包括美国有线电视新闻网，时代镜报，路透社）向 Total News 提出诉讼，该网站是个门户网站，自己的内容很少，但是提供通向这些机构和其他商家网站的连接。这些新闻机构认为，该网站显示和"框置"他们的网站内容和其他内容，构成了对他们商标和版权的侵犯。[25] 本案被许多有框置行为的网站所关注，而关注该案的另一部分人担心将传统知识产权法的严格性延伸到网络，将限制新媒介的成长和完善。在 1997 年 6 月达成的和解协议中，Total News 可以继续提供通往这些新闻机构的连接，而 Total News 将在页面框架中加入这些网站内容的广告或其他内容。

237

小结

● CD-ROM 和网站开发有哪些特殊的法律问题？ 在大多数情况下，适用于传统音像制品的媒介法基本原则同样适用于互动 CD-ROM 和网站的开发。但是，CD-ROM 和网站的制作人同时需要了解，针对新型节目平台的特殊法律问题。这对于网站来说尤其如此，因为网络引发了当前关于诽谤责任，淫秽制品和隐私权的新问题，并且成为世界范围类立法和司法行为的焦点区域。CD-ROM 和网站开发都加剧了老问题的复杂性，比如使用现有电影和录像素材，音乐许可，对协会成员的雇佣等。

● 如果制作协议涉及第三方去开发 CD-ROM 和网站，制作人必须在制作协议中增加哪些条款？除了在第 3 章中我们讨论的制作协议样本中的条款，CD-ROM 和网站开发协议应该要求外来承包方（1）遵守重要环节成果送达时间，以便在开发的不同阶段对项目进行检验；（2）让雇主公司有权使用任何项目中使用的开发方产权和第三方素材（比如图形和字体的专利，第三方的软件工具等）；（3）送交完成项目的源代码；（4）纠正项目中存在的任何整合问题，同时提供持续的技术支持。另外，在网站开发和维护协议中，还要制订承包方提供继续的网站服务和维护的条款。

● 哪些法律管辖互动产品中的雇佣协会成员以及使用协会作品片段的事宜？大多数协会都备有互动协议和附属合同，在本协会成员参与 CD-ROM 和网站开发时加以施行。这些类似文件规定了制作方在互动制品中使用协会产品片段，所必须遵守的许可和付款程序。我们建议制作人与这些相关协会联系，获得最近的互动协议版本。

238

● 在网站上发布言论会带来怎样的诽谤责任？网站有可能被全世界的公众所访问。由此，在网站上发布的潜在性诽谤言论，可能在任何可以登录该网站的国家形成公开言论。于是，发布这类言论的个人和公司将可能陷入某些国家的诉讼，而这些国家可能具有比美国要宽泛的诽谤法，媒介被告在这些国家也可能缺少必要的保护。

● 在什么情况下网站运营商应该承担第三方在该网站发布材料引发的诽谤责任？目前该领域的法律是模糊的。但至少有一个法院认为，如果一个网站运营商确实承担着第三方发布内容地址（比如公告板，讨论群）的编辑控制权，那么他就有可能作为"出版人"（publisher）承担该内容的责任。那些为第三方提供发布空间的制作人，应该向熟悉最新情况的律师咨询相关媒介法内容。

● 哪些法律管辖网络上猥亵和淫秽内容的传播？在美国，国会出台了 1996 年《通信内容端正法》（CDA），其目的是限制网络上淫秽和猥亵内容的传播。在 1997 年，美国最高法院支持了一个低级法院的禁止令，要求禁止 CDA 中关于猥亵条款的生效。因此，在网络上传播色情内容的网站运营商和其他人，目前只有在构成 CDA 淫秽定义之要件的情况下，才会遭到处罚。但是，问题仍然存在，在美国，"淫秽"的法律定义使用"社区标准"。由于网络的传播使得该内容在美国任何地方都能看到，因此传播色情内容的人有可能由于违反美国的任意一个社区标准而被认为是淫秽内容，从而受到起诉。

● 哪些组织发出网站域名？ 域名（比如 www.ibm.com 和 www.mtv.com）在万维网发展的初期，仅仅由 Network Solutions 有限公司（NSI）运营的注册服务发出，并置于国家科学基金会的合同之下。但是现在的域名可以由全世界的几十家注册服务公司发出（当然，为了保证获得域名的过程更加顺利，最好是使用授权的注册服务机构。在 www.internic.net 可以找到授权注册机构的名单）。域名发出采用先到先得的原则。申请者被要求付出一定的费用，并且证明自己有运营一个网站所需要的技术能力。申请者必须保证，该域名不能用于侵犯任何第三方的权益，以及使用于任何不法目的。另外，申请人还必须遵守 1999 年出台的《统一的域名争议解决方法》（UDNDRP）中的条款。

● 在网站中使用音乐应该获得那些权利？ 在第 6 章我们讨论了在传统制品中使用音乐，制作人必须获得使用现有音乐性作品（歌曲本身）的同步权许可，以及使用现有该作品录音的主盘录制许可。另外，由于在网络上传播构成了公开表演，因此，制作人还要获得该音乐性作品的公开表演权。国会 1995 年在声音录制法案中通过的数字表演权的条款（除了现有的音乐性作品的公开表演权之外），则使网络的公开表演权更加复杂。我们还不清楚，现在这个法案所确立的新的表演权如何适用于网络上所有作为音乐和背景音乐的录音使用。为了安全起见，只要是在音像制品中使用了音乐录音，网站开发人应该从拥有录音权的录音公司或其他机构那里获得表演权，作为主盘录制许可一部分。

239

注释

1. "源代码"是与"目标码"相对的概念，是指存在于 CD-ROM 或其他计算机磁盘中，用于一般性使用的，计算机程序之用于机器识别的版本。

2. 这个规则的一个例外是，该内容是属于公有领域。但是，如我们在第 4 章所讨论，确定一个版权所有的东西什么时候会变成公有领域物品，并不是件容易的事。

3. 该原因我们在第 6 章中讨论过，在 CD-ROM 中使用音乐片段会引发特别的法律问题。比如说，如果你想使用一首热门歌曲某个流行版本的录音片段，你至少要获得该录音版权所有者（主要是唱片公司）的许可，你还要获得作品（歌曲）本身版权所有者（主要是音乐出品人）的许可。

4. 除了 SAG 和 ARTRA，美国导演协会和美国编剧协会在你使用该协会成员作品的片段时，也要求一定的报酬，该报酬按照当前的片段使用协会指导费率计算。美国音乐人协会同样要求你支付使用音乐片段协会成员报酬，但是它没有确定的费率，费率由双方协商决定。

5. 互联网 1969 年以 ARPANet（高等研究计划署网路）的形式出现，是美国国防部，军火商和与国防研究相关的大学之间使用的计算机通信网络。要了解互联网的历史和结构，见 ACLU v. Reno,929 F. Supp.824(E.D. Pa.1996)。

6. 那些不熟悉网站基本结构的人，可以将网站想象为一个资料与页面的集合体，第一部分的资料就是网站的主页。主页就是将其他页面的内容进行概括和展示目录的页面。每一个页面都有自己唯一的地址，或者说统一资源定位符（URL, Uniform Resource Locator）。页面之间的连接称为超链接，即其他网页的 URL 嵌入在另一网页的图形或超文本之下。当人们使用鼠标点击超链接，你就联系上了另一个网页（这个网页可能是本网站的，也可能是其他网站的）。比如说，许多报业网站的主页就和报纸印刷版本的头版一样，包括标题和照片。点击标题或照片，你就可以到达有关该标题和照片的完全报道的网页。从这个网页，你也可以回到主（前）页，或者到达与该报道相关内容的页面。

7. Stratton Oakmont 有限公司诉 Prodigy Services 公司，23 Media L.Rep.1794，1995 WL 323710(N.Y. Sup.Ct.)。该决定是针对原告之不公正判决的动因而作出的裁决。该案最终判决是在 1997 年 10 月。

8. 1996 年《电子通信法》，Pub.L.No.104-104，100 Stat.56，确实包括限制网站运营商在第三方言论中的责任的条款。但是，如果网站运营商知道或者有理由知道在他的网站存在潜在诽谤的表达，他可能仍然要承担责任。

9. 《通信内容端正法》是作为 1996 年《电子通信法》的第 V 部分，Pub.L.No.104-104，Feb.8，1996，后被修订为《美国法典》第 47 部分。

10. 1996 年《电子通信法》，Pub.L.No.104-104，§§502，100 Stat.56，133-34(《美国法典》第 47 部分 §223)。

11. ACLU 诉 Reno，929 F.Supp.824(E.D. Pa.1996)。

12. Reno 诉 ACLU，117 S.Ct.2329(1997)。

13. 除了按照 CDA 的条款进行处罚外，在网络上传播淫秽内容的人还可能按照美国法典第 18 项第 1465 条，处以罚款和监禁，该条主要是针对州际的，将淫秽内容在网上售卖和发布行为，将其定罪。见 U.S. 诉 Thomas，74 F.3d 701(1996，第 6 巡回法院)。另外，在 CDA 和其他联邦条例中，网络信息提供者如果传播儿童色情文学，将可能承担刑事责任。

14. 见 Miller 诉 California，413 U.S.15，25-34(1973)。

15. 如见 Debra D.Burke，"网络色情和第一修正案：对于新的淫秽标准的呼吁"，9 HARV.J.L.&TECH.87(1996 年冬)；Cass R. Sunstein，"网络空间的第一修正案"，104 YELE L.J.1757(1995 年 5 月)；Dennis W. Chiu，"网络上的淫秽：淫秽的本地社区标准在信息高速公路上难有作为"，36 SANTA CLARA L.RVE.185(1995)；Robert F. Goldman，"注意：再加把柴，网络的寒流来了：应用当前反淫秽法对网络交流的影响"29 GA.L.REV.1075(1995 年夏)。

241

16. 见 Jacobelli 诉 Ohio，378 U.S.184(1964)。

17. 由于网络上传播的内容可以被全世界接收到，因此一个信息提供者，从理论上说，如果本国同意他国的裁判权和审判地之要求的话，应该承担所有国家淫秽法律之责任。

18. 《儿童网络隐私权保护法》，15 U.S.C. §6501 et. seq.(1998)。

19. 网际网路资讯中心可以访问 www.internic.net。

20. 商标如何确定和注册的更多信息见第 9 章。

21. 见 Panavision Int'l LP 诉 Toeppen，945 F. Supp. 1296(C.D. Cal.1996)；Planned Parent Fed'n. 诉 Bucci，1997 U.S. Dist. Lexis 338(S.D.N.Y. 1997)；Digital Equip. Corp. 诉 Alta Vista Tech., Inc.，960 F. Supp. 456 (D. Mass. 1997)；Cardservice Int'l, Inc. 诉 McGee，950 F. Supp. 737 (E.D. Va.1997)；Comp Examiner Agency, Inc. 诉 Juris，Inc.，1996 U. S. Dist. Lexis 20259(C .D. Cal. 1996)。

22. 《公开法》104-39(1995) (修订为美国法典第 17 部分)。

23. 见 Geanne Rosenberg，"网络合同上法律不确定之阴云"，New York Times(1997

年 7 月 7 日），p. C3。

24. 见 I. Lan Systems，Inc. 诉 Netscout Service Level Corp.，2002 Lexis 209(D. Mass. 2002)；Register. com,，Inc. 诉 Verio，Inc.,，126 F. Supp. 2d 238 (S.D.N.Y. 2000)。这两个案件确认单击协议的有效性，他们要求用户通过一个确认程序来显示同意；将其与 Specht 诉 Netscape Communications Corp.，150 F. Supp. 2d 585(S.D.N.Y.2001) 一案进行比较，该案中法院否定了网络协议的有效性，这些协议没有要求用户进行确认表示。

25. 见 Washington Post Co. 诉 Total New，Inc.，No. 97 Civ. 1190 (S.D.N.Y.，filed Feb. 20，1997)；也可见 Hard Rock Café Int'l (USA) 诉 Morton，1999 U.S. Dist. Lexis 13760 (S.D.N.Y. 1999)；Futuredontics Inc. 诉 Applied Anagramics Inc.，1997 U.S. Dist. Lexis 22249 (C. D. Cal. 1997)，aff'd 1998 U.S. App. Lexis 17012 (1998 年，第九巡回法院)。

大功告成：保护你的完成作品

当所有创作性工作圆满完成，你便进入了产品制作的最后阶段。除了要保证作品能够展示或发行，你还应该对你的作品进行最后的审视，以保证该作品没有遗留任何行政或财务上的问题。作为收尾工作的一部分，你还需要花一些时间，最后一次检查整个作品是否合乎法律规范。

在法律事务方面，如果你一直按照本书前面一些章节所指出的去做，应该问题不大。首先，在第2章及第3章谈及过，你需要与参与制作的人士，如演员、撰稿人、拍摄人员及其他制作人员等，签署正式合同，来确定彼此的关系。此外，制作项目的法律档案应包括下列各项：

- 任何外来的影片镜头、片段、文字或静止的影像，都有详细记录，以及相应的确保你对这些资料的使用权的正式协议（第4章）
- 在制作期间，所有的城市、县、州及联邦政府所发出的许可证及牌照（第5章）
- 制作作品中，所有描述对象所签署的有效的豁免文件 (signed releases)（第5章）
- 私人物业业主所给予的有效豁免文件（第5章）
- 所有为制作计划而购买的保险单据（第5章）
- 所有在制作中使用的版权所有的音乐素材之有效同意书及记录（第6章）
- 所有在制作中聘用协会或工会表演人员或技术人员的相关表格或记录的复印件（第7章）

正如在第5章中讨论的，你需要检查你的作品，是否存在任何潜在的诽谤性表述，以及任何侵犯他人隐私权和公开发表权的描述。如果你发现作品的某些部分有可能存在上述问题，请咨询熟悉相关传媒法的律师。如果你已为制作项目购买了瑕疵保险，作为该保险的条件，你便需要聘请一个律师，为最后完成版本作一个复查，看看是否存在这些潜在问题。

当你进入完成作品的阶段，也正是应该考虑到美国版权办公室为你的新创作作品登记注册的时候。另外，对于某些特定类型的作品，你需要考虑到美国专利商标局将作品的名称注册为商标。如果你打算通过第三方发行你的作品，你需要考虑通过签署发行协议来保障你的权益。最后，如果你的作品将会被播出，你要注意，有一些联邦法规规制着在美国电视台播放的节目内容。

版权登记注册、商标、广播电视法规及发行协议问题将会在本章作深入讨论。但首先，你需要考虑如何储存及保护所有你已收集的制作纪录及法律文件。

9.1 井然有序地保存记录

244

现在你已经很小心地收集了所有必要的制作纪录及法律文件，你要如何处理它们？正如其他重要文件一样，你的制作纪录及文件需要存放在一个安全的地方。把所有的纪录制作一份复印本，并分开存放在不同的地方，这也是一个合理的做法。另外，如果有律师参与制定合同及其他法律文件，其办公室也应存有这些文件的复印件。律师为客户保存文件备份是理所当然的，不用担心这会造成任何损害。

这些纪录及法律文件最理想的存放地是防火的保险箱或储存柜。将不同项目的文件存放于独立的活页夹或不同系列的活页夹，即不要将不同的制作项目文件混合存放。因为当问题出现时往往是一个项目归一个项目（例如，"我们对联合食品项目 (United Foods project) 的撰稿人是怎么处理的"），将记录按每个制作项目分开存放，令你更容易找到你所需要的文件以解答相关的问题。另外，试试将法律档案、文件与其他制作文件（例如，策划案、剧本、灯光设计）分开存放。这可以减少工作人员翻查这些法律文件的次数——如此便能减少主要法律文件在寻找的过程中被乱放的机会。作为一个常规，尽量减少可以接触这些制作文件的人数，越少越好。

如果像其他制作人一样，你用个人电脑创制合同及其他项目文件，还有其他的预防措施可以适用。首先，如果你将文件档案储存在计算机的硬盘里，请谨记将所有档案备份至软盘、可刻录光盘、数码光盘或磁带备份系统里。如果你曾经遇到过硬盘故障，便会明白将档案作备份是一个保障措施，而且绝对值得花时间与精力去做。其次，请谨记将某一个特定项目的文件档案储存至一个软盘、光盘、数码光盘或磁带，并标明这个作品的名称，然后将这些光盘或磁带与同一个醒目的相关文件的文字版一同放于一个活页夹内。如果你要将文件存放至第 2 个活页夹并放置于不同的地方，在这个活页夹中，也应该有软盘、光盘、数码光盘或磁带的备份。

9.2　版权注册

第 4 章已经解释了版权法如何制止你在没有得到对方许可下，使用他人的创意产权。现在你已经完成了一个属于你自己的创意产权，你当然希望它得到完全保护。在多数情况下，要得到完全保护，你便需要到美国版权办公室，即国会图书馆的一个办公室，为你的作品注册版权。

正如第 4 章中谈到，不需要到版权办公室注册你的作品也可以享有版权保护。根据美国及国际法规定，一件作品只要被创作出来，便被视为具有版权，即使没有到相关部门为作品的版权注册，也无损你对该作品的专有的拥有权。但是，在版权办公室为作品注册确实有些重要好处，包括控告侵权者并要求获得法定赔偿及实际赔偿的权利。更为重要的是，注册可以为作品留下一个官方记录，你可以用这个纪录在法庭上证明你作品版权的有效性。

245

9.2.1　注册还是不注册

在注册版权之前，你首先要确定，是否真的需要为作品注册版权。虽然为作品注册永远不会带来伤害，但对某些特定作品而言，是不值得花功夫注册的，特别是一些只有很短寿命的作品。例如，为作品的版权注册，在以下两个情况便不太值得：一个企业机构的录像，其目的只在一个国家的销售会议中作一次性展示，或一个企业内部节目，其目的只为该公司服务，而对潜在的侵权者而言，是完全没有用处或不感兴趣的。按照常理，一件作品的潜在寿命越长、已计划的发行及展出的数量越广，以及影片中的片段或部分的再使用价值越高，就更应到美国版权办公室注册版权。

就算你决定不为作品登记版权，请谨记保留一些纪录以证明作品的创作日期，以及确保一个完整的版权标记，包括发行日期，将其标记在你将发行的每件作品上。虽然版权标记已不再成为该作品获得连续的版权保护的条件，然而，当日后有人声称你的作品违反了其他作品的版权，而这些作品实际上是在你的作品创作后才被创作出来，这个版权标记便能够为你作品的创作日期提供证据。一个版权标记也可以提醒潜在的侵权者，你的作品并非公用物品，若没有你的许可，他们不能随意发行你的作品或借用制作中的片段。再者，有了这个版权标记，日后当你声称某些人侵犯你的作品的版权，他们就不能以"无恶意侵害"作为抗辩事由。关于版权标记的问题，在第 4 章中有详尽讨论。[1]

9.2.2 在注册之前：决定所有权归属

你已经决定，要到版权办公室为你的作品注册版权。在为作品注册版权之前（以及在作品上加版权标记之前），你需要先弄清楚谁真的拥有这一作品。为作品注册版权，一定要由拥有该作品版权的个人或团体，或拥有者授权的代理人来进行申请。

媒介产品的产品版权一般而言不属于个人，而是属于创作这个作品的公司或要求制作该作品的客户。如果作品是一个企业的录像或视听部门制作，那么这个作品的版权差不多可以说是属该企业所有。如果作品是由一个独立的制作机构按照与客户的协议而创作，那个客户往往拥有这个作品的版权。换句话说，大部分媒介产品被作为职务作品而创作（第 2 章详细讨论的概念）。故此，独立制作人以外的一些人，作为该作品的作者或委托人，便拥有这些作品的版权。这个情况在企业及其他非广播性的产品中更为多见。在电视节目和电影产品制作中，版权拥有权的问题将会变得更为复杂，因为在这里，一些人或团体（例如，制作公司、工作室或发行商、剧本撰稿人、该制作所依据的小说的作者或著名表演人员）有时候会分享作品中不同组成部份的拥有权。正如在第 2 章及第 3 章谈及的，作品所有权的问题要得到解决，应以协议方式，确立所有参与该媒介产品创作之团体的关系。

在很多情况下，一件作品往往包含有一些版权属于他人拥有的材料（储备的影片片段、音乐或其他类似的材料等）。除非你的作品是纯粹地或主要地由已经存在的材料所构成，或根据其他作品而制作（即根据一部小说或戏剧改编的作品），否则的话，你并不需要将这些著作或材料另行填报于版权注册登记表上。但是，你应该在登记表上的第 6 部分（如图 9.1 所示），表示你的作品真的包含了一些早已存在的材料。另外，你需要保存与这些材料及著作的版权持有人的书面协议书，以证明你有权使用这些材料及著作于你的作品之中。

9.2.3　填报表格 PA

　　图 9.1 所展示的是美国版权办公室的表格 PA，一份用于注册表演艺术作品的登记表格。按照版权法的规定，表演艺术类包括电影、录影带制作（注册规则一般也是这样界定分类的），以及其他视听作品。你也可以使用表格 PA，为一些在作品的主要创作部分，包括策划案、剧本以及音乐及其他作品的基本组成部分注册。进行如此注册的前提是：该组成部分的版权并不是由作品的拥有者持有，而真正的拥有者的名字将会在整个制作作品作者之中列出，或这个组成部分将会被独立、分开发行（如一个专题电影的剧本以文本形式被印刷出来做发行之用）。否则的话，单一的注册就可以覆盖整个作品以及其中的组成部分。

247

　　当你到国家版权办公室为一个媒介作品注册版权，你一定要填报并提交表格 PA。像大部分版权办公室的表格一样，这个表格 PA 可以在网上下载：www.copyright.gov。其他表格用于申请版权注册包括表格 SR（用于注册声音录音）及表格 TX（用于注册书籍、手册及计算机程序）。如果作品是一个多媒体的制作，当中包括了电影影片、录像、幻灯片、音乐及印刷数据，你并不需要使用独立的表格为每一项组成部分分开注册，成为各项独立创作。你可以使用表格 PA 将整个多媒体的作品注册成为单一的、完整的作品。这单一注册已覆盖了所有组成部分。

　　在表格 PA 的第 1 部分，你一定要清楚列出作品的名称、任何先前的或其他名称，以及作品的性质。作品性质方面，清楚列出你正在注册的作品类型：电影、电视节目、录像节目（计划通过录像带方式发行）、幻灯片/磁带，或其他类似的制作 。[2] 作品类型没有必要在此一一赘述。如果该作品是电视剧，你需要为每一集或系列的某部分作独立注册，因为从版权的角度考虑，每一集或某部分将视为一项独立的创作。然而，将这些部分组合起来在单一的表格 PA 中注册是可以的，只要你将每一个欲注册的部分在表格上清楚列明。如果你要为一个多媒体作品注册版权，你需要把构成这个作品材料的类型清楚列出（例如，"多媒体作品，包括影带及附带的文本"）。

图 9.1
美国版权表格 PA

248

版权办公室的收费因时而变。

如想了解现时收费，请浏览版权办公室网页 www.copyright.gov，致函版权办公室或致电 (202)707-3000。

表格 PA

表演艺术作品用表

美国版权办公室

注册编号

PA　　　　PAU

注册的有效日期

月　　　日　　　年

请勿在这条线上方书写。如你需要更多空间，请使用一张独立附页张。

1

作品名称▼

先前或其他名称▼

作品性质　请参阅指引

2

a

创作者姓名　　　　　　　　　　　　　　出生及死亡日期
出生年月　死亡年月

这是不是一个职务作品？创作者的国籍或住处　这个创作者有否参与制作？

国家名称

□是　　　　　　　　　　　　　　匿名？　　□是 □不是
□不是　　　　　　　　　　　　　以笔名？　□是 □不是

创作的性质　请简单描述声称拥有版权的创作者创作了什么性质的资料。▼

b

创作者姓名▼　　　　　　　　　　　　　出生及死亡日期
出生年月　死亡年月

这是不是一个职务作品？创作者的国籍或住处　这个创作者有否参与制作？

国家名称

□是　　　　　　　　　　　　　　匿名？　　□是 □不是
□不是　　　　　　　　　　　　　以笔名？　□是 □不是

创作的性质　请简单描述声称拥有版权的创作者创作了什么性质的资料。▼

c

创作者姓名▼　　　　　　　　　　　　　出生及死亡日期
出生年月　死亡年月

这是不是一个职务作品？创作者的国籍或住处　这个创作者有否参与制作？

国家名称

□是　　　　　　　　　　　　　　匿名？　　□是 □不是
□不是　　　　　　　　　　　　　以笔名？　□是 □不是

创作的性质　请简单描述声称拥有版权的创作者创作了什么性质的资料。▼

注意
根据法律，职务作品的创作者，一般而言是雇主，而不是雇员（请参阅指引）。在任何这个雇佣作品部分中的空间选是，令雇主（或准备作品的人）在这部分成为作者，并在出生及死亡日期的空间上留空。

图 9.1
美国版权表格 PA（续）

3 a 这个创作作品的完成年份
_____ 年 这个数据必须填写

b 这个作品的首次出版日期及国家
只适用于作 月_____日_____年_____
品已经出版 国家_____

4 持有版权申请人姓名与地址必须填写，即使这些数据与第二项的作者数据一样▼
在填写之前，
请参阅指引。 _____
转移如第四项申请人的姓名与第二项作者的姓名不一样，请递交书面解释申请
人如何获得版权拥有权▼

请 不 收到申请
要 在
这 里 收到一项定金
填 写，
只 限 收到两项定金
办 公
室 使 收到费用
用。

5 先前注册这个作品，或这个作品的先前版本的注册工作是否已在版权办公室处理完成？
□ 是 □ 不是 如果你的答案为 "是"，为何要作另一个注册？（选择适合的空格）▼

如果你的答案为不是，不用理会下列 A、B 或 C。
a.□ 现在申请注册的作品为第一版，而作品在未出版前亦曾注册。
b.□ 这个作者，作为作品版权的申请人，这一次是其首次以这一身份申请。
c.□ 这次是为作品的改版作申请，并在这个申请表的空间上展示出来。
如果你的答案为 "是"，请提供：先前的注册编号▼ 注册年份▼

6 a 改编或整合作品 如果是改编作品，请填报 6a 及 6b 两部分；如是整合作品，需填报 6b 部分。
早已存在的数据 请列出任何在作品中早已存在的材料，或作品所依据而改编或整合的材料▼
在填写之
前，请参
阅指引。 b 加进作品的数据 请提供加进作品的材料的一个简短的、全面的陈述以及该材料的版权拥有人▼

7 a **定期存款账户** 如果 "注册费" 是透过在版权办公室已注册的定期存款账户，请提供账户名称及号码。
姓名▼ 账户号码▼

b 通信方法 请提供这个申请的通信地址及名称。姓名／地址／物业名称／城市／州／邮政编码

地区编号及日期电话号码:（ ） 传真号码:（ ）
电邮:

8 声明 * 我，在文件下端签署的人，在这里证明本人为作品的
只需选择一项 □ 创作者
□ 其他版权持有申请人
□ 独有权利拥有人
□ _____ 的代理人、作者、其他版权持有申请人或独有权利拥有人的姓名▲
而这个申请及我在申请中所作的陈述，在根据我最好的认知下，全是正确的。
以打字机打出来或印出来的姓名及日期 ▼如果在此表第三项已填报一个出版日期，请不要在该日期前
日 期 _____
签署（×）_____
×

9 证明书将 姓名▼ 你必须
收费因时而变。如 以 开窗信 . 填报所有适用的项目
想了解现时收费，封邮寄至 . 在第八项为文件签署
请浏览版权办公室 这个地址： 在同一信件之中，递交三项申请要件：
网页 www.copyright. 号码／街道／物业名称▼ 1. 申请表
gov，致函至版 2. 支票或本票以不获退还的递交费用，
权办公室或致电 抬头写上版权注册署
(202)707-3000。 城市／州／邮政编码▼ 3. 储备资料
邮寄至：
D.C. 20559-6000，华盛顿，独立径西南
101 号，版权办公室，国会图书馆

*17 u.s.c. 506（e）: 任何人在根据第 409 章申请版权注册时，故意对一些材料事实或与申请一并递交的书面证明作虚假
陈述，可以被判处不多于 25 000 美元的罚金。

2002 年 6 月 -20,000 修订 2002 年 6 月网上修订 以循环再用纸印制 美国政府印刷办公室 2000-461-11320021

在表格 PA 的第 2 部分，你需要申报你现在注册的作品的拥有权归属。如果整个制作是一个职务作品的创作，就像很多企业制作情况一样，制作项目的雇主或客户应该被列作唯一的作者，他们应该递交注册表格。但是，如果制作并不是一个纯粹的职务作品创作，情况会怎么样？例如，如果一个或多个人声称自己对作品有合法的拥有权，情况会怎么样？如果情况真是这样，你应该把他们每个人的名字填在"创作者名字"的空格中。在表格 PA 的第 2 部分提供的空间可以让你填写 3 个创作人的名字，然而你可以用白纸分开填报更多的创作人的名字。另外，在"拥有权的性质"的空格中，你需要标明每个创作人对作品的贡献（例如，剧本、原创音乐、动画的连续片段、剧本所依据的小说等）。

表格 PA 的第 3 部分要求你填报该作品什么时候完成以及什么时候首次出版。虽然媒介产品的完成及出版可以差不多在同一时间发生，但在实际日期上往往有所不同。根据美国版权法，作品的完成日期被定义为该作品首次以固定的形态出现。例如，一个录像制作的完成日期便是你完成最早的磁带或数码多功能光盘为原片影片作拷贝之用。在大多数情况下，出版日期则是你开始发行作品的日期。

如果某个制作的完成时间较原先延长了，你可以先为该作品已成固定形态的初版注册版权。当整个作品真的完成后，请谨记重新填报一份表格 PA，并在表格的第 5 部分列明，作品的先前版本版权已经注册。另外，你也可以为一个已完成的但未曾发行的作品注册版权，在这个情况下，只要简单在"出版日期"的位置留空。

在表格 PA 的第 4 部分中，你需要决定谁在要求拥有作品的版权。版权拥有权的申请人，一般是作品的创作人（在职务作品的制作中，这便是该创作作品的雇主或要求制作的客户），或是受到原创作者指派或转移版权的某个人或团体。如果版权是被转移给某个人或团体，而现在正要求拥有那个作品，表格 PA 要求你要说明该版权的转移是如何发生的。例如，如果该版权的转移是履行与原创作者之间的书面合约的规定，这经常出现在媒体制作中，你只需要在适当的地方打出或写出"根据书面合约"。如果该版权是被转让给申请人，请谨记注明"版权转让"。

如前所述，在表格 PA 的第 5 部分中，你需要列明该作品之前是否曾经注册过。如果该作品之前已经注册，你必须在适当位置填写你寻求另一次注册的原因。有资格申请另一次注册包括以下情形：该作品在先前注册时并未发行，但现在开始发行；由于版权拥有权的转移，首次注册的版权拥有权的申请人已经改变；以及前一次注册的作品版本改变了。若申请原因属于后者，你必须要在第 6 部分注明作品有何变化。

表格 PA 的第 6 部分适用于改编或整合作品。它也适用于那些已有一个或多个版本已注册的作品。当你填报第 6 部分时，首先要确认用于你的作品中的，已存在的版权或公共材料。然后你必须解释，你在作品中加进了什么新的元素，以证明你的原创性和申请新的注册的需要。例如，如果你的作品是根据一个具有版权的短故事改编而成的电视节目，你首先要在项目 6a 上，填上该短故事的名称。然后，在项目 6b 上，你需要解释你的制作是一个"电视改编剧"。同样地，如果你为一个早前已注册作品的新版本注册，首先你需要填上前一个版本作品的名称，即使这个名称与作品新版本的名称相同。然后，在项目 6b 上，你需要解释你这次注册的版本与此前的版本有何不同（例如，"超过 10 个片段经过修改"，"多个片段经过修改以及增加了 3 个新片段"）。

表格的第 7、8、9 部分要求你提供一些附加资料，以便能够让版权办公室处理你的申请。请谨记在表格上填报正确的地址，这个地址是你申请时的地址以及日后注册证明文件将寄往的地址。这地址一般是你的公司地址或是你律师办公室的地址，如果你聘用一个律师处理你的版权事宜的话。如果你或你的公司在版权办公室有一个账户，而你想通过这个账户缴付版权费，请填妥申请表格第 7 部分的定期存款账户项目。

9.2.4　递交注册申请表格

当你填妥表格 PA，你就可以将表格递交至版权办公室为作品版权注册了。除了递交你已填妥的表格 PA 外，你还需要一并递交支票或银行本票用以缴付处理费（现为 30 美元，除非你已在表格 PA 表明相关费用从你的定期存款账户中扣除）。你同时需要递交所需的"备案材料"。

根据美国版权法，电影及录像带的制作人，若其制作作品印有版权通知，便需要向版权办公室送交一个影片或磁带的完整版本及一个关于作品内容的书面描述。无论是否决定为作品的版权注册，你必须在作品出版（你发行作品的当天）后的 3 个月内递交这些备案材料。由于你一定要递交这些备案材料，所以，将所需的材料、表格 PA、与你的注册费用一起递交是比较合适的。如果你打算在注册程序以外另行独立递交这些材料，但其后又决定在较后日期为作品注册，那么你就需要递交另外一份备案材料。

1. 书面描述

对于大部分非广播性节目，一个简单的节目概要已经足够作为在注册时所需要递交的书面描述。对于主流的电视节目制作而言，所需要递交以作为备案的描述应该包括一份拍摄时的剧本、各场景的串联，或一些其他完整的制作文件，用以提供该制作的一个完整的报告。[3] 所需递交的电视节目制作的书面描述还需包括下列各项的数据：

（1）作品的名称。如果该作品是一个系列节目的一部分，便需要同时提供该系列的节目名称及那一辑的节目名称，以及（如果有的话）该节目部分章节或该辑的期数。

（2）一份关于节目性质、作品的中心主题以及它的情节及内容概要的陈述。

（3）制作作品有了固定形态的日期（一般而言是指当拍摄、录音及编辑的工作完成的日期）。如果该制作在播出时，还一并播出一个已许可的现场摄录节目，描述应该包括将这部分工作的详情以及该广播的相关数据。

（4）如果作品已在电视台播出，首次播出的日期。

（5）播出的节目时间有多长。

（6）参与制作的人员名单，如果有的话。

当然，你也可以加入一些其他有助于确认及识别你的作品的资料。

2. 递交你的作品的拷贝

除了书面描述外，你还需要向版权办公室递交一份作品的拷贝（这将会在稍后讨论，那个拷贝将会被递交至国会图书馆）。根据版权注册规则的规定，递交未发行及已发行的作品的拷贝有不同的要求。如果作品并未发行，你有两个选择。你可以选择完整的程序，并递交一个描述及一个完整的制作拷贝，当中需要包括所有你希望在版权注册中所覆盖的视听元素。如果你不能提供一个作品的拷贝，替代方案是，你可以选择递交版权办公室称之为"证明材料"的信息。如果你做这个选择，请联络版权办公室以决定递交什么材料。

　　如果你为一个已发行的电影或录像带注册版权，或你已出版（发行）了一个作品，但所递交的作品拷贝并非是注册程序所要求的，那你只有一个选择。你必须递交一个书面描述，以及一个完整的制作拷贝以代表该制作的最佳版本。版权办公室为"完整制作拷贝"及"最佳版本"下了下列定义：

● 所谓完整拷贝，就是该拷贝是清楚的，未经损坏的以及并没有任何剪接及质量不过关等问题以对观看作品造成干扰 。[4]

● 按照优先次序（降序，即重要性递减）作排列，最佳版本可以作以下定义：

（1）电影

● 特别剪辑的预印材料

● 35 毫米的正片

● 16 毫米的正片

（2）录像带

● 1 英寸开卷式磁带

● Betacam SP

● D-2

● Betacam

● 视频光盘 (Videodisk) [5]

　　如果你所需递交的备案材料数据（例如，1 英寸开卷式磁带）未能够与表格 PA 及注册费一同递交，你可以分开递交。如果你这样做，请谨记在递交的文件中包括一个文件明确说明，与这次注册相关的备案材料将会通过不同的文件分开递交。

3. 递交备案材料的豁免情况

　　如果因为遵守递交备案材料的规定，对制作人产生严重问题，制作人可以申请豁免或做例外处理。这主要是根据两个法规：电影协议及特别救济的程序。

　　第一个选择，电影协议。适用于你能够及乐意递交备案材料，但其后你打算将之取回。通过申请及签署电影协议，在版权注册程序完成后，你只要支付相关费用，便可以取回这些备案材料。然而，国会图书馆有权要求你再次递交这些备案材料作为馆中为期两年的长期收藏，如国会图书馆真的实施这一措施，你必须同意再次递交一份具档案质量的材料。若想查询更多有关电影协议的资料，你可以写信至版权办公室的电影、广播及录制音乐小组。地址为：国会图书馆，电影、广播及录制音乐小组，收信人为：资料助理，20540-4805，华盛顿，独立径西南 101 号。你也可以致电联络该办公室，电话号码为 (202)707-5604。

第二个选择，特别救济程序。这是一个值得考虑的选择，如果出现情有可原的情况，令你没有递交一个符合早前提及的完整制作制品及最佳版本标准的备案材料。选择特别救济方法，有关方面会因个别情况作个别考虑。为你的个案考虑，按刚提供的地址写给国会图书馆版权办公室的审查小组组长。在信件中，你要清楚表明你在申请特别救济安排，以及详尽解释申请原因。该信件必须由版权注册申请人或以这个人的名义签署。

9.2.5　国会图书馆的影片收藏

虽然制作人多数认为版权备案资料的规定令人困扰，然而这些规定真的可以为专业媒体制作人带来一个明显的，但不被多数制作人认可的好处。大部分按版权备案规定所递交的材料将被放置于国会图书馆的电影影片及录像收藏系列之中。当这些数据被放于这个系列，一些正在进行出版及制作研究的人便可以浏览这些数据作参考，然而这里有一些限制接触与使用这些材料的规定。这些材料只能够在图书馆内阅览，如果没有预先得到版权持有人的书面许可，复制以及借出这些材料是被禁止的。此外，接触与使用这些材料也需要事先安排。

9.2.6　注册证明书

如果你已递交一份已填妥并已签署的表格 PA 给版权办公室。同时已递交所要求递交的表格费用及备案材料。那会发生什么结果？版权办公室将会审查你的个案，若所有情况都合乎要求，便会批准你的申请。然后，版权办公室便会邮寄一份版权注册证书给你。虽然，这份文件看起来并不很重要，但如果你卷入侵权诉讼或其他注册材料拥有权的争论，这份文件将显得非常重要。基于这个原因，注册证书应与其他制作文件一并存放于一个安全的地方。

　　需要注意的是，为作品注册，版权办公室并不保证其可靠性与原创性，他们只保证在这证明书上所标明的日期那天证明书制作完成，以及表格 PA 中所列出的拥有权数据被记录至版权纪录内。例如，你递交一件作品为其版权申请注册，如果这个作品包括一些从其他作品"窃取"的材料，对此，版权办公室并不知道，并会继续审查你的作品及签发一个注册证书。过了一段时间，那些被你盗用了资料的版权拥有人便会来找你，他们持有各种证据，包括他们的注册证书以及原创作品，以证明你非法使用他们的作品。如果他们所证属实，版权办公室也会来找你。因为你没有在注册申请表时如实填报你的作品里包含一些具有版权的材料，这违背了他们的相关规定，你可能被判罚一笔巨额罚款。

9.3　通过商标保护作品名称

255

　　你已知道，版权法保护你作品的内容——构成该作品的声音及影像——免受未经授权的使用。但如何保护作品名称？例如，你制作一期行政人员培训节目，名称为"没有汗水的训练 (The No Sweat Workout)"，版权法能否防止其他人在其他制作中使用这个名称？

　　首先是一个坏消息：根据现行的版权法及版权办公室的相关规例，作品的名字、名称及作品中的短句或表达性的话语不受版权保护。换句话说，在现行的版权法规或版权办公室的相关规例中，并没有任何条文防止其他制作人盗用你那了不起的作品名称。但这里也有一个好消息：虽然版权法未能予以保障，但另一个领域知识产权法可以保护你的作品名称，这便是商标法。

9.3.1　何谓一个商标

　　商标是"文字，语句，符号或设计，或一个文字、语句、符号或设计的组合体，它可以令大众从众多类似物品中，确认及分辨出某些产品或服务源自于某一个单位。"[6] 换句话说，一个商标是一个名字设计或标识，用来将一个产品的身份从其竞争者中识别出来。著名的商标例子包括 Xerox®（复印机及其他办公室设备）、Kodak®（电影及摄影用品）、Dolby®（一个用于声音设备的减少噪声系统）、Coppertone®（太阳油）。当那标记所分辨的是一个服务而不是产品（例如，AutoExpress^{SM} 是一个出租汽车的租借服务的标记），它被称之为服务标记 (service mark)。

当一个商标出现在印刷品上，它往往会跟着 TM 或®字样一起出现。™代表那个标记的注册申请正被处理或它的持有人打算为它注册。®代表那个标记已完成联邦政府的注册手续，这个标记现已成为一个注册商标。

9.3.2　商标法的来源

在美国，商标法由一系列普通法以及州与联邦法规所管辖。这与版权法有显著不同，因为它只有一个单一联邦法规即 1976 年的版权法案。这个差别来自于美国宪法，它特别赋予国会管辖版权及专利的权利，但却没有适用于商标的相关条款。结果，国会对商标的管辖变得没有那么直接，只能透过其宪法权力在管辖州与州之间的商业事宜上做出相关规制。这个情况一方面限制了联邦司法裁判权直接管辖州与州之间的商标使用，另一个方面，这个限制留下了空间，好让各州法院及立法机关在商标法的制订上发挥持续的作用。

联邦政府管辖商标的法规是 1946 年通过的商标法案，亦称作《兰哈姆法》(Lanham Act)。《兰哈姆法》解释了哪些类型的名称可以得到联邦政府的商标保护，该保护的范围及时限以及将标识向联邦政府申请注册成商标的程序。在美国，注册及其他联邦政府的商标程序是由美国商业部的专利和商标局处理。

1988 年 11 月 16 日，国会通过商标法修订法案，对《兰哈姆法》作了全面的修订。这个修订法案的一个主要改变是，规定在州与州之间的商业活动中，商品标识在作为商标使用前，必须先行注册。如欲得到更多的资料，可参阅在这一章稍后出现的联邦政府商标注册步骤。

个别的州有自己的商标法。在大多数情况下，州政府的商标法及注册程序与联邦商标法的条款并行，在授予商标上采用"首次使用 (first-use)"原则，以认定商品名称。换句话说，在联邦政府及州政府的层面，第一个个人或商业机构使用一个商品名称有权声称那个名称为一个商标，只要那个名称足够从其他已存在的标识中区分出来。然而，最近几年，专利和商标局及法院正忙着研究如何界定什么是第一次使用及一个不同的标记。通过他们对这些问题的参与研究，州及联邦法院在商标及不公平竞争的问题上已经创立了相当多的判例。

在州层面上，商标注册有特殊意义，用来在该州的范围内确定商品名字的第一次使用，以及保护境内商品及服务的名称。而大部分商品，包括大部分媒介产品，都是全国发行，故此如果有人想为某个名字或名称注册为商标，往往向联邦政府注册。以下的大部分讨论亦主要集中于联邦政府商标注册规例及注册程序。如欲寻求更多有关州商标法的资料，可向该州负责公司注册（往往是州务办公室）或管理商业事宜的机构查询。

9.3.3　为创作作品的名称注册商标

哪些名称可以注册成商标以得到联邦政府的商标保护？对于制造业产品而言，规则是清晰及直接的。除了少数例外，差不多任何名称只要能够区别出一个公司的制造产品就已经具备申请联邦政府的商标注册的资格，前提是那种产品已经在州与州之间的商业贸易中销售，或有关人士有意将这种产品在州与州之间的商业贸易中销售，以及只要专利和商标局不认为该申请注册为商标的标识，与在同一或相关的种类的产品（例如，服装、游戏及玩具、医疗用具）的已注册的商标会造成混淆。

将书籍、媒介产品及其他创作作品的名称注册为商标的规则就没有那么清晰。商标法的内在目标，正如其在与时俱进，在于保护市场上一些寿命能最少持续一段时间的商品及服务的名称。换句话说，商标规则认为，商品及服务的名称需要得到保护，因为这些名称需要在充满商品及服务竞争的市场上，建立及维持其身份。另外，代表整个产品系列的标识也是应该得到保护的（例如，麦金塔®计算机、BIC® Pens），因为这样能令生产商对其产品系列的建立与开发的投资，有一个获得回报的合理机会。

与一般商品不同，大部分的创作性产权是相当短暂的。例如，大部分的个人书籍与媒体产品在几年之间，就经历了开始发行到停止发行。这就是说，如果你尝试为一本书或一部媒介产品的名称注册商标，当注册手续完成并获得批准，这本书或制作的发行工作可能已经结束。很明显，若想得到持续的商标保

257

护，其中一个必要条件便是那个标识在商业上获得持续使用。当你已注册一个商标，你必须持续使用，否则的话，你将会失去这一商标。

虽然一个好的名称可以协助一个创作作品的销售，然而在市场上，创作作品的名称并不是用以区分其他作品的必要特征。例如，当你拍摄一部影片，并为它起名为《北非谍影》(Casablanca)，很多观众购买电影票观看，不像是只为了一睹汉弗莱·鲍嘉 (Humphrey Bogart) 的风采——除非电影的宣传广告存有严重误导成分。然而，如果你生产洗衣机并在机身贴上美泰克 (Maytag) 或西屋电器 (Westinghouse) 标志作发行，你这样做在主要电器用具市场可能会引起巨大的混乱。亦即是说，媒介产品与其他个人创作作品与洗衣机、微波炉及其他同类产品不同，后者这些商品的名牌效应往往在顾客购买时扮演着一个决定性因素。因此，由于在媒介产品市场上存在类似的混乱风险相对较小，所以一般认为要透过商标注册以保护创作作品名称的需要也相对较小。[7]再者，专利和商标局一直认为，个人的创作作品的名称是固有地对该作品的描述。在这一章稍后部分将会讨论，一些主要用于描述特定商品或服务的标识往往不符合资格作商标注册。

基于这些或其他原因，专利和商标局常常不情愿对个人的媒介作品或其他创作作品的名称给予联邦政府的商标保护。然而，该局愿意为一些以系列形式出现的媒介作品，书籍或其他知识产权作品的名称注册。就是说，例如，虽然你为单一的培训类录像 "没有汗水的训练" 这个名称注册商标未获批准。然而，你确实可以将这个名称注册为商标，只要这个名称为一个系列节目的名称，从而令其在市场的寿命得以延长（例如，"没有汗水的训练：原创经典版"，"没有汗水的训练：低强度版"，"没有汗水的训练：无强度版"）。或者在申请注册时，申报这个作品的用途与制造商品有关（例如，你现在正推广一条行政人员运动服装产品线名为 "无汗之衣" (No Sweat Sweats)，并以 "没有汗水的训练" 录像作为宣传，作品的名称有可能得到商标保障。与电影及电视节目相关的衍生商品在市场中越来越重要，令这些影片及节目的制作人也越来越注意及要求保护他们作品的相关商品的商标（例如，星战 (Star Wars)、星舰奇航 (Star Trek)、辛普森一家 (The Simpsons)）。

对于大部分媒介产品而言，为作品的名称注册商标，并不是一个好的选择。除非该作品是一个系列节目的其中一部分，而这个系列作品在销售时使用统一的名称，或除非你正准备使用那个名称在一些商品或与该作品相关的一些产品的宣传上。即使你作品的名称没有资格申请联邦政府的商标注册，但或许在州的相关法规以及一些管理商标及不公平竞争行为的判例法下，能够有资格获得保护。再者，你可以为一些与作品或作品名称有关的特别设计或标识注册，同时你还可以为你的制作公司的名字注册。如欲获得更多资料以判断向联邦政府申请商标保护是否合乎情理，可参阅下面的章节。

9.3.4　联邦政府商标注册程序

如果你认为作品名称"没有汗水的训练"是悦耳易记的，而且与录像及商品宣传有关，所以具有潜在价值，应该受到保护，并且你希望可以为这个名称向联邦政府申请注册商标。你要怎样做？首先，你要作评估，究竟是否值得花功夫为名称注册商标。第二个步骤，假设你真的决定要申请，你先要进行一个调查，看看你作品的名称或类似的名称，是否已经被注册成为商标，或已经为他人在同一个或相关的商品或服务市场中使用。然后，如果你发现你的名称是唯一的，你需要填妥适当的申请表，并将申请表递交至专利和商标局。

当你递交联邦政府商标注册申请表后，要做好等待的准备。从交表到有初步结果往往要 6 个月或更长的时间，而完成整个注册程序往往需要一年或更长的时间。

259

1. 步骤一：判断是否值得花功夫为名称注册商标

本章前面关于版权注册的一节中曾经警告，对某些媒介产品而言，版权注册所带来的麻烦可能比注册获得的收益要多。这句话用于商标注册可能更为贴切。首先，相对版权注册而言，联邦政府的商标注册程序更为复杂及昂贵。其次，即使你完成了整个申请程序，专利和商标局也可能最终否决你的申请。正如先前谈及，作为一个一般规律，只有覆盖一系列制作产品的作品名称或用于与商品宣传有关的作品名称（以及满足其他注册要求）才有资格得到商标保护。

基于上述原因，你首先要查看你作品的名称是否符合为创作作品名称注册商标的最低要求。这个名称是否覆盖一系列的制作？它是否会用于特定商品宣传上？若上述两个问题的答案都是否定的，那么你可以打消申请的念头。因为你作品的名称很有可能达不到申请注册的要求。如果你认为你的作品是一个特例，而你希望继续申请，你可以找一个熟悉商标法的律师与之商讨。该律师应该可以告诉你，你作品的名称是否真的是一个特殊情况，可以让专利和商标局有机会作出一个与其一般规则例外的判决。

即使你作品的名称符合最低的申请要求，联邦政府的商标注册也未必是你最正确的选择。如果决定申请，你需要花时间与金钱进行商标调查。你同时需要确保该名称是与众不同的及值得受保护的，能经得住专利和商标局的严格审查以及其他商标持有人提出的质疑。因此，决定是否申请之前，最好先与商标事务律师商讨——不过这种咨询也需要支付费用。最后，一旦你为那个标记进行了注册，你需要确认所有程序正确，以保证你的商标处于受保护状态。

要判断是否值得为注册商标付出，你需要评估该作品名称对你有什么价值。你是否有明确的计划继续开发以该名称命名的制作或材料？而制作或材料所进入的市场是否是一个以品牌为重的市场？你是否以这个名称代表互联网网站或服务？换句话说，如果成功为该名称注册商标，你会得到什么，以及如果你没有为该名称注册商标，你会失去什么？

当你进行评估的时候，请注意，联邦政府的商标注册并非保护作品名称的唯一方法。例如，你可以寻求向州政府注册，很多州已经通过不公平竞争法，这个法律可以防止他人轻易地盗取你的标记。事实上，你不一定要注册一个商标以获得在联邦商标法之下所提供的许多保障。当然，向专利和商标局注册一个商标真的有以下好处：

- 在联邦法院就商标侵权事宜提起诉讼的权利，并通过该侵权诉讼，得到因侵权而造成的利润损失、损害及诉讼成本（包括获得总损失3倍赔偿的机会及律师费）赔偿的权利。
- 不需要进一步调查，便可以证明注册的有效性、注册人对标识的拥有权，以及注册人的独有的标识使用权，将标识用于证书列明行业的商品或服务上。
- 声称拥有权的"解释性"通知（防止其他机构在商标注册后使用该商标而作出的诚实抗辩）。
- 将注册的通知文件交予美国海关，让其禁止一些印有相关的侵权标识的商品进口，以及作为在外国申请该标识成为商标的一个基础。

因为将来的商标用户在采用一个标识之前，经常会查看联邦政府的商标名单。所以向专利和商标局为你作品的名称注册，便可以通知其他人，你作品的名称已被使用。这个方法可以阻止其他人采用相同或近似的标识。

如果你认为你作品的名称符合申请联邦政府的商标注册规定，以及你认为上述注册的好处比为注册的付出要多，你便可以进行第 2 个步骤。如果你决定不申请，你亦可以找一个商标事务律师商讨，看看除了联邦政府的商标注册，你作品的名称还可以得到什么保护。

2. 步骤二：决定你作品名称的可保护性

如果你作品的名称"没有汗水的训练"覆盖一系列的制作产品，你认为这个名称已经满足了申请注册商标的一个主要条件。同时，你也认为向专利和商标局申请注册所花的时间与金钱是值得的。那么，下一个步骤便是要考虑，究竟这一个名称以现有的表现形式，是否够独一无二，令它值得在美国商标法规之下受到保护，免受其他人的侵权行为。

在评估可保护性时，这些标识往往会被划分为 4 个类别：一般性标识 (generic marks)、描述性标识 (descriptive marks)、暗示性标识 (suggestive marks)、任意性或创造性标识 (arbitrary or coined marks)。根据商标法，一般性标识得到最小的保护，任意性标识得到最大的保护，而描述性标识及暗示性标识则在两者之间。

一般性标识是指包括整个种类的商品及服务的词汇，当中包括汽车及计算机。按一般常识推断，一般性标识不能注册成为任何一个商业机构的商标，因为这样做会阻碍其他商业机构使用这个一般性的标记以描述其商品。举一个例子，如果 IBM 可以注册"计算机"一词作商标，那么不仅仅苹果计算机、康柏计算机需要更改自己的公司名称，这些公司还需要概括称呼其产品为数据处理器，自动化计算及显示器或其他类似笨拙的称呼。如果你作品的名称是一个一般性标识或非常普遍的词组，如管理培训或训炼，专利和商标局不会批准这个标记注册为商标。

描述性标识是用一些词汇对商品和服务的某些特征加以描述，例如用"一层颜料"作为一个颜料商的标识，或"快速停留"作为便利店的标识。如果该名称是纯粹描述性的，它往往不符合获得商标保护的要求。描述性标识如果要

261

获得商标保护，它需要能够令顾客在脑海里引起更进一步的意义（就是说，一个商业机构若使用该标识于相关的特定的商品与服务上，顾客购买标有该标识的商品便会进一步联想起该商业机构）。超级胶水 (Superglue®) 作为一个胶黏剂的品牌商标就是其中一个例子，这一个描述性标识能够引起顾客联想到更进一步意义，所以符合注册要求并列于主要的商标目录。

暗示性标识虽然包括一些描述性的元素，但不会直接对商品或服务进行描述。相反，暗示性的标识包含了一些语言，令标识可以将商品与特定的影像或质量联系起来。爱尔兰春天 (Irish Spring®) 肥皂及 Arid® 止汗剂都是暗示性商标的例子。大部分的暗示性标识在申请商标保护时都是理由充分的。在有关方面接受其申请前，该标识不需要包含市场上的更进一步含义。

你或许会有疑问，描述性标识与暗示性标识之间的实质分界线难以界定。事实上，这个分界线如何界定已成为引起商标申请人一系列争论的基本原因。部分申请人坚持其作品的名字或名称是暗示性的，因而有资格获得商标保护。然而专利和商标局或一些商标质疑者则认为它是描述性的，所以不具备获得商标保护的资格。例如，专利和商标局可能认为你作品的名称"没有汗水的训练"是完全描述性的。但你却认为这个名称有吸引力、是精巧的及具有诗意的，所以足以被视作一个暗示性标识以获得商标保护。

确保你的作品名称获得联邦商标注册保护的最有效的方法，便是创造一个任意性或创造性标识：一个与商品或服务存在很少或没有关联的名字。虽然任意性或创造性标识有些时候被放置于同一类别上，然而两者是不同的。一个任意性标识是一个真实的文字，当它用于商品或商业上，将产生新的意义，就正如当"苹果"用于计算机系列。相反，一个创造性的标识是一个新创造的文字，这个文字本身没有意义，除非当它被用于商品或商业上，例如 UNISYS® 是新创造出来的，用作 Burroughs 及 Sperry Rand 两间公司合并后新成立的公司的名字。由于这些名称主要依靠新创造的文字或关联感应，所以大众很少有机会把任意性的或创造性标识与其他标识混淆起来。因此，任意性或创造性标识在所有商标之中最受保护。

上述标识的定义与分类，对一个正准备为一个名称注册的媒介制作人有什么意义呢？首先，如果该名称只属于一般性或纯粹的描述性标识，那就可能不太值得进行下一步的商标注册程序。如果该名称是一个暗示性的或任意性的或创造性的标识，这便有可能值得继续申请。如果你认为该名称很可能在描述性标记及暗示性标识之间，或认为该名称虽然是一个描述性标记，但能引发或已经引发起更进一步的引申意义，你可以考虑找一个商标事务律师协助你处理注册事宜。该律师应该可以告诉你，究竟该名称能否通过商标注册审查以获得保护，以及如果不能通过，你要如何修改它令它可以易于通过，并得到保护。

3.　步骤三：进行商标调查

　　如果你认为你作品的名称值得受到保护，并符合申请联邦政府商标注册的资格。下一步，便是要确保直到此刻并未有任何人已经使用该名称，或已经使用一个与该名称近似，足以构成混淆情况的名称。要确保这个情况，你必须进行商标调查。

　　虽然你可以自行进行商标搜查，然而大部分的申请者宁愿选择雇用一个专业的搜寻机构以进行该调查，或聘请一个愿意为他们处理商标调查工作的商标事务律师处理。如果你希望自己能先完成一些预备性的调查，你可以通过专利和商标局的商标在线搜索系统进行搜索。这个系统可以在专利和商标局的网站(www.uspto.gov) 找到，它包括了 300 万个正在审查中、已登记注册、已被取消或不存在的商标。然而这个系统并非容易使用，缺乏经验的使用者在使用它时会认为难以进行一个真正全面的搜查。另一个比较传统的调查方法是查阅美国商标注册目录，看看你作品的名称有否已经列进该注册目录里，这注册目录是一本在很多大型图书馆皆可以找到并查阅的印刷刊物。虽然注册目录每年都更新，但你还是需要查阅商标公报，这是专利和商标局每周出版刊物。你可以通过这刊物，看看自最后一个版本的商标注册目录出版以后，是否有任何与你作品的名称具有潜在冲突风险的标识被登记。你同时需要到专利和商标局的商标公共搜索图书馆搜索一些已经注册的商标及正在审理中的申请商标注册的标识。这个图书馆设于阿灵顿 (Arlington)、弗吉尼亚 (Virginia) 或在美国专利商标储备图书馆 (Patent and Trademark Depository Library) 之内。这个图书馆在全国设置，每个州最少都设有一个这种图书馆，但是这个图书馆大多被设置于公共图书馆或大学图书馆之内。

　　这种预备性的调查可以帮助你找出那些与已存在的并已向专利和商标局注册的标识存在明显冲突的名称。如果调查结果显示此时并没有任何名称与你作

263

品的名称起冲突，那么你便可以着手进行一个完整的商标调查。通过商标事务律师或直接聘用一个商标搜索机构 [8] 进行该调查是较为合适的，因为你有把握相信他们所做的专业调查将覆盖所有相关纪录，这包括以下各项：

- 专利和商标局的相关档案，当中包括正在处理中的、已发布的、已废止的、逾期的、已取消的联邦政府的注册商标的相关记录。
- 每个州的商标注册目录。
- 贸易指南及电话号码簿，部分已被使用的标识或可能没有在联邦或州政府的注册目录中留有记录，但这些标识可能受到普通法保护。

商标调查结果报告，可能只是很简单的一张列表，列出一些熟识的名字，而这些名字很可能与你欲注册的名称在某些方面起冲突。很明显，这个报告并不包括任何建议，究竟你使用的名称是否妥当。虽然你可以自行查阅该报告并做出决定，然而咨询一个有经验的商标事务律师是值得的。一个商标事务律师可以帮助你查看该报告，评估任何与你想要注册的名称可能引起冲突的标识，指出你可能不清楚的，可能出现的潜在问题，以及建议如何修改该名称以避免麻烦。

264

4. 步骤四：递交商标注册表格

你的先期调查已经完成。并且你认为作品的名称值得受到保护并符合申请联邦政府商标注册的资格。你同时认为通过商标调查，并没有发现任何可能与你注册的名称引起冲突的标识正在使用。这是否意味着你已经最终准备好为该名称注册商标？差不多。当然，在递交注册表格给专利和商标局时，你仍需要做一件事：即提交你已将商品运往其他州的证据或一个保证以证明你有真实的意图会这样做。

根据原先的兰哈姆法 (Lanham Act) 的规定，只有你的商品名称在州与州之间的商业活动中使用，才能提交申请，注册该名称为商标。这也就是说，你需要等待，直至你已将你的商品售卖至其他州，然后你才可以开始商标注册程序。当然，如果你已在新商品的制造、包装及推广工作上进行了巨大的投资，这一等待可能会让你忧心忡忡。

1988 年的商标法修订案改变了这个情况，根据标识的"有意使用"或"实际使用"情况，建立商标申请制度的两个方案。在新的制度下，商标注册申请人若有真实的意图为商品的名称注册、申请，可以在商品实际发行之前，向有关当局申请保留该名称。

专利和商标局怎会知道你的申请是你的真实意图呢？在大部分个案中，专利和商标局简单地以你已经签署及递交的申请表内容作为依据。因为申请表将会包括一个声明或其他证词以证明你使用这个标识的意图。但是，当专利和商标局批准你的申请，你需要做进一步的工作来证明你的意图，比如你的商品活动已经开展，并将该标识在州与州的商业活动中使用，或者已有一个具体计划这样做。当然，如果你的申请是一个以真实意图为依据的申请，该局并不会真的注册该标识，直至你递交一份使用声明书 (Allegation of Use) 的表格以及一个样本可以证明标有该名称的商品已在州与州之间的商业活动中销售。

当然，你也可以用传统的方法，以实际使用为依据做注册申请，等你的商品实际已经运往其他州做商业活动，然后才向专利和商标局提出申请。在上述任何一种情况下，你都需要递交一份商标申请表格。专利和商标局建议你将申请表通过商标在线申请系统直接在网络上递交，这个系统可以在网站 www.uspto.gov 找到。通过这个系统递交申请表有一些好处，包括网上会有申请表的每一个部分的解释，以及若有任何数据遗漏，该系统会立即做出通知。另外，当递交成功之后，你会立即以电邮方式收到收据，当中包括一个当局编发的申请编号及一个申请的摘要。如果你不打算选择以该系统申请，你可以用传统的纸张表格申请，该表格如图 9.2 所显示。

265

不论以电子模式还是以传统的纸张申请表形式申请，在递交时必须同时递交以下文件：

- 该标识的图样
- 标识的样本以证明该标识已在商品及服务上做实际使用（假设你在递交申请表时是以实际使用而不是有意使用为依据）
- 申请表上所列的申请费（目前，申请中的每种商品／服务的名称为 325 美元）

请注意，申请表会要求你列明，这次申请是以实际使用还是以有意使用为依据。如果你是以有意使用，在递交申请表时不需要同时递交标记样本。稍后将会谈及，当你递交专利和商标局所要求的后续表格时，你便需要同时递交相关样本。

图 9.2

美国专利和商标局商标或
服务标识注册表格

商标 / 服务标识 申请，主要 注册簿，附有声明	标识（文字及 / 或设计）	种类编号 （若知悉）

致助理商标专员：

申请人姓名：

申请人邮件地址：

（这个地址应与注
册时的完全一样）

_____

_____

申请人的实体类型：（请检查并提交所需资料）

个人 – （国家）公民：

合作伙伴 – 成立的地方（国家，若适用）：_____

常期伙伴的姓名及（国家）公民：_____

公司 – 成立的地方（国家，若适用）：_____

其他（实体的特别性质及居住地）：_____

商品及 / 或服务：

申请人向美国专利和商标局为一并递交的图样中的商标 / 服务标识申请注册，并注册在因 1946 年 7 月 5 日（15 U.S.C. 1051 et seq., 并已作修改）所立的法案而建立的主要注册目录之上，该商标 / 服务标识用于下列商品 / 服务上（特别的商品及 / 或服务必须在这里列出）：

_____

_____

_____

_____

申请的依据：（选择适当的空格，但不能同时选择第一及第二个空格，以及就每个选择提供所需的数据）

申请人使用该标识于上述的商品 / 服务的商业活动中，或与之递连的事项上。（15 U.S.C. 1051(a). 并已作修改。）证明该标记用于商业活动的 3 个样本在申请时已被递交。
* 第一次使用该标识于美国国会规管的商业活动的日期（例如，州与州之间或美国与其他国家之间的商业活动）.
  _____
* 列出商业活动的种类：_____
  （例如，州与州之间或美国与其他国家之间的商业活动）
* 在任何地方第一次使用的日期（与用于商业活动的日期相同或较此日期之前的日期）：_____
* 列出使用该标记在于商品 / 服务，或与之关连的事项上的方法与形式：_____

（例如：商标被用作卷标之用，服务标记用于广告上）

申请人有一个真实的意图以该标识于上述的商品 / 服务的商业活动上，或与之关连的事项上。（15 U.S.C. 1051(b). 并已作修改。）
* 列出使用该标记在于商品 / 服务，或与之关连的事项上的计划的方法与形式：_____

例如：商标被用作卷标之用，服务标识用于广告上）

申请人有一个真实的意图以该标记于上述的商品 / 服务的商业活动上，或与之关连的事项上，并根据 15 U.S.C. 1051(d). 并已作修改，声称需要一个优先的处理，因为该标识同时在其他国家作相关的申请。
* 在什么国家递交申请_____ . 递交国外申请日期：_____

申请人有一个真实的意欲以该标记于上述的商品 / 服务的商业活动上，或与之关连的事项上，并根据 15 U.S.C. 1051(e). 并已作修改，并在递交申请表的同时，一并递交一份国外注册的证明书或认可的复印本。
* 在什么国家注册：_____ 注册编号：_____

请注意：声明，在背页，必须签署

图 9.2

美国专利和商标局商标或
服务标识注册表格（续）

声 明

本文件签署者应该注意，故意虚假的陈述及类似的行为，根据 18 U.S.C. 1001，将会被判罚款或监禁，或同时
判处这两种罚则，因为虚假的陈述可能会损害申请的有效性，或影响任何经申请而被批准的注册。本文件签
署者在此声明，他／她获正式授权以代表申请人执行这一申请；他／她相信申请人为寻求注册的商标／服务
标识的拥有者；或如果该申请是根据 15 U.S.C. 1051(b) 而进行的，他／她相信申请人可以使用该标识于商业活
动中；根据他／她最大程度的认知，没有其他人、公司、机构、组织有权使用上述该标识于商业活动中，无
论是完全一样或非常近似的标识，因为当其他人使用这些标识于上述的商品／服务的商业活动中，或与之关
连的事项上时，将会引起混淆、引起错误，或造成欺骗；所有陈述根据他／她的认知，是真实的，以及所有
陈述根据相关资料及信赖，都是真实的。

日期 _____   签署 _____

电话号码 _____   姓名及职位 _____

申请人的指引及数据

若要成功递交表格，申请人必须亲自填妥及签署表格，一并提交下列材料：

1. 在申请表中所列的每种商品／服务的名称所规定的费用为 (245 美元)；
2. 依照 37 CFR 2.52 的规定而制作的，用以展示该申请标识的图样纸；
3. 若申请是以该标记在商业活动的使用为依据，3 个标识的样本（证据）以证明该标识已在申请表所列的
商品／服务的商业活动中实际使用。3 个样本必须完全相同。好的样本例子包括：(a) 在商品上贴上的并印
有该标识的卷标；(b) 当标识出现在商品时所拍下的照片；(c) 足以展示该标识用于一些与上述所列的服务
有关的事项的小册子或广告。
4. 一个包含声明的申请 (这份表格)- 这份申请表必须被签署以令这个申请为有关当局接受。只有下列人士
可以签署该声明，视乎申请人的法律实体：(a) 单独的申请人；(b) 商业机构申请人的职员；(c) 以合作伙伴
形式申请的其中一个长期伙伴；(d) 所有共同申请人。

递交申请表、图样纸、费用及样本（如适用）至：

助理商标专员
商标信箱
克莉斯多路 2900
雅灵顿，VA 22202-3513

关于递交申请表的相关要求的更多数据，可参阅商标注册基本事实 (Basic Facts About Registering a
Trademark) 一书，该书可以通过来函至上述地址或致电 (703) 308 – 协助获得。

预计完成这份表格平均需时约一个小时，当中包括阅读及了解指引所需的时间、收集所需的数据、留下纪录
以及实际填写表格。若对这表格有任何意见，包括填写这表格的所需时间，可以以信件方式致函至华盛顿 D.C.
20231，美国商业部，专利和商标局，组织及管理办公室。请不要把已填妥的申请表邮寄至这个地址。

267

申请表格同时要求你描述与（申请）商标有关的，将要出售／提供的商品／服务，你还要特别列明该商品及服务的种类。要完成这个工作，你要从专利和商标局的服务种类国际目录 (International Schedule of Classes of Services) 所列的42 种服务中选择。例如，如果你的申请是一个广播电视节目系列的名称，那你便需要选择娱乐服务的种类 41。另一方面，如果你的申请是一个作品系列的名称，例如"没有汗水的训练"，而这个系列只会用于制作影带及数码多功能光盘以供发行，那你便可以选择种类 9，这包括"录像、传播或复制声音或影像的集合"，或选择种类 41，这个种类除了包括先前提及的娱乐服务外，同时包括教育、提供训练、体育及文化活动。正如上述例子所示，要选择填报一个正确的种类并不总是一件容易的事。

在递交申请表时需要一并递交该标识的图样，必须证明该标识已经在州与州之间的商业活动中被使用或有意使用。专利和商标局有一套非常严格的规则来定制所递交的图样的格式，特别是如果你希望保护该标识的一个特定描述（例如，策划方案、专用标识及设计元素），而不仅仅是该标识中的简单文字。这些规则在申请表中的指引部分已详细说明。如果你是通过网络系统递交申请表，通过你输入的数据，该系统将自动给你制作一个适当的图样。

按专利和商标局的规定，在申请时（如果是以有意使用为依据的申请，就在递交申请后提交使用声明书）应一并递交真实的标识、卷标、容器、展览品、或其他类似的东西，条件是他们是平面形式，大小不超过 21.59 厘米 ×29.94 厘米。这就是说，如果你的标识是印刷在包装材料上，而你又可以将它弄至平坦，那么你便需要递交这个包装材料作为样本，而并非实质的影带制品或其他大量的制作材料。如果未能递交包装材料，你需要递交照片或影印本，以证明你的商品上印有该标识。如果你是通过网络系统递交申请表，你需要以附件形式，以 .gif 或 .jpg 的格式递交样本的图像。

5. 步骤五：专利和商标局里的程序

当你已递交申请，不论是以实际使用，还是以有意使用为依据，专利和商标局的职员收到申请表之后，将会检查以确保表格已填妥。如发现有任何遗漏，表格将会被退还，并要求你提供遗漏的数据或材料。如果申请表已填妥，该个案将会被转交至一个商标审查律师，以做出决定。这个决定，按该局的说法，是一个注册资格的初步认定。如果审查律师认为依据申请人所提供的数据，该标识不应该被接纳作为商标注册，他们会签发一个官方决定的书面通知，告知申请人相关申请的不足之处，以致申请不被接纳。如果你收到这个通知书，这可能是因为审查律师认为你的标识可能符合下列各项：

- 并未具备一个商标的功能以识别商品及服务由一个特定来源所生产或提供（例如，该标识只是纯粹的装饰物）。
- 是不道德的、欺骗性的，或含有引起公愤内容的标识。
- 可能毁谤了某些人、机构、信仰或国家标志，或错误地与这些人或物连结起来，或令这些人或物受到藐视或得到不佳的名声。
- 含有国旗、国徽或其他美国国家的、州或市或任何外国国家的象征，或对其造成不良的刺激。
- 是某个特定人的姓名、描绘或签名，除非得到其书面许可；或是某个已去世的，但其遗孀仍然生存的美国前任总统的姓名、描绘或签名，除非得到她的批准。
- 与在该局的一个已注册的标识非常相似，以致有理由相信，如果批准现时申请人的申请，将会引起混淆、导致错误或构成欺骗。
- 对商品或服务的纯粹的或欺骗的错误描述。
- 对申请人的商品或服务主要做出地理上的描述，或做欺骗的错误描述。
- 主要是纯粹的一个姓氏。[9]

269

如果你收到一个官方决定通知书，基于上述或其他原因拒绝你的申请，你有 6 个月时间反应，包括做出澄清或递交附加数据。如果商标审查律师仍然没有被说服以接纳你的申请，你可以就这一决定向商标评审与申诉委员会 (Trademark Trial and Appeal Board) 提起上诉，这是专利和商标局局内的一个行政特别法庭。[10]

当商标审查律师批准你的申请或你已成功上诉，推翻拒绝注册的决定，你的标识便会在商标公报 (Trademark Official Gazette) 中刊登出来。其后，如果有任何团体质疑你的标识注册，将有 30 天的时间提出相关请求，或表示出有意提出这一请求，或要求延长申诉时间。如果你的标识受到质疑，而你没法与质疑方达成和解，这纷争便需要在商标评审与申诉委员会以聆讯解决。

如果没有人反对你的标识注册，或你在与质疑方的诉讼中被委员会判为胜诉，专利和商标局将继续处理你的申请，并将该标识注册为商标。假设你没有被其他程序阻延，该局将会在标识首次在商标公报刊登后的约 12 个星期的时间签发正式注册文件。

请谨记，如果你的申请是一个以有意使用为依据的申请，专利和商标局并不会真的注册该商标，直至你递交一份使用声明书 (Allegation of Use) 的表格以及一个证明，证明你已经在州与州之间的商业活动中使用该标识。该使用声明书可以分为两类：使用声明修正 (Amendment to Allege Use) 以及使用通知书 (Statement of Use)。使用声明修正适用于商标公报刊登前，该标识已在实际使用。使用通知书适用于当商标公报刊登该标识以及该局批发一份核准通知书 (Notice of Allowance) 以表示没有人反对注册之后，该标识才作实际使用。无论哪一个情况，递交该表格时需要一并递交先前已讨论的样本以及支付额外的递交费用，该费用的金额为，每一种类的商品应付 100 美元。

如果你的计划被迫推迟以及你在证明实际使用时出现困难，情况会怎么样？当专利和商标局邮寄核准通知书给你之后，你有 6 个月的时间使用该标识以及递交使用通知书的表格。若 6 个月的限期过去而你仍然没有使用该标识，你必须填写表格 1581，叫做"请求延长回复时间表格"(Request for Extension of Time)。你递交表格 1581 的同时，亦需一并递交委托费 (designated fee)(现时的收费为每一种类的商品收取 150 美元)，以及递交一个书面陈述，说明你会继续保持努力以将该标识使用于州与州之间的商业活动。若申请延期成功，你的限期可以多延长 6 个月。按照这个方法，你可以继续申请延期，最多长达由核准通知书签发起 3 年时间。

9.3.5　关心及保护你的商标

当你收到注册证书，应将它与其他制作文件放置于同一个保险箱里。如果你已经聘用一个商标事务律师为你提供服务，该律师的办公室内也应存放一份注册证书的复印件。

原来一个注册商标的有效期为 20 年，然而 1988 年通过的商标法修订法案将该期限缩小至 10 年。当 10 年有效期完结，你可以申请为商标续期 10 年。这个续期程序可以无限次申请，不设限期，只要该商标拥有者可以证明相关的商标仍在使用中。

　　最初的兰哈姆法及 1988 年通过的商标法修订法案皆有一个 "第 6 年条款 (sixth-year provision)"，当中要求商标持有人在注册后的第 6 年期间，证明该商标仍然在实际使用中。要满足这一要求，你必须递交一份可以证明该商标仍然继续使用的书面证明、该商标的样本以及一些证据，用以证明该商标仍然被使用于注册时所列出的商品及服务的相关事宜上。第 6 年条款以及缩减注册有效期的目的都是为了从注册名单中剔除实际已经放弃的商标。

　　当你展示已注册的商标于制作作品、包装或推广材料上，该商标后应该加上一个®的符号。你同时需要加上这个商标的所有人说明 (credit line) 或 "说明 (legend)" 帮助说明谁拥有该商标。例如，"没有汗水的训练是工作伙伴制作公司 (Workmate Productions Inc.) 的注册商标"。这些说明警告其他人有关该商标的已注册地位，而印有这些说明的材料能够提供有力的证据证明该商标仍被继续使用，故能用于商标续期申请中。如果注册仍在处理中，你可以用™符号，并称该标记是 "工作伙伴制作公司 (Workmate Productions Inc.) 的一个商标"。

271

　　如果在同一个商品上该商标出现多次，你并不需要不断重复使用®或™符号以及商标说明语句。事实上，你只须在商标首次在商品中出现时使用这些符号及说明语句一次，其后当商标再次出现时，只单独留下该标识即可。

9.4　专利权

　　现行对知识产权的 3 种保护包括版权，商标及专利权。在这 3 种保护之中，媒体制作人对版权最关注与感兴趣。因为版权法影响你如何使用现有的材料加入自己的制作之中，以及当作品完成后，你要如何进行保护。这就是为何版权部分在本书得到最多的关注。相比之下，媒体制作人对商标的兴趣较少，因为商标注册只适用于名字及名称上，以及因为只有部分种类的名称可以被注册为商标。这同样是为何在本书中，商标法比版权法得到关注较少的原因。

　　对知识产权的第 3 种保护，专利权保护。对媒体制作人而言，则代表更少的兴趣及相关性，因为专利权适用于新发明，并不适用于媒体制作或其他创作作品上。再者，要达到申请专利权保护的资格，该新发明必须是一个方法（例如，制造纸张的一个新方法）、经设计的机器，或新创造的物品。就是说，你尽管可以把专利权的问题排除，除非你有一些新发明，例如拍摄器具或新的编辑方法。

即使你是一个发明家，在你尝试为你最新的发明取得专利权之前，你要三思。专利权注册是一个长时间的、费用高昂的而且常常不成功的过程。因为一个专利权赋予一个发明家对某些物品的独占地位达 20 年，[11] 所以专利和商标局并不会轻易地批发专利权予申请人。相反，你将负有举证责任以证明你的发明属于一种符合资格，受专利权保障范围之内的商品或程序，同时要符合该局严格的评审标准："新颖性" (novelty) 及 "非显而易见" (lack of obviousness)。

虽然你可以自行完成整个严格的专利权注册程序，然而大多申请人在整个申请过程中都会聘用事务律师协助。因为申请的审批过程可能需要 2 年或更多的时间并且没有必定成功的保证，专利权申请人往往可能申请失败却仍然要支付高昂的律师费。基于这个原因，很多独立的发明家选择放弃申请项目权，宁愿依靠结合版权、商标、贸易秘密及不公平竞争法的方法保护他们的创作。

9.5　广播电视法

如果你打算将制作的节目以广播节目方式发行，你需要熟悉一些影响该节目内容的广播电视法条款。这些条款包括公平原则 (the Fairness Doctrine) 及人生攻击条例 (Personal Attack Rule)、相等时间条款 (the Equal Time Provision) 以及一些关于规制赞助人的身份以及广播节目中的淫秽及不雅材料的条款。

9.5.1　广播电视法的来源

在美国，最基本的广播电视法来源便是 1934 年通过的通信法 (the Communications Act of 1934)，这一法律规定设立美国联邦通信委员会 (the

Federal Communications Commission, FCC) 以及一套制度，用以规制及分配资源给 FCC 所管理的电台及电视台。这个法律的规定，FCC 颁发牌照给广播机构，并指定及准许该机构在一个明确的期限内使用一个独立的频道。在牌照生效期间，广播机构负责该台任何节目材料的传播。牌照到期后，该广播机构可以申请延期，前提是该台能够证明根据公众利益原则运作，并遵从通信法中的所有法规及具体的 FCC 判决。

因为广播电视频道是非常稀缺的资源，如果不能续期，电视台的拥有者将会遭受巨大的损失。基于这个原因，他们大部分人都极小心地处理他们播出的节目。请谨记，如果一个电视台决定购买并播放在某些方面违反广播规则的节目，电视台的拥有者，而不是节目的制作人，将遇到麻烦。FCC 只能间接地管制到节目制作人，主要是通过影响该台拥有人以及他们打算购买的节目类型。

州与地方政府在管制电视台方面会扮演什么角色？答案是不一定。因为广播信号跨越州界，因此广播节目管制差不多完全是联邦政府的事务，是一个国会宪法权利许可的延伸，用以管制州与州之间的商业活动。当然，州与地方政府可以，并且经常在管制有线电台上扮演一个活跃角色。这是因为有线电视系统并不需要使用公共电波在州与州之间传递信号，另外因为大部分有线电视系统只在当地获授权使用，因此联邦政府对于管制这些有线电视系统经营者的能力是很有限的。在这种情况下，很多州与地方政府试图填补法律的空白，主要通过一些规则或在当地的经营权合约上写明条款，要求有线电视系统经营者提供一些为政府及公众使用的免费频道以及提供服务以获得政府支持增加收费。

9.5.2　公平原则

1. 公平原则的演变过程

自 1934 年成立开始，FCC 已经通过几项裁决，以保证广播机构以公平、平衡的原则，报道一些重大的公共问题。经过多年发展，这些裁决及对委员会定位的重申论述便成为了今天的公平原则 (the Fairness Doctrine)。正如这里讨论的，FCC 认为时至今日，积极地执行公平原则已经不再是公众利益领域的问题。当然，这个原则在这么多年来已经成为众多争议中的主题，部分国会议员则继续推动这个原则。因此，电视节目制作人如果打算制作一些播出的节目，至少要知道这个原则是什么，以及该原则如何影响电视台播放哪些节目的选择。

公平原则自从被制订以后，为电视节目广播人员建立起双重的责任。首先，每个电视台需要献出一部分合理的广播时间播放一些，对该电视台所服务的社区而言，非常重要的争议话题。其次，这些节目内容需要作平衡处理，报道某个议题的各方意见而非简单地只介绍一方观点。这并非意味着电视台在报道每个议题时必须使用相同的广播时间用于介绍每一方的意见，或并非意味着各方自动获得免费的广播时间。然而，这实际上是要求电视台必须能够向FCC证明，在整体上，电视台已经以一个公平的手段，详细报道该地重要的有争议性的议题。

作为一个录像制作人，公平原则又会如何影响你？例如，假设你是一个企业的音像制作部门的制作人，而该企业是该社区主要的雇主，环保人士抗议该企业对其污染物的处理。如今，你与所属企业的公共关系部门合作，制作一个10分钟的关于一个新的生产线的录像。该企业承诺，如果生产线投产，将创造500个新职位，并且减少由于生产制造出来的污染物。然后，你接触一个当地电视台，要求在一个周播节目中使用该片段，该节目主要内容是介绍当地的经济发展。该节目的制作人很喜爱你的录像，然而，经过咨询电视台的律师后，制作人决定拒绝你的要求。因为播放该片段令电视台有可能收到环保团体的违反公平原则投诉，因为他们认为你所属企业对于废物弃置问题所做出的努力仍嫌不足（而企业有义务做出回复）。

公平原则里还包括一个条款，称为人生攻击条例（Personal Attack Rule）。规定在报道一些有争议性的议题时，如果某个知名人物或团体的品性、诚信或个人品质受到指责时，电视台必须通知受指责的个人或团体，并提供机会让他们做出回复。显而易见，这条规例并不适用于下列情况：当被指责的人是一个公职人员或该指责是在电视台介绍或报道一个真实的新闻事件时候所出现的。

2. 公平原则的衰落

你需要特别注意，尽管1959年在修改1934年通过的通信法时加上一些字面上肯定的语句，然而公平原则从未正式编成法典以成为美国成文法的一部分。[12] 结果，这个原则如何解读及执行，在不同时间皆有不同，主要看 FCC 委员的观点及该地区判例法的地位。广播电视从业人员向来直言反对公平原则，认为这原则侵犯了他们在第一修正案保护之下应有的宪法权利，同时这原则实质上令电视台不想报道有争议性的议题。后来，红狮广播公司诉 FCC 的案件成为里程碑。[13] 在 1969 年美国最高法院审理这个案件时，广播业界质疑 FCC 执行公平原则属于违宪。但是，最高法院接纳 FCC 的理据，判决公正原则并不违反第一修正案。因为广播频道的有限性及政府在分配这些频道中所扮演的角色，以及对于一些没有政府协助便不能使用广播频道表达自己意见的人来说，这是一个合法的权利。

受到这个诉讼判决的支持，FCC 在 20 世纪 70 年代更加积极地执行公平原则。自 20 世纪 80 年代开始，在里根政府的撤销规制理念推动下，FCC 对执行该原则开始展示出屈服姿态。这个态度的改变源于 1985 年，当该委员会 (FCC) 发表一份报告，报告结论是公平原则已经不再是合理的。因为来自有线电视、卫星接收设备 (home satellite distribution systems) 及其他新科技媒介的不断增大的竞争，在委员会的立场看来，这将会为电视市场带来一个"声音的多样性 (multiplicity of voices)"。[14] 在 1989 年，联邦上诉法院支持 FCC 有权不执行该原则，因为委员会被授权可以做出判断，究竟执行该原则是否属于公众利益的范畴。[15] 最高法院并没有对这个判决做出复核。

275

FCC 对公平原则态度的改变受到部分国会议员的强烈反对。他们大部分人对与公众议题有关的报道的公平性非常敏感，因为这些议题大多也具有极高的政治性。尽管有人为公平原则的重新使用做出努力，然而这原则现时仍处于"休眠状态"中。究竟广播机构是否应该被要求对重要问题提供公平报道，以作为他们维护公众利益的一部分，在华盛顿这依旧是一个热门话题。因此，制作人需要对某些人为恢复公平利益的某些形态做出努力而保持警觉。[16]

9.5.3　对等时间规则 (the Equal Time Rule)

如果你曾经为参与竞选公共职务的候选人制作宣传材料，你应该熟识这个对等时间规则。与从未成为美国成文法一部分的公平原则不同，对等时间规则在 1934 年通信法中占有一席之地。通信法第 315(a) 条规定：

如果任何牌照持有人准许，任何在法律上符合资格参与竞选公共职务的候选人使用一个广播电台，该持有人应该提供相同的机会给竞选相同职位的所有其他参选人以使用相同的广播电台。[17]

除了这个对等时间条款，通信法第 312(a)(7) 条规定，如果牌照持有人没有向在联邦选举中在法律上合资格的候选人提供"合理的使用或批准其购买合理的时间数量"，[18]FCC 可以撤销一个广播牌照。虽然这个法定条款在表面上只适用于联邦公职选举的参选人（与 315 条不同，该项条款能够适用于所有公共职务选举的参选人），然而 FCC 已经另行说明，广播台有义务提供一些节目时间给非联邦选举的参选人使用。

对等时间规定并不意味着该广播机构的拥有者必须让出广播时间给参选人，他们只需要以相同的条件，提供相同的广播时间给竞选相同职位的所有参选人即可。例如，如果一个广播电台以 5 000 美元的代价，向一个竞选下水道事务官 (sewer commissioner)（请谨记，对等时间规则适用于任何公共职位选举中的任何在法律上符合资格的参选人）的参选人在黄金时段内，提供一个 30 秒的广播时间，该广播电台也需要向竞选下水道事务官的其他参选人以 5 000 美元的代价在黄金时段内提供一个 30 秒的广播时间。从这个情况来看，对等时间规则事实上是"在相等代价下的相等时间规则 (Equal Time at Equal Cost Rule)"。

如果你的节目将由一个已参与公共职位竞选的表演人员参与，请务必小心。对等时间规则不只适用于政治广告，也适用于任何种类的节目与环境之中，只要参选人在此出现，并可令观众将其辨认出来。这也就是为何福特总统 (Gerald Ford) 在 United Way 的电视节目中出现，以及里根 (Ronald Reagan) 的电影在竞选活动期间播放，引起了对等时间问题的关注。这也是为何聘用一个正参与竞选，例如郡捕犬官员 (county dog catcher) 职位的表演人员，如果为一个广告演出，而该广告打算在竞选期间在当地播出，也会引起上述相关问题。

9.5.4 赞助人身份

一间电子商业机构雇佣你的公司制作一个关于未来家居娱乐设备系统的节目。该机构给予你一大笔费用用于制作，以及对该节目创作内容的控制权。当然，该机构还要求其产品在节目中要有显著地位。

当你完成该作品并送到该电子机构，这个机构作为赞助机构，非常喜爱该节目。该机构将节目播放给其员工及发行商观看，他们也很喜欢。由于反映极佳，该机构决定将节目免费提供给一个想播放该节目的电视台进行完整或部分播放。另外，数个电视台已表示有兴趣播放该节目。

这样做有没有问题？没有，只要该电视台在播放该节目的时候，注明节目是一个经赞助而制作的资料。根据通信法第 317 条的规定，广播牌照持有人需要告诉观众，该节目的广告性质及注明相关的赞助商。[19] 有一些商业节目的目的是在隐瞒赞助商的身份下宣传某些商品。该法规对这类节目的规定特别严格。例如，当一个制药企业制作一系列的商品信息节目，以宣传一种治疗高血压的特别方法——这个方法涉及该企业出产的一种药物——电视台在播放该节目时，最好确保已注明该制药企业为赞助商。否则的话，该电视台可能受到 FCC 的处罚，而该制药企业也可能受到 FTC 的调查。

另外，除了通信法第 317 条有关播出机构责任的规定，第 508 条详细列明类似的揭露赞助人身份的规定，任何打算制作或提供类似节目用以广播中的人必须遵守。第 508 条的目标主要是制止"隐性广告 (plugola)"，即给制作人一些钱，将一些商品身份及参考数据设置于节目中，但却不透露该赞助人身份的相关事实。对于电视节目制作人来说，第 508(b) 条规定的操作守则如下：

任何人若与任何节目或节目材料的制作或筹办有关，并打算将该节目在任何（电视）广播台播放，接受或同意接受，支付或同意支付任何费用或服务或其他有价值的代价，包括作为该节目材料的任何一部分。在该节目或节目材料播出之前，应该向收款人的雇主，或制作相关节目或节目材料的负责人，或播放该节目的广播机构披露有关接受或支付款项的事实。[20]

一个并行的平衡条款，第 508(c) 条，对一些提供（例如，售卖或准许，而并非制作）节目给广播机构的团体做出相类似的限制。违反上述任何一个条款

277

的惩罚可以是非常严厉的：罚款高达 10 000 美元，判监禁可达一年，或同时判处这两个处罚。请谨记，很多电视网及制作公司在聘请第三方制作节目进行播放时，往往要求该团体需要陈述及保证他们完全知晓上述责任，并且他们没有并将不会违反联邦通信法的相关条款。

9.5.5　不雅及淫亵内容

如果你的制作存在有伤风化的倾向，请不要试图将这些作品安排在美国广播电视台播出。如果节目含有被视为不雅或淫亵的语言，更是如此。1934 年通过的通信法中第 505 条赋予 FCC 权力，制约一些广播机构播放一些含有下流的、淫亵的文字、语言或影像的节目。另外，传递淫亵材料也可以引致刑事处罚。

当然，对不雅或淫亵的定义标准随着时间而改变，而时至今日的广播电视节目似乎较数年之前的更为低俗化。但是广播机构应该对这个议题仍旧保持警觉，特别要关注当地家长、教会以及社区团体的反应。另外，FCC 已经表明，他们将对那些家庭观看时段内播放的，被认定是不雅的材料采取行动。[21]

这些条例并不适用于有线电视网络机构（当中包括基本有线电视服务、收费有线电视服务或按观看次数收费的服务）或当地有线电视经营者。因为一般而言，他们并不被视为广播机构。然而，有线电视系统服务经营者必须对其获授权提供服务的社区道德标准保持警觉。目前，很多有线电视系统服务经营者提供安全锁 (lock-out boxes)，家长可以以此装置防止——或最低限度力图防止——未成年人士观看成人节目。如果传递一些根据美国相关法例定义为淫亵（不只是不雅）的材料，有线电视网络机构可能受到惩罚。最后，正如在第 8 章中讨论的，一个独立的联邦法定机构已经成立，其特别目的便是防止有人在互联网上传递淫亵材料给儿童。

9.6　发行协议

本书的第 2 章及第 3 章已讨论，合同如何帮助你清楚确定与一些将会帮助你制作节目的人，如演员、摄制组及制作分包商等的关系。假设你现在已经完成了一项制作，正考虑如何与一些业务范围为出售完成作品的发行商或录像出版机构商讨合作事宜。本部分主要谈及合同如何帮助你保证，你可以获得一个最合适的发行交易。

　　如果你是一个只在企业的录像部门中工作的制作人，你可以永远不用为发行合约担心。当你完成了一个节目，它只会根据原先制作安排中的计划，进行内部播出或发行。这情况与独立制作公司一样，因为他们为企业制作的节目也只是职务作品节目。然而，由于家庭及商业录像市场已经发展兴旺，很多企业的录像部门开始考虑在机构以外发行其作品，以赚取经营费，甚至为机构带来利润。同样地，很多独立的制作公司开始试图为其制作的商业录像作品保留版权，或寻找一些制作交易，令他们可以通过在其他市场销售而获利。在这些情况下，企业及独立的制作人都需要做好准备，在发行许可协议上做出适当的判断。

9.6.1　一个发行协议的组成要件

　　一个发行许可协议应包括 3 个主要的组成部分：要约 (offer)、对价 (consideration)、承诺 (acceptance)。当然，在第 2 章已讨论过，这些不同部分的界线在实际合约中经常变得模糊，另外，大部分协议还包括数项附加的条款、条件及保证。

　　一个发行协议，首先需要以清晰及不含糊的文字说明你将向发行人（这里的发行人一词是常规词语，泛指录像制作的分发商及出版商）提供什么东西作发行，以及发行人在这些材料中拥有什么权利。这是什么类型的节目？你是否会保留作品的版权（一般也是制作人的最理想选择），还是你会将作品的整个或部分版权转让给发行人？

　　在一个发行许可中，清楚制定该协议的有效期限以及合作范围，是一件尤其重要的事。该发行人究竟有多长时间拥有该发行权出售相关节目，以及在哪一个市场出售？这是一个排他的合作协议，还是你会与其他的发行人制定类似的合约？图 9.3 所示的一份合约样本中，上述大部分的事项皆在授权部分(Grant of Rights section) 中列明。

图 9.3

录像发行协议样本

许可协议（简称"协议"）是由工作伙伴制作公司 (WorkMate Productions, Inc.) （"授权人"），一个康涅狄格州的公司，办公室位于 CT 06905，史丹佛，香桃木道 253 号，以及戴维斯录像公司 (Davis Video, Inc.)（"发行人"），一个纽约的公司，办公室位于 NY 10019，纽约，百老汇 1603，关于录像节目"没有汗水的训练"所签订。签约日期为 2003 年 8 月 4 日。

1. 定义。此处，以下各个用语有下列的对应定义：

(a) 协议有效"期限"是指从 2004 年 1 月 1 日至 2006 年 12 月 31 日中的期间。

(b) "区域"所指的是美国，当中包括其属地及领土范围内，以及加拿大、英国及澳洲。

(c) "节目"所指的是"没有汗水的训练"，一套 30 分钟的训练录像节目，或根据这个协议所赋予的权利而制作的该录像的制品。

(d) "按版权使用费用"是指协议中的对价部分，并在协议第 6(b) 部分作详细说明。

(e) "母带"所指的是已完成的最后的及经过编辑的版本，并制作成授权者及发行人双方同意的形式，并给予发行人作为制作节目制品之用的原带。

2. 赋予的权利。

(a) 授权者在这里授予发行人专有权利，在协议有效期限内，从节目的母带复制影带及多用途数码光盘，在区域内出售、出租或发行。上述提及的所赋予的权利包括，所有发行该节目的影带及多用途数码光盘时所有必需的权利，同时包括使用该节目名称的权利，以及使用任何团体因承担了该节目的包装、广告、推广及宣传服务而所制作出的相关声音及类似材料的权利。授权人进一步赋予发行人将上述权利再许可给其他团体的权利，但任何这一再许可的行动都需要授权人的合理批准。

(b) 所有没有在协议中注明赋予给发行人的权利，都为授权人保留。这些保留给授权者的权利应该包括所有节目的推销权利，以及通过无线、有线、卫星及网络渠道传递节目的权利，以及与其他团体订立类似协议的权利。

3. 母带的递交。授权人同意在 2003 年 12 月 15 日，或该日之前，递交母带予发行人。

4. 版权及商标权利。节目的版权，及任何与节目有关的商标拥有权应属授权人所有。授权者有责任在母带上显示适当的版权及商标通知。发行人同意印制这些版权及商标通知，并将之放置于所有节目制品及相关的包装上。

5. 对节目的修改。发行人同意，如果没有得到授权人的事前书面同意，他们不会对该节目进行编辑或修改。授权人可以自行决定拒绝发出该书面同意。

6. 对价。版税和预付费用。

(a) 就上述所赋予的权利的对价，发行人同意支付授权人版权 预付费用 20 000 美元，支付方法为：开始执行这一协议时发行人先支付 10 000 美元，当授权人完成上述第 3 部分的要求后，可获取另外的 10 000 美元。这个版权使用费的预付费用适用于本协议之下所支付给授权人的版权使用费用上。在任何情况下，这一版权使用费用的预付费用，无论是整笔费用或部分费用，都不可退还，无论这笔钱是否已经支付。

(b) 发行人同意支付授权人版税，该费用的计算方法为该节目制品的发行纯收入的 10%。"纯收入"所指的是发行人从销售、出租该节目制品及签发该节目的许可证而得到的实际总收入（不包括出售、使用、消费税以及其他税项、包装、保险、运输等支出及其他支付给顾客的类似费用），扣除任何借贷或退还货品的退款，以及之前给发行人入账作拨备的款项（这部分将在下面作说明）的总额。

(c) 发行商可以预留合理部分的版税以作拨备支付退货的退款，但这个拨备金额不应超过在一个特定的财政期间应支付给授权人版税的 20%。而这些拨备金额应该不迟于从该笔拨备金额出现财政结算单算起的第三张财政结算单出现时作结算。

7. 会计及支付费用。

(a) 发行人应该根据其纯收入计算版税并在每隔半年为授权人结算一次，即在每年的 6 月 30 日及 12 月 31 日作结。在该财政期间完结后的 90 天之内，发行人应该向授权者提交报告。在报告中列出在该期间，该节目制品销售或发行数量、从这一销售发行中的纯收入所得以及计算这个期间应支付的版税。

(b) 在递交该报告的同时，扣除了以下款项后：发行人应该支付授权人的版税总额：

(i) 该节目的任何无法收回的预付费用。

(ii) 任何由发行人带来的支出，但在这里是明确地可以扣除的。

(iii) 根据第 6(c) 部分规定的为支付退货的退款而作出的拨备金额。

(iv) 任何法例规定由发行人负责的税项、关税或其他款项。

(c) 授权人可以聘请一个合资格的公共会计师，以审计及复制发行商有关该节目的销售及发行的账簿及纪录。上述的审计费用应由授权人独力承担（除非检查发现应付的版税较实际已支付的超过 5%，这样的话，审计费用便由发行人承担），该检验需在正常办公时间内进行，直至有合理的结果出现，同时每年最多只能进行一次。在一个特定的财政期间的账簿及纪录，需要在该期间的财政结算单出现后 3 年内作审计，3 年过后，这些账簿及纪录便被视作毫无问题的最后版本，并为授权人钉装作记录。

8. 替换及宣传制品。

纯收入不应包括任何由发行人因替顾客更换有问题的制品而所得到的收入。另外，任何用于发放给传媒、同业、营业代表及潜在顾客以作宣传之用的制品，不应被计算及支付版税，前提是所发放用作宣传的该节目制品不超过 500 份，以及只要发行人不会因发放这些宣传制品而获得任何费用。如果所发放的宣传制品的数量多过 500 份，那么授权人便可以获得版权使用费用，计算方法是超出 500 份的每一份起记其费用的 10%。

9. 销售活动的开始及最低的销售数量。

(a) 发行人同意在收到母带的 3 个月内，做出一个合理及实质的努力，通过销售及 / 或发行该节目的许可证，开展公开发行活动。如果发行人在 3 个月限期内仍未为该节目安排发行工作，授权人可以通过书面通知的方法，以表示其有意终止该协议。如果发行人在收到这一通知的 2 个月内，仍未为该节目安排发行工作。这

图 9.3
录像发行协议样本（续）

281

282

一协议可以按协议中的第 10 部分的条款予以终止，而授权人可以根据这一协议，保留较早前已经收取的费用。

(b) 发行商并没有做出任何陈述或保证，该节目的销售将会是成功的或将会达到最低的销售数字或批出的许可证数目。然而，如果在最初的四个财政期间（6 个月为一个财政期间）内，在第 7(a) 部分已作说明，所有纯收入所得不够 20 万美元，授权人根据这协议中的第 10 部分的条款选择终止这个协议。

10. **终止协议**。在这协议的有效期完结，或收到在 9(a) 及 9(b) 部分所述的终止协议书面通知，发行人应该停止制造该节目的制品，以及所有根据这一协议而赋予的权利应交还授权人。此后的 6 个月内，发行人应有非独家的权利出售及／或出租，自协议有效期失效或终止协议那天已生产的该节目的制品。在这限期结束后，发行人可以选择删除或销毁任何剩余的节目制品，以及当授权人提出要求时，向其递交一份证明书。尽管刚刚提及的各项，发行人仍然有"出售"权利，授权人可以选择购买所有在终止协议时属于发行人拥有的该节目制品，所涉及的金额不能超过发行人实际制造这些制品的成本支出。

11. **陈述及保证**。授权者在此陈述及保证，它有权利及权力开始及完全执行这一协议，以及赋予根据这一协议规定所应赋予的权利；授权人拥有或控制发行该节目的影带及多用途数码光盘的权利，或是拥有或控制发行该节目的影带及多用途数码光盘的权利团体的授权代表；授权人未曾开始或不应该开始执行一些限制或削弱该协议规定所赋予的权利的其他协议；以及行使这一协议所赋予的权利将不会侵犯任何其他团体的任何权利（包括但不限于，合约、版权、商标、隐私及宣传权利）。

发行人在此陈述及保证，它有权利及权力开始及完全执行这一协议；发行人未曾开始或不应该开始执行一些影响其完全执行这一协议规定的义务的其他协议；以及发行人将不会采取任何行动以削弱、侵犯或挑战授权人对该节目的权利。

12. **赔偿**。每个授权人及发行人应该时刻作出赔偿的准备，以及保障另一方因其违反在这一协议的陈述或保证而引致的任何收费、主张、赔偿、代价及开支，当中包括合理的律师费。接受赔偿的人会迅速通知赔偿人相关的要求。赔偿人将会整理、处理、保护或以自己的代价处理这一要求。如果该赔偿人已经获得通知，但并不着手解决这一事宜，接受赔偿的人可以其／或法律事务代理的名义采取这一行动，要求赔偿人整理、处理、保护，或以其他方式处理这一告诉。在这个情况下，只要收到相关的账单，赔偿人应该向接受赔偿的人补偿账单上的金额。尽管上述所提到的，授权人应该拥有独有权利及权力，就任何第三方对该节目中授权人拥有的版权、商标或其他知识产权的任何侵权或怀疑侵权行为，开展及进行相应行动。

13. **通知**。所有通知、要求、许可、需求以及其他交流需要以书面形式，并通过人手、传真或以特快邮递方式将函件送至协议的相应收件方，或送交至对方的其他（人或）地址，若某方与其他方在不同时间皆以相似的方式作书面通信。根据本段落的条款而传送的任何通知、要求、许可、需求以及其他交流，应该被视作当邮件储备、邮费预缴之后，被给予 7 天的时间以制作或传递，或当人手送递或传递邮件，并得到确认收妥，便需要制作或传递。假若相关的通信中某方的地址改变，只要实际上是可收到该邮件的，该通信也可被视作有效。

14. 执行合约。授权人自收到本协议后，有 15 天的时间签署及交还这一协议给发行人。如果已签署的协议在限期内仍未交还发行人，发行人可以选择撤回协议中的要约。这协议需要以原始的或传真的方式由双方签署生效，每一方的签署都被认定为原件，并以这些组合成一个单一的正式文件。

15. 其他事项。授权人及发行人应该执行，或被要求执行任何所需的文件，以令该协议的目的及意图得以执行，及 / 或保护授权人在该节目的权利。这一协议包含所有约定，并且替代所有与协议内容相关的先前的及同时期的，并存于各方之间的约定。这一协议的更改与修订需要得到签约方的书面签署落实。因为发行人可能需要对协议的任何条款做准备，授权人应该在收到发行人的要求后，迅速地送交这些协议或其他相关文件的复印本给发行人，本合约及所有相关事项或争议受到纽约州适用于完全执行及履行合约的相关法例管辖。签约方在这里同意，将任何双方与该协议有关的争议，交给位于纽约州纽约市的法院进行排他性管辖。

以此为证，签约方自本协议文本前部分所列的日期开始，执行这一协议。

授权人　　　　　　　　　发行人
工作伙伴制作公司　　　　戴维斯录像公司

由：＿＿＿＿＿＿＿＿＿　　由：＿＿＿＿＿＿＿＿＿

职位：＿＿＿＿＿＿＿＿　　职位：＿＿＿＿＿＿＿＿

日期：＿＿＿＿＿＿＿＿　　日期：＿＿＿＿＿＿＿＿

图 9.3
录像发行协议样本（续）

283

在协议的对价部分必须清楚列明，你授权发行人出售你制作的节目，发行人为此需要支付你什么报酬，是按版税支付，还是一次性的付款？如果是按版税，在这笔费用之前是否先要收取预付费用（授权人先收取了这笔预先款项，其后发行人再向授权人支付版税）？如果发行人停止销售该节目，或未能达到已订立的最低销售目标，在协议中所订立的各项给予发行人的权利是否会被收回？有多少份免费或减价的制品可让发行人提供给评论者参考或作宣传用途？更为重要的是，版税的百分比应是多少，以及该费用应如何计算出来？是按照总体销售量计算，或者，更具体地，如果按总体销售量难以计算，是否以净收入计算？即使该节目的销售成绩不理想，是否应该设一个最低的版税保障？版税应如何及在何时支付？发行人需要保存怎样的会计记录，而你有什么权利核查这些记录？如果有协会的会员参与该制作，谁负责计算及准备所要求的任何剩余使用费用及额外的市场酬劳？正如在第 7 章讨论，这一责任是属于制作方的，除非发行人已与相关协会签定承担协议并予以履行。

最后，在协议的最后部分，必须有相关的条款规定签约双方有多长时间对该协议做出响应，以及双方以何种方法表示他们接受合约的条款。

除了上述的一些主要条款外，该发行协议必须包括一些条款以列明终止该合作关系的手续、当中安排的陈述与保证以及一些可以照本宣科的协议条款，这些条款也包括在样本之中。

9.6.2 发行协议的样本

图 9.3 所示，是"没有汗水的训练"录像的发行协议样本。请留意该协议已包括当该录像节目完成后，制作公司将该节目送交发行人的安排。如果一个发行人委托一个制作公司制作节目，当中的协议样本，可参考第 3 章的制作协议（图 3.5）。

请谨记这只是一个协议样本，只适合某一种发行合作关系。因为每一个出版及发行的合作关系都是独特的，你需要确保每一份合约都是为了特定合作关系而合适地制定。

9.6.3　商讨协议

　　就像大部分的发行协议一样，这个合约样本是由发行人根据他们的标准合约而制作出来的，并提供给制作公司以做参考。该制作公司其后查看该合约，找出任何需要澄清或商讨的部分。图 9.3 所示的合约样本，是一个所有的争论点已得到解决及获得双方同意的已制作完成的合约。

　　作为制作人，你被要求接受发行人提出的要约。你应该想到，你必须与发行人协商，甚至删减部分合约内容。事实上，在协议草拟之前，这一协商便应该展开，以确定与发行商的合作关系中的主要组成要件。你将赋予发行人什么权利以及赋予多久？发行人需要向你支付多少款项以获得这些权利？

　　当你收到草拟完成的成文协议后，你必须视之为只是一份草案，必须细看、研究及讨论。首先，你需要细心查看，以确保协议中列明的所有合作关系的核心要件和你与发行人讨论并达成共识时，对这些要件的约定是一致的。其次，请小心查看协议的其他部分有否包含其他有机会引起问题出现的解释或条款。

　　因此，作为一贯做法，很多制作人聘用一个律师以查看协议内容。律师可以向你解释一些你不明白的法律用语，以及找出一些对你不利的，但难以察觉的条款，或以小字体印刷的一些事项。如果你不熟悉处理财政事项，你还可以聘请一个会计师或其他有财务经验的人协助你审查该合作关系的对价部分。如果你是在企业内或在其管理下工作，该企业的规则或许会要求你将合约先交由法律部门查看及批准。

285

　　有一个条款，发行人有时候会偷偷加进合约之中，而你会经常提出反对的，便是"下一个作品的期权"(option on next work) 条款。这一条款给予发行人对你下一个制作作品的发行工作拥有优先拒绝的权利。事实上，这条款对你并没有任何好处（只要你喜欢，你可以在往后的日子给予发行人这个优先拒绝权），所有好处属于别人。因此，一些有经验的制作人便会知道这一背景而加以处理，发行人也预料到该制作人在将合约归还时将此条款删除。所以，你的行为并不意外。

　　大部分发行人同时希望就协议的一些基本条款展开商讨，你可以与他们商讨。如果你要求发行商对合约中的一个条款作澄清或作变更，也并不会因此冒犯他们。当然，发行人在什么程度上愿意遵照你的要求更改，主要依据这些更改是否合理，以及他们有多重视你的制作作品。然而，你并不需要害怕提出要求。如果发行商坚持在协议中加入一些对你不利的条款，你也不需要因此害怕，你可以选择终止合作关系。

9.6.4　查看协议样本

图 9.3 所示的发行协议样本是相对简单的。这类合约最有可能引起争议的主要部分——确定作品发行范围以及列明发行商所获得的权利以及给予制作人的版税——这些都非常清楚直接。

在该协议的第 2.a 部分，工作伙伴制作公司（"授权人"）赋予戴维斯录像公司（"发行人"）权利以制造及发行"没有汗水的训练"录影带及多用途数码光盘，而发行地区的范围则在第 1.b 部分列明，该发行权利的有效期限则在第 1.a 部分列明。根据协议中对出售地点及期限的规定，戴维斯录像公司有权在美国、加拿大、英国及澳洲出售该节目的录影带及多用途数码光盘。销售期限为 3 年，自 2004 年 1 月 1 日起至 2006 年 12 月 31 日。然而，根据第 2.b 部分的规定，工作伙伴制作公司保留推销与该节目有关的其他商品的权利（出售"没有汗水的训练"的 T 恤及其他类似的辅助物品的权利），以及将节目通过无线、有线及卫星频道播出的权利——以及其他没有在合约中特别列明给予戴维斯录像公司的权利。正如在第 4 章谈及，该节目的版权依然属于工作伙伴制作公司。

协议的第 6 部分特别列出该合作关系的对价，即当它赋予协议所规定的相关权利给戴维斯录像公司之后，工作伙伴制作公司将会获得的收益。在签署该合约之后，工作伙伴制作公司可以获得一笔不可退还的、在版税之前支付的预付费用 10 000 美元，以及另外的 10 000 美元作为将该节目的原版磁带转交发行人的代价。根据协议的条款规定，工作伙伴制作公司将会获得销售该节目制品的净收入的 10% 作为版税。当然，只有在销售计划所获得的净收入超过版税收取前的 20 000 美元的相应净收入额，工作伙伴制作公司才会得到版税收入。因此，10% 的版税只有当戴维斯录像公司在销售该节目制品且获得的净收入超过 200 000 美元后才开始计算。

每一个发行或出版协议当中的对价部分需要小心审查，尤其是，发行人有很多古怪的方法为净收入下定义，以及定下一些条款影响你在该合作关系中的收益。在该协议样本中，相关的定义相对较为简单及公平。该合约给予戴维斯录像公司权利预留拨备以支付退货的退款（第6.c部分），但并没有给予戴维斯录像公司权利扣减任何其他的推广或包装费用，或发行费用，而部分发行商或出版商往往尝试将这些条款加至协议中。另外，在部分协议之中，版税的计算安排可以很复杂，因为该费用的收费率可以随着售出制品的数量，以及在哪里及如何出售而有所不同。如果你对这些财务事项并不了解，请向一个事务律师或会计师咨询，他们可以向你说明。

戴维斯录像公司需要给予工作伙伴制作公司的预付版税20 000美元是如何得出来的？在大部分情况下，这个数字是双方的商讨结果。如果戴维斯录像公司与大部分其他发行商及出版商一样，他们考虑这个数字时，会以一个不很科学的公式以及加入一些因素作计算。这些因素包括根据这个计划，他们何时达到收支平衡以及在协议所订的有效期限之内，他们预计有多少节目的制品可以成功出售。更为重要的是，这个不可退还的预付版税，是对工作伙伴制作公司的一个必要保证，戴维斯录像公司很可能尝试估计这笔费用最少要有多少，工作伙伴制作公司才会接受。在另一方面，工作伙伴制作公司需要评估这笔费用最少要有多少，才值得形成这个合作关系，以及评估戴维斯录像公司在这笔费用上，愿意支付多少。这些计算与商讨的结果便是在合约所列出的20 000美元。

在一些根据版税而制定的出版及发行的协议中，当中最好是可以包括一些条款，让授权者对相关的作品材料有收回的权利。如果出版商或发行商未能执行他们先前承诺的事项。根据合约样本第10部分的安排，工作伙伴制作公司与戴维斯录像公司之间的协议在下列两个情况下可以终止：（1）一切按合约程序进行，直至合约有效期限完结；（2）工作伙伴制作公司有权提出终止合约，假若戴维斯录像公司在一个合理的期限内没有为该节目作市场推广或并未达到合约要求的最低销售目标。

这个发行协议样本的其他主要部分，你应该感到熟悉，因为它类似第3章的合约样本。与其他在本书的合约样本一样，这一样本只是作为一个模型，令你知道一个典型的协议的基本结构及范围。但请谨记，不要以为你可以以这一个样本作为你的协议，或根据这个协议样本中的条款加以混合，制作一个符合你需要的合约。若遇到疑难，请找一个熟悉特定情况的事务律师做咨询。

小结

- 你要采取什么步骤保护你已完成的制作作品？要保护你已完成的制作的第一个步骤，便是要确保你所有的制作材料已存放于一个安全的地方。然后，你可以考虑到美国版权办公室为作品的版权注册，以及就某些作品，到美国专利和商标局为作品的名称注册商标。如果你打算找第三方发行你的作品，你还需要考虑通过制定一个发行合约以保障你的权利。如果你的作品将被播出，你还需要留意有几项联邦法规对美国电视台播出节目内容的规定。

- 版权注册如何帮助保护你的制作？如果想让一件作品获得版权保护，到版权办公室为作品的版权注册并不是必要步骤。然而，到版权办公室为作品的版权注册真的可以获得一些好处，这包括控告侵权者以要求获得法定赔偿的权利。更为重要的是，注明可以为作品留下一个官方纪录，若日后出现任何争论，法庭接纳这为证据，证明你版权的有效性。

- 你如何向版权办公室为你的媒介制作进行版权注册？为媒介作品注册版权，你需要填写及递交一份表格 PA 及相关的处理费用。你同时需要递交一份作品的复制品作备案及作品的书面描述。

- 何谓一个商标？美国政府定义商标为一个"文字、语句、符号或设计，或一个文字、语句、符号或设计的组合体，它可以令大众从众多类似产品中，确认及分辨出某些产品或服务源自于某一个单位。"

- 什么是美国商标法的来源？美国的商标法是由一系列的普通法以及州与联邦的法规组成的。主要的联邦商标法规为 1946 年通过的《商标法》，亦称作《兰哈姆法》。1988 年，国会通过商标法修订法，对《兰哈姆法》作了一个首次的全面修订。在美国，为商标注册及其他联邦商标程序皆由美国商业部的专利和商标局负责处理。

- 你能否为一个媒介产品的名称注册商标？一般而言，你可以为一些创作作品的名称注册商标，只有在以下两种情况：当该名称是一个系列作品的统一名称或当该作品名称的使用与一些生产商品有关联。

- 商标注册可以带来什么好处？你不用为作品的名称注册商标，便可以得到联邦商标注册规定的某些保护。到专利和商标局将作品的名称注册成为商标真的带来一些好处，当中包括到联邦法院起诉他人侵犯商标权的权利、未作深入调查的证据以证明注册的有效性及注册者对该商标的拥有权、将相关注册通知美国海关以禁止印有侵权标识的货品进口。另外，向专利和商标局为你作品的名称注册，便可以通知其他人，该名称已被使用。这个方法可以阻止其他人采用相同或近似的标识。

- 你如何向专利和商标局为你作品的名称注册商标？在你尝试向专利和商标局为你作品的名称注册商标之前，你先要考虑该名称是否合乎最低的注册申请要求。同时你需要进行一个商标调查，以查看有否现存的，或注册申请正在处理中的标识与你的作品名称起冲突。申请时，你需要递交一份适合的申请表、你的标识草图、相关的申请费用以及3 件可以证明该标识的实际使用的标记样本。这个样本中的要求假定你的申请，是以该标识在州与州之间的商业活动中的实际使用为依据。根据 1988 年国会通过商标法修订法，你可以在实际使用该标识之前，先为该标识申请商标注册，只要你可以证明你有一个真实意愿使用该标识。专利和商标局鼓励商标申请人以电子申请表形式通过商标在线申请系统直接在网络上递交。

289

- 有什么联邦法规或条例规管广播电视的节目内容？规管广播电视的节目内容的联邦法律和条例包括公平原则（虽然这原则最近没有为 FCC 所执行）、对等时间条款，以及一些规管赞助人身份及广播淫秽材料的规则。

- 一个录像发行许可协议有什么主要的组成要件？一个录像发行许可协议应包括 3 个主要的组成要件以制定所有合约：要约、对价及承诺。在发行协议中，你需要特别留意商讨该协议的有效期限（持续时间）、根据协议你会给予对方什么权利、发行商出售相关制作作品的地区。如果该合作是按版税得以落实，那版税及其他代价的计算及支付方法，以及作品的版权拥有权属谁。假若发行商未能在市场出售该作品或未能达到最低的销售成绩，在合约中加入一个条款以终止该合约也非常重要。相反地，合约中拒绝加入一些给予发行人对你下一个作品的优先拒绝权的条款，也非常重要。

注释

1．如果你在制作上设置一个版权通知，而你向公众出版（发行）一个或更多的该作品的制品，根据规定，你便有需要向版权办公室递交一个制品作为备案，无论你是否准备为该作品的版权向当局注册，你也需要这样做。关于备案要求的更多信息见本章的"递交注册申请表格"部分。

2．如果该制作作品的原声音乐将会被独立制作为原声大碟，你必须向版权办公室同时递交表 SR 将该大碟中的乐曲注册为独立作品。如欲得到更多的资料，请联络美国版权办公室。

3．"包括录像录制数据的电影的版权注册 (Copyright Registration for Motion Pictures including Video Recordings),"第 45 号通知（华盛顿特区：版权办公室，国会图书馆，1999 ），第 5 页。

4．同上。

5．同上。

6．"关于商标的基本事实 (Basic Facts About Trademarks)"（华盛顿特区：美国商业部，专利和商标局，2002 ）。

7．这里并不是提议使用《北非谍影》或任何其他已存在的及已知的名称作为你作品的名称是安全或可接受的做法。虽然这样做应该不被视作商标侵权行为，但这会为你带来不公平竞争或"不实的来源标示 (False Designation of Origin)"的指责。再者，如果你的制作作品是一套专题电影影片，你可能遇到麻烦。因为美国电影协会（the Motion Picture Association of America，MPAA ），一个业界组织会提供影片的观众分类评级 (audience ratings)（例如，G，PG，PG-13 ）以及负责名称注册服务，将不会给予一套影片的观众分类评级或准许其会员发行该套影片，若该影片的名称与一套已经在发行的影片的名称容易产生混乱。

8．如果你想直接聘请一个商标搜寻机构而不是一个律师替你工作，你可以请求一个律师向你推荐，你也可以在商标搜寻服务 (Trademark Search Services) 的电话簿中寻找，或者你可以直接拨打 (800) 200-4095 致电按需求的调查 (Research on Demand)。按需求的调查提供计算机化搜寻服务，包括一个商标搜寻服务。另一个类似的服务是政府联络人服务，你可以致电 (800) 869-8930 进行联络。

9．47 U.S.C § 508(b) (2002)。

10．如果你的申请是因为最后的 3 个原因的其中一个而被拒绝，而你的上诉也失败。你的标识仍然合乎资格，注册在辅助注册目录 (Supplemental Register) 上。虽然这一注册并不包括标记注册在初次注册簿 (Primary Register) 的所有好处，但这也提供一些显著好处，这包括到联邦法院起诉他人侵犯商标权的权利以及为你首次使用该标识留下一个纪录。另外，当你的标识列于辅助注册簿上已有 5 年，这个标记便被假定拥有更进一步的意义，这是将标识注册在主要注册目录上的必要条件。若想获取关于初次及辅助注册目录的区别的资料，请咨询一个商标事务律师。

11．根据最新美国专利权法的修改，一个专利权的有效期为 20 年，自相关人士向美国专利和商标局递交专利权申请那天起计。以前，一个专利权有效期为 17 年，自该专利权获签发起计。请参阅 35 U.S.C § 154(a)(2) 2002。

12．公平原则不被编成法典以成为美国法例的一部分这个事实是联邦上诉法院在审理一个诉讼时确认的。该诉讼为 Telecommunications Research & Action Center V. FCC, 801 F.3d 501 (D.C. Cir. 1986) cert. denied, 482 U.S. 919 (1987)。

13．Red Lion Broadcasting Co., Inc. V. FCC, 395 U.S. 367 (1969)。

291

14．请参阅关于广播牌照持有人整体公平义务委员会的法则及规例疑问的第 73 章 1910 节 (Inquiry into Section 73.1910 the Commission's Rules and Regulations Concerning the General Fairness Obligations of Broadcast Licensees)。

15．请参阅 Syracuse Peace Council V. FCC, 867 F.2d 654 (D.C. Cir. 1989), cert. denied, 493 U.S. 1019 (1990)。

16．很多国会议员继续催促 FCC 要求广播人员，作为 1934 年通过的通信法下的持牌人，需要依照他们的公共利益义务而行事。例如，尽管联邦法院已经确认 FCC 有权不执行公平原则，然而国会仍然匆忙草拟，并通过 1990 年儿童电视法 (the Children's Television Act of 1990)，Pub. L. No.101-437, 104 State. 996-1000, codified at 47 U.S.C §§ 303a, 303b, 394。这个法案指导 FCC 考虑重新审视每个电视台牌照续牌申请，"牌照持有人在甚么程度上……为儿童的教育及信息需要服务，这主要通过牌照持有人的整体节目安排，并包括为这个服务需要而特别安排的节目。" FCC 其后颁布一些法则及规例，指导电视广播人员播放节目的种类与数量，以符合在这个法案中有关他们对儿童的公众利益的义务。

17．47 U.S.C § 315(a) (2002)。

18．47 U.S.C § 312(a)(7) (2002)。这条款完整地宣布 FCC 可以吊销一个广播站的牌照"因其故意或重复地未执行，容许一个在法律上合资格的联邦选举职位参选人，以其参选人名义合理使用或准许其购买合理数量时间以使用一个广播站。"

19．47 U.S.C § 317 (2002)。

20．47 U.S.L § 508 (b) (2002)。

21．正因为这将引起对第一修正案的关注，FCC 的权力在什么程度上限制不雅材料的广播，已经在多年来成为很多联邦法院判决的主题。一般而言，法院支持 FCC 有权对不雅材料的广播设置一些合理的限制，特别是当这些限制的目的是为防止儿童接触这些数据。请参阅 FCC V. Pacifica Foundation, 438 U.S. 726 (1978); Action for Children's Television V. FCC, 932 F.2d 1504 (D.C. Cir. 1991), cert. denied, 112 5. Ct. 1281 (1992)。在另一方面，FCC 有权完全禁止，根据美国最高法院所设立的标准，对被评为淫秽的材料进行广播，因为这些材料不为第一修正案所保护。

292

各州及各省电影电视管理部门名录

A

提示：并不是所有的州都有电影电视管理部门，由于政府预算的原因，有的电影电视管理部门可能会被撤销，或者与其他的部门合并。一些州还会设置基层的电影与电视管理部门提供相关的特殊服务。本附录所提供的信息能够帮助你及时与相关办事机构取得联系。你也可以直接向国际电影委员协会垂询。地址：314North Main Street, Suite 307, Helena MT；邮编：59601；电话：（406）459-8040；网址：www.afci.org。

阿拉巴马州电影办公室

地址：401 Adams Avenue Montgomery, AL 36104

电话：(334)242-4195

传真：(334)242-2077

网页：www.alabamafilm.com

阿拉斯加州电影项目管理组织

地址：550 W. 7th Avenue, Suite 1770 Anchorage, AK 99501

电话：(907)269-8114

传真：(907)269-8125

网页：www.alskafilm.org

亚伯特省电影委员会

地址：10155 102nd Street, 5th Floor Edmonton, Alberta T5J 4L6 Canada

电话：(780)422-8584

传真：(780)422-8582

网页：www.albertafilm.ca

亚利桑那州电影委员会

地址：3800 N. Central Avenue Building D Phoneix, AZ85012

电话：(602)280-8161

传真：(602)280-1384

网页：www.azcommerce.com/film

阿肯色州电影办公室

地址：1 Capitol Mall, Room 4B-505

电话：(501)682- 7676

传真：(501)682-FILM

网页：www.aedc.state.ar.us/film

卑诗省电影委员会

地址：375 Water Street, Suite 350 Vanvouver, British Columbia V6B 5C6 Canada

电话：(604)660-2732

传真：(604)660-4790

网页：www.bcfilmcommission.com

加利福尼亚州电影委员会

地址：7080 Hollywood Boulevard, Suite 900 Hollywood, CA90028

电话：(323)860-2960

传真：(323)860-29 72

网页：www.fil.ca.gov

科罗拉多州电影委员会

地址：1625 Broadway, Suite 1700 Denver, CO 80202

电话：(303)620-4500

传真：(303)620-4545

网页：www.coloradofilm.org

康涅狄格州影视办公室

地址：805 Brook Street, Building #4 Rocky Hill, CT 06067

电话：(860)571-7130

传真：(860)721-7088

网页：www.ctfilm.com

特拉华州电影办公室

地址：99 Kings Highway Dover, DE 19901

电话：(302)739-4271

传真：(302)739-5749

网页：www.state.de.us/dedo

佛罗里达州电影与娱乐政府办公室

地址：Executive Office of the Governor The Capitol Tallahassee, FL 32399-0001

电话：(877)352-3456

传真：(850)410-4770-

网页：www.filminflorida.com

佐治亚州影视音乐办公室

地址：285 Peachtree Center Avenue, Suite 1000 Atlanta, GA 30303

电话：(404)656-3591

传真：(404)656-3565

网页：www.filmgeorgia.org

夏威夷州电影办公室

地址：No.1 Capitol District Building 250 South Hotel Street, 5th Floor Honolulu, HI 96813

电话：(808)586-2570

传真：(808)586-2572

网页：www.hawaiifilmoffice.com

爱达荷州电影局

地址：700 W. State Street Boise, ID 83720-0093

电话：(208)334-2470

传真：(208)334-2631

网页：www.filmidaho.com

伊利诺斯州电影办公室

地址：100 W. Randolph Street, 3rd Floor Chicago, IL 60601

电话：(312)814-3600

传真：(312)814-8874

网页：www.filmillinois.state.il.us

印第安纳州电影委员会

地址：1 N. Capitol Avenue, Suite 700 Indiana polis, IN 46204-2288

电话：(317)232-8829

传真：(317)232-6887

网页：www.filmindiana.com

爱荷华州电影办公室

地址：200 E. Grand Avenue Des Moines, IA 50309

电话：(515)242-4726

传真：(515)242-4859

网页：www.state.ia.us/film

堪萨斯州电影委员会

地址：1000 S.W. Harrison, Suite 100 Topeka,

KS 66612-1354

电话：(785)296-4927

传真：(785)296-6988

网页：www.filmkansas.com

肯塔基州电影办公室

地址：2200 Capital Plaza Tower 500 Nero Street Frankfort, KY 40601

电话：(502)564-3456

传真：(502)564-7588

网页：www.kyfilmoffice.com

路易斯安那州影视委员会

地址：343 Third Street, Suite 400 Baton Rouge, LA 70801

电话：(225)342-8150

传真：(225)342-5389

网页：www.lafilm.org

缅因州电影办公室

地址：59 State House Station Augusta, ME 04333-0059

电话：(207)624-7631

传真：(207)287-8070

网页：www.filmmaine.com

曼尼托巴省影音发展委

地址：410-93 Lombard Avenue Winnipeg, Manitoba, R3B 3B1 Canada

295

电话：(204)947-2040

传真：(204)956-5261

网页：www.mbfilmsound.mb.ca

马里兰州电影办公室

地址：217 E. Redwood Street, 9th Floor Baltimore, MD 21202

电话：(410)767-6340

传真：(410)333-0044

网页：www.marylandfilm.org

密歇根州电影办公室

地址：717 W. Allegan, 5th Floor Lansing, MI 48909

电话：(517)373-0638

传真：(517)241-2930

网页：www.michigan.gov/hal

明尼苏达州电影管理会

地址：401 N. Third Street, Suite 460 Minnea polis MN 55401

电话：(612)332-6493

传真：(612)332-3735

网页：www.mnfilm.org

密西西比州电影办公室

地址：P.O. Box 849 Jackson, MS 39205

电话：(601)359-3297

传真：(601)359-5048

网页：www.mississippi.org/film

296

密苏里州电影委员会

地址：301 West High Street, #720 Jefferson City, MO 65102

电话：(573)751-9095

传真：(573)522-1719

网页：www.showmemissouri.org/film

蒙大拿州电影办公室

地址：301 S. Park Helena, MT 59620

电话：(406)841-2876

传真：(406)841-2877

网页：www. montanafilm.com

内布拉斯加州电影办公室

地 址：301 Centennial Mall South, 4th Floor Lincoln, NE68590

电话：(402)471-3680

传真：(402)471-3365

网页：www.filmnebraska.org

内华达州电影办公室

地址：555 E. Washington Avenue, Suite 5400 Las Vegas, NV 89101

电话：(702)486-2711

传真：(702)486-2712

网页：www.nevadafilm.com

新布拉威克省电影管理办公室

地 址：Assumption Place 770 Main Street, 16th Floor Moncton, New

Brunswich, E1C 8R3 Canada

电话：(506)869-6868

传真：(506)869-6840

网页：www.nbfilm.com

纽芬兰省电影发展公司

地址：189 Water Street, 2nd Floor St.

Johns, Newfoundland, A1C 1B4 Canada

电话：(709)738-3456

传真：(709)738-1680

网页：www.newfilm.nf.net

新罕布什尔州影视办公室

地址：172 Pembroke Road Concord, NH

03302-1856

电话：(603)271-2665

传真：(603)271-6870

网页：www.filmnh.org

新泽西州影视委员会

地址：153 Halsey Street Newark, NJ 07101

电话：(973)648-6279

传真：(973)648-7350

网页：www.nj.com/njfilm

新墨西哥州电影办公室

地　址：1100 South St. Francis Drive

Santa Fe, NM 87504-5003

电话：(800)545-9871

传真：(505)827-9799

网页：www.nmfilm.com

纽约州影视事业发展管理组织

地　址：633 Third Avenue, 33rd Floor

New York, NY 10017

电话：(212)803-2330

传真：(212)803-2339

网页：www.nylovesfilm.com

北卡罗莱那州电影委员会

地址：301 N. Wilmington Street Raleigh,

NC 27699-4371

电话：(919)733-9900

传真：(919)715-0151

网页：www.ncfilm.com

北达科他州定影委员会

地　址：400 E. Boulevard Avenue, Suite 50

Bismarck, ND 58502-2057

电话：(800)328-2871

传真：(701)328-4878

网页：www.ndtourism.com

新斯科舍省电影事业发展组织

地　址：0724Granville Street, 2nd Floor

Halifax, Nova Scotia B3J 1X5 Canada

电话：(902)424-7177

传真：(902)424-0617

网页：www.film.ns.ca

俄亥俄州电影委员会

地　址：77 S. High Street, 29th Floor

297

Columbus, Ohio 43216-1001

电话：(614)466-8844

传真：(614)466-6744

网页：www.ohiofilm.com

奥克拉荷马州电影委员会

地址：15 N. Robinson, #802 Okalahoma City, OK 73102

电话：(800)766-3456

传真：(405)522-0656

网 页：www.otrd.state.ok.us/film_commission

安大略省媒体发展组织

地址：175 Bloor Street East North Tower, Suite 300 Toronto, Ontario M4W 3R8

电话：(416)314-6858

传真：(416)314-2495

网页：www.to-ontfilm.com

俄勒冈州影视办公室

地　址：121 S. W. Salmon Street, Suite 1205 Portland, OR 97204

电话：(503)229-5832

传真：(503)229-6869

网页：www.oregonfilm.org

宾夕法尼亚州电影办公室

地　址：Commonwealth Keystone Building Harrisburg, PA 17120

电话：(717)783-3456

传真：(717)783-0687

网页：www.filminpa.com

魁北克市地区影视委员会

地址：1126 Chemin St. Louis Boulevard 802 Sillery, Quebec G1S 1E5

电话：(418)618-8232

传真：(418)618-5215

网页：www.filmquebec.com

罗德岛州影视办公室

地　址：1 West Exchange Street Providence, RI 02903

电话：(401)222-2601

传真：(401)273-8270

网页：www.rifilm.com

萨斯卡切温省影视发展组织

地　址：1831 College Avenue Regina, Saskatchewan S4P 3V7 Canada

电话：(306)798-9898

传真：(306)798-7768

网页：www.saskfilm.com

南卡罗莱那州电影办公室

地　址：1201 Main Street, Suite 1750 Columbia, SC 29202

电话：(803)737-0490

传真：(803)737-3104

网页：www.scfilmoffice.com

南达科他州电影委员会

地　址：711 E. Wells Avenue Pierre, SD 57501-3369

电话：(605)773-3301

传真：(605)773-3256

网页：www.state.sd.us

田纳西州影音娱乐委员会

地址：312 8th Avenue North, 9th Floor Nashville, TN 37243

电话：(615)741-3456

传真：(615)741-5554

网页：www.filmtennessee.com

德克萨斯州电影委员会

地址：P.O. Box 13246 Austin, TX 78711

电话：(512)463-9200

传真：(512)463-4114

网页：www.governor.tx.us/film

犹他州电影委员会

地　址：America Plaza Ⅲ 47 West 200 South, Suite 600 Salt Lake City, UT 84101

电话：(801)741-4540

传真：(801)741-4549

网页：www.film.utah.gov

佛蒙特州电影委员会

地　址：10 Baldwin Street, Darwer 33 Montpelier, VT 05633-2001

电话：(802)828-3618

传真：(802)828-0607

网页：www.vermontfilm.com

维吉尼亚州电影办公室

地　址：901 E. Byrd Street, 19th Floor Richmond VA 23219-4048

电话：(800)854-6233

传真：(804)371-8177

网页：www.film.virginia.org

华盛顿州特区影视办公室

地　址：441 4th St. NW, Suite 1170 Washington, DC 20001

电话：(202)727-6609

传真：(202)727-3246

网页：www.filmdc.com

299

华盛顿州电影办公室

地　址：2001 Sixth Avenue, Suite 2600 Seattle, WA 98121

电话：(206)256-6146

传真：(206)256-6154

网页：www.filmwashington.com

威斯康星州电影办公室

地址：201 W. Washington Avenue, 2nd Floor Madison, WI 53703

电话：(800)345-6947

传真：(608)266-3403

网页：www.film.state.wi.us

怀俄明州电影办公室

地 址：214 West 15th Street Cheyenne, WY 82002-0240

电话：(800)458-6657

传真：(307)777-2838

网页：www.wyomingfilm.org

育空省电影委员会

地址：Box 2703 Whitehorse, Yukon Y1A 2C6 VCanada

电话：(867)667-5400

传真：(867)393-7040

网页：www.reelyukon.com

音乐授权许可使用机构以及相关授权委托机构

与表演权有关的行业组织

电影与电视制片人协会（American Society of Composers Authors and Publishers）(ASCAP)

地址：1 Lincoln Plaza, New York, NY 10023

电话：(212)621-6000

传真：(212)724-9064

或者

地址：7920 Sunset Boulevard, Suite 300 Los Angeles, CA 90046

电话：(323)883-1000

传真：(323)883-1049

网页：www.ascpa.com

广播音乐组织（Broadcast Music Inc.）(BMI)

地址：320 W. 57th Street BMI. New York, NY 10019-3790

电话：(212)586-2000

传真：(212)245-8986

或者

地址：8730 Sunset Boulevard, 3rdFloor West Hollywood, CA 90069

电话：(310)659-9109

传真：(310)657-6947

网页：www.bmi.com

欧洲音乐词曲作者协会（Society of European Songwriters, Authors, and Composers）(SESAC)

地　址：152 W. 57th Street, 57th Floor New York, NY 10019

电话：(212)586-3450

传真：(212)489-5699

或者

地址：501 Santa Monica Boulevard, Suite 450 Santa Monica, CA 90401-2430

电话：(310)393-6497

网页：www.sesac.com

相关权利授权委托机关

BZ Right and Permission

地址：121 W. 27th Street, Suite 901 New York, NY 10001

电话：(212)924-3000

传真：(212)924-2525

网页：www.bzrights.com

Copyright Clearinghouse

地址：405 Riverside Drive Burbank, CA 91506

电话：(818)558-3480

传真：(818)558-3474

网页：www.musicreport.com

MPI Clearance Services

地址：19537 Wells Drive Tarzana, CA 91356-3826

电话：(818)708-9996（电话与传真通用）

网页：www.earthline.net/~rhenson

302

Second Line Search, Inc.

地址：12959 Coral Tree Place Marina Del Rey, CA 90060

电话：(866)473-5364

传真：(310)577-2939

网页：www. secondline.com

Total Clearance

地址：P.O. Box 836 Mill Valley, CA 94942

电话：(415)389-1531

传真：(415)380-9542

网页：www.totalclearance.com

Suzy Vaughan Associates, Inc

地址：6848 Firmament Avenue Van Nuys, CA 91406

电话：(818)988-5599

传真：(818)988-5577

网页：www.suzyesq.com

部分音乐库

AKO PRO

地址：173 20th Street Union City, NJ 07087

电话：(201)865-5337（电话与传真通用）

网页：www.clipsingles.com

Associated Production Music

地址：6255 Sunset Boulevard, Suite 820 Los Angles CA 90028

电话：(800)543-4276

传真：(323)461-9102

或者

地址：240 Madison Avenue, 11th Floor New York, NY 10016

电话：(800)276-6874

传真：(212)856-9807

网页：www.apmusic.com

Capitol/OGM production Music

地址：6922 Hollywood Boulevard, Suite718 Hollywood CA 90028

电话：(213)461-2701 或者 (800)421-4163

传真：(213)461-1543

Dick Clark Media Archives

地 址：3003 W. Oliver Avenue Burbank,
CA 91510

电话：(818)841-3003

传真：(818)954-8609

Creative Musical Services

地址：13547 Ventura Boulevard, Suite 358
Sherman Oaks, CA 91423

电话：(818)385-1517

传真：(818)385-1266

网页：www.creativemusicalsvcs.com

CSS Music

地 址：1948 Riverside Drive Los Angles,
CA 90039

电话：(800)468-6874

网页：www.cssmusic.com

The Hollywood Film Music Library

地址：9000 Sunset Boulevard, 3rd Floor
Los Angles, CA 90069

电话：(818)789-2954

传真：(818)789-6926

网页：www.screenmusic.com

Killer Tracks/bmg Production Music

地址：6534 Sunset Boulevard
Hollywood, CA 90028

电话：(323)957-4455 或者
(800)454-5537

传真：(323)957-4470

网页：www.killertracks.com

Megatrax Production Music

地址：7635 Fulton Avenue North
Hollywood, CA 91605

电话：(818)503-5240 或者
(800)634-2555

传真：(818)503-5224

网页：www.megatrax.com

Promusic Inc.

地址：941-A Clint Moore Road Boca
Raton, FL 33487

电话：(561)995- 0331 或者
(800)332-7879

传真：(561)995-8434

或者

地址：11846 Ventura Boulevard, Suite
304 Studio City, CA 91604

网页：www.promusic-inc.com

Soper Sound Music Library

地址：P.O. Box 869 Ashland, OR 97520

电话：(541)552-0830 或者
(800)227-9980

传真：(541)552-0832

网页：www.sopersound.com

Southern Library of Recorded Music

地址：810 7th Avenue New York, NY

303

10019-5818

电话：(212)265-3910

传真：(212)489-2456

Brad Stanfield Music

地　址：12400 Ventura Boulevard, Suite
240 Studio City, CA 91604

电话：(818)990-4487

传真：(818)379-9952

TRF Production Music Libraries

地址：747 Chestnut Ridge, NY 10977

电话：(845)356-0800 或者
(800)899-6874

传真：(845)356-0895

网页：www.trfmusic.com

The Who Did That Music Library

地址：12211 W. Washington Boulevard
Los Angeles, CA 90066

电话：(310)572-4646 或者
(800)400-6767

传真：(310)572-4647

网页：www.whodidthatmusic.com

Zomba Music

地址：9000 Sunset Boulevard, Suite 300
West Hollywood, CA 90069

电话：(310)247-1057 或者
(800)858-8880

传真：(310)247-8836

行会、工会以及相关组织

本附录提供的是美国部分与影视制作相关的工会、组织、联盟的联系方式。其中部分内容还同时附上了纽约和加利福尼亚两地的联系方式。不过有一部分组织还会有一些基层的办事处，不会仅在这两个地方办公。如果要更详细的地方办事处联络方式，请和各组织的纽约或者加利福尼亚办公地点联系。

行会、工会以及相关联合会

演员协会（Actor's Equity Association）（AEA)
地　址：165 West 46th street New York, NY 10036
电话：(212)869-8530
传真：(212)719-9815
或者
地址：5757 Wilshire Boulevard Los Angeles, CA 90036
电话：(323)634-1750

传真：(323)634-1771
网页：www.actorsequity.org

电影与电视制片人协会（Alliance of Motion Picture and Television Producers ）（AMPTP）

地址：15503 Ventura Boulevard Encino, CA 91436
电话：(818)995-3600
传真：(818)382-1793
网页：www.ampt.org

美国音乐家协会（American Federation of Musicians）（AFM）
地　址：1501 Broadway, Suite 600 New York, NY 10036
电话：(212)869-1330
传真：(212)764-6134
或者
地址：817 NorthVine Street Hollywood,

CA 90038

电话：(323)462-2161

传真：(323)461-3090

网页：www.amf.org

美国电影与电视制片人协会（American Federation of Television and Radio Artists）（AFTRA）

地址：260 Madison Avenue, 7th Floor New York, NY 10016

电话：(212)532-0800

传真：(212)532-2242

或者

地址：5757 Wilshire Boulevard, 9th Floor Los Angeles, CA 90036

电话：(323)634-8100

传真：(323)634-8246

网页：www.aftra.org

美国艺术家协会（American Guild of Variety Artist）(AGVA)

地址：184 Fifth Avenue New York, NY 10010

电话：(212)675-1003

传真：(212)633-0097

或者

地址：4741 Laurel Canyon Boulevard North Hollywood, CA 91607

电话：(818)508-9984

传真：(818)508-3209

美国导演协会（Directors Guild of America）(DGA)

地址：110 West 57th Street, 2nd Floor New York, NY 10019

电话：(212)5810370

或者

地址：7920 Sunset Boulevard Hollywood, CA 90046

电话：(310)289-2000

传真：(310)289-2029

网页：www.dga.org

国际戏剧雇员联盟（International Alliance of Theatrical Stage Employees）(IATSE)

地址：1430 Broadway, 20th Floor New York, NY

电话：(212)730-1770

传真：(212)730-7809

或者

地址：10045 Riverside Diver Toluca Lake, CA 91602

电话：(818) 980-3499

传真：(818) 980-3496

网页：www.iaste.lm.com

国际电子工人兄弟会（International Brother hood of Electrical Workers）(IBEW)

地址：225 W. 34th Street

电话：(212)354-6770

传真：(212)819-9517

或者

地址：6255 Sunset Boulevard

Hollywood, CA 90028

电话：(323)851-5515

传真：(323)446-1793

网页：www.ibew.org

全国广播工作及技术人员协会（National Association of Broadcast Employees and Technicians）(NABET)

地　址：1865 Broadway, New York, NY10023

电话：(212)757-7191

传真：(212)247-4356

或者

地　址：1918 W. Burbank Boulevard Burbank, CA 91506

电话：(818)846-0490

传真：(818)846-2306

网页：www.nabetcwa.org

荧幕演员协会（Screen Actors Guild）(SAG)

地址：360 Madison Avenue, CA 90036

电话：(212)944-1030

传真：(212)944-6774

或者

地　址：5757 Wilshire Boulevard Los Angeles, CA 90036

电话：(323)954-1600

传真：(323)549-6603

网页：www.sag.org

戏剧员工联合会（Theatrical Teamsters）

地　址：1 Hollow Lane Lake Success, NY 11042

电话：(516)365-3470

传真：(516)365-2609

美国编剧协会（Writers Guild of America）(WGA)

地　址：555 West 57th Street New York, NY10019

电话：(212)767-7780

传真：(212)582-1909

或者

地址：7000 W. Third Street Los Angeles, CA 90048

电话：(323)951-4000

传真：(323)782-4800

网页：www.wag.org

专业组织以及机关机构

美国电影艺术科学院（Academy of Motion Picture Arts and Sciences）

地　址：9849 Wilshire Boulevard Beverly Hills, CA 90211

电话：(310)247-3000

307

传真：(310)859-9619

网页：www.oscars.org

独立商业制作人联合会（Association of Independent Commercial Producers）(AICP)

地址：3 West 18th Street, 5th Floor New York, NY10011

电话：(212)292-3000

传真：(212)292-3359

或者

地址：650 North Bronson Avenue Suite 223B Los Angeles, CA 90004

电话：(323)960-4763

传真：(323)960-4766

网页：www.aicp.com

有线电视管理与市场推广组织（Cable Television Administration and Marketing Society, Inc.）(CTAM)

地址：201 North Union Street, Suite 440 Alexandria, VA CTAM 22324

电话：(703)549-4200

传真：(703)684-1167

网页：www.ctam.com

美国演员工会（Casting Society of America）(CSA)

地　址：2565 Broadway, Suite 185 New York, NY10025

电话：(212)868-1260

传真：(212)868-1261

或者

地　址：606 N. Larchmont Boulevard, Suite 4B Los Angeles, CA 90004

电话：(323)463-1925

传真：(323)463-5753

网页：www.castingsociety.com

国际纪录片协会（International Documentary Association）

地　址：1201 W. 5th Street, Suite M320 Los Angeles, CA 90017

电话：(213)534-3600

传真：(213)534-3610

网页：www.documentary.com

国际媒介传播协会（Media Communications Association International）

地　址：1000 Executive Parkway, Suite 220 St. Louis, MO 63141

电话：(314)514-9995

传真：(314)576-7989

网页：www.mca-i.org

美国电影协会（Motion Picture Association of America）(MPAA)

地址：15503 Ventura Boulevard Encino, CA 91436

电话：(818)995-6600

传真：(818)382-1799

网页：www.mpaa.org

美国电视艺术与科学学会（National Academy of Television Arts and Sciences）

地　址： 111 W. 57th Street New York, NY10019

电话：(212)586-8424

传真：(212)246-8129

网页：www.emmyonline.com

国家广播电视机构联盟（National Association of Broadcasters）(NAB)

地址：1771 N. Street N. W. Washington, DC 20036

电话：(202)429-5300

传真：(202)429-4199

网页：www.nab.org

全美电视节目专业协会（National Association of Television Program Executives）(NATPE)

地　址：2425 Olympic Boulevard Santa Monica, CA 90404

电话：(310)453-4440

传真：(310)453-5258

网页：www.natpe.org

美国有线网络和电信协会（National Cable and Telecommunications Association）(NCTA)

地址：1724 Massachusetts Avenue N.W. Washington, DC 20036

电话：(202)775-3550

传真：(202)775-3604

网页：www.ncta.com

309

专业术语表

用斜体字标记的术语解释请在本表中查找。

承诺 (acceptance)：此为一份合同的组成要件之一，卖方履行此行为后，则意味着合同各方当事人接受合同各项条款内容并接受其制约。

实际损害赔偿 (actual damage)：参见损害赔偿。

行政法 (administrative law)：指由政府行政机关根据法律授权制定相关法律，它包括一系列与行政行为有关的原则、法规、命令和政策等内容。另可参见立法机关的制定法。

宣誓书 (affidavit)：当事人自愿作出的有关事实的书面陈述，并通过法律宣誓程序声明内容的真实性。

仲裁 (arbitration)：指争议双方当事人将其争议提交给中立的第三方(即仲裁员)来审理并作出裁决的争议解决方法。仲裁区别于诉讼，在合同中，经常会有明确的"仲裁条款"要求在争议发生时，必须首先递交仲裁解决。

上诉法院 (appellate/appeals court)：指对初审案件的事实认定和法律适用作

出复审的法院。

违约 (breach of contract)：合同的一方或多方当事人违反合同约定条款的行为。参见救济。

判例法 (case law)：参见普通法。

法典 (code)：关于某具体领域（例如：刑法典、机动车法典）的系统且完善的法律汇编（成文法）。一个有"注解"的法典包括成文法条和相关的判决和注释。

集体谈判劳动合同 (collective bargaining agreement)：指由雇主与工会之间通过集体谈判而达成的规定雇佣条款与条件的合同。行业协会和电视及电影制作人之间的基本协议也属于集体谈判劳动合同。

312

普通法 (common law)：通常是指由司法判例组成的法律。某特定领域内的普通法则由关于该领域内的所有司法判决及司法意见组成。可以将其与立法机关的制定法进行比较。

补偿性损害赔偿金 (compensatory damages)：参见损害赔偿。

对价 (consideration)：此为合同的组成部分之一，规定各方当事人根据合同条款，在损害发时所承担的权利与义务内容。同时可参见承诺与要约。

宪法 (constitutional law)：在美国，所有的法律都是在美国宪法及其修正案规定的原则上制定的，它是国家最高法律，由联邦法院尤其是美国联邦最高法院做出司法解释以及监督执行。

合同 (contract)：一种在法律上有约束力的协议，用于规定协议双方或多方的权利义务内容。也可参见要约、对价和承诺。

版权 (copyright)：对于某项知识产品（智慧财产）（例如：书籍、电影、电视节目或电脑软件）的所有权。是针对该智慧财产的复制与发表行为的一种排他性权利。包括美国在内的其他许多国家的这些权利内容都有专门的成文法予以规定。可以参见专利与商标。

侵犯版权 (copyright infringement)：根据美国法律，未经权利人许可，擅自使用版权作品，侵犯权利人权利的违法行为。

刑法 (criminal law)：此法的立法目的在于保障社会安宁。刑事案件包括盗窃、抢劫、谋杀和其他危及社会正常秩序及安全稳定的犯罪行为。可与民法进行对比。

损害赔偿 (damages)：一种由法庭或者仲裁人判决侵权人赔偿给受害个人或者团体的利益补偿，通常是以货币的形式为主。实际损害赔偿或者补偿性损害赔偿都是用于赔偿受害方的经济损失与其他能够明确证明是由侵权人的侵权行为所导致的损失。惩罚性损害赔偿是有别实际损害赔偿与补偿性损害赔偿的一种额外赔偿，其目的在于惩罚行为人的侵权违法行为。

313

诽谤 (defamation)：通过散布不真实、贬损性的内容败坏他人名誉或中伤他人的行为。如果该行为是通过口头进行，则为口头诽谤，如果该内容是用书面形式或通过其他任何可记录媒介（例如：录像带、胶片或录音带等）的方式散播，则是书面诽谤。

被告 (defendant)：在民法中，被告是指针对原告的诉讼要求作出答辩的人。在刑法中，他是被指控犯罪的当事人。

多元管辖 (diversity jurisdiction)：指联邦法院针对不同州籍的当事人之间，或者美国籍人士与外国籍人士之间的诉讼纠纷的管辖权。

等时条款 (Equal Time Provision)：是 1934 年通信法案中 315 条（a）款条文。该条款要求媒体在为政治竞选人刊登竞选广告或者提供类似的宣传机会时，应该给其他的竞选同一职位的候选人大致相同的宣传机会。

明示合同 (express contract)：当事人在缔约时以口头或书面形式明确表示的合同。该合同在订立时，各方当事人均明确表示清楚合同的具体内容，并同意各条款要求。

公平原则 (Fairness Doctrine)：由联邦通信委员会（FCC）所制定的一项规定，用以保证广播业者在涉及公共利益事务的讨论时，能够为不同的意见提供公平、均等说明观点的机会。根据此项原则，在涉及对公众有重要影响问题的讨论时，电台或电视台应给不同的意见公平、均衡的表达机会。多年以来，FCC 在该条款的执行上曾经多次变更标准 (with varying degrees of diligence)，而广播业者也一直质疑该条款的合宪性。

314

合理使用 (fair use)：指根据美国版权法，在特定的情况下，针对特定的版权作品，非版权所有人未经版权人同意，无偿使用版权作品的情况。根据美国版权法的第 107 条，判断某种具体的使用情况是否属于合理使用，应该根据具体的使用目的（合理使用通常都出于非营利的目的）、使用作品的性质、使用部分在整个作品中的重要性以及使用行为对作品潜在市场或者价值的影响几个方面来综合考虑。

重罪 (felony)：严重的刑事犯罪。从刑罚的角度，重罪的量刑都在监禁一年以上，甚至死刑。可以将它与轻罪对照比较。

行业协会 (guild)：一种演员、编剧、导演或者其他特定专业的媒体从业人员组成的工会组织。

默示合同 (implied contract)：虽无明示的言词，但从当事人的行为、当时的环境或双方的关系而推断出的合同。请对照区别于明示合同。

补偿金 (indemnity)：是合同中的约定条款，规定一方当事人因履约行为或者违约行为给对方造成损失时，支付给对方的赔偿内容。参见担保。

侵权 (infringement)：参见侵犯版权。

禁令 (injunction)：法院签发要求当事人从事或禁止其做某事或某行为的命令。

知识产权 (intellectual property)：诸如书籍、发明、绘画、电影和电视节目之类，为人类智慧所创造，并在美国版权法、商标法和专利法保护之下的产品。专管此类产品的法律包括版权法、商标法和专利法。参见版权、专利和商标。

法官造法 (judge-made law)：参见普通法。

书面诽谤 (libel)：参见诽谤。

诉讼当事人 (litigant)：参加诉讼的个人、法人或组织团体。

诉讼 (litigation)：通常指民事诉讼或任何必须经由法庭审理的法律行为或纠纷。请对照区别于仲裁。

音乐灌录权 (mechanical right)：针对音乐版权作品的复制和销售拷贝行为的权利。参见表演权和公开演出权。

轻罪 (misdemeanor)：相对比较轻微的犯罪。通常而言，这种犯罪只需交纳罚金，或顶多在当地的看守所或者教养所服刑，而不用去正式的监狱。请对比区别于重罪。

要约 (offer)：构成一个合同的基本核心要件之一。在要约中，一方当事人以对方支付特定对价为要求，承诺实施或抑制实施某一特定行为。参见对价与承诺。

口头合同 (oral contract)：指当事人通过口头约定而不是书面形式达成的合同协议。尽管口头合同在许多（并不是所有）情况下是具有法律效力的，但最好还是采用书面合同的形式比较可靠。也可参照书面合同。

当事人 (party)：在合同或其他法律关系中，独立承担权利义务的个人或者组织。在诉讼中，最基本的双方当事人就是原告与被告。

专利 (patent)：国家授予个人或组织在一定期限内对某发明或者设计垄断性所有权。从本质上来说，专利赋予其所有权人对该发明享有合法的垄断权。在美国，专利的审批由专利与商标局负责。

表演权 (performance right)：对制片人而言，是指公开展示或播放传送已经固定在音轨介质上的版权音乐作品的权利。表演权的获得通常会推定其影音同步权也已经获得。音乐作品的表演权通常由一些表演权组织统一颁发许可，像美国作曲家、作家与出版商协会（ASCAP）、美国广播音乐公司（BMI）都属于这类组织。

原告 (plaintiff)：提起诉讼的个人、法人或其他社团组织。请对照区别于被告。

判例 (precedent)：一份法院的先前判决，是同级法院或下级法院以后处理有相同或类似法律问题案件的范例。也指在某先前判决中确立的法律原则并成为以后处理同类案件的法律依据。参见普通法。

表面证据 (prima facie)：表面的初步的意思。指表面上充分且推定具有法律效力的证据。

公有领域 (public domain)：不受版权保护的创作性财产（书籍、视频、影片）。公共领域中的作品是指不受版权保护（例如大多数的政府公文）或者已经超过了版权保护期限，又或者作者不明的作品。一旦某作品流入公共领域，那么它将供任何人无条件的无偿使用，更无需向作品版权所有人申请许可或支付费用。

惩罚性损害赔偿 (punitive damage)：参见损害赔偿。

管理法 (regulatory law)：参见行政法。

豁免 (release)：放弃某项权利（例如：隐私权）或主张的请求行为。同时也指某人放弃对他人享有的权利或者主张的请求及为此制作的协议合同文书。制片人在拍摄过程中应该与所有的演员以及可能出现在镜头中的财产的所有权人签署一份类似的隐私权豁免协议。

救济 (remedy)：合同中，约定在发生违约情况后，当事人可获得的赔偿及采取补救措施的相关条款内容，也包括法庭或者仲裁人判决给受害方的任何救济与补偿内容。参见违约和损害赔偿。

追加酬金 (residuals)：支付给协会成员追加的酬劳。它是指除作品首次播放后支付给行会成员的酬劳外，每次重播或在其他公共场合展示时再追加给作者、表演者等人的酬金。参见再使用酬劳。

再使用酬劳 (reuse payments)：是除作品首次播放后，如要在别的作品中重新使用该作品，或者在新的渠道中发行该作品时，一次性追加给行会成员的额外酬劳。因发行渠道的变更（例如一个节目最初是为电视广播网而制作的，现在如果要在有限电视网播放，就属于这种情况。）而额外支付的酬劳有时候也称为额外市场酬劳。

隐私权 (right of privacy)：是一种法定的独处权，未经许可他人不得公开或者打扰他人的私人生活。隐私权包括未经当事人授权，媒体不得在节目作品中披露报道的权利，但有特殊情况，例如报道事件的新闻价值远大于隐私权时，可以有限度地使用当事人隐私内容。为了防止因为侵犯他人隐私权而遭到起诉，制片人最好在拍摄前向所有的演员与可能出现在画面中的财产的所有权人签署一张隐私权的豁免协议。也可参见公开权。

公开权 (right of publicity)：指个人对自己的姓名、肖像及其他类似物的商业性利用行为实施控制的权利。也可参见隐私权。

签署人 (signatory)：同意合同内容并在条约或者集体谈判劳动合同签字的一方当事人。

口头诽谤 (slander)：参见诽谤。

成文法 (statute)：由立法机关制定的法律，包括美国国会、各州及地方立法机关和其他宪法授权的立法的机关所制定的法律。

立法机关的制定法 (statutory law)：专指源于成文法而不是法院判决或者宪法及其解释的法律总称。请对照区别于普通法与宪法。

简易判决 (summary judgment)：法官在未经陪审团审理或未经开庭审理之前作出判决的审理方式。简易判决主要针对主要事实不存在真正的争议或者案件仅涉及法律问题并可以由法官判断的案件。

额外市场酬劳 (supplemental market payments)：参见再使用酬劳。

同步权 (synchronization right)：是指在影视等多媒体作品中，将受版权保护的音乐作品添加在另一部作品中，并以视频轨道的形式固定的权利。

期限 / 术语 (term)：在合同中，通常是指合同的有效期限或者特别规定条款。可以指在该合同文本中具有专门意义的术语。

侵权 (tort)：总的来说，是一种区别于违约的行为。它是指一方当事人侵犯他人依法律所享有的权利，法官可据此判定赔偿的行为。

318

商标 (trademark)：指产品的制造商或者销售商用以表示产品来源、将其与他人相区别的文字、图形或者文字图形组合标志。在美国，商标的注册由专利与商标局负责审批。对比参照版权和专利。

保证 (warranty)：在合同中，一方当事人承诺履行合同义务的保证，另一方当事人基于此相信其履行合同的诚信。例如在一份制片合同中，材料提供方必须担保本人是材料的唯一所有权人。通常来说，如果违反担保，担保人必须赔偿对方因此而造成任何损失。参见补偿金。

职务作品 (work-made-for-hire)：是指由雇主或者委托人，而不是作品的真正创作者享有版权的书籍、影片或者其他受版权保护的作品。在通常的情况下，美国的版权法将作品的创作人视为版权所有人，但是雇佣作品是其中的一个例外，它包括以下几种情况：（1）雇员在其受雇范围内完成的作品，版权归雇主所有；（2）某些特定种类的委托作品，当事人书面约定将其视为雇佣作品（例如一些集体创作的视听作品）以及其他在美国版权法第 101 条中明确规定委托方享有版权的作品。

319

书面合同 (written contract)：一种具有约束效力的合同文书，全部条款均以书面形式表达，并由各方当事人签名声明同意各项条款内容。请对照区别于口头合同。

参考书目

Bernacchi, Richard L., et al. Bernacchi on Computer Law: A Guide to the Leagl and Management Aspects of Computer Technology. Boston: Little, Brown and Company, 1995.

Bezanson, Randall P., et al. Libel Law and the Press: Myth and Reality. New York: The Free Press, 1987.

Black, Henry Campbell. Black's Law Dictionary, 5th ed., edited by Joseph R. Nolan, et al. St. Paul, MN: West Publishing, 1983.

Blumenthal, Howard L., and Oliver R. Goodenough. This Business of Television: A Practical Guide to the TV/Video Industries for Producers, Directors, Writers, Performers, Agents, and Executives. New York: Billboard Books, 1991.

Boorstyn, Neil. Boorstyn on Copyright. New York: Clark Boardman Callaghan, 1997.

Bremer, Daniel L., Monroe E. Price, and Michael L. Meyerson. Cable Television and Other Nonbroadacast Video. New York: Clark Boardman Callaghan, 1997.

Carter, T. Barton, Marc A. Franklin, and Jay B. Wright. The First Amendment and the Fourth Estate: The Law of Mass Media, 4th ed. Mineola, NY: The Foundation Press, 1988.

Chickering, Robert B., and Susan Hartman. How to Register a Copyright and Protect Your Creative Work. New York: Charles Scribner's and Sons, 1987.

Copyright Office, Library of Congress. Copyright Basics (Circular 1). Washington, DC: U.S. Government Printing Office, 2002.

——. How to Investigate the Copyright Status of a Work (Circular R22). Washington, DC: U.S. Government Printing Office, 2002.

Crawford, Tad. Legal Guide for the Visual Artist, 4th ed. New York: Allworth Press, 1999.

Crawford, Tad, and Tony Lyons. Writer's Legal Guide, 3rd ed. New York: Allworth Press, 2002.

Creech, Kenneth C. Electronic Media Law and Regulation, 2nd ed. Boston: Focal Press, 1996.

Delta, George B., and Jeffrey H. Matsura. Law of the internet, 2nd ed. New York: Aspen Law and Business, 2002.

Dill, Barbara. The Journalist's Handbook on Libel and Privacy. New York: The Free Press, 1986.

Elias, Stephen R. Trademark: Legal Care for Your Business &Product Name, 5th ed. Berkeley, CA: Nolo Press, 2001.

Farber, Donald C., ed. Entertainment Industry Contracts. New York: Matthew Bender, 2002.

Ferris Charles D., Frank W. Lloyd, and Thomas Casey. Cable Television Law: A Video Communications Practice Guild. New York: Matthew Bender, 1997.

Fishman, Steven. The copyright Handbook, 6th ed. Berkeley, CA: Nolo Press, 2002.

——. The Public Domain: How to Find Copyright-Free Writings, Music, Art & More. Berkeley, CA: Nolo Press, 2000.

——. Web & Software Development: A Legal Guide, 3rd ed. Berkeley, CA: Nolo Press, 2002.

Geller, Paul Edward, ed. International Copyright Law and Practice. New York: Matthew Bender, 2002.

Gifis, Steven. Law Dictionary. Woodbury, NY: Barron's Educational Services., 1984.

Gilson, Jerome, Anne Gilson Lalonde, and Karin Green. Trademark Protection and Practice. New York: Matthew Bender, 2002.

Goodale, James C. All About Cable. New York: Law Journal Seminars Press, 1997.

Henn, Harry G. Henn on Copyright law. New York: Practicing Law Institute, 1991.

Hilliard, Robert L. The Federal Communications Commission: A Primer. Boston: Focal

Press, 1991.

Hollywood Reporter. 2002 Blu-Book Film and TV Production Dictionary. Los Angeles: Hollywood Reporter. 2002.

Kane, Siegrun D. Trademark Law: A Practitioner's Guide. New York: Practicing Law Institute, 1987.

Kirsch, Jonathan. Kirsch's Handbook of Publishing Law. Los Angeles: Acrobat Books, 1995.

———. Kirsch's Guide to the Book Contract. Los Angeles: Acrobat Books, 1999.

Koenigsberg, I. Fred, and Katherine C. Spelman. Understanding Basic Copyright Law 1996. New York: Practicing Law Institute, 1996.

Kohn, Al, and Bob Kohn. Kohn on Music Licensing, 3rd ed. New York: Aspen Law and Business, 2002.

Lewis, Anthony. Make No Law: The Sullivan Case and the First Amendment. New York: Random House, 1991.

Lindey, Alexander. Lindey on Entertainment, Publishing, and the Arts, Agreements and the Law. 2nd ed. New York: Clark Boardman, Ltd. 1995.

Litwak, Mark. Contracts for the Film and Television Industry, 2nd ed. Los Angeles: Silman-James Press, 1998.

———. Dealmaking in the Film and Television Industry: Form Negotiations through Final Contracts, 2nd ed. Los Angeles: Silman-James Press, 2002.

McCarthy, J. Thomas. The Rights of Publicity and Privacy. New York: Clark Boardman Callaghan, 1997.

———.Trademarks and Unfair Competition, 4th ed. New York: Clark Boardman Callaghan, 1997.

Miller, Arthur P., and Michael H. Davis. Intellectual Property: Patents, Trademarks, and Copyright. St. Paul, MN: West Publishing, 1985.

Nimmer, Melville B., and David Nimmer. Nimmer on Copyright. New York: Matthew Bender, 2002.

Patry, William F. Copyright Law and Practice. Washington, DC: Bureau of National Affairs, 1994.

323

Rosden, Gorge Eric, and Peter Eric. The Law of Advertising, 4th ed. New York: Matthew Bender, 1989.

Rose, Lance. Netlaw: Your Rights in the Online World. CA: Osborne McGraw-Hill, 1995.

Sanford, Bruce W. Libel and Privacy, 2nd ed. New York: Aspen Law and Business. 1997.

Scott, Michael D. Scott on Multimedia Law. New York: Aspen Law and Business. 1996.

Selz, Thomas P., Melvin Simensky, and Patricia Acton. Entertainment Law: Legal Concepts and Business Practices. New York: Clark Boardman Callaghan, 1997.

Smolla, Rodeny A. Smolla and Nimmer on Freedom of Speech. New York: Clark Boardman Callaghan, 2002.

Stim, Richard. Music Law: How to Run Your Band's Business, 2nd ed. Berkeley, CA: Nolo Press, 2002.

Swanson, James L., ed. First Amendment Law Handbook. St. Paul, MN: West Publishing, 2002.

Teeter, Dwight L., Don R. Leduc, and Bill Loving. Law of Mass Communications: Freedom and Control of Print and Broadcast Media, 10th ed. Westbury, NY: Foundation Press, 2001.

U.S. Department of Commerce, Patent and Trademark Office. Basic Facts About Trademarks. Washington, DC: U.S. Government Printing Office, 2002.

——.General Informaiton Concerning Patents. Washington, DC: U.S. Government Printing Office, 2002.